U0448431

仓修良先生（摄于 2012 年春）

方志学论集

仓修良 著

商务印书馆

图书在版编目（CIP）数据

方志学论集 / 仓修良著. —北京：商务印书馆，2024. —（仓修良文集）. —ISBN 978-7-100-24396-4

Ⅰ. K290-53

中国国家版本馆CIP数据核字第2024VV8429号

权利保留，侵权必究。

方志学论集

仓修良　著

商 务 印 书 馆 出 版
（北京王府井大街36号　邮政编码100710）
商 务 印 书 馆 发 行
三河市尚艺印装有限公司印刷
ISBN 978-7-100-24396-4

2024年12月第1版	开本 710×1000　1/16
2024年12月第1次印刷	印张 26 3/4　插页 1

定价：160.00元

出版说明

仓修良先生（1933—2021）是当代著名历史学家、方志学家，江苏省泗阳县人。1958年毕业于浙江师范学院历史系，一直在杭州大学历史系任教。1998年国务院决定四校合并，为浙江大学历史系教授。生前社会兼职有中国历史文献研究会名誉会长、学术委员会主任委员，中国地方志学会学术委员，浙江省地方志学会副会长，华中师范大学历史文献研究所、华东师范大学中国史学研究所、宁波大学、温州大学兼职教授等。

仓先生毕生致力于中国史学史、历史文献学、方志学和谱牒学等方面的教学与研究，著述宏富。出版学术专著有《中国古代史学史简编》（与魏得良合著）、《中国古代史学史》、《方志学通论》、《谱牒学通论》、《章学诚和〈文史通义〉》、《章学诚评传》（与叶建华合著）、《章学诚评传》（与仓晓梅合著），自选文集《史家·史籍·史学》、《仓修良探方志》、《史志丛稿》、《独乐斋文存》。主持二十五史辞典丛书的编纂工作，主编《中国史学名著评介》（三卷本、五卷本）、《史记辞典》、《汉书辞典》、《二十五史警句妙语辞典》、《中国历史文选》（下册，与魏得良合编）、《中国史学史参考资料》、《中国华东文献丛书·华东稀见方志文献》（全五十卷），《中国历史大辞典·史学史卷》编委，撰写《中国历史要籍介绍及选读》要籍解题。古籍整理有《爝火录》（与魏得良合校）、《文史通义新编》、《文史通义新编新注》等。在《历史研究》、《新华文摘》、《中国史研究》、《文史》、《人民日报》、《光明日报》等报刊发表论文两百余篇，科研成果多次受到国家和省部级的奖励。事迹被收入中外名人辞典三十多种，治学经历被收入朝华出版社《学林春秋》，享受国务院特殊津贴。

仓先生在2017年出版《谱牒学通论》后，有意出版本人文集，将生平著述作一总结，集中呈现给学界朋友与广大读者。文集的出版，承商务印书馆的大力支持，同时得到浙江大学中国古代史研究所"双一流"项目经费出版资助。编纂工作从2019年底正式启动，由于身体原因，仓先生委托留系弟子鲍永军负责，从事制订编纂计划、搜集整理并复印论文、整齐文献格式、校对清样及引文、联络沟通等编务。仓先生确定文集编纂计划与目录，指导编纂工作，夫人任宁沪女士、女儿仓晓梅女士提供书信与照片资料，对封面设计、文集装帧等提出宝贵的意见建议。文集编纂工作，得到先生弟子们的积极参与和热忱帮助。叶建华同志校对文集排版文字、核对论著引文。陈凯同志参与制订编纂计划，负责书信整理编纂工作，参与统一文集文献格式，编撰《学术论著目录》。张勤同志编撰《学术活动年表》。先生其他弟子，钱茂伟、舒仁辉、刘连开、殷梦霞、文善常、范立舟、陈鹏鸣、金伟、白雪飞、邰晏君、邢舒绪等同志，始终关注支持文集编纂工作。

本文集包含五方面内容，依次为专著、古籍整理、论文集、友朋书信集。文集凡十卷：第一卷《中国古代史学史》；第二卷《方志学通论（增订本）》；第三卷《谱牒学通论》；第四卷《章学诚评传（增订本）》（与叶建华合著）；第五卷《章学诚和〈文史通义〉》，附《章学诚评传》（与仓晓梅合著）；第六卷《文史通义新编新注》；第七卷《中国史学史论集》；第八卷《方志学论集》；第九卷《历史文献学论集》，附录《学术论著目录》、《学术活动年表》；第十卷《友朋书信集》。仓先生所撰中国历史要籍解题，主编的《中国史学名著评介》以及教材，点校的《爝火录》，所撰《中国历史大辞典·史学史》、《史记辞典》、《汉书辞典》、《二十五史警句妙语辞典》词条，限于篇幅，本文集不再收录。

文集中的专著，有增订本者，收增订本。已出版著作与发表的论文，注释体例多有不同，此次出版，为方便读者，重新编排，核对引文，尽可能按照最新出版规范，统一注释体例。

文集编纂尚在进行，仓先生不幸于2021年3月逝世，遗憾不可弥补。文集第一卷于11月问世，后续各卷陆续出版，以慰先生在天之灵。先生之风，山高水长；先生之学，百世流芳。

编者

2021年10月26日

目 录

编修方志是中华民族文化中一个优良的传统 1
地方志与区域史研究 18
论方志的起源 30
再论方志的起源 52
地记与图经 72
从敦煌图经残卷看隋唐五代图经的发展 85
再论章学诚的方志学 114
对当前方志学界若干问题的看法 135
新修方志中艺文志不可少 152
序跋琐议 158
如何写好新修方志人物传 169
论山志的编修 183
关于新修志书冠名问题的一点建议 193
千锤百炼著佳章
　　——新志续修的一些想法 198
二轮修志的继承与创新 215
阮元和《云南通志稿》 232
一部反映杭州千年历史足迹的重要文献
　　——《武林坊巷志》 249
新修方志特色过眼录之一 260
新修方志特色过眼录之二 272

新修方志特色过眼录之三 291

新修方志特色过眼录之四 310

新修方志特色过眼录之五 332

桂林山水甲天下
  ——读新修《桂林市志》 338

留得真情在人间
  ——读《通渭县志》 348

十里秦淮谱新章
  ——读《秦淮区志》 356

满山红叶似彩霞
  ——读《栖霞区志》 362

一部高品位的新型山水志
  ——读《洪泽湖志》 372

尊重历史 体现特色
  ——读《厦门市志》 380

一部全面反映台湾方志发展的学术专著
  ——读台湾学者陈捷先《清代台湾方志研究》 396

又一部实实在在的方志学术论著
  ——喜读《中国地方志流播日本研究》 410

编修方志是中华民族文化中一个优良的传统

编修方志是我们中华民族文化中一个优良的传统，也是我们这个民族所特有的文化传统。自从两汉产生方志以来，由于历代统治者对这种地方著作的重视，故每个朝代都曾明确规定，各个地方政府都必须按时编修，及时进呈。特别是自隋唐以来，直到民国时期，从未中断。对于这些规定，史书都有记载，可谓有案可查。有些规定就连编写内容要求都明确提出，这就有力地保证了我们这一优良的文化传统、特有的文化发展现象能够得以代代相传而不衰。尽管其内容总是在不断地发展和充实，体例也不断地完善与更新，但是作为方志所固有的特点却始终保持着不变。对此经久不衰的著作形式，国外学者研究时无不感到惊叹。当然我们也必须说明，这种著作形式与其他文体一样，绝不是成于一朝一夕，也不是成于某一人之手，而是在悠久的历史进程中逐渐形成和发展起来的，开始并不像人们所想象的那样完善。它和谱学一样，都是史学发展中所产生的旁支，并随着史学的发展而产生和形成，乃至最后形成一门独立的学问——方志学。而在方志发展的过程中，曾经经历过地记、图经、定型方志三个阶段，在这不同的三个阶段中，不仅名称不同，而且服务对象也不同，并且都还有着不同的特点，特别是都不同程度带有各自产生的时代烙印。正像我们今天所编修的新方志，它必然要反映出我们这个时代的精神风貌，这不仅体现在观点上，而且还会反映在体例、内容、语言文字等各个方面。唯其如此，要想探索出方志的产生和发展规律，总结出不同阶段的特点，势必要把它放到特定的历史条件下进行比较研究和分析，才有可能收到比较理想的效果，而绝对不能孤立地进行研究。对此，马列主义经典作家早就有过论述，一定的学术文化是一定的政治经济在观念形态上的反映，同时又反过来作用并影响一定的政治和经济。因此不同时代，总是要出现为这一时代服务的学术文化思想体系、学术流派以及相应的各种学术著作。这就是说，文化这种精神生产，都一定建立在特定的物质生产上，并与当时政治有着极为密切的联系。因此，我们无论研究哪一个时代的学术文化或哪种著作形式的产生，都不能孤立地就事论事，都必须同其产生的社会经济和政治发展过程联系起来加以研究。这样既注意到它与政治、经济的相互关系，又不能忽视学术文化本身的渊源和发展过程，这就是马列主义文化反映论。对于史学界的朋友来说，长期以来大家都是遵循着这一理论进行各自内容的研究，大都取得了良好的效果。

然而，方志学界有些人在研究方志起源的时候，却持背道而驰的观点，他们脱离社会发展条件，抛开政治、经济、学术文化等重要社会因素，孤立地抱着某部书来谈方志起源，因而有所谓方志渊源于《禹贡》说，方志渊源于《周官》说，方志渊源于《山海经》说等等。至于为什么渊源于这些著作，实际上连主张此说的人自己也说不清楚。就以说法最多的《周官》而言，这部书实际上是战国时期人所作的一部古代官制的汇编，完全是凭想象而作，有许多官名，古代根本就没有实际出现过。试问作为方志著作怎么会起源于一部官制汇编？问题是《周官》中曾有"外史掌四方之志"、"小史掌邦国之志"这样的条文，他们就抓住这点，硬说方志起源于《周官》，这实际上是天大的误解。著名学者黄云眉先生早在20世纪40年代就发表了《略论〈周礼〉五史与〈礼记〉左右史》一文，否定了《周官》所载"五史"之说，其结论是："准是以言，《周礼》五史，可信者惟大史、内史；《礼记》二史，可信者惟左史，天子有大史、内史、左史等，诸侯皆有大史而不皆有内史、左史。其职掌亦不必与《周礼》、《礼记》同。若其因大史而有小史，因内史而有外史，因左史而有右史，因《周礼》之无左右史，而以《礼记》之左右史，强与《周礼》之大史内史冶为一炉，皆由前人以理想构成制度，而后人以文字认为事实，故纷纷藉藉而终莫能通其说也。然则所谓粲然大备之周代史职，夷考其实，盖亦廑矣。"[1] 可见外史、小史实际都是子虚乌有。而该书中所云之"四方之志"、"邦国之志"的"志"，乃是指史而言，指四方诸侯国的历史，这都是历史常识，我在《方志学通论》[2] 一书中已有详细论述。既然如此，方志渊源于《周官》之说的依据自然也都成了泡影。我们讲

---

[1] 黄云眉：《略论〈周礼〉五史与〈礼记〉左右史》，《史学杂稿订存》，齐鲁书社1980年版。
[2] 仓修良：《方志学通论》（修订本），方志出版社2003年版。

了，学术著作、学术思想既是各个时代政治、经济的反映，又总要为特定时代服务，方志编修自然也不例外，这就是方志发展过程中所以会出现明显的阶段性，产生不同的特点和名称的原因所在。对此，方志学界以往却很少有人研究，似乎产生的各个阶段、不同名称乃至各种特点，都是理所当然，并无研究之必要。其实研究这些，既要有深厚的学术基础，又要付出很多的时间和精力为代价。

方志，顾名思义，是以记载一方之事为内容的地方性综合性著作。其名称，较早时候史学家称之为"郡书"、"郡国之书"、"郡国地志"，这就是说是记载以地方行政区划郡县为范围的著作。后来的发展，也正是沿着这样的道路。所以随着行政区划的变更，因而就有府志、州志这一类名称。众所周知，我国的郡县制度是在秦始皇统一六国后才在全国推行的。既然如此，那么在郡县制度尚未确立之前，自然就不可能产生反映这种制度的著作。正像在共产主义尚未到来之前，谁也无法写出一部反映共产主义社会的著作来，社会主义是什么样子，尚且要摸着石头过河，自然就可想而知。所以，我认为在西周乃至春秋战国时代要产生这种性质的著作都是没有可能的，因为没有产生这种著作的温床。同时还应当看到，秦是个短命王朝，建立仅十多年便被农民起义推翻，在其存在的短短十多年中，也一直处在动荡不安的环境之中，连一部史书也无人修过，哪里还会去编修郡县志呢？汉承秦制，在全国推行郡县制度，经过汉初的休养生息，到了汉武帝时代，社会经济得到空前的繁荣，这就为文化的发展创造了条件。到了西汉后期，特别是东汉，地方经济得到迅速发展，豪强地主势力不断壮大，这就为产生地方性著作创造了温床。从这个时候开始，各地先后产生了许多地方性的人物传记和地方性的地理著作，经过两者汇合，从而形成了地方志雏形之地记。因此，我们说方志起源于两汉之地记。特别是到了魏晋南北朝时期，地记这种著作非常盛行，这同当时的门第制度的流行有着十分重要的关系。门第制度需要标举郡望，以显示自己门第的高贵，因此，单纯夸耀本地人物出众显然还不能满足要求，还需要宣传产生这种杰出人物的地理条件的优越性。于是那些单写人物的传记已经不能满足这个要求，这么一来地方性人物传记与地方性地理著作两者遂走上结合的道路，从而产生了第三种著作形式——地记。

我们说方志起源于两汉，除了从产生的社会条件和当时的历史事实进行分析和研究外，还有确切的史书记载为依据。《隋书·经籍志》杂传类小序曰："后汉光武，始诏南阳，撰作《风俗》，故沛、三辅有耆旧节士之序，鲁、庐江有名德先贤之赞。郡国之书，由是而作。……推其本源，盖亦史官之末事也。"这段文字共讲了三层意思：第一，东汉光武帝刘秀，为了表彰乡里之盛，诏撰了《南阳风俗传》，其内容皆为这里的人物、风俗、山川、物产、名胜等，这么一来，各地都争相仿效。第二，"郡国之书，由是而作"，意思是编写郡县方面的著作，从这个时候便开始了，在这里国字是指县，"郡国之书"就是郡县之书。第三，这种著作开始时亦多由史官而作，故称"史官之末事"，所以这种著作亦是史学的一个支流。文字虽然不多，作用却是很大，它确切地记载了方志的起源。本来方志的起源问题早就不成问题，著名的历史地理学家谭其骧先生和史念海先生，也都早就提出方志起源于两汉地记。令人不解的是，方志学界有些人宁可不相信正史之记载，却偏偏将《周官》奉为经典，这当然已经不是什么研究方法的问题了。如此研究何以取信于人！嘉靖《山阴县志》的《述志》曾这样讲："夫自禹裔绝封，秦皇肇制列县称名，张官置理，分合代更，群职联叙，志为邑而作也。"①这就是说，由于秦始皇推行郡县制度，派官吏治理，郡县之划分也常有变更，于是为一邑而修的志书也就产生了。看来这位《述志》的作者确实很有点见解，他能够说出邑志是产生于秦始皇推行郡县制以后，很显然比我们今天有些方志理论工作者还来得高明。

当然，我们应当知道，地记从其产生之日起，就是为世家大族服务的，所以唐代史学评论家刘知幾就曾明确指出："郡书者，矜其乡贤，美其邦族"，"人自以为乐土，家自以为名都，竞美所居，谈过其实"。②这就说明，那些世家大族们为了显耀各自门第的高贵、郡望的优越，以维护其门第制度下的特权社会地位和权益，都纷纷撰写各自地方的地记，所以我早在《方志学通论》中就已经指出：谱学和地记，是为了维护世家大族利益，巩固门第制度而形成的两种史学方式。它们产生的社会条件和肩负的任务都是一致的，都是世家大族所建立的庄园经济在意识形态上的反映，可以说是一根藤

---

① 张天复等：嘉靖《山阴县志》，《日本藏罕见中国地方志续编》，北京图书馆出版社2003年版。
② 刘知幾撰，浦起龙释：《史通通释》卷10《杂述》，上海古籍出版社1978年版，第275、276页。

上结出两个不同形状的瓜。可见到了魏晋南北朝，史学所以会衍生出两个旁支——谱学、方志，绝不是出于偶然。当时的社会现实既向人们提出了要求，同时又提供了产生的土壤和温床，这就进一步说明，地记乃是时代的产物，它负有时代的使命，因此，从内容到形式，都具有强烈的时代精神。它的产生，绝不是凭空而降，而是有本有源。那种脱离时代背景，孤立地用某部著作来说明方志的起源，不仅不符合马列主义的观点和方法，而且是徒劳无益的。总之，郡望观念是在门第制度下产生的，标举郡望，则在于显示门第的高下，而门第的高下，与每个人的社会地位、政治权利，都有着十分密切的关系。因此，宣传郡望的优越，以巩固门第制度，这就是地记产生后所肩负的社会使命。这里我们也告诉大家，"人杰地灵"的思想观念也正是在这个时候产生的，到了唐初王勃在《滕王阁序》将其概括提出以后，影响非常深远，后来方志定型以后，许多方志作者仍相沿袭而不改，尤其是如今许多新编修的地方志中，为了表述本地人才出众，照旧在说在于"人杰地灵"。可见当年为世家大族服务以夸耀本乡本土为著述宗旨的地记，其思想影响居然会如此深远。我们认为某地是否会产生杰出人物，绝不单纯取决于地理环境是否优越，穷山恶水之乡，照样会产生许多英雄人物，这是无数历史事实都足以说明的。因此，对于传统著作中许多观点和术语，必须本着取其精华、弃其糟粕的精神，千万不要照搬照抄。可惜的是，尽管汉魏六朝时期编写的地记数量是相当多的，至今我们能够知其名者尚有一百三十余种，但完整流传下来的竟一部也没有。

　　进入隋唐五代，方志发展迎来第二个阶段——图经大为发展阶段。隋唐时代，在大一统的形势之下，随着中央集权的不断加强，许多制度都产生了相应的变化。原来的九品中正用人制度，人事大权操纵在地方世家大族手中。为了加强中央集权，就得把用人大权收归中央，故隋唐采用了科举选士制度，这种制度以才取士，不受门第高低的限制。自隋文帝开始，又把国史的编修大权垄断在中央政府手中，私人评论人物的著作也一律禁止，这显然就是针对旧的世家大族势力。这些世家大族以前总是标榜自己门第的高贵、郡望的优越，并借编写地记来达到这一目的，通过地记或相互吹捧，或自我吹嘘。这种风气若让其继续流行，势必影响中央集权的统治，故被下令禁止。另外，东晋偏安以后，北方世家大族纷纷南逃，为了保住自己的社会特权,到南方后先后设置了大量的侨置州郡,据史书记载,仅今天江苏常州一带,便设置十五六个郡级和六十多个县级流寓郡县,搞得杂乱无章,名实相违。所以还在南朝齐时,沈约写《宋书》的《州郡志》时,已经感到头绪纷繁,"邦名邑号,难或详书"。故隋王朝建立不久,有的大臣已经指出"天下州郡过多"的弊端,并建议应当"存要去闲,并小为大"。隋文帝根据这个建议,便改州、郡、县三级为州、县两级,还合并了一些州县。既要整顿州县行政区划,就必然要整顿版籍,因为这直接关系到国家赋税的收入。只有知道各州县的户口数,方可得知各地所收赋税数字是否准确。于是,整顿地方行政区划,加强户口控制,了解各地物产,确保赋税收入,便成为隋朝大修图经的重要因素。这就告诉人们,由于中央集权的加强,各种相关制度也在发生变化,而作为地方著作的功能也必然要随之变化,于是地记编修大为减少,而图经则得到普遍发展并取代了地记的社会使命。因此,我们可以这样说,图经取代地记而行使其历史使命,可视为封建中央集权战胜地方封建割据势力的具体表现。这种变化,显然又是有其特定的社会背景和受各种社会因素制约的。

至于图经这种地方著作形式何时产生,说法也很不一,有的说"图经起源于地记",也有人说是由地图演变而来的。从目前所能见到的史料来看,图经的名称在东汉已经出现。常璩在《华阳国志》中记载,东汉桓帝时巴郡太守但望在奏疏中已经明确提到《巴郡图经》。又,东汉顺帝时侍中王逸还作过《广陵郡图经》,这是我们今天能够知道有具体作者姓名的最早的图经,作者还是一位学者,著有《楚辞章句》行于世。可见说东汉时图经已经出现是毫无问题的。只是不像地记那样,为世家大族所重视,因而没有得到广泛的发展。直到隋唐五代时期,由于中央集权的需要,中央政府曾明确规定,各个地方政府必须按时编修图经,呈送中央。《新唐书·百官志》"兵部尚书"条载:"凡《图经》,非州县增废,五年乃修,岁与版籍偕上。"又《唐会要》卷59"职方员外郎"条记载:"建中元年(780)十一月二十九日,请州图每三年一送职方,今改至五年一造送,如州县有创造及山河改移,即不在五年之限,后复故。"这两条材料联系起来看,下文"州图"很可能为"州图经"之误,古代书籍传抄常有漏、衍现象出现,况且图经本身就必有图。可见唐代图经的编修,原规定为三年一修,后改为五年;但遇到特殊情况，如"州县增废"、"山河改移"等，则随时都要编修呈送。这一制度直到五代都不曾间断。对此，《五代会要》为我们留下了很好的材料。该书卷15"职方"条这样记载：

> 长兴三年（932）五月二十三日，尚书吏部侍郎王权奏："伏见诸道州府，每遇闰年，准例送尚书省职方地图者。倾因多事之后，诸道州府旧本虽存，其间郡邑或迁，馆递增改，添增镇戍，创造城池，窃恐尚以旧规录为正本，未专详勘，必有差殊。伏请颁下诸州，其所送职方地图，各令按目下郡县镇戍城池，水陆道路或经新旧移易者，并须载之于图。其有山岭溪湖、步骑舟楫各得便于登涉者，亦须备载。"奉敕："宜令诸道州府，据所管州县，先各进图经一本，并须点勘文字，无令差误。所有装写工价，并以州县杂罚钱充，不得配率人户。其间或有古今事迹、地理山川、土地所宜、风俗所尚，皆须备载，不得漏略，限至年终进纳。其画图候纸到，图经别敕处分。"

这段文字为研究图经提供了极为丰富的内容，它可以说明这样几个问题：第一，五代统治者同样很重视图经的编修，平时各州府亦都存有图经"旧本"，以备查考。第二，制度虽然规定了闰年各州县应造送地图、图经，可是地方官吏为了例行公事，往往将旧存之本抄录呈上，所以要提出必须防止此类事件之发生。第三，地图和图经明显是两回事，并不像有些人所说图经就是地图加文字说明。事实上两者都有各自的要求，地图内容偏重于为军事服务，而图经内容就丰富多了。况且地图亦可附在图经之中。第四，图经内容有明确规定："古今事迹"、"地理山川"、"土地所宜"、"风俗所尚"，皆须备载。虽然只有四句十六个字，其所包含之内容可就多了。第一句实际上就包括了本地的历史发展、建置沿革、历史事件、历史人物、民间传说等等；"土地所宜"，是指本地适宜于种植哪些农作物、饲养哪些家禽家畜，也就是后来概括为"物产"和"土特产"之类的。这都为征收赋税和贡品作准备。第五，图经编修不像地图那么简单，需要相当费用，故特地说明经费开支的出处。这是研究隋唐五代图经发展至关重要的文献，它不仅反映出封建中央统治者对其的重视，而且连具体内容都有要求，这就为研究图经的性质提供了依据。

至于图经是一种什么样的著作，真可谓众说纷纭，其实各种说法都不外乎出于想象和推测而已。有人说图经是地图加文字说明，上引材料已足以说明其错误。再一种说法则认为图经是以图为主，还在20世纪60年代，王重民先生就提出了这种说法，到了90年代王永兴先生又重提了此说。事实上上引那段文字，也已能够说明这种说法之不妥。特别是敦煌图经残卷的发现，更进一步说明这个说法的错误。《沙州都督府图经》残存者近乎三丈，所记内容达二十五种之多，有如此多的内容和字数，却丝毫未见图的痕迹，若说以图为主，于情于理都是讲不通的。而被人定名为《沙州伊州地志》的残卷，其实也是一部图经，为唐光启元年写本，残卷内容也相当多，却也没有图的痕迹。因此，我认为说图经是以图为主是同样没有根据的。我们认为，所谓图经就是指这类著作卷首都冠以各种地图，并不是说都要以图为主。请看以下事实：第一，隋炀帝时，曾编成《区宇图志》一千二百卷，"卷首有图，别造新样，纸卷长二尺，叙山川则卷首有山川图，叙郡国则卷首有郭邑图，其图上有山川域邑"。第二，唐代李吉甫的《元和郡县图志》，原本是有图，后来图失传了，今仅存《元和郡县志》，当日有图时，其图显然亦放在卷首。古人常将经、志两字互用，图经亦称图志。宋人周煇在《清波杂志》中说"近时州县皆修图志，志之详略，系夫编摩者用力之精粗"①，这就将图经称为图志。宝庆《四明志》的作者还特地将图经易名标志的过程作了说明，"四明旧有《图经》，成于乾道五年"②。开宗明义说明四明这个地方早已修过图经，但未能流传下来，而这次所修的则以乾道所修为底本，"成二十一卷，图少而志繁，故独揭志名，而以图冠其首"。可见开始编修时，还称图经，成书后则改曰志。因而就有《四明志》，而不是《四明图经》。第三，北宋元丰七年（1084）朱长文作《吴郡图经续记》三卷，如今完整地传了下来，却未见有图，是原书未作，还是图未流传下来，已不得而知。其自序中云："吴为古郡，其图志相传固久。自大中祥符中诏修图经，每州命官

---

① 周煇：《清波杂志》，上海书店出版社1985年版。
② 罗濬：宝庆《四明志》，清光绪五年刻本。

编辑，而上其详略，盖系夫其人。"① 这里又将图志与图经并提，可再次证实古人志、经之互用。第四，南宋绍兴九年（1139）所修之《严州图经》，卷首有《子城图》、《建德府内外图》、《府境总图》等九幅图，以下则分记府县之各方面内容。这就是图经，有什么理由能说它是以图为主呢？北宋建立以后，一直沿袭着隋唐五代编修的制度，尽管各地都先后多次修了图经，流传下来的同样不多，朱长文的《吴郡图经续记》可视为北宋所修图经的代表，它与隋唐五代时期的图经相比，在体例上、形式上并无多大变化，只不过越到后来内容更加丰富而已。可见那种认为图经是以图为主的说法，完全出于望文生义而已。

还在北宋开国初期，宋太祖就三番五次下令搜集、编制图经，《续资治通鉴长编》卷12记载："开宝四年（971）正月戊午，知制诰卢多逊等，重修天下图经。"该书卷14"开宝六年四月"条又载：卢多逊为江南生辰国信使，得江东诸州图经以归，"于是江东十九州之形势、屯戍远近、户口多寡，多逊尽得之矣"。《宋史·宋准传》载：开宝八年，宋准又"受诏修定诸道图经"。到了真宗大中祥符年间，又一次大规模发动全国编修图经，对此郑樵在《通志·艺文略》"图经"条还作了著录。值得注意的是，此时所修之图经其内容已大大详于隋唐时期，这从朱长文的《吴郡图经续记》就足以说明。随着学术发展的影响，图经记载的内容不断充实，体例也逐渐完善，显然已非往日图经所能比拟。于是许多编撰者为了做到名副其实，便纷纷易图经而标志，特别是到了南宋时代，名称便逐渐趋向统一而标志，再称图经的已经非常少了。从许多文献可以看到，许多地方开始时还称编修图经，但到了完成以后却都标志了。著名诗人陆游在为嘉泰《会稽志》所写的序中就曾这样说："书虽本之图经，图经出于先朝，非藩郡所可附益，乃用长安、河南、成都、相台之比，名《会稽志》。"② 我曾作过统计，成于宋代的图经和方志，凡有名可查者：北宋称图经者九十六种，称志者二十四种，其他五十二种；南宋称图经者三十一种，称志者二百四十八种，其他二十五种；又北宋、南宋无法确定者四十三种。三者总数合计是七百六十一种。这些数字醒

---

① 朱长文：《吴郡图经续记》，江苏古籍出版社1999年版。
② 施宿：嘉泰《会稽志》，天一阁藏明正德五年重刻本。

目地告诉人们，北宋时图经的数量还很大，到了南宋则大为减少，而称志者则增加十倍以上，其他名称也在减少，这说明在名称上已趋于统一，这可以说是宋代方志趋向定型的标志。所以我们说，宋代的方志发展，在整个方志发展史上具有划时代的重要意义。它起到继往开来、承前启后的重要作用。在这一时期，无论从修志的普遍性还是成书数量来看，都是史无前例的。内容的日益充实、体例的不断完善、名称的日趋统一，从各个方面看，方志作为地方性、综合性的著作已经趋于定型，已经完全成熟了，从此，方志发展进入了第三个阶段——方志定型成熟阶段。

　　我们说到宋代方志编修已经进入了成熟阶段，当然也表现在很多方面。首先是功能在不断扩大。原来图经的编修，是供最高统治者了解各地形势，特别是屯戍、户口、交通、物产等情况，以便于加强统治和赋税的征收。到了宋代，许多作者则提出了有别于上述的许多方面内容。林虙在《吴郡图经续记》的《后序》中就提出："举昔时牧守之贤，冀来者之相承也；道前世人物之盛，冀后生之自力也；沟浍条浚水之方，仓庾记裕民之术，论风俗之习尚，夸户口之蕃息，遂及于礼乐之大备……岂可徒以方域舆地之书视之哉！"而马祖光在景定《建康志》的序中讲得就更明确了："郡有志……岂徒辨其山林川泽都鄙之名物而已。天时验于岁月灾祥之书，地利明于行势险要之设，人文著于衣冠礼乐风俗之臧否。忠孝节义，表人材也；版籍登耗，考民力也；甲兵坚瑕，讨军实也；政教修废，察吏治也；古今是非之迹，垂劝鉴也。夫如是，然后有补于世。"①可见宋人编修方志，已经明确提出所载之内容必须有益于资治、有益于教化、有益于劝鉴，总之，必须有补于世，这与隋唐时代的图经，显然有着很大的区别。后来通过许多修志工作者的共同努力，地方志的编修逐渐形成"存史、资治、教化"的三大功能。唯其如此，所以也就在宋代，官吏上任首先查阅本地的图经或方志。南宋学者朱熹，淳熙六年（1179）出任南康军，刚一到任，便要查阅图经，要从中了解前任官吏的政绩，以及民俗、先哲、名胜古迹等等。1959年6月3日，毛泽东主席在庐山主持中共中央政治局会议和八届八中全会期间，在阅读了《庐山志》以后，便和大家讲了朱熹"下轿伊始问志书"的典故。朱熹到南康郡

---

① 周应合：景定《建康志》，清嘉庆六年刻本。

上任，当地官员们轿前迎接。朱熹下轿就问《南康志》带来没有，弄得官员们措手不及，这就是有名的"下轿伊始问志书"的来历。朱熹这个典故流传后，"治天下者以史为鉴，治郡国者以志为鉴"就成了后人"以志呈阅"的惯例。毛泽东同志当时给大家讲述这个故事，目的在于要求大家在搞调查研究时，应当充分利用地方志和其他历史著作。著名政治家寇准晚年被贬海康，"至境首，雷吏呈《图经》，迎拜于道"①。赵不悔于乾道九年（1173）知徽州，"吏以图经先至"。这些事实都说明，新官上任尚在途中，当地前来迎接的官吏便呈上图经，可见当时地方官对方志是如此重视，因为从中可以得到求治之资，这无形中也就抬高了方志的身价。正因如此，在宋代，作为地方官吏，编修本地之志书，已经变成自己职责范围之内的事情，倘若年久失修，便将被批评为失职。这种社会舆论，往往还胜过国家的法令，因为国家的法令，还可以用旧的志书过录一本加以搪塞，这就是隋唐时图经的致命弱点，自然就无保留流传的价值。一旦社会上认为这是各地不可缺少的东西，那不仅身价提高，其生命力也就强了。如朱熹看了《南康图经》后，觉得很不理想，便自己动手为之编修；赵不悔到徽州任上，看了官吏所呈送之图经，大失所望，便邀请罗愿编修了《新安志》；以及陈耆卿应聘修嘉定《赤城志》、周应合应聘修景定《建康志》等等，都是地方官主动出面编修。有了地方官的积极性，志书自然就容易编修成功。还要指出的是，在宋代大批学者参与了编修地方志工作，如宋敏求、朱长文、刘敞、范成大、李焘、熊克、薛季宣、陈傅良、周必大、陈振孙等。他们编修方志不仅十分注意实用价值，而且还重视学术内容，同时也不忽视其体例的完善，这对于促进方志的学术性、提高方志的生命力都有着直接关系。所以我们说，广大学者参加方志的编修，对于方志记载内容的扩大、体例的完善，乃至使其趋于定型都起着非常重要的作用，从而使方志的编修跨入了一个新的阶段。在上述多种因素作用下，宋代为我们留下了一批有名的志书，如周应合的景定《建康志》、罗愿的《新安志》、范成大的《吴郡志》和"临安三志"等。特别是咸淳《临安志》，如今已经成为研究南宋历史和杭州历史的人非读不可之书。

　　方志的编修，经过宋代学者们苦心经营，不仅使这种著作得到定型，而

---

① 文莹：《湘山野录·续录·王壶清话》，中华书局1984年版。

且逐渐形成一个传统，即地方官上任之初，首先要查阅本地的志书，若发现残缺不全，便及时组织人员编修。由于这种地方志书，对于了解各地情况，作用确实很大，故在元朝统一以后，这个传统不仅没有中断，而且得到了继续的发展。特别是元朝建立不久，元世祖便采纳了大臣建议，编修《大一统志》，这就势必促使各地方志编修的发展，因此，尽管元朝仅八十余年历史，仍旧编修出数量非常可观的志书，如今尚能知其名者仍有一百七十多种。尤其是《大一统志》的编修，开了明清两代编修一统志的先河。明朝开国之初，朱元璋便提出编修一统志的要求，于是要求各地先编修府州县志，此后还曾三令五申，这些要求在《明实录》和有关史书中都有记载。因此有明一代两百七十余年中，许多省的通志大都编修了三次以上。至于府州县志，次数就更多了。广东的《潮阳县志》、江苏的《六合县志》都曾编修了六次，浙江《萧山县志》竟修了七次之多，《杭州府志》亦修了六次之多。明代修志中一个很大的特点，便是大多数志书都订立了凡例，以此来说明著书者的宗旨和编修原则。如对于人物的编修，《新昌县志·凡例》中就明确提出，立传大小，不是以官位高低而定，而是以政绩、德行为准，官吏政绩显著，乡贤德业表表者方可立大传。假如某官所做政绩不多，只需在官师表名下作一小注即可。在封建社会能够订立出这样的立传标准，实在是难能可贵。又如崇祯《肇庆府志》的《凡例》中，撰写人物，专门列出一条，必须实事求是："志乘宁信毋疑，宁核毋滥，宁缓以质舆评，毋逞笔于臆见，宁缺以俟后日，毋阿意于目前。其真惠真廉，必闻泽曾编，穷檐冰玉，可风百代。即立言立功，必捍御著有劳勋，经纬蔚为文采，使作者无腴词，受者无愧色。它若职守平常，不敢概为传述。"[①] 作为封建时代的修志工作者，能够提出如此严格的要求，自然是很了不起的，写的人不允许有阿谀奉承的语言和内容，要让被写的人当之无愧。尤其可贵的是，对于政绩平平的官吏，也不必为之立传。对于这条凡例所规定的，我敢大胆地说，我们不少新编方志的作者恐怕未必能够做到，只能甘拜下风。我们经常说要继承和发扬历史上优良的修志传统，我想这不能仅仅是挂在嘴上的教条。从这些凡例中，我们可以看到，明代修志工作者已经很注意研究方志的性质、作用以及如何编撰

---

① 陆鳌：崇祯《肇庆府志》，《日本藏罕见中国方志续编》，北京图书馆出版社2003年版。

等理论问题，有许多序跋还专门在谈论这些问题，这都为后人建立系统的方志理论创造了良好的条件。

到了清代，我国封建时代修志事业进入了全盛时代。清朝曾于康熙、乾隆、嘉庆年间三次编撰《大清一统志》，每次纂修之前，先令各地编纂通志及府州县志，这种行政命令，地方官吏必须奉命照办。为了催促各地抓紧编修，雍正帝居然于雍正六年发了约四百字的"上谕"，其中指出"如所纂之书，果能精详公当，而又速成，著将督抚等官，俱交部议叙。倘时日既延而所纂之书，又草率滥略，亦即从重处分"①。可见修得好坏，还分别给予奖惩，难怪清朝那些封疆大吏对于编修各省通志积极性是那么高。所以有清一代，不仅所修志书数量超过以往任何一个朝代（今天留下的八千五百多部志书中，清代所修占了五千七百部），而且乡镇志、山水志、寺院志等都比明代更加发达、更加普遍。尤其是对修志理论的探讨更引起人们的重视，并产生了不同的派别，以至最后使方志发展成为一门独立的学问——方志学，而章学诚则是这门学问的奠基人。需要指出的是，有人认为宋代已经形成了方志学，这种说法是欠妥当的。应当知道并不是有了方志著作就有了方志学，正像有了史书并不等于就有了史学。方志要成为一门学问，还必须具备丰富的而不是零星的、系统的而不是片段的方志理论以及完整的编纂体系，这在宋代方志发展过程中并不存在，在明代也不存在，只有到了清代才真正出现，而重要的代表人物则是乾嘉时期的章学诚。他既是史学评论家，又是方志学奠基人。他的方志理论非常丰富、相当全面。因此近世梁启超把他称为"方志之祖"、"方志之圣"是有一定道理的，他所以能够在方志理论上取得如此巨大成就，与他有丰富的史学理论为指导分不开。章学诚用史学理论指导自己的修志实践，又用史学理论检验和总结前人的修志经验，通过自己的修志实践又获得许多宝贵的知识和经验。更重要的是，他能及时地把它们升华为理论，进而使之具有普遍意义，转过来再指导方志的编修。这是一般方志学家所无法办到的，因为他们缺少史学理论。理论指导实践，实践又丰富了理论，这是章学诚方志学发展的全过程，也是章学诚方志理论取得巨大成就的决定因素。

---

① 《清世宗实录》"雍正六年十一月"条，中华书局1985年版。

民国时期，尽管社会很不安定，但编修方志工作各地仍在进行，国民政府内政部也曾多次发布修志条例和通知。因此，在短短三十多年间，编修方志也达1100多部，但大多为县志。其中有些编纂出色的如黄炎培的《川沙县志》、缪荃孙的《江阴县志》、张相文的《泗阳县志》等。在这一时期，许多学者在方志理论方面从不同角度进行了研究和探讨，写出了许多论著。其中以傅振伦、朱士嘉二位先生所作贡献尤为突出。傅振伦先生的《中国方志学通论》一书，不仅论述了方志的源流和历史，评论了旧志的价值和一些志书的优劣高下，而且对新志的编修也提出了主张。因为傅先生从事史学研究工作，所以他对许多方志的论述，联系了史学发展状况，同时自己又参加过编修工作，富有切身的经验体会。这都使他有可能在这部著作中，系统而完整地论述方志学，使之成为近世以来重要的方志学论著。朱士嘉先生则以一人之力，于1935年出版了总结全国性地方志的目录——《中国地方志综录》，对全国所藏方志做了一次清理工作。当时该书著录5832种方志。到了1956年出增订版时，全书已经收录7413种，为方志目录学的发展打下了良好的基础，为整理和利用方志创造了有利条件。在《中国地方志联合目录》未出之前，此书乃是一部权威性的方志目录著作。

新中国成立后，国家三代领导人对修志工作都很重视。在新中国成立后不久，全国编修新方志工作就已经在各省得以普遍开展。当时将修志工作列入国家社会科学规划，还成立了全国地方志小组主持其事。可是，正当各地纷纷修出志稿、渐入佳境的时候，"文化大革命"开始了，从而使正在蓬勃发展的修志工作被迫中断了下来。尽管如此，在短短的几年中已经取得了显著的成果。据国家档案局1960年的统计，当时就有二十多个省、市、自治区的五百三十多个县，开展了新编方志工作，其中约有二百五十多个县写出了县志的初稿，正式出版的有近三十部，而大部分都有内部用的铅印本或油印本，这当然都应当被看作可喜的成绩。可是令人不解的是，方志学界对于这个时期的修志工作大多避而不谈。谈到新中国的修志事业，总是从20世纪70年代末80年代初谈起，这显然是不正常的。这种做法无疑是在割断修志的历史。当然，由于80年代以来，我国出现了"政通人和，百废俱兴"的局面，因而在中华大地上很快掀起了声势浩大的修志热潮。其参加人数之多、修志品种之广、成书速度之快、志书质量之高，都是历史上所仅见的，是任何一个时代都无法比拟的。截至 2000 年 9 月 30 日，全国已出版省、市、县三级志书 4287 部（卷），各类专业志的编修也如雨后春笋。1999 年 10 月在北京举办的"全国新编地方志成果展览"，参展的各类志书及方志理论著作总计一万余部。1997 年全国地方志评奖中，获一等奖的志书 51 部，二等奖 127 部。其中《绍兴市志》、《苏州市志》、《宁波市志》、《东阳市志》等都受到了人们的普遍好评。通过这一届修志还培养了数以万计的修志人才，参加各地修志的专职、兼职工作人员多达十余万，号称十万修志大军。通过边学边干，特别通过多年的修志实践，许多人都熟练地掌握了修志业务，更有许多成了修志行家。据 1996 年的统计，当时有专职人员两万两千余人，获得高级职称的已有两千余人，获得中级职称的亦有七千余人。这一届修志还造就了一批方志理论工作者，出版了一批方志理论著作，限于篇幅，只好从略了。总之，从这二十年的修志事业的发展来看，这一古老的优秀的民族文化传统，正焕发出特有的青春活力。我们今天所修的各类志书，大都充分体现了我们这个时代的特点和时代精神，体例上也已形成了新的志书体裁，内容上完全反映了我们时代的方方面面。其内容之丰富是任何时代志书所无法比拟的，也是其他任何著作所难以具备的，因而方志的功能与价值都得到了充分的体现。新中国的修志事业还将向前蓬勃发展。

历考我国方志的发展，已经有了两千多年的历程，不仅经久不衰，而且如今更能焕发出青春的活力，正蓬勃地向前发展。对此，许多外国学者研究后无不称奇，如美国芝加哥大学教授亚力托在《中国方志与西方史的比较》一文中说："自宋以来，方志在形式上和内涵上的一致性是惊人的。至于西方，根本没有长期一致的文体，即使一国中的一致性也没有……而方志的形式则千年基本未变。"我们一直认为编修地方志是我国民族文化中一个优良的传统，也是我们中华民族所特有的文化传统。还在 1958 年 10 月，国务院科学规划委员会地方志小组制定的《关于新编地方志的几点意见》中就明确指出："方志是我国一项独有的文化遗产。"著名学者谭其骧先生也说："我们的祖宗给我们留下了八千多部方志，这是我国一个很伟大的、特有的宝库，这中间有大量的可贵的史料。"[①] 台湾学者陈捷先教授在其《清代台湾方

---

① 谭其骧：《在中国地方史志协会成立大会上讲话》，《中国地方史志通讯》1981 年第 5—6 期合刊。

志研究》一书中则称方志为"全世界文化史中的一项特有瑰宝"①。有谁能说不是呢？现在却偏偏有那么几个人，爱做反调文章，硬说方志编修在世界各国都普遍存在。为此，我在《方志学通论》（修订本）的《前言》中作了较为详细的论述，指出我们周边的邻国日本、朝鲜、越南等国，由于千百年来受中国传统文化影响较深，有的国家在历史上还曾列入中国封建王朝的行政区划，而大多数则长期与中国封建王朝存在着封贡关系，这样一来，中华文化大量传入自然就在情理之中，因而在他们的历史上确实编修过地方志，有的还相当典型。尽管如此，就是因为各个国家存在着不同的风俗习惯，于是没有一个国家能坚持下来。关键在于他们都没有形成制度化，没有国家制度的保证，既不可能做到连续性，更不可能做到普遍性的编修，因而有的是很快自行消失，朝鲜、越南便是如此，有的则最后完全变了味，全部走上地方史的道路，把方志的特点丢得精光，日本就是典型。这都是明摆着的历史事实，为什么就看不到呢？至于西方国家，更不会有方志这种著作，因为在他们的语言文字中，连"方志"这样的词汇也不存在，当然也就无法将"方志"这个名词翻译过去，一些西方学者在论著中当引到拙著《方志学通论》时，他们只好使用中文书名。陈捷先教授在《东亚古方志学探论》一书的《引言》中就曾说明："我们中国古老优良的文化遗产中，有一种叫'方志'的，在英文字汇里找不到一个合适的译名"，"中国方志的特别与找不到合适的译名，可能与这种文化遗珍的内容与书体有关。……方志既有如此特殊的内容与书法，在西洋文化遗产中是不见的，当然相同的译名就不容易找到了"。② 可见这就是不同的地域、不同的民族、不同的风俗民情所形成的不同文化在语言文字上的具体反映。这里我也想再次提醒大家，作为意识形态的学术文化，它的民族性和地域性表现得非常明显，不同的国家、不同的民族，生活在不同的地域，经历了不同的历史，这就必然形成了人类文化的多样性，这是研究学术文化最起码的常识。只有懂得这个道理，才能理解为什么不同的国家、不同的民族必然产生不同的学术文化。当然，我也很不客气地告诉大家，有人写西方国家也有方志的文章，实际上自己连什么叫作方志

---

① 陈捷先：《清代台湾方志研究》，台湾学生书局1996年版。
② 陈捷先：《东亚古方志学探论》，台湾"中央图书馆"1997年版。

也不懂。如有人在《黑龙江史志》上发表了《略论方志的多国性》一文，提出方志编修在世界各国普遍存在，并且列举了恺撒的《高卢战记》、塔西佗的《日耳曼志》以及《美国志》等来说明，单从他列举的这些书名，我就可以肯定此公既不懂方志，也不懂史学。研究历史的人都知道，这些著作明明都是历史书，怎么到他的笔下却成了方志呢？限于篇幅，这里就不再对其错误加以评论了，可参考《方志学通论》（修订本）的《前言》。总之，两千年的方志发展史的事实说明了这样一点——编修地方志确实是我们中华民族所特有的优良文化传统，在这个问题上我们没有必要过于谦让。相反我倒认为，自己拥有特有的瑰宝而不敢理直气壮地承认，那才是很可悲的现象。

（原载《阴山学刊》2004年第17卷第20期。又收入《仓修良探方志》，华东师范大学出版社2005年版）

地方志与区域史研究

编修地方志在我国已有两千年的历史，这是我们中华民族所特有的一种传统文化形式。由于它的形式、内容和价值，决定了它富有旺盛的生命力，以至历两千年而不衰，这是世界上任何一种著作形式所无法比拟的。所以台湾学者陈捷先教授称中国地方志已经"成为全世界文化史中的一项特有瑰宝"，此话表述十分确当。因为地方志是记载一个地区以行政区划为中心的地方文献著作，是包括这个地区的政治、经济、文化、物产和社会风俗等方面的综合性的资料性著作，因此，它就成为研究区域历史、区域文化不可缺少的重要资料宝库。

这种区域性综合著作所以能历两千年而不衰，原因自然是多方面的。其中一个很重要的因素，就是我们国家幅员辽阔，又长期处在大一统局面之下。自从秦始皇在全国推行郡县制，把全国分为三十六郡，以后历朝沿袭，虽有变化，也仅是名称而已，府、州、县之称却一直沿袭到封建王朝的结束。幅员辽阔，气候就明显有很大差异，从而造成各地政治、经济发展的不平衡，文化、风俗、语言都出现不同程度的差异，这也是很正常的现象，而对于这些，各地所修的方志，也都能作出应有的反映，这就是我们常说的区域性，也正因如此，我们中华民族的文化才有异彩纷呈的局面。需要指出的是，在台湾岛内，一小股分裂主义分子为了搞"台湾独立"，居然打出"台湾意识"、"台湾文化"的旗号进行招摇撞骗，尽管他们是别有用心，却是一种十足的无知表现。对此，笔者在一篇文章中曾经有过这样的论述："我们可以明确地告诉大家，这些只不过是中华民族传统意识和传统文化所具有的一些地方特色而已。这正如大陆近年来掀起的区域文化研究热一样，诸如吴越文化、楚文化、中原文化、三秦文化、三晋文化、燕赵文化、齐鲁文化等等，都有一定地方色彩和特点，但又都是整个统一的中华民族文化的组成部分，这是谁也无法否认的事实。特别是我们要说的地方志编修，这种传统文化的统一性就更加突出了。"①有清一代台湾不是也编修了四十多种方志吗？有的是奉命而修，有的则是受长期以来所形成的一种社会风气所影响。关于这些，陈捷先教授已经有专著《清代台湾方志研究》一书，进行系统全面的论述。面对这众多的台湾方志，有谁敢说这都不是中华文化的组成部分呢！

地方志这种著作从它产生之日起，内容就一直相当丰富，它不仅论述本地的各类知名人士，而且对于本地的山脉河流、风景名胜、地理沿革、水利交通、物产风俗、古迹传说等都有记载，有些比较好的连本地重要文献和本地人的著作都有著录，这对于研究该地的历史与文化无疑就提供了方便条件。方志的初期阶段称之为地记，当时著名的地记有圈称的《陈留耆旧记》（有的著录称传）、周斐的《汝南先贤传》、陈寿的《益部耆旧传》、虞预的《会稽典录》、盛弘之的《荆州记》、罗含的《湘中记》、习凿齿的《襄阳耆旧记》等。可惜的是，这种地记竟一部完整的也未能流传下来。尽管如此，它们所记载的许多有价值内容，为当时或后世人所征引和摘抄，还是为我们流传了下来。北齐、北周时人宋孝王所作的《关东风俗传》，就是记载以邺地为中心的地理、风俗、人物、艺文等内容的一部地记，杰出史学评论家刘知幾在《史通·书志》篇中，就赞扬了该书《坟籍志》在收录著作时很注意分寸，入志之书皆为本地人所作，并且所列全系当代人作品，既有区域范围，又有时代断限，所以刘知幾给予很高评价。而在《史通·言语》篇中，还表扬宋孝王能用当时的方言口语，如实反映事实真相与时代精神，"抗词正笔，务存直道，方言世语，由此毕彰"。《坟籍志》就是后来方志著作中之《艺文志》或《经籍志》。它的出现，无疑就开了后世地方志中记载文艺的先河。地方人士的著作，自然是研究这个地区历史文化发展的重要文献，正像《汉书·艺文志》是研究我国先秦以来学术思想流派发展的重要史料，《隋书·经籍志》是研究《汉书》以后学术思想发展变化的重要依据。《会稽典录》收录了《曹娥碑》全文，为我们今天研究该碑及有关史事提供了方便，而该书的《朱育传》，反映了当时的社会风气，人们竞相夸耀自己的乡里，美化自己的宗族，从一个侧面反映出地记这种著作所以迅速发展的

---

① 《一部全面反映台湾方志发展的学术专著——读台湾学者陈捷先〈清代台湾方志研究〉》，《中国地方志》1997年第3期。

社会因素。在我国流传了两千多年为纪念伟大爱国诗人屈原而形成的传统节日端午节，东晋历史学家习凿齿在其所著地记《襄阳耆旧记》中就已经有了详细的记载："屈原五月五日投汨罗江，其妻每投食于水以祭之。原通梦告妻，所祭食皆为蛟龙所夺。龙畏五色丝及竹，故妻以竹（叶）为粽，以五色丝缠之。今俗，其日皆带五色丝，食粽，言免蛟龙之患。又原五日先沉，十日而出，楚人于水次迅楫争驰，棹歌乱响，有凄断之声，意存拯溺，喧震川陆。风俗迁流，遂有竞渡之戏。"文字虽然不多，但已经将吃粽子、划龙舟的风俗习惯来历讲清楚了。而这个风俗首先是起源于楚人。"风俗流迁，遂有竞渡之戏"，这是一句结论性的话，告诉人们，端午节龙舟比赛，实起于楚人欲拯救屈原之举动，这是完全可以理解的。

可是，1997年6月9日，《杭州日报》（下午版）与《钱江晚报》同时刊登一条消息，说端午节原是为纪念伍子胥，为了辨个水落石出，现将该消息全文抄录于后：

> 南京文史民俗专家研究认为 端午习俗吴地始 原为纪念伍子胥
> 本报南京讯 每逢农历五月初五端午节，我国民间有吃粽子、划龙舟的习俗，相传是为了纪念爱国诗人屈原。其实，这一说法已较晚。据南京市文史和民俗工作者研究认为，端午节原为纪念吴国大夫伍子胥，于春秋末期在苏州一带形成，并不会晚于越灭吴时（公元前478年）。这比屈原自沉汨罗江（公元前278年），要早二百年左右。
> 这一说法的记载最早见于范晔的《后汉书》云"五月五日，时迎伍君，逆涛而上"。苏州大学历史系蒋康先生认为，吴越人民以五月五日端午节龙舟竞渡来作为对伍子胥的哀悼和尊拜，奉为"波神"。这一风俗从春秋末一直流传至东汉，"以后才逐渐转为纪念屈原"，并以"旧时苏州划龙船都在胥门塘"为证明。（江文）

以上是抄自《杭州日报》（下午版）该日第三版，《钱江晚报》所刊亦为江文提供，文字大体相同，唯《后汉书》具体化为该书所载《曹娥碑》云。我觉得这些研究者以这点材料就来否定传统的说法也实在太轻率了。

他们提出这一说法的记载最早见于范晔的《后汉书》，我们知道，范晔

《后汉书·曹娥传》确实有类似文字，该传不长，为了说明问题，现将传文抄录于后：

> 孝女曹娥者，会稽上虞人也。父盱，能弦歌，为巫祝。汉安二年五月五日，于县江溯涛婆娑迎神，溺死，不得尸骸。娥年十四，乃沿江号哭，昼夜不绝声，旬有七日，遂投江而死。至元嘉元年，县长度尚改葬娥于江南道傍，为立碑焉。

全传86字，讲的是曹娥之父曹盱，能弦歌，为巫祝，五月五日迎神溺水身亡，女儿曹娥，为救父亲，亦投水而亡，主题明确，岂有他哉！那种认为端午节是为纪念伍子胥"最早见于范晔《后汉书》"纯属无稽之谈。

至于说见《后汉书》中的《曹娥碑》当然更是毫无根据，因为《后汉书》中并无《曹娥碑》。我可以告知广大读者，《曹娥碑》现已收入新修《绍兴市志》，现将有关文字摘抄于后：

> 孝女曹娥者，上虞曹盱之女也。……盱能抚节按歌，婆娑乐神。汉安二年五月五日，迎伍君。逆涛而上，为水所淹，不得其尸，娥时年十四岁，号慕思盱，哀吟泽畔，旬有七日，遂自投江死，经五日抱父尸出。以汉安迄于元嘉元年青龙辛卯，莫之有表。度尚设祭诔之，辞曰（略）。（《绍兴市志》卷37，第一章《文选》）

其实关于这个内容，在这里的地记中均有较为详细的记载，《会稽典录》曰：

> 孝女曹娥者，上虞人。父盱，能抚节按歌，婆娑乐神。汉安二年，迎伍君神，溯涛而上，为水所淹，不得其尸。娥年十四，号慕思盱，乃投瓜于江，存其父尸曰："父在此，瓜当沉。"旬有七日，瓜偶沉，遂自投于江而死。县长度尚悲怜其义，为之改葬，命其弟子邯郸子礼为之作碑。

两部书和一块碑文记载了同一件事情，那就是孝女曹娥的父亲曹盱因迎神溺水身亡，曹娥非常孝顺，为将其父尸体找到而投水身亡。情节就是这样，这与端午节有何关系？应当注意的是，曹盱职业是巫祝，迎神弄鬼乃是分内之事，似乎有了五月五日，迎伍君神字样，就可以与端午节联系起来了，端午节就可以变成是纪念伍子胥了。《会稽典录》记载时只载年代，日期也未记载，因为这不是其要记之重点。再看上文所引《襄阳耆旧记》那段文字，自然就全然不同。至于这几种著作的成书先后，这里也不妨讲明，以便于比较。范晔《后汉书》成于南朝宋，而习凿齿的《襄阳耆旧记》与虞预的《会稽典录》均成书于东晋时代，这两位作者又都是历史学家，前者作过《汉晋春秋》，后者作过《晋书》。因此，他们所作之地记，内容比较可靠。还要指出的是，《襄阳耆旧记》的记载，还可得到东汉学者应劭《风俗通义》的佐证，这是一部专门研究我国民风民俗的重要著作，书中对我国古代民间流行的节日和祭祀，都有较详细的记载，可惜的是有许多重要内容都散失了，而对于端午节，还有一条佚文流传："五月五日，以五彩丝系臂者，辟兵及鬼，令人不病温，亦因屈原。"这就是说，端午节民间风俗要佩戴五色绒线，用以避邪，亦与纪念屈原有关。可见这一风俗，在汉代已非常盛行。唐人张守节为《史记》作注，在《屈原列传》"怀石遂自沉汨罗以死"句下引《续齐谐记》注曰："屈原以五月五日投汨罗而死，楚人哀之，每于此日以竹筒贮米投水祭之。汉建武中，长沙区回白日忽见一人，自称三闾大夫。谓回曰：'闻君常见祭，甚善。但常年所遗，并为蛟龙所窃，今若有惠，可以练树叶塞上，以五色丝转缚之，此物蛟龙所惮。'回依其言。世人五月五日作粽，并带五色丝及练叶，皆汨罗之遗风。"张守节虽是唐代学者，但所引之著作显然是成于魏晋南北朝。以上所列史料，无一不是说明端午节、粽子、龙舟竞渡都是起源于纪念伟大诗人屈原，因为五月五日是他投汨罗江的日子。有谁能说出五月五日与伍子胥有什么关系吗？看来谁也说不出。

那篇报道中所讲还有两个观点不妥需要指出，既然"端午节原为纪念吴国大夫伍子胥，于春秋末期在苏州一带形成，并不会晚于越灭吴时"，那么持此观点的能够拿出当时的文献记载吗？令人啼笑皆非的是，居然拿出"最早见于范晔的《后汉书》"或《曹娥碑》，就靠那似是而非的两句话来加以推论，何以取信于人？身为巫祝的曹盱因迎神溺水而亡是在东汉后期，又如何能以此论证春秋末期在苏州一带发生之事，况且曹盱溺水身亡，又发生在浙江上虞，这种牵强附会的研究方法实在是不可取。又说："吴越人民以五月五日端午节龙舟竞渡来作为对伍子胥的哀悼和尊拜，奉为'波神'。这一风俗从春秋末一直流传至东汉，'以后才逐渐转为纪念屈原'。"讲此话者，忘了这样一个历史事实，吴越争霸，勾践被俘侍奉夫差，早已伤害越国人民的感情，当勾践回国后，卧薪尝胆之时，据《国语·越语》记载："国之父兄请曰：'昔者夫差耻吾君于诸侯之国，今越国亦节矣，请报之。'""国人皆劝，父勉其子，兄勉其弟，妇勉其夫"，可见举国上下都要攻打吴国，而作为吴国大夫的伍子胥，当时则是坚决主张要灭亡越国的。对于这样一个人，从春秋末期开始，说越国人民会去"哀悼和尊拜"，简直成了天方夜谭！即便在吴地，也未必能找到足以否定端午节是为了纪念屈原的过硬材料。孔子早就提出无征不信，希望它能成为文史研究工作者的准则，不要不负责任地随心所欲乱说。

为了解决这一有争议的问题，竟然有多种地记可以为之提供资料，足见作为地方志初期阶段的地记在研究区域历史和区域文化方面所具有的重要学术价值。

自宋以来，地方志的发展进入定型阶段以后，因受社会的影响，特别是受到相关的学术文化的影响，因而所载内容更加丰富，容量不断扩大，学术价值也逐渐在提高，已经成为研究区域历史和区域文化必不可少的重要文献。据统计，自宋以来历元、明、清至民国，各期所修方志流传至今的尚有八千多种，共十一万多卷，占我国现存古籍总数的十分之一左右，这是一个巨大的数字，为我们研究祖国各地的历史、地理、政治、学术文化、物产资源、风土人情等方面提供了很多宝贵材料，有许多还补了正史记载之不足，解决了历史研究中不少悬而未决的问题。

就以宋代所修的"临安三志"（乾道《临安志》、淳祐《临安志》、咸淳《临安志》三部志书的合称）来说，是研究杭州地区历史非常重要的文献，尽管前两种已经严重残缺，《乾道志》原为15卷，今仅残存3卷，《淳祐志》原为52卷，今仅存残本6卷，但它们的价值仍很重要。对于《乾道志》，《四库全书总目提要》指出："今其书虽残缺不全，而于南宋地志中为最古之本，考武林掌故者，要必以是书称首焉。"对诸如研究临安的建置沿革、城社规模和布局、物产的富饶、赋税的负担等情况，《乾道志》确实都有重要价值。

而《淳祐志》的残卷，阮元在《四库未收书目提要》中同样给予很高评价："此与乾道、咸淳二志，备载南宋数朝掌故，藉补史传之遗，皆未可以残缺废也。"至于《咸淳志》，则在宋代所修的方志之中，能够传至今日者，无论体例之完善、史料价值之高，皆以此志为佳，它不仅为研究南宋时期杭州的政治、经济、文化和社会风俗提供了大量的史料，而且对研究宋代的历史亦具有很高的史料价值。明清时期所作的关于杭州和西湖方面的书志，取材于此书者比比皆是。今人研究杭州历史，它已成为主要的依据。

研究明清时期江南经济的人可以说已经有了共识，凡是关于这方面的论著，几乎无不引用方志材料作为论据。尤其是关于资本主义因素萌芽问题，在江南丝织业中比较明显。当时的苏州、松江、杭州、嘉兴、湖州五府，不仅成为江南最繁荣的城市，而且是全国丝棉纺织业中心，这些地区丝棉纺织生产，竟然牵动着全国很多地方，这些内容在这五府的府县志上有记载，而在其他许多地方的方志中也从不同角度得到反映。就以丝织业而言，苏州府的吴江县，"绫绸之业，宋元以来，惟郡人（苏州城里人）为之。至明熙、宣（仁宗洪熙、宣宗宣德）间，邑民始事机丝，犹往往雇郡人织挽。成、弘（宪宗成化、孝宗弘治）而后，土人亦精其业者，相沿成俗。于是震泽镇及近镇各村民乃尽逐绫绸之利，有力者雇人织挽，贫者皆自织，乃令其童稚挽花。女红不事纺织，日夜治丝，故儿女自十岁以外，皆早暮拮据以糊口"（乾隆《震泽县志》卷25《生业》）。据《苏州府志》记载，万历时期的苏州府，就有机房雇技术工人，计日领取工资，并有许多临时工，每天清晨分别站在城里的各个小桥头或小巷口，等待雇用。再看当时的湖州地区，专营丝绸的包卖商在这里很盛行。乾隆《乌青镇志》卷7《土产》门的记载最为典型："四乡所出，西路为上，北次之。蚕毕时，各处商客，投行收买。平时则有各处机户，零买经纬自织。又有贸丝诣各镇卖于机户，谓之贩子。本镇四乡产丝不少，缘无机户，故价每减于各镇。"据该志《农桑》门记载，这里的蚕桑事业已大大超过了农业。而嘉兴府所属的《南寻镇志》卷24载："每当新丝告成，商贾辐辏，而苏、杭两织造，皆至此焉。"不仅如此，这些地方所产之丝，已经远销全国各地。

嘉庆《江宁府志》卷11载："江宁本不出丝，皆买丝于吴越。"

乾隆《赣州府志》卷3载："葛布唯会昌佳，会昌、安远有以湖丝配入者，谓之葛丝。"

乾隆《潞安府志》卷34载："每岁织造之令一至，比户惊慌。本地无丝可买，远走江浙买办湖丝。"可见研究江浙地区历史上蚕桑事业的发展，明清时期所修的各地各类方志实在是太重要了。

至于研究历史上各地对外贸易，地方志也会为我们提供丰富的材料。众所周知，广州是我国古代重要的对外贸易口岸之一，并有市舶司一类机构的设置。大德《南海志》曾有十分详尽的记载，可惜的是这部志书早已失传。已故学者陈连庆先生曾从《永乐大典》中所存佚文加以辑佚并作研究，撰成《大德南海志研究》[①]，对这部不可多得的元修方志提出了很高的评价。因为残存的分量还是比较多的，记述内容也很详细，特别是关于当时的市舶记录，不仅详细记载了从海外进口的商品，而且还记录了当时和中国进行贸易的国家，而它的根据，应该是广州市舶司一类机关的原始档案，因而它的史料价值远在一般著作之上。陈先生经过对这部方志佚文的研究，得出了四个结论：

一、元代初年广州港的商品贸易，已经具有世界性的规模。从事贸易的商人来自四面八方……有的直接贩运，有的几经转手。这种广泛的物资交流，应该说是人类历史上的空前壮举。……

二、进口商品种类多，既有高档商品，也有低档商品，打破了从前进口以犀象、珠玑、香药为主的片面倾向。……和宋朝初年相较，已经有了很大的变化。从市舶收入来说，南宋初期每年已达200万缗，到了这时显然更有很大的增长，国际间的贸易往来，已经不是可有可无的了。

三、从进口商品的加工情况来看，可以看出东南亚某些国家经济、文化的逐渐发展。尽管进口商品绝大多数属于原料性质的东西，但还有一些加工品。……特别值得注意的是，近代工业重要原料的橡胶，也以打拍香的名义进口，这是非常重要的。

四、宋元时期奖励海外贸易，与明清的闭关锁国有很大的不同。……本文所记的进口商品，即所博之物；所记的国名，即所至之

[①]《古籍论丛》第2辑，福建人民出版社1985年版。

地。道里的远近,来往的程期,大家都十分清楚。……这些记录都反映当时海上交通的兴盛。看了这些材料,谁能说中华民族不是善于航海的民族?明朝郑和的航海,轰动一时,长期为人们所艳称。但元朝的航海实为郑和航海的先声,如果不弄清元代的航海事业,对于郑和航海也是讲不清的。

像这样内容丰富的地方志,不单对研究广州地区的历史是不可多得,而且对于研究元代海外贸易历史也是必不可少。我们再看台湾的方志,研究明清史,特别是研究区域史和台湾史的学者都很清楚,研究台湾的历史,离开了台湾的各类方志真可以说是不可能的。关于这点,陈捷先教授的《清代台湾方志研究》一书,可以为大家提供满意的答复。这里我们只需看看该书对蒋毓英的《台湾府志》内容价值的评价,其余也就可想而知了:"蒋志中普遍记述明郑旧事,也是蒋志的一大特色,如城郭、庙宇、坊里、学校等目都直书明郑的建置源流;户口、赋税等节记写明郑旧额;人物一门记述明郑遗裔、流寓、烈女多达 14 人,并多立详传,确有保存明郑史料的用心,也表现了传统中国史家的风范,尤其在清领初期,这种做法与精神就更令人敬佩了。""另外,蒋志中也蕴藏了不少台湾开发早期的珍贵文献,足以反映康熙初领台湾时兵防民政的一般实情,如屯田、议饷、防塞、理'番'等等的建议与措施,即使到若干年后还是被认为是恳切而必需的。蒋志中还有一些特别可贵的资料,如当时台湾人口共 30229 人,其中男性为 16274 人,女性 13955 人,这是他书不见的记载。物产一门中也开列 418 种地区产品,并记述了它们的生长条件、物产形状、用途以及部分物产的产地等等。至于'土番'、地震等记叙则更是台地特有的方志内容,也是蒋志的优长可贵之处。"该书在对清代台湾所修方志全面评述以后指出:"总之,清代台湾地区成就的几十种方志,既是台湾早年开辟历史的文献宝库,也是中华文化中的一部分珍藏。我们应该贵重这批文物。"① 从所引史实和最后结论已足以说明研究台湾的历史,如果离开这几十种台湾方志,自然将无法进行,这是任何一位学者都得承认的历史事实。

---

① 陈捷先:《清代台湾方志研究》,台湾学生书局 1996 年版。

以上所论是以旧有方志而言，若以新修方志而论，则更为区域史研究开创了十分广阔的天地。因为这一届方志的编修，一般都力求做到贯通古今，尤其是随着社会的不断发展，内容也更加丰富，包容量也更加大了，与旧志相比，真是不可同日而语。就以新修县志而言，起初皆以50万字为准，可是越到后来字数越多，因而目前所见到的县志，每部大多为百万字左右，其容量之大可以想见。尤其是各地修志工作者，大多注意加强突出本地的特色，这种特色有的表现在经济方面，有的表现在学术文化方面，也有的是自然资源或历史名城等等，每一部新修方志都可以为研究这一地区的历史和现状提供丰富的资料。而像以石油城而著称的《大庆市志》，钢铁城市《马鞍山市志》等等，由于专业化特点，它们各自的重点和特点，无须作介绍人们都会非常清楚。如果要研究某个地区的经济发展历史和现状，只要查阅这个地区的新修方志便可轻而易举地得到丰富的理想资料，因为每部新修志书，一般都设置有工、农、林、商等专门篇卷，有的还专设名特产品专篇，遇上特殊情况，更有专门篇卷。改革开放以后，温州经济发展很快，并闯出了一条与其他地方经济发展不同的道路，一度在全国引起过激烈的争论，这就是目前大家常说的"温州模式"。"温州模式"究竟是一种怎样的经济发展模式？其实就是家庭工业、专业市场和小城镇的形成和发展过程。对此，新修《温州市志》，不仅在《总述》中有简要介绍，而且在《区域经济特色》一栏，专门设置了《温州模式》、《市场》、《乡镇企业》等卷，详尽地记载了"温州模式"经济形成发展的过程，这种经济模式他们还概括了"小商品，大市场"两句话，说明由家庭工业生产出的各类小商品，打进了全国各地的大市场。这里不妨引该志《总述》的一段话，很能说明这种经济模式所产生的效果："民营企业和各类市场的蓬勃发展，农村的劳动力、资金、生产资料、科技等要素在流动性不断加强的同时，迅速出现向小城镇转移与聚集的势头，有力地推动了小城镇的建设与发展，全市建制镇1983年为24个，到1995年发展到140个。涌现了像'全国农民第一城'大港镇、'东方第一纽扣市场'桥头镇、'全国最大低压电器城'柳市镇、'国家级星火技术密集区'鳌江镇等一批经济总量大、发展速度快、辐射功能强、发展后劲足的经济强镇。1995年建制镇人口占全市的40%以上，工业总产值占全市的80%以上，社会消费品零售总额占全市的70%以上，财政税收占全市的50%以上。"可见要研究温州经济的发展与历史，了解"温州模式"的形成与社会效益，有了《温州市志》就可以满足要求。绍兴也是改革开放后经济发展比较快的地区，当然这里以前农业生产发展也就比较快，1966年成为全国第一个粮食亩产超千斤地区；1984年再创纪录，实现全市粮食亩产超"双纲"（1600市斤）；至80年代末，全市又有25%的农田亩产达到1吨。粮食丰收，促进了多种经营全面发展，全市先后建立农业商品基地73个，其中全国基地5个，省重点基地5个，出口基地31个。1987年该市已跻身于全国工业产值超百亿元的25个城市之列。所属绍兴县被列为全国"十大财神县"之一，而所属绍兴、诸暨、上虞县都进入了中国农村综合实力百强县行列。所有这些，不仅在新修《绍兴市志》中设有专门篇章记述，而且在绍兴、诸暨、上虞等县志记载就更为具体。众所周知，我国是世界上修筑海塘最早、规模最大的国家，这在有关旧方志中都有记载。可是修筑海塘仅是人类向大自然斗争所采用的一种被动防范，新中国成立后，沿海沿江人民，在当地党和政府领导下，除了建造坚实的海塘外，还发动了向荒滩、江涂、海涂要地的大进军，并且都取得了巨大成绩。这在各地新修的志书中亦都作了不同程度的反映。单以浙江而言，《萧山县志》设立了《围垦》篇，《上虞县志》亦设立了《围垦》篇，《慈溪县志》则名《成陆围涂》篇，当然还有别的县市志就无须再罗列，若要研究这一内容，只需查阅这些志书的有关篇章就可得到解决。

至于研究各地区的学术文化，同样非常方便，因为每部新志书起码都有文化篇卷，而在某个地区历史上曾产生过的学术流派或特殊的文化现象，一般也都有专门的篇章记载，如《温州市志》有《永嘉学派》卷，《宁波市志》有《学派与著述》卷，《广陵区志》有《扬州画派与扬州学派》篇，《萧县志》有《书画艺术》篇，而《桐城县志》则在《文化》篇中单设《桐城文派》一节，《常熟市志》则专设了《藏书家和藏书楼》，《库车县志》专设了《石窟艺术》和《龟兹音乐》两篇。绍兴自古人文荟萃，名家辈出，故《绍兴市志》特立《名家学术思想》卷，分类介绍。这里戏剧品种又多，有居全国第二大剧种的越剧，有以演出"社戏"而闻名海内外的绍剧，新昌高腔以其古老悠久而有"戏曲活化石"之称，绍兴莲花落也因独特风味而流行于江南一带。为此，该志特设《戏曲曲艺》卷，对不同剧种、曲种产生特点，剧本音乐等作分章记述，对于研究全国戏曲发展史都具有很大价值。再从政治、军事方面来说，大多设有政党、政权、军事等篇卷，如近代历史上的军阀割据，抗日战争时期发生在各地的重大战役，乃至日本侵略我国时在各地所建立的日伪政权和所犯下的各种侵略罪行，都会有专门记载。如安徽萧县，在抗日战争时期，曾同时建立过三方面政权，既有抗日民主政权的县政府，又有国民党的县政府，还有日伪建立的县政府。它们各行其政，展开军事、政治、经济、文化方面的斗争。在军事上各有数千人武装；在政治上各有建制，各派官员，甚至还各有政党，连汪伪也设立汪伪国民党萧县县党部筹备委员会；在经济上各有封锁政策，也各有补给政策；在文化上各办各的学校，各出各的报刊。全县10个区，竟有30个区公所，这些现象在全国都很少见。为了反映这一现象，《萧县志》在《政权》篇中，特将《抗日战争时期三方面政权》列为一节，对三方面政权内容集中编写，写出了当时政治、经济、军事、文化上的三方面对峙与斗争。诸如此类，以及各地的风俗与物产，各地新修方志真可谓是应有尽有。所以我于拙著《方志学通论》一书中早就指出，没有任何一种著作的内容其丰富程度是可以超过地方志的。

综上所述，我们可以毫不夸张地这样说，地方志是研究区域历史和区域文化必不可少的重要文献，各地新修方志尤其如此。

（原载《历史月刊》［台湾］1999年3月号）

论方志的起源

方志的名称，顾名思义，是一方之志书，它是以记载一方之事为内容的一种著作，因此全称应为地方志书。唐代杰出史学评论家刘知幾称它为"郡书"，并在史学著作分类上把它列入"杂述"类；《隋书·经籍志》的作者称之为"郡国之书"，这是很有道理的。关于这点，我们下面再作详细论述。这种著作的内容，开始比较简略，所分门类亦不过地图、山川、风土、物产、人物数种而已。到了宋代，不仅体例日趋完备，而且内容也不断增加，可以说随着社会的向前发展，其内容是逐渐丰富。举凡一地的建置、舆图、疆域、山川、名胜、物产、赋役、风俗、职官、人物、金石、艺文、学校、灾异等情况，均有记载。所以宋代大史学家司马光称它为"博物之书"。

地方志书的编修，在我国已经具有悠久的历史，并成为我国民族文化发展中一个优良的传统。这种带有地方行政区域特色的地方性著作，究竟起源于何时，直到今天，仍是众说纷纭。有的主张渊源于《禹贡》；有的坚持导源于《山海经》；有的认为出自《周官》；有的则说溯源于古代诸侯国史。除此以外，更有人提出"多源"之说。对于这些说法，笔者都不敢苟同。因为不仅论据不能令人信服，而且撇开社会条件，单从某一部书来探索一种著作的起源，这种研究方法本来就欠妥当，自然就很难得出令人首肯的科学结论。

一、关于渊源于《禹贡》说

《禹贡》是我国古代历史文献《尚书》中的一篇，《尚书》的性质，是古代的史料汇编，也可以说是档案汇编，因为里面所收均为古代帝王重要政治文件。据古代史籍记载为孔子所删订，在流传过程中，已经过后人篡改和补充。学者们经过研究考订，认为许多篇章都是出自孔子以后人之手，而《禹贡》一篇，学术界已公认是战国时代的作品。著名的历史地理学家谭其骧先生在1982年历史地理学年会上所作的《在历史地理研究中如何正确对待历史文献资料》（载《学术月刊》1982年第11期）的报告中再次严肃指出："近几年各地都在修地方志，不少省区都办了地方史志通讯这一类刊物，我偶然翻翻，发现许多人讲到政区沿革时往往闹笑话，例如，《禹贡》不是大禹时代的作品，《禹贡》里的'九州'不是夏代的行政区划，而是战国时代学者对他们所知道的整个'天下'所作的地理区划，这是稍稍接受过一点五四以后的历史教育，破除了对儒家经典的迷信的人所共知的常识，可是现在的地方史志工作者竟然还有人在沿袭封建时代的老一套，讲到一地的沿革，还是从夏禹时属某州讲起。"这里批评的虽指某些地方修志中所出现的现象，其精神实具有普遍意义，要大家在研究中对待文献资料必须持审慎的科学态度，"不要轻信前人对古代文献资料所作的解释"。事实上在方志理论研究中确实也曾出现过这种现象，抓住前人三言两语，便以己意而加以发挥。如有的方志论著，将《禹贡》的九州，说成是"全国的行政区划"。为了说明《禹贡》对后世方志编修的影响，甚至还说："从体例来考察，后世纂修的许多方志，特别是全国性的区域志，不少是昉自《禹贡》的。例如，唐李吉甫纂《元和郡县图志》，就是依《禹贡》别九州之例，将天下分为……十道来进行载述的。又如，宋王存纂《元丰九域志》，也依《禹贡》别九州之例，按宋制将天下分为……诸路等，而确立其全书结构。这都说明后世方志在体例方面同《禹贡》存在着源流关系。"① 关于"全国的行政区划"说之不妥，谭先生讲话已经指出，无须多说。至于《元和郡县图志》和《元丰九域志》也绝不是"依《禹贡》别九州之例"。因为"道"和"路"并非两书作者所自定，而是唐宋政府所划。这在历史上都有明确记载。而两书的体例，近代历史地理研究工作者似乎亦无人说它们是渊源于《禹贡》。我们就以《元和郡县图志》来说吧，王文楚、邹逸麟所撰《我国现存最早一部地理总志——〈元和郡县志〉》（载《历史地理》创刊号）一文中曾明确指出："《元和志》的体例，追溯其渊源，大体上是承受了两方面的原委：一是《汉书·地理

---

① 黄苇：《方志渊源考辨》，《中华文史论丛》1981年第3辑。

志》以来各正史地理志和六朝以后地理总志的影响。这两种都可称为疆域地理志的体制，是以一朝某一时期的疆域为范围，以州郡为纲，以县为目，分别记述其建置沿革，然后在各郡县下附系户口、山川、城邑、关塞、亭障、祠庙、古迹、物产等。《元和志》继承了这种体制，并有所扩充。……二是汉魏以来图记与图经的影响。"文中从未提到《禹贡》的影响。李志庭在《李吉甫与〈元和郡县志〉》(载《史学史研究》1984年第2期)一文中亦说："李吉甫对于舆地学界最大的影响，还在于他在《元和郡县志》里创立了一个比较完整的地理总志的体例。……这种体例，正如王文楚、邹逸麟在《我国现存最早一部地理总志——〈元和郡县志〉》一文中所说，大体是继承了汉魏以来疆域地理志和图记、图经两方面的体制，并加以发展而成的。"该文不仅讲了承受，而且讲了它的影响，说："这种体例，既突出了疆域政区的主体，又可使政治、经济、自然等地理要素汇于一体，而且按图识志，使人一目了然，确实是比较完善的地理总志体例。所以多为后起学者所师范。《两唐志》、《宋志》中的'贡赋'一项，就是效法《元和郡县志》的。后起的地理总志亦多有继承。乐史的《太平寰宇记》以府州为纲，以县为目，下列建置沿革、府境、四至八到、主客户、土产、山川、古迹等项，都和《元和郡县志》一致。此外，它又增加了风俗、姓氏、人物等项，这些也多为后来总志所吸收，所以《太平寰宇记》在地理总志的发展史上有着继往开来的作用。不过，乐史删去《元和郡县志》中'贡赋'和地图等项目，却为后人所不取。后于乐史的王存，他编修《元丰九域志》，不但重新开列'土贡'一项，而且也有过附图的打算，所以原本称此《志》为《图》，后因图无绘，'乃请改曰志'。"作者还引了《四库全书总目提要》对该书的评述，说"舆地图经，隋唐志所著录者，率散佚无存。其传于今者，惟此书为最古，其体例亦为最善。后来虽递相损益，无能出其范围"，并将它"录以冠地理总志之首"，称其为"诸家祖述之所自"。我们所以不厌其烦地大段摘引这些论述，目的在于说明这些重要的全国地理总志著作，并不像有的人所说"是昉自《禹贡》的"，"是依《禹贡》别九州之例"而作的。这几位同志都是从事历史地理研究工作，所述应属可信，但他们文章中论述这些著作渊源时，竟只字未提《禹贡》，难道是出于偶然吗？

当然，《禹贡》作为我国最早的一篇地理文献，所述内容确是相当丰富的，它把全国区分为九州，而对于山脉、河流、土壤、物产、贡赋、交通等多有叙述，古人言地理者确实有人将它视为源头，是完全可以理解的。如《隋书·经籍志·地理类序》中说："《书》录禹别九州，定其山川，分其圻界，条其物产，辨其贡赋，斯之谓也。"这里所讲其实就是指《禹贡》所载内容。序中还说："晋世，挚虞依《禹贡》、《周官》，作《畿服经》。"这是从该书所记内容与《禹贡》大体相似，故说是"依《禹贡》"而作。元代张铉所纂至正《金陵新志》的《修志本末》也述及《禹贡》，并为许多论述方志起源者所引用。其实我们只要看了原文，就会发现作者不仅是出于泛泛而论，而且是概念含糊不清，竟将《禹贡》与诸侯国史相提并论。如曰："古者九州有志尚矣，《书》存《禹贡》，周纪职方，春秋诸侯有国史，汉以来郡国有图志。"一般论著，大多引到此为止，从而引申古人论述方志之起源首列《禹贡》。"九州有志尚矣"，有何依据？《禹贡》既然是别九州以叙九州之事，如何又与割据一方之诸侯国史相比附？诸侯国史是什么，《修志本末》中也已讲了："晋之《乘》，楚之《梼杌》，鲁之《春秋》，皆诸侯史也。《乘》、《梼杌》缺亡，不可复知，以《春秋》经传考之，诸所记载，或承赴告，或述见闻，其事有关天下之故者，虽与鲁无预，皆书于册，其非义之所存，及闻见所不逮者，虽本国事，亦或弃而不录，疑此皆非圣人笔削新意。史策旧章，固存斯义，修《景定志》者，用《春秋》、《史记》法，述世年二表，经以帝代，纬以时地人事，开卷了然，与《建康实录》相为表里，可谓良史。而戚氏讥其年世陡繁，封画鲜述，所作续志，悉芟去之，以论他郡邑可也，而非所以言建康，岂惟前代事迹漫无统纪，亦将使昭代之典，暗而不彰，今不敢从，述世年表，悉依前例。"综上所引，可见作者对于诸侯国史记载的内容十分清楚，而方志所应具有的内容也叙述得十分明白。方志编修，既用《春秋》、《史记》之法，无疑已是地方史了，这与《禹贡》有何关系？所以我认为这里虽列了《禹贡》，却毫无实际意义，完全出于信口而谈，而我们今天摘引作为方志渊源于《禹贡》的论据，实在缺乏认真分析。至于其他所引，这里就不一一列举。总之，对于前人论述，必须进行分析，近情可信者用之，言之成理者信之。若是七拼八凑，信口而论，如上所引，摘引再多，也不能令人信服。

二、关于渊源于《山海经》说

《山海经》究竟是一部什么性质的著作，长期以来，一直存在着争议，至今尚无定论。多数认为，从其内容来看，应是我国古代一部地理著作。现在共存十八篇，简而言之，分《山经》和《海经》两大类。经多数学者研究，其书既不是出于一人之手，也不是出于一时之作。最早编写时间是在战国，流传当中，不断为后人所增删和篡改，所以全书是经过逐渐附益而成的。由于它最大的特点是采用神话的形式，因而常被看成是荒唐不经的著作。书中记述了将近一百个神话故事，是我国古籍中保存神话最多的一部作品。它以神话的形式，既记录了全国的山水矿藏，又记载了260多种动物、130多种植物。而所记山水并不虚构，后魏郦道元的《水经注》，是众所周知有相当科学价值的地理书，其中引用《山海经》的材料有80多条，并经过郦道元的考实。清代毕沅（1730—1797）在其所注的《山海经》序里也说，书中山水，多数都能考知。谭其骧先生在《〈山经〉河水下流及其支流考》（载《中华文史论丛》1978年第7辑[复刊号]）一文中说："实际上《山海经》中《山经》部分包含着很丰富的有关黄河下游河道的具体资料，……我们如把《北山经》中注入河水下游的支流，一条一条摸清楚，加以排比，再以《汉书·地理志》、《水经》和《水经注》时代的河水道予以印证，就可以相当具体地把这条见于记载的最古的黄河故道在地图上显示出来。"另外，经过长期的研究证实，它还是世界上最古老的矿藏地质文献，所记226处金、银、铜、铁、锡等矿藏，现在大都可以证实。关于这部书的价值，袁珂在《〈山海经〉写作的时地及篇目考》（载《中华文史论丛》1978年第7辑[复刊号]）一文中作了很好的概括，文章开头就说："在先秦古籍当中，《山海经》是一部具有丰富内容和独特风貌的书。全书虽然仅仅三万一千多字，却包括了我国古代神话、历史、地理、物产、医药、宗教……各方面的许多宝贵材料，是研究我国古代历史和古代神话的极重要的文献。这些材料，大体上还保存着传说中古代社会生活各方面的本来面貌，并没有经过多少涂饰和修改，尤其使我们感到可贵。"上述所引都说明《山海经》这部古籍，内容丰富而风貌独特，具有很高的科学价值，绝不是一部荒唐不经之书。当然目前学术界看法也并未取得一致，如袁行霈先生《〈山海经〉初探》（载《中华文史论丛》1979年第3辑）便是代表了另一种看法。文章提出："《山海经》是一部什么书？目前大多数论者都认为《山海经》是古代的一部可信的地理著作。"文章列举了自《汉书》以来历代对《山海经》的评论以后，概括性指出："上述形法、地理、语怪、小说等说，各有一定的道理，但都不免有片面性。还是鲁迅先生说得确切：'《山海经》今所传本十八卷，记海内外山川神祇异物及祭祀所宜，以为禹益作者固非，而谓因《楚辞》而造者亦未是；所载祠神之物多用糈（精米），与巫术合，盖古之巫书也，然秦汉人亦有增益。'这是十分精辟的见解，可惜他没有详加论述。现仅就我个人接触到的一点有限材料，将这个问题展开论证一下。"文章在反复辨证以后说："总之，我认为《山经》是战国初、中期巫祝之流根据远古以来的传说，记录的一部巫觋之书，是他们行施巫术的参考。《海经》是秦汉间的方士书。《汉书·艺文志》将《山海经》与五行、蓍龟、杂占等书一起列入数术略，是有一定道理的，但它与度测地势建立城郭的形法书毕竟不同。《山海经》固然详述山川、异域，但多系传闻之辞，很难考实；而且并非以讲述地理为目的，不可视为实用的地理著作。《山海经》与小说虽有因缘，对后世志怪小说影响很大，但它本身究竟不能算是小说作品。"对这样一部书为什么在看法上会产生这样大的分歧呢？关键在于它所记的内容、形式、体例都与众不同，过于奇特。像这样一部书，直到现在，竟还有人硬把它与方志挂起钩来，说是方志起源的一个源头。事实上只要大家将此书与方志冷静作一比较，就可以发现无论形式、体例、结构全无共同之处。而持此论者的理由则是"从后世方志的某些内容来考察，也或多或少可以看出《山海经》中的某些记述是其渊源所在"，"辛氏《三秦记》所述确多'乡国灵怪'。此正与《山海经》中的某些记述略同。又《禹贡》记物产而不及风俗，职方载地理而不及人物，然《山海经》所述，既有风土、人情，又涉人物、世系。这些不仅已补《禹贡》与《周官》之无，而且正同后世方志风俗、人物门类吻合。此外，后世方志多有祠庙、碑碣、仙事、异闻等记录，考之《山海经》，亦有祭祀、巫医、神祇、怪异等载述。由此亦可见方志某些内容有来源于《山海经》之痕迹。所以，若谓《山海经》亦是后世方志源头之一，确无不可"。① 我们认为，这种简单附会式的论证是不可取的，不能单纯以该书中有某些内容，就以后来之方志对号入座，这如何能令人信服？若是此论成立的话，那么我们有理由可以这样讲，古代所有典籍，都有后来方志的影子，都对后来方志从不同角度有着影响，这是毫不夸张的。远的我们姑且不讲，就以东汉应劭的《风俗通义》而言，恐怕影响更为直接。此书既述人物，又载山泽，既记载祀典，又遍录怪神，特别是所叙风俗，形象而生动，对研究汉代的社会风气，自然很有价值。如卷8《祀典》小序曰："自高祖受命，郊祀祈望，世有所增。武帝尤敬鬼神，于时盛矣。至平帝时，天地六宗以下及诸小神凡千七百所，今营宇夷泯，宰器阙亡。盖物盛则衰，自然之道，天其或者欲反本也，故记叙神物曰祀典也。"单是这几句话，就告诉了人们关于汉代事鬼敬神的状况。而该书内容则大多反映出汉代的一些风俗习惯。书中有一条记汉代妇女装束的材料，描写很细致，对了解汉代妇女的打扮提供了具体的形象。"桓帝元嘉中，京师妇女作愁眉啼妆，堕马髻，折腰步，龋齿笑。愁眉者，细而曲折。啼妆者，薄拭目下若啼处。堕马髻者，侧在一边。折腰步者，足不任体。龋齿笑者，若齿痛不忻忻。始自冀家所为，京师翕然皆放效者。"② 这种记载，与后世方志记某地风俗者相类似。至如人物，若《愆礼》、《过誉》、《十反》等卷所载，多为当时之人，有如后来方志中之名宦、孝义之类传，一般都做到记事首尾完整，本末具备，绝不像《山海经》那种三言两语、少头无尾的记载，根本谈不上人物传记，况且所记又多为传说中之人物。可以试举一例以见一斑，《十反》卷载："太尉沛国刘矩叔方，父字叔辽，屡世卿尹，好学敦整，士名不休扬，又无力援，仕进陵迟。而叔方雅有高问，远近伟之，州郡辟请，未尝答命，往来京师，委质通门。太尉徐防、太傅桓焉，二公嘉其孝敬，慰愍契阔，为之先后，叔辽由此辟公府博士，征议郎。叔方尔乃翻然改志，以礼进退，三登台衮，号为名宰。"这种人物记载方法，与后世方志之人物传记已无区别。据上所引，我们能否说《风俗通义》是方志的源头之一呢？或者说是后世方志的鼻祖呢？显然并不妥当。事实上《山海经》所载人物与后来方志中人物传根本不可同日而语。

---

① 黄苇：《方志渊源考辨》，《中华文史论丛》1981年第3辑。
② 吴树平：《风俗通义校释佚文》，天津人民出版社1980年版。

这里有必要说明一下，古代所有史书，都必须有人物活动，因为作为一部真正的史书，必须是时间、地点、人物、事件四者有机地相结合。若是四者缺一，都不能成为有价值的史书。但是，有人物活动的记载，并不意味着就有人物传记，人物传记的产生，是从司马迁作《史记》才开始的。关于这点，下面将详细论述。因此，不能只见有人物记载，便说与方志有渊源关系，体例、形式则全然不管，这样进行论证，是无法令人信服的。尽管也有古人将《山海经》与方志拉在一起，但从未有人说出道理，因此，对这类记载必须分析研究，合理者加以肯定，不可信者则据理驳之，古人所说，未必尽为可信，不能笼统全盘接受。当然，近人论者引得最多的便是《隋书·经籍志》的那条记载：南齐陆澄所汇编之《地理书》，"合《山海经》已来一百六十家，以为此书"。这里只不过说明陆澄将《山海经》看作是地理书而已，并不足以说明陆澄认为它是方志的源头。正如今天许多学者也都肯定它是一部很有价值的地理著作，但并不同意方志与它有渊源的关系。著名的历史地理学家谭其骧、史念海诸先生，他们都认为《山海经》具有很高的科学价值，但他们都主张方志起源于两汉之地记。道理自然是一致的。因此肯定《山海经》是地理书，并不能因此就推论它一定就是方志的源头。值得注意的是，近代方志学家张国淦在编著《中国古方志考》一书时，所收内容十分广泛，但《山海经》并不收录，因为他把该书视为《水经注》一类，这也说明，他肯定《山海经》是地理书，但与方志没有关系，所以和《水经注》一样都不收录。

三、关于渊源于《周官》说

近几年来，凡是讲方志的文章，几乎是言必称《周官》，甚至有些讲话或文章还直接讲"方志起源于《周官》"。其实这样的笼统讲法是不通的，因为《周官》是一部讲各种官制职能的书，作为著作体裁的方志，如何会直接起源于讲官制的《周官》呢？当然，多数学者的论著记载还是比较明确的，即《周官》所载"外史掌四方之志"，"小史所掌邦国之志"，"诵训，掌道方志"。至于古人最早论述此事者，即人们常引的司马光为宋敏求《河南志》

所作序中所讲："《周官》有职方、土训、诵训之职，掌道四方九州之事物，以诏王知其利害。后世学者为书以述地理，亦其遗也。"（《司马文正公传家集》卷68）到了明代，不少人在所纂方志的序中亦有此提法，嘉靖所修《河间府志》，作者在自叙中说："西田樊深曰：志者，郡邑之史也，古以来恒有之，而于今为重。盖《周礼》有小史以掌邦国之志，有外史以掌四方之志，而又有职方氏以掌天下之图。"当然到了清代，此说便颇为流行了，说得最多、持之最力者看来莫过于章学诚了，所撰方志论文，多半都要以《周官》所载作为自己论据。《方志立三书议》中说："余考之于《周官》，而知古人之于史事，未尝不至纤析也。外史掌四方之志，注谓若晋《乘》、鲁《春秋》、楚《梼杌》之类，是一国之全史也。"《州县请立志科议》中说："按《周官》，宗伯之属外史，掌四方之志。"（《文史通义新编》外篇四）至于《和州志》许多序例，开篇首句便以《周官》为发端，可谓典型。直至清末，著名学者缪荃孙在《重修信义志序》中还说："昔孔子得百二十国宝书以成《春秋》，前贤以为即方志也。《周礼》诵训掌道方志，以诏观事。"（《艺风堂文漫存》卷2）可见此说影响颇大。当然，近代学者持此说者就更加普遍了，似乎已经成为定论。因此更有必要详加辩论。

《周官》又名《周礼》，或《周官经》，为儒家经典之一，相传为周公所作。事实上关于这部著作历来就有争议，到了宋代，怀疑它的学者就更多了，其中以洪迈之言最为简要明白，可以说基本上作了否定。《容斋续笔》卷16《〈周礼〉非周公书》说："《周礼》一书，世谓周公所作，而非也。昔贤以为战国阴谋之书。考其实，盖出于刘歆之手。《汉书·儒林传》尽载诸经专门师授，此独无传。至王莽时，歆为国师，始建立《周官经》以为《周礼》，且置博士。而河南杜子春，受业于歆，还家以教门徒。好学之士郑兴及其子众往师之，此书遂行。歆之处心积虑，用以济莽之恶。莽据以毒痛四海，如五均、六筦、市官、赊贷诸所兴为，皆是也。故当其时公孙禄既已斥歆颠倒六经，毁师法矣。历代以来，唯宇文周依六典以建官，至于治民发政，亦未尝循故辙。王安石欲变乱祖宗法度，乃尊崇其言，至与《诗》、《书》均匹，以作《三经新义》。……呜呼！二王托《周官》之名以为政，其归于祸民一也。"这一论述，便向人们提示了《周官》一书，全系后人之伪托，从而打破了长期以来所传周公制作《周礼》之神话般的谎言。清朝末年，许多学者根据这一精神，纷纷著书立说，进一步肯定《周礼》乃刘歆所伪作，著名的如廖平的《古学考》和康有为的《新学伪经考》等。近代学者进一步研究，曾从周秦铜器铭文所载官制，参证该书中的政治、经济制度和学术思想，把它定为战国时代作品。童书业先生在《春秋左传考证》中甚至认为是"战国后期的作品"。对于这部书的来历，当代著名文献学家张舜徽先生曾提出了独到的看法。他在1979年12月5日给顾颉刚先生信（载《中国历史文献研究集刊》第2集）中说："昨蒙寄示考证《周礼》一文，拜读之余，至佩厘析缜密，千载疑案，殆自此可成定谳矣。舜徽早岁治经，亦尝博综历代诸儒考辨之辞，反复稽治，而不能定其孰是。其后为流略之学，始恍然有悟于古之以'周'名书者，本有二例：一以朝代为名，一取周备之义。《汉志》著录之书，儒家有《周政》六篇，《周法》九篇；道家有《周训》十四篇；小说家有《周考》七十六卷，《臣寿周纪》七篇，《虞初周说》九百四十三篇。细详诸书标题，皆取周遍、周备之义，犹《周易》之得义于周普也。儒家之《周政》、《周法》，盖所载乃布政立法之总论；道家之《周训》，小说家之《周考》、《周纪》、《周说》，犹后世'丛考'、'杂钞'、'说林'之类耳。故刘、班悉列于每类之末，犹可窥其义例。自后世误以为言周时事，说者遂多隔阂不可通。章实斋《校雠通义》以为《周政》、《周法》乃官礼之遗，宜附之《礼经》之下；又以《周考》不当侪于小说，皆所谓通人之蔽也。《周礼》原名《周官》，亦取周遍、周备、无所不包之意。实战国时人参考当时政制法令，去短取长，杂钞而成。故其所记，或政典，或九州，或司马教战之法，或考工作器之术，咸纂录于一书。再益以儒家政治理想，增减而排比之，以成为较有条理之'官制汇编'。不独古代未尝实行，后世亦未有能实行之者。……由于此书为战国时人所辑录，故孔子与春秋诸大夫以及诸子百家引经，皆无一字及之。推之仲尼所言'吾学周礼'；韩宣子聘鲁所云'周礼尽在鲁'，悉无与于此书也。……自汉以来，尊之者目为周公所制，黜之者谓出刘歆之手，而其实皆非也。"后来张先生在撰《经传标题辨惑》（载《中国历史文献研究集刊》第2集）一文时，又将此义作了进一步发挥，指出："《周礼》一书，本名《周官》，是周末列国设官分职的综合叙述，是一部战国时的'官制汇编'。由于当时各国力谋改革政治制度，都具有变法图强的要求，对于设官分职，务求刷新、周密。当时留心时政的人，便采访各国官制，截长补短，使之条理化、系统化，成为一部内容丰富的'官制汇编'。由于取材的来源不同，所以在内容方面，也不免存在互相抵牾、彼此矛盾之处。这部书所以名为《周礼》或《周官》，也是采用周普、周遍、周备、无所不包的意思。后人硬要把'周'字解为周代，说它是周公致太平之书，于是异说纷起，带来了许多无谓的辩难和争吵，延绵到两千年之久，终不能得到合理的解决。如果能在标题上理解到'周'字的含义，不是指朝代，而是指周备，那就廓然开朗，不致纠缠于无意义的争辩了。可知读书考古，有必要首先将书名的含义弄清楚，才能探讨它的内容。这却不是一件小事。"经过这样论述，就把《周官》这部书的来龙去脉讲清楚了，既指出它产生的时代，又讲明它产生的原因，以至内容所以会自相矛盾，也就完全可以理解了。可见这部书的产生，也并非出于偶然，是适应当时各国政治改革的要求而编辑，所以书中所载诸制，不独周王朝未能全部实行，后来各诸侯国亦不可能全都实行。实际上这部书的编辑，目的在于托古改制，因此，它所载的内容，自然也就未必可信，这是显而易见的。

  为了进一步论证上引说法之可信，这里再将著名史学家黄云眉先生辨证《周礼》五史之说的不可信论点加以摘引。黄先生在《略论〈周礼〉五史与〈礼记〉左右史》一文中，首先指出："《周礼·春官宗伯》，详载大史、小史、内史、外史、御史等五史之员额与职掌，学者多信周代之史官制度，非后世所能及。大史内史尚矣；而章学诚修《和州志》，于《氏族表》、《皇言纪》、《官师表》等序例中，论小史、外史、御史等官之专门任务，亦多所推阐，盖皆非泛设而已者。且如六官副写约剂以登大史，大史又就六官所登以副写之，则一官失守，得以取征于副本，其保存史料之法，亦视后世为密。使此等制度，果为事实，岂非甚盛！然《周礼》一书，于诸经最为晚出，真伪未有定论，所谓五史云云，考之诸书，不特繁委纤悉，偏重人事（备书天道鬼神灾祥卜筮梦等于策，即古代史官职掌，说详汪中《左氏春秋释疑》）之五史职掌，无从参证，即五史之官名，亦未能备具。"接着便根据先秦和汉代众多史籍所载史官名称详加罗列，并作考订，最后结论说："准是以言，《周礼》五史，可信者惟大史、内史；《礼记》二史，可信者惟左史，天子有大史、内史、左史等，诸侯皆有大史而不皆有内史、左史。其职掌亦不必与《周礼》、《礼记》同。若其因大史而有小史，因内史而有外史，因左史而有右史，因《周礼》之无左右史，而以《礼记》之左右史，强与《周礼》之大史内史冶为一炉，皆由前人以理想构为制度，而后人以文字认为事实，故纷纷藉而终莫能通其说也。然则所谓粲然大备之周代史职，夷考其实，盖亦厪矣。"① 全文考订精详，评论入情入理，不作假设，不用推论，一切由具体史实入手，令人读之心悦诚服。

综观上引两文，前者为论述《周官》一书之伪作，后者为考订其内容所述"五史"之说的乌有，两文参互阅读，可起相得益彰之效。全书既是假托之作，内容自然不必尽属可信，更不可引以为古代官制设置之依据。特别是黄先生论著发表已经五十三年，时至今日，中外许多学者论述方志起源的时候，仍旧竞相引《周官》所载外史、小史之说作为可靠之论据而加以发挥，这不能不说是值得遗憾的。这些本属子虚乌有之说，何以能作为信史而予以宣扬？更何足以取信于人？

当然，也有同志是不同意这种说法的，并直率地提出了批评的意见。崔富章的《章学诚"方志为外史所领"说发疑》（载《晋阳学刊》1982年第2期）一文，便对这种说法进行了较为系统的辩驳。文章开宗明义指出："翻阅部分方志及论著，见到许多人讲方志起源，必称《周礼》，清人章学诚堪称代表。"文章写得十分微妙，其精神虽是批评当前方志学研究中所流行的起源于《周官》说，但全部内容却是抓住古人来做文章。方志起源于《周官》之说，章学诚虽不是始作俑者，但确实是宣扬鼓吹最有力的代表人物，影响极大。因此，文章罗列了章氏的主要论点，加以归纳，提出五大疑问，逐条给以辩释。特别值得注意的是，文章又从语言学角度论证《周礼》所记内容之不可信，认为"《周礼》成书较迟，流传情况复杂，真伪纷如聚讼"。"以'外史'为例：'外史掌书外令，掌四方之志，掌三皇五帝之书，掌达书名于四方，若以书使于四方，则书其令。''三皇五帝之书'，郑玄注：'楚灵王所谓三坟、五典。'考《左传》昭公十二年记楚灵王事云：'左史倚相趋过。王曰：是良史也，子善视之，是能读三坟、五典、八索、九丘。'杜注：'皆古书名。'姜亮夫先生曰：'其书久亡，莫由达其意，其可断言者，必楚方俗之书；要不出楚事、楚故、楚言、楚物之类，皆史之所司也。'（《三

---

① 黄云眉：《史学杂稿订存》，齐鲁书社1980年版。

楚所传古史与齐鲁三晋异同辨》,《历史学》1979年第4期)遍检《尚书》、《诗经》、《左传》诸典籍,均不见'三皇五帝'字样。'皇'字在战国以前只是形容词及副词,偶亦用作动词或用为人名,绝无用作一种尊位之名称者。'三皇五帝'之说乃形成于战国后期(严格地说,乃形成于北土。南土楚人则终战国之世亦无三皇五帝观念。郑玄拉楚灵王作注,又属误会),周代史官何由掌其书?"这就进一步揭穿了《周礼》的作者因出于假托而东拼西凑,于是书中就出现了许多自相矛盾、无法自圆其说的现象。文章最后提出:"无任何佐证,单单抓住'外史掌四方之志'一语作论断,难免有捕风捉影之嫌(近又有挖出'诵训掌道方志'之句,遂谓《周礼》有三'志':四方之志、邦国之志、道方志。殊不知,'道'者说也,'道方志'者,说四方所识久远之事也,这是'诵训'的职务)。我认为,探讨方志起源,不必奉《周礼》为纲。依我之见,先秦典籍中写到的楚之'故志'、诸侯之'志'、'周志'、'郑书'(当然也可以包括鲁之《春秋》、晋之《乘》、楚之《梼杌》诸纪年之牒)都不是'方志'——以行政区划为范围进行分门别类的综合记录。章学诚的'方志为外史所领'说,在使用材料上,在推论过程中,的确存在严重的缺陷和混乱,后人没有必要承续这一观点。"

从目前方志学界研究状况来看,这一说法所以会流行如此广泛,看来和章学诚的影响确实有很大关系,因为他在方志学发展和建立上是位至关重要的人物,并且又是一位史学理论家,因而对他的说法很少提出怀疑。另外,持此说者,又过于轻信了《周礼》一书,认为书中所载都为周王朝所实行过的制度和设置过的官职。所以有的文章便说方志在西周时代已经产生。当然,为什么会产生这种看法,其关键又在于对《周礼》所载文字的误解,以为"四方之志"就是今天所讲的方志,既然这样理解,于是方志这种著作,在他们看来西周时代不仅有了,就连"方志"这个名称也有了。这自然纯属于对字面解释而产生的误解。要知道,这里的"志"就是史的意思,四方之志,就是四方诸侯国的历史。关于这点,郑玄在所作注中说得也很清楚。他在外史"掌四方之志"下注曰:"志,记也,谓若鲁之《春秋》、晋之《乘》、楚之《梼杌》。"又在小史"掌邦国之志"下注曰:"若《春秋传》所谓《周志》、《国语》所称《郑书》之属也。"(《周礼·春官·宗伯下》)上述所列之书,都是各该诸侯国史书,这是众所周知的。古代史书本称志,宋代大史学家郑樵在叙述他的著作《通志》命名之原由时就曾指出："古者记事之史谓之志……太史公更志为记，今谓之志，本其旧也。"(《通志·总序》)这就是说，古代之志，就是记事之史书。那么郑玄和郑樵所说是否有史事根据呢？我们回答是肯定的，因为在《左传》和《国语》诸先秦史书中确实都有明确的记载。《左传》文公二年，记狼瞫为了说服对方时，就曾称引《周志》，说："《周志》有之：'勇则害上，不登于明堂。'"杜预注："《周志》，周书也。"而《汲冢书》中亦曾引用《周志》。朱希祖《汲冢书考》中也称《周志》即《周书》，以所引一语见今《周书·大匡》。事实上，《左传》一书引用这类志书内容的地方相当多，有的是出现在双方辩论时，引用前志所载内容作为自己的论据，有的则是出现在"君子曰"之中。为了说明问题，现摘引数条如下：

文公六年：臾骈曰："不可，吾闻《前志》有之曰：'敌惠敌怨，不在后嗣，忠之道也。'"

成公四年：季文子曰："不可。……《史佚之志》有之曰：'非我族类，其心必异。'楚虽大，非吾族也，其肯字我乎？"

襄公四年：君子曰："《志》所谓'多行无礼，必自及也'，其是之谓乎！"

襄公二十五年：仲尼曰："《志》有之：'言以足志，文以足言。'不言，谁知其志？言之无文，行而不远。晋为伯，郑入陈，非文辞不为功。慎辞哉！"

昭公元年：公孙侨曰："侨又闻之，内官不及同姓，其生不殖。美先尽矣，则相生疾，君子是以恶之。故《志》曰：'买妾不知其姓，则卜之。'违此二者，古之所慎也。"

昭公三年：小邾穆公来朝，季武子欲卑之。穆叔曰："不可；曹、滕二邾实不忘我好，敬以逆之，犹惧其贰，又卑一睦，焉逆群好也？其如旧而加敬焉。《志》曰：'能敬无灾。'又曰：'敬逆来者，天所福也。'"季孙从之。

哀公十八年：君子曰："惠王知志。《夏书》曰：'官占唯能蔽志，昆命于元龟。'其是之谓乎！《志》曰：'圣人不烦卜筮。'惠王其有焉。"

综观上引，可见《左传》所载之"志"，均是指古书、古史而言。因为进入春秋时期以后，随着社会生产力的发展、自然科学的进步、阶级斗争的推动和社会制度的迅速变化，人们对传统的神意观念产生了动摇。因为许多人事的变迁、制度的演变，都不是用天命或神意所能解释得了的，从而引起了人们对人事的重视。于是许多政治家和史官们在论及国家的兴亡盛衰和当前政治时事的时候，既不是海阔天空地议论，也很少再援引天命或神意，而是列举他们所掌握的历史知识为论据。他们还强调，王者施政要以过去的历史为鉴。《国语·周语》下所引太子晋那段话可谓最为典型。他说："启先王之遗训，省其典图刑法，而观其废兴者，皆可知也。"上面所引，正是反映了这一历史事实。而从所引各书内容来看，都是有关各类史事，绝不能把它们都视为后来之方志。

再从《国语》所载来看，申叔时给楚庄王教育太子所开书目中也有"故志"，并说明"教之故志，使知废兴者而戒惧焉"（《国语·楚语上》）。韦昭对"故志"所作注曰："谓所记前世成败之书。"这自然也就是历史，与《左传》所载之《前志》恐即一书。又《楚语上》还载："灵王城陈、蔡、不羹，使仆夫子晳问于范无宇，……对曰：'其在志也，国为大城，未有利者。'"非常明显，范无宇在回答问题时，首先指出，此事在古书上有所记载，国作大城，未有利也。所有这些都充分说明，郑樵所说"古者记事之史谓之志"是完全正确的，因为从先秦史籍中皆可得到证实，并不是凭空的臆断。

也许有同志会提出问题，认为古书所说的志即记事之史，自然可以成立，但《周礼》为什么又讲外史"掌四方之志"，小史"掌邦国之志"？既然都是诸侯国的历史，为什么要作如此之区分？这一问题，实际上又涉及西周的分封。周初为了加强统治，在全国实行了大分封。把东西两都连在一起，都属于王畿的范围，达千里以上。将王室的近亲姬姓，都分封在近畿周围，作为王室的直接依靠力量。而在京畿以外，还分封了许多异姓诸侯。而在当时，只有周天子设置史官，记载历史，各诸侯国的历史，同样也是由周天子的史官记载。由于有这样的历史事实，加之周代又确实有大史、内史之称见于史书，于是《周礼》的作者不仅附会出外史和小史，而且为他们作了明确的分工，这就是小史"掌邦国之志"、外史"掌四方之志"的来历。意思是说，畿内所有诸侯国之历史由小史记载，畿外的各诸侯国历史则由外史负责记载。所以孙诒让在《周礼正义》中说，小史"掌邦国之志者，谓掌王国及畿内侯国之史记，别于外史掌四方之志为畿外侯国之志也"。因此，无论是"四方之志"还是"邦国之志"，都是指诸侯国之历史，而绝不是后来之"方志"，这是显而易见的。事实上由于历史的发展，到了春秋时代，情况不同了，随着周王室的衰微，各诸侯国势力日渐强大，各自都先后有了自己的纪年，设置了自己的史官从事于历史的记载，突破了周王室垄断历史的局面。同时记载的形式也不再局限于官文书的整理，而是逐渐发展为按年代顺序连续记载的编年体的国史形式了。如晋《乘》、郑《志》、楚《梼杌》、鲁《春秋》、秦《秦纪》等等，都是见之于先秦史书记载的。同时我们已经知道的鲁的《春秋》、魏的《竹书纪年》（原书名已不可知）、秦的《秦纪》，都是编年史体，这可以说是当时史学发展的主流。所以到了战国时代便出现了编年体巨著——《左传》，这绝不是偶然的，它是史学发展的必然产物。

但是也有人认为上述诸侯国史就是最早的方志，其理由是："那时的所谓国，法制上乃周王朝主宰下的各封域，实质上等于郡县制后的各政区，故《乘》、《梼杌》、《春秋》，为我国最古的几种方志，名称不同罢了。"并且还说："这些史籍今已不见，仅就孔子所修鲁国《春秋》来看，虽然字句极简，语焉不详，严格说还不算史书，只能算鲁史的提纲，但其所记内容，涉及的面宽广，既不限于人事，也不偏于地望，自然现象，社会风情，民人生活，各样都有。"① 我们认为这实际上是史志不分的观点。诸侯国史，无论是体裁形式还是记载内容，与后来的郡县方志都是不同的。首先当时的诸侯国，"实质上"也并不等于郡县制后的各政区，由于性质的不同，其职能也就各自有别，这是众所周知的，无须多辩。具体到孔子所修之《春秋》，说是最早之方志那就更不妥当了。《春秋》乃是我国最早的一部编年体史书，所记内容虽以鲁国历史为主，记载鲁国的内政特详，但是凡涉及列国之事亦均有记载，就这点而言，它实际已具有国际史的意味，如当时列国间的朝聘、盟会、战争等均有记载。这样的内容，如何能和后来的方志相提并论？它们之间虽存在着共性，但还是有区别的。明代著名文学家、史学家王世贞在《通州志序》中就已经指出了这点。他说："窃谓今志犹古史也。古者千

---

① 王燕玉：《方志刍议》，《中国地方史志论丛》，中华书局1984年版。

乘之国与附庸之邦皆有史官以掌记时事，第不过君卿大夫言动之一端。而所谓山川、土田、民物、风俗、兵防之类，意别有图籍以主之，志则无所不备录矣。是故古史之失在略，而今志之得在详也；然史之大纲在不虚媺，不隐恶，以故世子之隆崇，卿相之威灵，而执简者侃然而拟其后。今州邑之荐绅将举笔，而其人非邦君即先故，盖有所不得不避矣。是故古史之得在直，而今志之失在曳也。"(《弇州山人续稿》卷40，又载《通州志》卷首）这里王世贞讲得很有分寸，"今志犹古史"，但并不就等同于古史，两者虽有共同之处，但还是存在着巨大差别，特别是内容记载上的不同，这是带有实质性的，否则方志就是古代诸侯国史，并无自己的特性，那也就无所谓方志了。

至于有人又根据《周礼》所载《地官·司徒》下那句"诵训，掌道方志，以昭观事"，便大做文章，认为方志著作不仅在周朝已经有了，而且就连方志名称也已出现了。我们认为，这里"方志"二字，仍是指四方诸侯国历史而言，与今天所讲的方志是两个不同的概念，千万不能混为一谈。此事郑玄在注中已经讲清楚了，注曰："说四方所识久远之事，以告王观博古所识。""道"者，说也，"道方志"者，就是说四方诸侯国所记载的历史，这是"诵训"的职务。实际上就是为帝王们讲述历史。我国古代帝王有一个传统，即自古以来，就很重视历史的借鉴，并专门设官为他们讲述历史。西周统治者就曾再三声称："我不可不鉴于有夏，亦不可不鉴于有殷。"(《尚书·召诰》）这就是说，他们要从夏、商两代亡国的历史中吸取教训，用前代兴亡之事迹，作为自己施政的借鉴。《国语·楚语》下记载说："又有左史倚相，能道训典以叙百物，以朝夕献善败于寡君，使寡君无忘先王之业。"可见当时的史官是每天都要给国君讲述历史，其目的十分明确，使国君不要忘记先王所建立的事业来之不易，应时时记在心上。后来历代统治者便把设专官讲史作为制度固定下来，代代相传。很典型的如魏晋南北朝时期，后赵君主石勒，曾被掠卖为奴隶，做了君主以后，虽不识字，却很重视历史，《晋书·石勒载记》说："勒雅好文学，虽在军旅，常令儒生读史书而听之，每以其意论古帝王善恶，朝贤儒士听者莫不归美焉。"至于那些著名的帝王，就更加重视了。当然，"诵训，掌道方志"，也可以理解为讲述四面八方所记载的各种大事，可以是历史上的，也可以是当前的，因为"志"就有记事之意，所记之事自然有古有今，而古代记事则多由史官为之。《史记·廉颇蔺相如列传》所记秦赵渑池之会，两国均有御史相从随时记录，便是生动的说明。综上所述，我们认为，《周官》既是战国时代托古所作之书，所载内容自然不尽可信，加之许多论著摘引其记载时，对于文字理解上又多有误解，因此方志起源于《周官》之说自然不足以取信于人。

四、关于渊源于古代诸侯国史说

这一说法虽与上述意见有共同之处，但它不再称引《周官》，而是直接提出后世郡县志书，便是古代诸侯国史，认为一方之志，便是一方之史。宋人郑兴裔在所作《广陵志·序》中便说："郡之有志，犹国之有史，所以察民风，验土俗，使前有所稽，后有所鉴，甚重典也。"（《郑忠肃公奏议遗集》下）这一说法到了明代便颇为流行。如嘉靖《河间府志序》中说："古有列国之史，而今有一方之志，是虽名谓有殊，而核名实以记时事者，其义同也。"这就明显地将古代"列国之史"与当今"一方之志"完全等同起来了。到了清代，持此说最力者当然还是首推章学诚。他首先肯定："国史、方志，皆《春秋》之流别也。"（《文史通义新编》外篇四《方志立三书议》）这就是说，在他看来，国史和方志都是从《春秋》那里发展而来，源头同是《春秋》。他还一再说明："志乘为一县之书，即古者一国之史也。"（《文史通义新编》外篇五《〈永清县志·前志列传〉序例》）又在《为张吉甫司马撰大名县志序》中说："郡县志乘，即封建时列国史官之遗，而近代修志诸家，误仿唐宋州郡图经而失之者也。"（《文史通义新编》外篇六）近代学者梁启超也认为最古之史，便是方志。他在《中国近三百年学术史》的《方志学》一节，开头便说："最古之史，实为方志。如孟子所称'晋《乘》、楚《梼杌》、鲁《春秋》'，墨子所称'周之《春秋》、宋之《春秋》、燕之《春秋》'，庄子所称'百二十国宝书'。比附今著，则一府州县志而已。"可见这一说法影响也相当大。但所持理论，则又与渊源于《周官》之说相同，最明显的当然还是章学诚。其他论著对于所以然者则讲得很少，而所讲者亦大多着眼于古代各诸侯国领域很小，有如后世郡县之规模，很少从所记内容和著作体例考虑，实际上是只看形式而忽略了实质。古诸侯国领土虽小，但它的性质与职能毕竟与后世之郡县不同，两者自不可同日而语。况且诸侯国史所载内容正如王世贞所说"不过君卿大夫言动之一端"，不像方志所记内容那样丰富、广泛。再从体裁而言，诸侯国史大多为编年记事之体，这是当时史体的主流，也是当时最进步的史学体裁，这与后世方志体裁记载形式的多样性也全然不同，因此很难看出两者之间存在着什么渊源关系。虽然梁启超认为"最古之史，实为方志"，但在这个问题上他也无法自圆其说，而不得不承认"惟封建与郡县组织既殊，故体例靡得而援也"①。既然体例、内容并不相同，一定要拉两者的渊源关系，实在是过于牵强。所以会出现这种情况，看来主要是由史志不分、概念不清所造成的。

五、方志多源论

关于方志的起源，除上述几种主要看法外，在讨论过程中，还有提出"方志多源"的主张。方志的源头是多种，而不是一个，就是这一说法的中心思想。其代表人物应推黄苇先生。他在《方志渊源考辨》②中多次强调："从上述多方面的种种情况看来，方志源头较多，不仅有《周官》、《禹贡》、《山海经》，还有《九丘》之书和古舆地图等等。这还只是就已知情况而言，如果进一步广泛深入考察，或者还可找到如民间传说等一类的来源。至此，似可归结说：方志并非起于一源，而是多源。""后世修志诸家在论述方志由来时，不仅指明《周官》，而且语及《禹贡》、《山海经》、《九丘》以及舆图、地志、史籍等等。这些都是确凿的事实，足以证明方志出自多源，并非一源。"文章说得十分肯定，以为所论都是有"确凿的事实"为根据，自然应当是可以深信不疑的了。看来恐怕并非如此。关于《周官》、《禹贡》、《山海经》三书，上文已经作了分析，事实并不能说"确凿"，有的是出于后人之附会，有的则如崔富章文所说，乃出于"捕风捉影"。既然谈到还有《九丘》，也不妨看看真相如何。黄苇文中说："还应看到，除《周官》、《禹贡》

---

① 梁启超：《清代学者整理旧学之总成绩三》，《中国近三百年学术史》。
② 原载《中华文史论丛》1981年第3辑，后收入《方志论集》和《中国地方史志论丛》。

和《山海经》外，从有关古籍和另外一些记载来考察，尚可觅得方志的其他一些源头。《大元一统志·序》称：'九州之志，谓之《九丘》，周官小史掌邦国之志，外史掌四方之志，志之由来尚矣。'这就除《周官》而外，又提到了《九丘》。《九丘》，古书名。据《左传》载：'左史倚相趋过。王曰：是良史也，子善视之，是能读《三坟》、《五典》、《八索》、《九丘》。'《九丘》早佚，原文已不可知，唯《尚书·序》称：'九州之志，谓之《九丘》。丘，聚也，言九州所有，土地所生，风气所宜，皆聚此书。……即谓上世帝王遗书也。'由此看来，《九丘》成书甚早，在《左传》以前，即已流传，其内容又涉及'九州所有'、'土地所生'、'风气所宜'，故亦属地志之类，而且后世修志者在探索方志渊源时，已语及此书。所以《九丘》亦可列作方志源头之一。"从文章叙述来看，确是有所依据，但此依据是否可信？是否可以看作"确凿的事实"？恐怕并不如此。要知道，《尚书·序》乃汉人孔安国所作，《三坟》、《五典》、《八索》、《九丘》是怎样性质的书，他也没有看到过，这些书记载什么内容，古书也未见有过记载。因此他在序中所说也仅仅是望文生义的推测罢了。只要将他对这四部书的解释全部看了，问题便清楚了。序中说："伏牺、神农、黄帝之书，谓之《三坟》，言大道也；少昊、颛顼、高辛、唐、虞之书，谓之《五典》，言常道也；至于夏、商、周之书，虽设教不伦，雅诰奥义，其归一揆，故历代宝之，以为大训。八卦之说，谓之《八索》，求其义也；九州之志，谓之《九丘》。丘，聚也，言九州所有，土地所生，风气所宜，皆聚此书也。《春秋左氏传》曰：楚左史倚相，能读《三坟》、《五典》、《八索》、《九丘》，即谓上世帝王遗书也。"对于这段文字，只要稍作推敲，即可发现其底细。《三坟》说是"言大道"之书，而《五典》则说是"言常道"之书。根据何在？何以知前者是"言大道"而后者是"言常道"呢？显然是出于望文生义。因为"典"字就有"常道"之意，《尔雅·释诂》曰："典，常也。"其意就是从此而来。至于"坟"字，《尔雅·释诂》曰："大也"，而既是帝王之书，不外都是讲治国之"道"，故孔安国在《尚书·序》里便将《三坟》说成是"言大道"之书，似乎言之成理，还有什么可怀疑呢？对于《九丘》的解释，则完全是附会《禹贡》述九州之内容而来，更是出于主观之臆断。因从无史书言及《九丘》之内容或性质，只有《禹贡》真的讲了"九州所有"、"土地所生"、"风气所宜"，于是加以移植，便成了《九丘》的内容。所以后来许多学者并不同意他的说法。如东汉贾逵，解释《八索》为八王之法，《九丘》是九州亡国之戒。张衡则认为《八索》即《周礼》的八议，《九丘》即《周礼》的九刑。可见历来诸家说法不一，而皆出于推测，皆无实据。故杨伯峻先生在《春秋左传注》中说："古今解此四种书者甚多，其书既早已只字无存，臆说何足据？"不过近代各辞书作者对此皆持较为审慎的态度，释文大多曰"相传为古代书名"，决不引申或发挥。像这样谁也没有见过的书，究竟内容记的是什么也无法确定，如何竟引来作为论述方志起源的依据呢？况且孔安国生活在西汉时代，所言也只有臆断，而无真凭实据，元人所说自然更不足为凭。再看《大元一统志·序》那种讲法，便是捕风捉影，又怎么能说成是"确凿的事实"呢？

当然，作为一种著作体裁的方志，究竟起源于何时，是一源还是多源，确实应当进一步加以探讨，以取得符合历史发展的科学结论。但黄苇先生《方志渊源考辨》中所提出的那些源头以及多源的标准概念，笔者实不敢苟同。依笔者之愚见，上列诸书恐与后来之方志均无渊源关系，事实上历来的历史学家和目录学家从未把它们列入方志范畴。上面已经讲了，若按黄先生的标准，恐怕古代所有史籍，都可视为方志的源头。不仅如此，"这还只是就已知的情况而言，如果进一步广泛深入考察，或者还可找到如民间传说等一类的来源"。表面看来是尽量挖掘源头，到头来变成自我的否定，源头太多，最后就变成无源。因此这样的多源论，无论在理论上还是实际上都是不能成立的。

《方志渊源考辨》最后说："方志多源也应是事理之所当然。因为，人类任何一种重要文化遗产都是从多方面吸取源泉，逐步发展、丰富、演化而来。方志这类庞大久远的文化典籍当然也不例外。长江大河正是由于最初不断有多种细流注入，才逐渐积聚，成为源头，然后再经汇合，形成巨流，方始波澜壮阔，浩浩荡荡，奔腾入海。方志的发生和发展过程也是这样。"这段话中，实际上有几个概念含糊不清的地方。首先，起源与发展过程中继续吸取、汇合、渗透，而使之不断完善或壮大应区别开来。刚起源时，从水流而言，流量不一定很大；从著作而言，内容不一定丰富，体例不一定完善。经过不断发展，从河流来说，又吸收、汇合了许多支流，从而流量不断加大，以至形成波澜壮阔、奔腾汹涌的大江、大河；从著作而言，在发展过程中，又不断吸取、融合了其他著作的有关成分，于是不仅丰富了内容，而且逐渐完善了体裁。方志的起源和发展的过程，正是体现了这一精神。因此，起源和发展这两个不同阶段不能混为一谈。其次，对于源头的概念必须搞清。所谓"源"，就是水流起头的地方，"源头"，即水流之发源处，这应当说是众所周知的常识，宋代学者朱熹在《观书有感》诗中还说："问渠那得清如许，为有源头活水来。"可见流动之活水都有源头。如我国第一大河长江，《辞海》云："上源沱沱河出青海省西南边境唐古拉山脉格拉丹冬雪山。"《辞源》曰："源出青海南境唐古拉山之沱沱河。"这就是说，沱沱河自然就可视为长江的源头，而没有必要再去说明有多少细流汇合而成沱沱河。而现今世界上计算河源一般都以"河源唯远"、"河源唯长"等原则确定，也就是说，确定源头的关键，是源区里有哪条河流在长度和流量上占有优势。这就是寻求河流源头的原则。可是黄苇先生却说："长江大河正是由于最初不断有多种细流注入，才逐渐积聚，成为源头，然后再经汇合，形成巨流。"这里人们明显地可以看到，自己声称的是在探索源头，而实际上却是在寻求注入源头的那"多种细流"。像这样的"多种细流"，自然是千头万绪，难以穷尽的。而从其文章论述的指导思想来看，这实际上也正是他所要寻求的"源头"，看来其多源论的思想根源也就在这里。综上所述，可见《方志渊源考辨》对源头的概念确实是与众不同的，因此他实际在寻求的也正是那"多种细流"，既然如此，当然也就无法寻求到真正的源头。正是由于对源头概念的不清，于是便不着边际地罗列古书，一一与方志比附，称之为方志的源头，甚至对古书上那些毫无史实根据、纯属捕风捉影的主观臆断，也如获至宝。这样做法，要想探明方志的起源，岂不难哉！

（原载吴泽主编：《中国史学集刊》第一辑，江苏古籍出版社1987年版。又收入《史家·史籍·史学》，山东教育出版社2000年版；《仓修良探方志》）

再论方志的起源

一、探索方志起源不能离开时代背景

马列主义经典作家早就指出，一定的学术文化是一定的政治经济在观念形态上的反映，同时又反过来作用并影响一定的政治和经济。因此，不同时代，总是要出现为这一时代服务的学术文化思想体系、学术流派以及相应的各种学术著作。这就是说，文化这种精神生产，一定都建立在特定的物质生产之上，并与当时社会政治有着极为密切的联系。因此，我们无论研究哪一个时期的学术文化，都不能把它孤立出来就事论事，必须同产生它的社会经济和政治发展的历史过程联系起来加以研究。这样既注意到它与政治、经济的相互关系，又不忽视学术文化本身的渊源和发展过程。许多学者正是遵循着这一精神，在各自从事的学术领域中进行研究，因而都已经取得了可喜的成果，使得历史学、文学、哲学等都变成了有规律可言的学科。就以新中国成立后出版的各种文学史而言，大多能结合各个时代背景——经济发展和政治特点来评论、总结各个时代的文学成就，指出了发展原因，找出了发展规律。大家都知道，唐代诗歌十分发达，在不到三百年的时间中，就留下了诗歌将近五万首，不仅数量多，而且艺术水平很高，成为我国封建社会诗歌"高度成熟的黄金时代"。原因何在？游国恩等先生主编的《中国文学史》第二册《概说》里作了十分细微的分析。作者既总的论述了唐代文学所以繁荣的普遍原因，又单独强调了唐代诗歌发达的特殊原因；既谈了政治、经济的因素，又讲明了学术文化相互的渗透和影响。看了这些以后，人们自然可以明白，唐代的诗歌所以能够达到高峰，绝非出于偶然。

可是在方志学的研究领域里，太缺少这种研究精神。在研究方志的起源时，大多满足于抱住某一部书而大做文章，很少有人从时代特点入手来探索它的起源。至于为什么在发展的不同阶段会有不同的名称，可以说从来无人问津，似乎各种名称都是理所当然，并无研究之必要。方志既然是独立的一门学科，自然与其他学科一样，有其自身的发生、发展的规律。要研究不同阶段的特点和规律，若离开社会条件、时代精神，那是根本不可能的。因为方志与其他著作一样，毕竟是时代的产物，因而它所记载的内容、体例的形式都必然要按时代的特点和要求而不断发生变化，只要大家注意研究就可以发现，各种方志都不同程度带有各自时代的烙印。正像我们今天要编修社会主义时代的新方志一样，它必须要反映出我们社会主义时代的精神。这种时代精神，不仅要体现在观点上，而且要反映在内容、体例各个方面。因此，笔者之愚见，要想探索出方志学产生和发展的规律，总结出不同阶段的特点，单凭直观而就书论书是办不到的，我们必须用马列主义的文化反映论，把方志放到它所产生的特定社会历史条件下进行比较分析和研究。这样既可以总结出它有别于其他著作所独具的特点和规律，又可以发现它在发展过程中与其他各类著作相互影响、互相渗透的作用。整个方志发展史告诉了我们，它的内容记载也是由简单而逐步丰富起来的，它的体裁也是由似志非志、似史非史、似地非地的"四不像"而逐步完善起来的，这种内容的增多、体例的完善，又正是与各种时代条件息息相关。因此，我们要研究方志的起源和发展的历史，总结它的特点和规律，必须把它放在历史发展的长河中加以研究和分析。同时我们也应当注意到，方志学和谱学一样，都是史学的旁支，是随着史学的发展而产生和形成，经过不断的发展，而逐渐形成一种独特的著作体裁，再经过许多方志学家的努力，最后乃形成一种独立的学问——方志学。正因为如此，在研究方志的起源和发展的时候，还必须结合史学的发展加以分析和研究，否则有些问题也无法说明清楚。

二、需要与可能

任何一种著作体裁，应当说都是应社会需要而产生的，方志自然也不例外，绝不是某些人物的凭空制作。就理论上来说，这一点恐怕不会有人反对，可是，当问题具体化以后，也许就不那么简单了。现在许多论述方志起源的论著，不是讲《周官》，就是讲《禹贡》，这样自然就要涉及具体时间了。于是有的认为方志在西周时已经产生了，有的则说最迟在战国时代已经产生了。其依据呢，不外是《周官》的记载和对《禹贡》的分析，真凭实据、确凿的史料记载谁也没有。众所周知，西周以来，诸侯各国都有历史，这是见于史书记载并为大家所经常引用的。若说有什么区别，也仅在于西周时期，各诸侯国的历史即"四方之志"，同样也由周天子的史官记载。到了春秋时代，随着周王室的大权旁落，各诸侯国都先后设置了史官从事历史的记载，突破了周王室垄断历史记载的局面，总之都有自己的一国之史。而当时的诸侯国所管辖面积并不太大，当时的千乘大国，也不过地方百里，一般都在我们现在一个县的面积上下。像这样一个诸侯国家，编一部史书也就够用了，无须再编著与历史书相类似的著作，这是显而易见的事。何况更没有留传下这种著作。这就说明，当时的社会还没有提出这个需要。

我们再从可能来看，方志的名称，较早时候，史家多称为"郡书"、"郡国之书"、"郡国地志"等，这就说明，它是记载以地方行政区划郡县为范围的一种著作。后来的发展，也正是沿着这样的道路，所以随着行政区划的变动，因而就有府志、州志这一类名称。众所周知，郡县制度是秦始皇统一六国以后才在全国确立推行的。既然如此，那么在郡县制度尚未确立之前，自然就不可能产生反映这种制度的著作，否则将是不可思议的。正如我们今天还是社会主义社会，共产主义尚未到来，因此，谁也不可能写出一部反映共产主义社会的著作，道理是一样的。因此，我们认为在春秋战国时代要产生这样性质的著作也没有可能。同时我们也应当看到，秦是一个短命的王朝。公元前221年秦王政统一六国，到公元前206年就被农民起义所推翻。在这短短的十多年中，一直处在动荡不安的环境中，连一部国史也无人去过问，哪里还会有人去编修郡县志呢？汉承秦制，在全国推行郡县制度，经过汉初七十年的休养生息，到了武帝初年，社会经济得到了空前的繁荣，这为文化的发展创造了条件。到了西汉后期，地方经济得到迅速的发展，豪族地主的势力不断壮大，这就为产生地方性著作提供了温床。从这个时候开始，各地先后产生了许多地方性的人物传记和地方性的地理著作，经过两者汇合，从而形成方志雏形之地记。因此，我们说方志是起源于两汉之地记。

三、方志起源于两汉之地记

（一）历史观的变化促使人物传记的产生

人物传记乃是方志著作中的重要组成部分，然而这种人物传到司马迁著作《史记》时才创立，先秦史书中虽叙述了各种不同人物，但作为人物传的形式当时并没有产生。关于这点，清代历史学家赵翼曾作了详细的考证。在《廿二史札记》卷1《各史例目异同》中说："古书凡记事立论及解经者，皆谓之传，非专记一人事迹也。其专记一人为传者，则自迁始。"又在《陔余丛考》中说："列传叙事，则古人所无。古人著书，凡发明义理，记载故事，皆谓之传。孟子曰'于传有之'，谓古书也。左、公、谷作《春秋传》，所以传《春秋》之旨也；伏生弟子作《尚书大传》，孔安国作《尚书传》，所以传《尚书》之义也。《大学》分经、传，《韩非子》亦分经、传，皆所以传经意也。故孔颖达云：大率秦汉之际，解书者多各为传。又汉世称《论语》、《孝经》亦谓之传。……是汉时所谓传，凡古书及说经皆名之，非专以叙一人之事也。其专以叙事而人各一传，则自史迁始，而班史以后皆因之。"这就是说，先秦古籍和秦汉之际所称之传，与列传和传记之传显然不同。这也是先秦时代还不可能产生地方志这种著作的又一个证据。

我们还可以从历史观的发展进一步证实赵翼论断之正确。人们的历史观随着社会的发展而在不断发生着变化，从古籍和卜辞中所反映的殷商历史观念是神权至上，正如《礼记·表记》篇所说："殷人尊神，率民以事神，先鬼而后礼。"因此殷纣王直到将灭亡的前夕，还自认为他的宝位是有天替他保护的，说什么"我生不有命在天"（《尚书·西伯戡黎》）。到了西周时代，人们的思想虽然还是表现为神意史观，但与殷商相比已经有所不同，故《礼记·表记》中说："周人尊礼尚施，事鬼敬神而远之。"于是也就出现了"殷鉴"的思想。到了春秋时期，随着社会生产力的发展、自然科学的进步、阶级斗争的推动和社会制度的迅速变化，人们对传统思想的看法产生了动摇和怀疑，于是对于神意的崇拜虽然在历史观中仍占有统治地位，毕竟有些人开始认识到盲目信赖鬼神不一定能得到什么好处，人的吉凶祸福与"天"并没有什么直接的关系，从而引起了人们对人事的重视，孔子当时就曾说"人能弘道，非道弘人"（《论语·卫灵公》），并对富有神秘意味的天道和鬼神总是敬而远之，避而不谈。这种历史观的变化，直接反映到历史的记载上面。这里需要说明的是，我们应当知道，古代的史官一直负有双重职能：一是关于人事方面，一是关于天道（即宗教迷信）方面。而随着时代的发展，这两类任务的比重在不断地起着变化，起初天道内容为主（殷商卜辞就说明这一点），随着社会发展，人事活动的内容逐步超过了天道。直到春秋时代，史书上还有所谓"祝史陈信于鬼神"（《左传·襄公二十七年》）的记载。把"祝"与"史"连在一起，正说明当时史官所从事的工作还是两重性质。一旦出现"怪异"之事，君主就要问于史官，提出对策。从天象的变化进而观察人事的变化，两者同时记录下来，这就成了编年体历史的雏形。《春秋》记天象很多，可以说是有力的旁证。不过由于孔子对鬼神还抱"敬而远之"的态度，所以他对所记的天象和灾异并没有人为地去涂上神秘的色彩，更没有把它与人事牵在一起。这种思想内容正体现了从以天道解释历史变动的史观转向以人事解释历史变动的史观的过渡。可见这种编年体史书记载的内容也随着历史观的变化而不断变化和丰富。如《左传》襄公二十九年记载："鲁之于晋也，职贡不乏，玩好时至，公卿大夫相继于朝，史不绝书。"又僖公七年记载："夫诸侯之会，其德刑礼义，无国不记。"可见春秋时代，各国之间的交往、会盟以及本国的施政活动已成为各国史书的主要内容。当然，对人事的重视，反过来又促进了对历史知识的注意，以便从中寻求经验和教训。

综上所述，春秋以来，天命、鬼神思想在不断地衰退，而重视人事的观点则在迅速地发展着。到了战国时期，各类政治人物在进行辩论或说明问题时，已很少有人再援引神意，而大多以历史上的人事为依据。荀子在《天论》中所说的"治乱非天也"，便具有典型的代表性。历史的发展进程，尖锐激烈的社会变革，都不断地促进了人们历史观的发展。战国七雄之间生死存亡的斗争，强弱兴衰的变化，无一不说明人的主观能动性在其中所起的重要作用。如战国初年，魏国最先实行变法，其结果使魏国经济得到迅速发展，国力逐渐强大，一跃而成为战国初年一个强盛的封建国家。可是齐魏马陵之战，齐军在名将孙膑的指挥下，针对魏军的骄傲轻敌思想，避开正面作战，实行诱敌深入，在马陵伏下精兵，大败魏军，俘虏魏太子申，魏将庞涓自杀。经此一战，魏国一下子就从战国前期的首强地位跌了下来。又如战国初年，秦与山东诸国相比，政治经济都比较落后，可是由于秦孝公采用了商鞅的变法主张，实行比较全面、彻底的改革，收到了显著的效果，使秦国由落后一跃而为先进，最后统一了全国。特别是在刘邦、项羽之间长达四年之久的楚汉战争中，主将的能动作用更加显而易见。鸿门宴之前，两军几次火并，楚强汉弱的形势十分明显，可是最后竟以项羽自刎乌江的惨败而告终，这个结局绝非出于偶然。司马迁在《项羽本纪》中指出，刘邦懦怯而有智谋，项羽坦率而少谋略。关键就在这里。地主阶级在掌握政权以后，不仅要总结历史上这些重要的经验教训，更要总结新兴地主阶级夺取胜利过程的经验和教训。可是编年体史书有一个缺陷，不大容易集中体现一个人一生贡献。而纪传体则可以突出各种人物在历史过程中起的作用，突出人物在物质文化创造上的功绩，特别是突出每个人的功或过，从中总结出成败得失的经验和教训。生活在西汉鼎盛时期的历史学家司马迁，正是适应这一时代的要求，在总结编写包括上下三千年历史的时候，创立了以人物为中心的纪传史体，在史学发展史上树立了一座丰碑，为史学发展开创了新的时代。这种史体的产生，对后世史学的发展造成了重大的影响。郑樵说："使百代而下，史官不能易其法，学者不能舍其书，六经之后，惟有此作。"(《通志·总序》)赵翼说："自此例一定，历代作史者遂不能出其范围，信史家之极则也。"(《廿二史札记》卷1《各史例目异同》)我们认为虽说不上是史学家作史的"极则"，但它直接影响着两千年来史学的发展，在我国漫长的封建社会里，许多史学家编写史书，确实都采用了司马迁所创立的纪传史体。不仅如此，它同时也开创了我国的传记文学，在文学史上起着非常深远的影响。在它的影响下，刘向首先写出了独立的传记著作《列女传》。此后，脱离正史、专写人物传记的风气，逐渐盛行起来。特别是到了东汉、三国之后，更是非常发达，并出现了分类传记，如《高士传》、《高僧传》、《逸士传》等，分地域的传记，如《益部耆旧传》、《会稽先贤传》、《汝南先贤传》等。这就为方志的产生创造了条件。这些地方性的人物传记，与专记一方风土的地理著作相汇合，便产生了最早的方志——地记。我们所以要花很多的篇幅来论述纪传史体的产生过程，其最终目的就是要说明这个问题。这就是说，人物传记尚未产生之前，产生方志的条件尚未完全成熟，因此若是离开产生的条件而悬空地去谈起源，自然是不可能收到预期的效果。

(二)《史记》的诞生直接推动人物传记的发展

《史记》的产生在我国史学史上和文学史上均具有划时代的意义，它开创了我国纪传体史学和传记文学发展的新局面，并树立了编纂的典范，对后来史学和文学的发展均起着极为重要的作用。特别是后世史家撰写纪传体史书，基本上是沿着这个路子走的。从班固的《汉书》起，历代所谓"正史"，在体裁形式上几乎完全承袭《史记》。而且自从以人物为中心的《史记》问世后，它还启发着人们研究历史的方法和兴趣。《隋书·经籍志》在"正史"类小序中叙述了《史记》、《汉书》、《东观汉记》和《三国志》等书的著述情况后，接着就说："自是世有著述，皆拟班、马，以为正史，作者尤广。一代之史，至数十家。"其影响之大，于此可见。在《史记》产生以后，刘向首先仿此例而作单独人物传记《列女传》、《列士传》，遂开了作人物传记的先河。自此以后，应社会之需要，各类人物传记便纷纷出现。在《隋书·经籍志》"杂传"类著录之书便有217部，1286卷（通计亡书，合219部，1503卷），不仅在史部十三类中名列首位，而且占史部总数的四分之一强。按照清人姚振宗的《隋书经籍志考证》统计，汉隋之际人物传记应为470部，这个数字相当可观。而这些杂传，类别很多，内容丰富，大多能反映出时代的特点。值得注意的是，地方性的传记，约70部之多，竟占著录数字的三分之一。这些事实说明，自从《史记》、《汉书》问世以后，每个朝代不仅出现了许多种拟班、马而作的纪传体断代史，而且各类传记著作确实如同雨后春笋在各地产生。特别是那些既富有时代气息又带有地方色彩的各地人物传记，正是产生地方志的重要组成部分。

(三) 两汉魏晋的选举制度促使人物传记的发达

早在西汉初年，封建统治者为了选拔官吏，就已采取了由郡国举荐贤良方正的措施。到了武帝元光元年（前134），又设孝廉一科，命令郡守和王国相每年各推荐孝廉一人。孝廉一科此后成为尚书、侍中、侍御史和刺史、守、令等各级官吏的主要来源，这就是汉代选拔官吏的察举制度。后来这种察举制度一般都以郡国名士主持的乡间评议为主要根据，并形成一种社会风气。《后汉书·许劭传》记载："初，劭与靖（劭从兄）俱有高名，好共核论乡党人物，每月辄更其品题，故汝南俗有月旦评焉。"而同时期的郭泰，亦号称有人伦之鉴。这种乡间评议，就是对一个人品德学问进行褒贬。举为孝廉的人，经过考核合格，一般都有官做，尤其在东汉，成为求仕进者必由之路。魏晋以来，各朝则又相继实行九品中正制，这种制度实际上是汉代察举制的发展。这一制度实行时，士人评定之权掌握在政府的中正手中，中正采择舆论，按人才优劣以定品第，多少改变了东汉以来名士"臧否人伦"操纵选举的局面。可是随着地方豪族势力的发展，门阀制度的形成，中正官便逐渐为各地大族名士所掌握，品定人物之权也就完全落入他们手中。在这种情况下，品定士人的标准，也就很自然地由才德而逐渐代替为单纯以世家门第的高低为标准，因此到了西晋时就已形成了"上品无寒门，下品无世族"和"据上品者，非公侯之子孙即当途昆弟"的局面，这种选举制度实际上已发展成为保障士族政治特权的工具。

总而言之，无论察举制还是九品中正制，都是封建统治者用以选拔人才的制度，它们有一个共同的特点，就是对被选拔的士人都要进行一番评论。既然政治上盛行对人物的评论，就必然直接影响到史学上也注重褒贬人物的风气，因为当时被选拔的人一般都要来自门第高的世家大族。这样，评论死人实际上还是为评论活人而服务的，旨在用来标榜门第高贵，夸耀本族人才出众，于是大写家传、家谱和其他地方传记。这就说明，传记的盛行和谱学的发展，都是直接为当时政治服务的，而地方志的编纂，同样起到了这个作用，因而在汉代产生以后，到了魏晋时期便得到蓬勃发展。

（四）地方经济的发展和地方势力的壮大是产生地记的社会基础和政治条件

一个时代自有一个时代的著作特色，一个时代自有一个时代的学术风气。方志所以产生于两汉，不仅是时代提出了要求，而且社会也提供了产生的条件，它绝不是无源之水、无本之木。我们认为，地方经济的发展和地方豪族势力的壮大直接成为产生地方志的土壤与条件。还在西汉时代，许多豪族地主便大肆兼并土地，横行乡里。有的豪强地主通过各种途径谋取官职，把持政治。有的则是官僚依仗权势侵占土地而成为地主。据《汉书·张禹传》记载，张禹原是"以田为业"的大地主，做官后更强买民田四百顷。又如曾官封九卿的杨恽，便是"家居治产业，起室宅，以财自娱"，并且还"逐什一之利"(《汉书·杨敞传》附《杨恽传》)。到了西汉后期，许多豪族地主占有土地以后，便采用庄园的经营方式。东汉开始以后，这种庄园形式，便逐渐在各地建立起来。最典型的如刘秀娘舅樊宏的樊陂庄园，"东西十里，南北五里"，拥有三百余顷耕地，"广起庐舍，高楼连阁，陂渠灌注，竹木成林，六畜放牧，鱼蠃梨果，檀棘桑麻，闭门成市……"(《水经注》卷29《沘水》)。《后汉书·樊宏传》记载，说其家"世善农稼，好货殖……三世共财……其营理产业，物无所弃，课役僮隶，各得其宜，故能上下戮力，财利岁倍，至乃开广田土三百余顷"。仲长统说："豪人之室，连栋数百，膏田满野，奴婢千群，徒附万计，船车贾贩，周于四方，废居积贮，满于都城。琦赂宝货，巨室不能容；马牛羊豕，山谷不能受。"(《后汉书·仲长统传》)以上史料，正反映了典型的自给自足的庄园经济。东汉末年，崔实在所著《四民月令》里，对这种自给自足的庄园经济，曾作了较为全面的叙述。这些豪族地主，当他们经济力量非常雄厚以后，便进而要取得政治权力以保持其既得的经济地位。于是他们便利用察举选官这一制度，相互勾结，相互标榜，相互推荐亲属故旧，这样势必要制造舆论，这就需要地方性的著作来为其服务，"地记"就是在这种形势下应时而生。特别是到了"选举而论族姓阀阅"(《昌言》)，"贡荐则必阀阅为前"(《潜夫论·交际》)的时候，宣扬显赫的家世，打出祖先的旗号，就显得更加重要了。所以各地都有所谓"先贤传"、"耆旧记"、"风俗传"之类的著作出现。开始时也许就是人物传记，但不久便与专记一方风土的地理相汇合，这便是最早的方志，也就是人们常说的方志的雏形——地记。当然，这种"地记"，有的是称"某地记"，有的则仍旧称传，如《南阳风俗传》、《关东风俗传》等都是大家比较熟悉的，自然不会把它们看作单纯的人物传记。关于这点，下面还将举例说明。

关于方志起源于两汉，我们除了从产生的社会条件进行分析外，还有确切的史书记载为依据。《隋书·经籍志》"杂传"类小序曰："后汉光武，始诏南阳，撰作《风俗》，故沛、三辅有耆旧节士之序，鲁、庐江有名德先贤之赞。郡国之书，由是而作。……推其本源，盖亦史官之末事也。"这个记载说明，地记这类著作，也是先从统治者所重视的地方开始撰作的。光武帝刘秀,为了表彰乡里之盛,诏撰了《南阳风俗传》。而所记内容,也是从地方人物、风俗、山川、物产,逐步扩大,逐渐充实完备的。值得注意的是,这里提出"郡国之书,由是而作"。这就是说,关于地方性的郡国的著作,从这个时候便开始了,无疑就是说方志这类著作,是从这个时候开始的。大家知道,《隋书·经籍志》是唐初所作,在中国封建社会中从目录学角度来说是部权威性的著作。所谓权威并不是因为它是官修,而是因为参加编修者都是当时学术界专家权威。故此志对后来学术发展影响很大,是《汉书·艺文志》以后对古代著述的第二次总结,它概括了《汉书》以后学术发展的历史和学术发展的趋势。在修此书时,许多著作他们都还亲眼见到过、研究过,所以叙述一般比较可信。在《南阳风俗传》的影响之下,各地便纷纷撰述类似著作。而对这类著作,《隋书·经籍志》作者认为,"盖亦史官之末事也"。这与刘知幾的看法是一致的,《史通》把它放在"杂述"一类,作为"史氏流别"。因此我们说方志乃是史学发展的一个旁支,它是在史学发展过程中产生和发展起来的,这既有史实为基础,又有理论为依据。

　　正因为地记是在上述情况下产生的,所以开始时总是带有较为浓厚的为地方豪强地主服务的色彩。关于这点,刘知幾在《史通·杂述》篇里已提出了批评,指出:"郡书者,矜其乡贤,美其邦族,施于本国,颇得流行,置于他方,罕闻爱异,其有如常璩之详审,刘昞之该博,而能传诸不朽,见美来裔者,盖无几焉。"正如刘知幾所说,由于这类著作有着这样严重的缺点和局限性,因此得以流传下来的实在很少。刘知幾是史学评论家,他对史书的分类和评论都是经过慎重考虑的,《史通》是他的代表作,著作此书是要表达自己的学术宗旨和作史的主张。像这样一部著作,自然不能把它与一般野史或读史札记相比。对于史书不仅作了分类,一般还都作了评论,所作分类,绝不是随便列举,所下结论,大都值得信赖。他在《史通》里所列郡书,即以圈称的《陈留耆旧传》为最早,从未把《春秋》、《周官》、《禹贡》、《山海经》之类列为郡县之书,至于无稽之谈的《三坟》、《五典》、《八索》、《九丘》,书中根本就不去谈论,应当说这就是史学评论家的风度,不搞捕风捉影,不去牵强附会。所以我们说,无论历史评论家还是文学评论家,所作评论一般都是比较审慎的。

　　应当指出的是,有些同志在研究方志的起源时,往往曲解前人的著作来附会自己的说法，这种做法自然是不可取的。如《秦汉杂述与方志发端》（载《方志论集》）一文便是如此。文章开头便说："方志历史悠久，究其源流，大约渊源于春秋战国，至秦汉始发其端。秦汉之际，杂述渐繁，唐刘知幾'权而为论'，列作十流，'一曰偏记，二曰小录，三曰逸事，四曰琐言，五曰郡书，六曰家史，七曰别传，八曰杂记，九曰地理书，十曰都邑簿'，凡此十流，均史之杂著，各自成家，与正史参行。十流之中，郡书、地理书、都邑簿多记郡国及畿辅诸事，所载虽不齐全，叙述亦颇简约，但于一方山川、都邑、道里、物产、户口、人物、民情、风俗，每有所录，体例亦初备，当是方志发端所在，所以，探索方志源流，须对秦汉郡书、地理书及都邑簿加以研究，使明来龙去脉。"众所周知，《史通·杂述》篇，是刘知幾对史书进行分类时，在正规史书之外，还有十种无类可归，便总称之为"杂述"，乃是对唐以前史学发展之总结，并非专论秦汉。他把史书发展分"上代"、"中古"和"近古"三个时期，其精神是在说明"偏记小说，自成一家，而能与正史参行，其所由来尚矣。爰及近古，斯道渐烦，史氏流别，殊途并骛，权而为论，其流有十焉"。而从其内容来看，所论列者主要为汉魏六朝之著作，十类之中，并无一部秦人著作，即使汉代也没有几部，大多为魏晋南北朝时期的作品，如何能以"秦汉杂述"来概括呢？而刘知幾"权而为论"的前提并不是"秦汉之际，杂述渐繁"，而是"爰及近古，斯道渐烦"，实际是通指汉魏六朝。这是对刘知幾著作思想明显的曲解，实际是用自己的观点强加古人。事实上不仅刘知幾《杂述》篇无一部秦人著作，就是《秦汉杂述与方志发端》一文中也未能举出作于秦人的这类杂述。既然如此，何必要虚张声势，硬加"秦汉杂述"？该文还说："郡书多记郡国乡邦先贤耆旧节行，用以叙旧劝善，流传久远。……故郡书实是一方人物志，此与后世方志多专列一门记载人物，应属一类。"这一结论不仅与刘知幾所论本意相违，而且与事实也不相符。刘知幾在《杂述》篇中曾批评郡书的缺点是"矜其乡贤，美其邦族"，前者是人物，后者就不一定指人物了。不能因为他所列的几部书均称传，于是就下结论说"郡书实是一方人物志"。那么《南阳风俗传》、《关东风俗传》当作何理解？难道也都是专记一方人物吗？清人浦起龙曾为《史通》作注，他在"郡书"下注曰："此谓乡邦旧德之书，视史家为繁。""乡邦旧德"自然就不单指乡邦人物，否则也就谈不上"视史家为繁",就是说所记内容比史书所载要丰富得多。

事实也确实如此,刘知幾所讲的"郡书"绝不是专记一方人物。就以圈称的《陈留耆旧传》而言,《隋志》著录于"杂传"类2卷,而"地理"类又著录有《陈留风俗传》3卷。据前人考证,两者本为一书,姚振宗《隋书经籍志考证》卷21:"《陈留风俗传》三卷,圈称撰。案此《风俗传》,与《耆旧传》本为一书,前世著录家乃分出《耆旧传》二卷入杂传,而此连《风俗传》并入于地理,务欲各充其类故也。《唐·经籍志》总入此类,《新志》则两头互见。"可见圈称所作之传,并不单记人物。又如习凿齿《襄阳耆旧记》,虽以记名,但因有"耆旧"二字,往往也被误认为是单纯人物传记。因为《隋书·经籍志》也是入"杂传"类,而新、旧《唐志》作《耆旧传》,《崇文总目》、《直斋书录解题》并作《耆旧传》。《郡斋读书后志》卷1曰:"《襄阳耆旧记》五卷,晋习凿齿撰。前载襄阳人物,中载其山川城邑,后载其牧守,《隋·经籍志》曰《耆旧记》,《唐·艺文志》曰《耆旧传》,观其书记录丛脞,非传体也,名当从《经籍志》云。"为什么在看法上与分类上会产生如此分歧呢?这正足以说明它两者性质兼而有之,而当时目录学分类上还无方志这一类,所以目录学家各取一端,这正是地方志的特点。裴松之在注《三国志》时,则更简称其为《襄阳记》。故清人王谟在其所辑的《汉唐地理书钞》中,就辑有习凿齿的《襄阳记》。王氏根据《三国志注》、《后汉书注》、《世说新语注》、《水经注》、《初学记》、《艺文类聚》、《北堂书钞》、《太平御览》、《太平寰宇记》、《通鉴注》等书,共辑了22条,由于是按地理的标准要求,故凡与地理有关者方被辑入,而人物或议论等方面则不予辑录。我们查对了《后汉书》刘昭注,其中多次引用了《襄阳记》内容,而王谟仅辑录三条。再以裴松之《三国志注》为例,《吴书·朱然传》中有地名"柤中",裴松之引《襄阳记》曰:"柤音如租税之租。柤中在上黄界,去襄阳一百五十里。魏时夷王梅敷兄弟三人,部曲万余家屯此,分布在中庐宜城西山鄢、沔二谷中,土地平敞,宜桑麻,有水陆良田,沔南之膏腴沃壤,谓之柤中。"这一条王谟在书中辑录了。同样,《吴书·三嗣主传》中,在讲到丹阳太守李衡时,裴松之将《襄阳记》中《李衡传》全部引用,以补陈寿写李衡事迹之过略,全传五百余字。这篇短短五百余字的传记,将丹阳太守李衡的一生经历及其在政治上的贡献,都交代得清清楚楚,特别是他那倔强的敢于同恶势力斗争的性格和为官廉洁的精神表现得十分突出。文章还向人们交代，李衡在一生政治生涯中，所以能做到善始善终，是与他有一个贤内助分不开的。文字简洁流畅，语言生动形象，不愧是出于一位史学名家的手笔。看来习凿齿在写此传时，还曾作过一番社会调查。末了两句，"晋咸康中，其宅址枯树犹在"，说明李衡的旧宅他都去看过，可见他是继承了司马迁重视社会调查的优良传统。《襄阳耆旧记》所留下的这个人物传也充分说明，在方志产生的初期，当它还处在地记阶段的时候，对于人物传记的编写，不仅相当重视，看作是地记不可缺少的组成部分，而且一般都写得相当成功。这与当时社会风气特重人物传记的编写有着密切关系。写好人物传记，在当时甚至被视为史家写好历史的基本功。因为人物传记的编写，最能反映出一个人的史学观点与才能，所以《晋书·职官志》就曾记载，"著作郎始到职，必撰名臣传一人"，以试其才。这自然要影响到地记的编写。可是后来许多方志所写人物传记，大多流于流水账式而大为逊色。看来今天编写新方志，有必要大力提倡，应当继承并发扬这一好的传统。

　　上述事实说明，我们不能单凭书名而定其性质或内容，而必须比较全面地了解其所载内容，然后才能定其性质属于哪一类。仍以《襄阳耆旧记》为例，若是仅看到王谟所辑《襄阳记》那些内容，况且书名又简称为《襄阳记》，加之人们也不知道王氏所辑仅限于地理，无疑会把它看作是一部地理书。相反，若是仅看到上引《李衡传》那条材料，又看到书名为《襄阳耆旧传》，也许就会认为这是一部专记一方人物的传记之书。这样各持一端，岂不就出现了瞎子摸象的笑话吗？该书尽管明代中期还在流传，但到了清代乾隆年间，刻本已不载山川城邑，而仅存人物。明万历二十一年癸巳（1593），陆长庚在为该书所写序中还说："《襄阳耆旧传》，绍熙初太守吴琚刻于郡斋，泯灭久，郡无得而觏焉。宣城少司寇胡公價，初令临海，得于学士，先生梓以归。书前载人物，中载山川城邑，后载牧守，晁氏谓记录丛脞，非传体也，名传可已。嗟呼！人物、山川，相待而显，孔明龙卧隆中，士元凤栖东野，德公遁迹鹿门，习氏选胜白马，皆足为山川重。若乃叔子岘山之碑，元凯万山潭之石，季伦高阳池之饮，明德高风，千载之下令人慨想。"（乾隆五十年任兆麟校刻本《襄阳耆旧记》卷首）这个序言为我们提出了两个问题：其一，从所述该书内容来看，明代流传的与宋人所见之本相同，早期的地记能够较为完好地留传下来的似乎唯有此书。其二，序言对晁公武的批评提出了不同的看法，这一争论不能不引起我们的思考，为什么对同一部书会有不同看法呢？晁氏的评论，认为"记录丛脞，非传体也"，看来这两句话正点明了该书的性质，足以说明问题。内容记载既有山川、城邑诸项，自然不免显得有些琐碎，更非单纯传记，晁氏说它"非传体也"，确是行家语言，可见目录学家知识是丰富的，目光是敏锐的。这种体例正是方志早期阶段地记的特点，这部书实际上为我们留下了早期地记的基本面貌，可惜的是今天所传已非完本。但是若将王谟所辑之《襄阳记》与今传《襄阳耆旧记》对照研究，仍可了解其大概。

（五）地记是方志发展的早期形式

我们认为由地方性的人物传记与地方性的地理著作相汇合而形成了地记，这就是方志发展的早期形式。特别是在光武帝刘秀诏撰《南阳风俗传》以后，沛、三辅、鲁、庐江等地，也都先后撰写了这类著作，后来发展很快，几乎遍及各地。当然，在最初的时候，人们对于名称并不太注意，因此有的称志，有的称传，有的称记，有的称录，也有的称图经，名称并不统一。但从后来发展趋势看，称记者为多，称志者也不少，如《陈留志》、《南中志》、《豫章旧志》等，不过这种志，是与记的意思一样，就是记事的意思。看来形成"方志"这个专有名称，还是有一个相当的历史过程的。尽管当时出现的名称不一，但这种地记的内容，不外乎都有山脉河流、地理沿革、风土人情、人物传记等方面。然而，黄苇先生在《地记与图经考述》（载《方志论集》）一文中，仅根据清人王谟和陈运溶所辑的佚文，列举《太康地记》、任昉《地记》、罗含《湘中记》、盛弘之《荆州记》四种，挑选部分材料，便概括论述地记的内容和特点，并总结性地说："从上引四种魏晋南北朝著名地记佚文辑录看来，可知其所记大都写天下州、郡、县疆域和建置以及一方地理、山川、物产、古迹、旧事、神话、传说等……"尽管所列项目很多，然独缺重要的人物一类。这正好与作者自己在《秦汉杂述与方志发端》一文的结论自相矛盾。这样如何能得出正确的结论呢？上面我们已经指出，王谟等人是从地理书的角度进行辑佚的，辑佚时各有自己的原则。王谟《汉唐地理书钞·凡例》中就有这么一条："是书编次门目既有先后，故同一《冀州记》也，卢植记主地理，故列前，荀绰记主人物，故列后；同一《冀州论》也，卢毓论主地理，故列前，何晏论主人物，故列后；且同一习凿齿《襄阳记》也，而以记地理者居前，记耆旧者居后；同一谯周《巴蜀志》也，而以志地理者居前，志异物者居后。体例则然，非有参差舛错。"这就是说，他的辑佚，是将地理方面内容放在前面，关于人物方面内容则放在后面。正如中华书局在《汉唐地理书钞·出版说明》中指出："可惜他那时已经八十多岁，在大耋已及、贫病交加的情况下，没有能够把所辑的地理书全部刻完。"王谟的"初步计划，定为三百八十八种，分十二门。后来发刻的时候，又重行删订，改为前编四册，后编八册。他在《自序》中说：'因于资力，迫于时日，谅不能一律克期告竣，计惟当以前编为主，后编故以庋置。'所以他的重订目录，也只限于前编四册"。事实上"四册目录虽然订定了，但并没有刻完"。放在前面的尚且没有刻完，列在后面的自然就更不必说了。只要把该书《自序》、《凡例》和《出版说明》稍作浏览，也就不会拿书中所辑资料作为地记的全部内容进行介绍了。看来责任并不在王谟辑佚之不全，而在于引用者实在太粗心了。王谟讲得很清楚，每部书都分成两大部分，志地理者居前，志人物者列后。限于时间财力，计划未实现，因此我们今天看到的只有地理而无人物。就以他《凡例》中列举的《襄阳记》而言，所辑的虽仅有地理，而人物传记仍在流传。大量事实说明，人物乃是地记内容的重要组成部分，若是抛开这一重要内容而去侈谈地理，势必无法体现出地记的真实面貌和基本特点。也许有人会说，《襄阳记》乃是特殊情况，大多数地记未必都有人物。我们认为，这个问题，单以理论辩驳是无法取信于人的，这里还是列举事实，证明我们所说绝非出于虚构。且以刘义庆《世说新语》为例，这是一部主要记载汉末、三国、两晋士族阶层遗闻轶事的小说，涉及人、地、事件很多。梁时刘孝标为此书作注，征引书籍达四百余种，其中以当时史书、地志、家传、谱牒之类为多，而这些书籍大多均已失传，吉光片羽，赖以而存，为我们今天了解这些书的内容和性质可以提供许多可贵的线索。宋人高似孙在《纬略》中称，刘氏注此书引援详确。清人叶德辉在《世说新语注引用书目序》中说："六朝唐人书注最浩博者，梁裴松之《三国注》、刘孝标《世说新语注》及《文选》李善注三书而已，郦亭

《水经注》犹后也。三书恒为考订家所采获。"我们所以要选《世说新语注》为例，这就是重要因素。现以该书所引地记而言，比较典型的，约略统计便有十七部之多（总地志与传记类除外），并且皆为晋宋人所作。生活在南朝梁的刘孝标，对于这些当代著作，全出于亲眼所见，故书中注引，自然较后人辗转相抄者来得正确可信。在这十七部地记中，有的仅引一条，有的多至数条。从所引内容来看，有关人物者十部，有关地理者七部。为了便于说明问题，除《襄阳记》上面已列举外，按在《世说新语》中出现先后为序，每部各摘引一条如下：

荀绰《冀州记》："（满）奋字武秋，高平人，魏太尉宠之孙也。性清平。有识。自吏部郎出为冀州刺史。"（《言语》篇注）

山谦之《丹阳记》："新亭，吴旧立，先基崩沦。隆安中，丹阳尹司马恢之徙创今地。"（《言语》篇注）

刘澄之《扬州记》："冶城，吴时鼓铸之所，吴平，犹不废，王茂弘所治也。"（《言语》篇注）

山谦之《南徐州记》："（京口）城西北有别岭入江，三面临水，高数十丈，号曰北固。"（《言语》篇注）

山谦之《吴兴记》："于潜县东七十里，有印渚，渚旁有白石山，峻壁四十丈，印渚盖众溪之下流也。印渚以上至县，悉石濑恶道，不可行船；印渚已下，水道无险，故行旅集焉。"（《言语》篇注）

盛弘之《荆州记》："荆州城临汉江，临江王所治，王被征，出城北门而车轴折。父老泣曰：'吾王去，不还矣！'从此不开北门。"（《言语》篇注）

孔灵符《会稽郡记》[①]："会稽境特多名山水。峰崿隆峻，吐纳云雾，松栝枫柏，擢干竦条。潭壑镜澈，清流泻注。王之敬见之，曰：'山水之美，使人应接不暇。'"（《言语》篇注）

张资《凉州记》[②]："（张）天锡字纯嘏，安定乌氏人，张耳后也。曾

[①] 鲁迅《会稽郡故书杂集》和张国淦《中国古方志考》均称《会稽记》。
[②] 此书张国淦《中国古方志考》未著录。

祖轨，永嘉中为凉州刺史，值京师大乱，遂据凉土。天锡篡位，自立为凉州牧。苻坚使将姚苌攻没凉州，天锡归长安，坚以为侍中、比部尚书、归义侯。从坚至寿阳。坚军败，遂南归，拜散骑常侍、西平公。"（《言语》篇注）

郑缉之《东阳记》："（山）遐字彦林，河内人。祖涛，司徒。父简，仪同三司。遐历武陵王友、东阳太守。"（《政事》篇注）

荀绰《兖州记》："（袁）准有俊才，大始中（应为泰始之误），位给事中。"（《文学》篇注）

江敞《陈留志》："（阮）武，魏末清河太守。族子籍，年总角，未知名。武见而伟之，以为胜己。知人多此类。著书十八篇，谓之《阮子》。终于家。"（《赏誉》篇注）

贺循《会稽记》："（白楼）亭在山阴，临流映壑也。"（《赏誉》篇注）

熊默《豫章旧志》："庐俗字君孝，本姓匡，夏禹苗裔东野王之子。秦末，百越君长与吴芮助汉定天下，野王亡军中。汉八年，封俗鄡阳男，食邑兹部，印曰'庐君'。俗兄弟七人，皆好道术，遂寓于洞庭之山，故世谓庐山。孝武元封五年，南巡狩，浮江，亲睹神灵，乃封俗为大朋公，四时秩祭焉。"（《规箴》篇注）

虞预《会稽典录》："孝女曹娥者，上虞人。父盱，能抚节按歌，婆娑乐神。汉安二年，迎伍君神，溯涛而上，为水所淹，不得其尸。娥年十四，号慕思盱，乃投瓜于江，存其父尸曰：'父在此，瓜当沉。'旬有七日，瓜偶沉。遂自投于江而死。县长度尚悲怜其义，为之改葬。命其弟子邯郸子礼为之作碑。"（《捷悟》篇注）

张僧鉴《寻阳记》："初，庾亮临江州，闻翟汤之风，束带蹑屐而诣焉。亮礼甚恭，汤曰：'使君直敬其枯木朽株耳！'亮称其能言，表荐之，征国子博士，不赴。主簿张玄曰：'此君卧龙，不可动也。'"（《栖逸》篇注）

郑缉之《永嘉记》："王和之字兴道，琅玡人。祖翼（当作虞），平南将军。父胡之，司州刺史。和之历永嘉太守、正员常侍。"（《轻诋》篇注）

在以上所引十七部地记中,《会稽典录》,刘知幾在《史通·采撰》篇指明其是"郡国之记",自然无须再说。另外还有《陈留志》、《豫章旧志》两部是称志,上文已经讲了,在当时来说,"志"与"记"其意一也。清代著名学者孙诒让在为所辑《永嘉郡记》写的序中就曾明确指出:"(《永嘉郡记》)天水以后,传帙既亡,地学之儒,甄录尚众,或称《永嘉地记》,或称《永嘉记》,记亦作志,斯并文偶省易,谊相通叚,楬署任情,讨核匪要。"作为一代文字学大师如此训释,自然足以信赖无疑。值得注意的是,所引十七部地记之中,内容为人物者竟达十部之多,这就说明当时的地记,人物乃是其重要记载内容之一,这正是适应当时的社会要求与时代精神。所以清人姚振宗在《隋书经籍志考证》卷20"《豫章旧志》"条曰:"侯康《补三国艺文志》曰:'此书《隋志》作晋熊默撰三卷,《唐志》作徐整撰八卷,书似宜入地理类,而隋、唐志俱入杂传,原书既亡,无可考核。'案汉魏六朝地理之书,大体略如《华阳国志》之体,有建置,有人物,有传有赞,而注意于人物者为多。自来著录之家,务欲各充其类,以人物为重者则入之传记,以土地为重者则入之地理,亦或一书而两类互见,不避复重;或裁篇而分类录存,不嫌割裂。各随其意,各存其是,初无一定之例也。"又在卷21"《会稽记》"条曰:"案本志杂传类,有《会稽先贤赞》五卷,不著撰人,《两唐志》并云贺氏撰,似此旧本与此为一书,凡六卷,后人分析言地域山川者入此类,遂分属两篇。"姚振宗是在研究分析大量魏晋六朝地记的情况下,综合得出上述结论,指出当时地理之书,"大体略如《华阳国志》体",不过有的"以人物为重",有的"以土地为重","而注意于人物者为多"。我们认为,这个结论是符合于这类著作的实际情况的。这与杜佑在《通典·州郡门》序中一段话的精神是相一致的。序文曰:"凡言地理者多矣,在辨区域,征因革,知要害,察风土……如诞而不经,偏记杂说,何暇遍举。注曰:谓辛氏《三秦记》、常璩《华阳国志》、罗含《湘中记》、盛弘之《荆州记》之类,皆自述乡国灵怪,人贤物盛,参以他书,则多纰缪,既非通论,不暇取之矣。"这里杜佑是在批评《三秦记》等著作"皆自述乡国灵怪,人贤物盛",与专门言地理之记相较,则有不伦不类之感,并且内容又多"诞而不经,偏记杂说"。这个批评其实正说中了地记的性质和特点,因为它的确是似地理而又非地理,写人物却又不是单纯人物传记。杜佑是唐代中期人,他在编纂《通典》时，这类著作有许多都是亲自见过，所作批评虽不一定正确，但所举内容却都是事实。"偏记杂说"，"人贤物盛"，自然是超越于地理书的范围。不过长期以来，对于这种地记，乃至后来的方志，在目录学上均无独立分类门目，一直被看作地理之书，有的则被视为杂传，姚振宗自然也不例外。至于有许多著作，包括上面所说之《三秦记》、《华阳国志》、《湘中记》、《荆州记》等书，所以会有的著录于地理，有的列之于杂传，正是由于这类著作内容的特殊性，因而使得目录学家产生不同看法，难以处置，无所适从，于是便出现了"或一书而两类互见"，"或裁篇而分类录存"的奇特现象。有的同为一部著作，此书载入地理，彼书分在杂传。此类现象，直到清代，一直如此。如上列《世说新语》注中所引十七部地记，叶德辉在《世说新语注引用书目》中，将《华阳国志》列入"伪史部"，将《陈留志》、《会稽典录》列在"杂传部"，其余则皆归入"土地部"。而沈家本所编之《世说注所引书目》中，则将《冀州记》、《兖州记》分在"杂史"，《华阳国志》分在"载记"，《陈留志》、《襄阳记》、《会稽典录》、《豫章旧志》、《凉州记》、《寻阳记》六部列在"杂传"，其余都载入"地理"。可见同样这十七部书，分类又有很大区别。值得注意的是，沈家本在有些书目下面还作简单分类说明。在《凉州记》下曰："案此记张天锡事，乃记事之书，非地理书。"又《寻阳记》下曰："《隋志》无，《新唐志》地理类张僧鉴《浔阳记》二卷，当即是书。寻、浔古今字。观注中所引亦记事书，非地理书，故改入此。"当然他也是出于推测，所说未必可信。如被他列入地理类的《东阳记》、《会稽郡记》，注中所引亦为人物，与《凉州记》、《寻阳记》相同。总之，这种现象的出现，恰恰为我们研究地记的内容和特性提供了强有力的证据。同时也就告诉我们，汉魏六朝时期的地记，不仅可求之于隋唐诸志的地理类，而且当求之于杂传类。但是由于这些著作大都早已亡佚，无法见其全貌。现在所能见到的都是出自前人书中所引，而所引者又都是各取所需。如裴松之注《三国志》，所引者以人物为多；刘昭注《续汉书·郡国志》，郦道元的《水经注》，则又主于地理；而刘孝标注《世说新语》，虽也以人物为多，但因该书为小说，内容涉及面较广，故其他内容亦多有反映。这就说明，各书所引以何种内容为多，与所注之书的性质有着密切关系。至于类书所收，就更加明显了，如《初学记》、《太平御览》等书地部、州郡部，所收内容自然大都是山水城邑，地理区划，而《太平御览》竹部、兽部、鳞介部，《北堂书钞》舟部，《艺文类聚》水部等，所收当然不会是人物。所以我们绝不能仅据某些著作部分内容所引而轻下结论。如上述《东阳记》、《世说新语》注所引为人物，而《水经注》卷40《浙江水》所引则为传说。《陈留志》、《世说新语》注所引为人物，《续汉书·郡国志》注所引则皆为山川、名胜和传说。对《襄阳记》则更为明显，《世说新语》注所引皆为人物，《水经注》各卷所引则全属山川名胜。若是各执一端，那永远也讲不清楚。后来各家辑佚，其着眼点也不尽相同，因此我们在使用时必须注意。如王谟所辑，以上所述，旨在地理。若孙诒让、鲁迅诸人，则在存旧书之大略。正如鲁迅在《会稽郡故书杂集》序中所说："《会稽郡故书杂集》者，聚史传地记之逸文，编而成集，以存旧书大略也。……书中贤俊之名，言行之迹，风土之美，多有方志所遗，舍此更不可见。用遗邦人，庶几供其景行，不忘于故。"[①] 正因如此，他尽量做到有记必录。如朱育《会稽土地记》，虽仅在《世说新语》注中保存两条十八个字，也照样作为一部书辑佚，并为作序一篇。他把这类著作都看作方志。若对以前亡佚之书，都能以此精神对待，自然就可以做到"存旧书大略也"。我们研究汉魏六朝之地记，也必须持有这种精神，比较全面地去掌握第一手材料，分析排比，才能得出令人信服的结论，而切不可信手摘抄一些片面的材料便轻下结论，否则永远也讲不清地记究竟是何种性质的著作。

综上所述，从各方面分析来看，我认为方志应该是起源于两汉的地记。

（原载《杭州大学学报》[哲学社会科学版] 1986 年第 3 期。后收入《史家·史籍·史学》；《仓修良探方志》）

[①] 《鲁迅全集》第 8 卷，人民文学出版社 1973 年版。

地记与图经

地记和图经是我国方志发展史上两个不同历史时期所表现的两种著作名称，反映了方志发展的两大阶段。说来也很有意思，这两种著作都产生于汉代，更确切点说同时产生于东汉时代。由于其所适应的服务对象有所不同，因此，各自得以发展的时代也就不同。地记主要适应于为地方上的世家大族分裂割据服务，所以在魏晋南北朝时期得到了空前的发展，其间图经虽亦时有出现，但数量毕竟很少；而图经主要适应于为统一的中央集权服务，因此到隋唐时期就因统治者所提倡而成为发展的主流，地记则明显地退居次要地位。以前曾经有人以此为题写过文章，但未能讲到问题的实质，仅罗列了一些现象，并且不少说法很不准确甚至错误，因此乃以旧题新作。

地记最早还是以风俗传的名义出现，并且是由最高统治者提倡开始的，《隋书·经籍志》"杂传"类小序曰："后汉光武，始诏南阳，撰作风俗，故沛、三辅有耆旧节士之序，鲁、庐江有名德先贤之赞。郡国之书，由是而作。……推其本源，盖亦史官之末事也。"这一段话实际上有三层意思。第一，东汉光武帝刘秀，为了表彰乡里之盛，诏撰了《南阳风俗传》，其内容所记皆为这里的人物、风俗、山川、物产等，而并非单纯人物传记。这么一来，于是沛、三辅、鲁、庐江这些地方亦都相继仿效而作。第二，"郡国之书，由是而作"。编写郡县方面的著作，从这个时候便开始了，因为这里"国"字是指县。古代学者一般都将最早的方志著作称作"郡书"、"郡国之书"。第三，这种著作开始亦多由史官而作，故称"史官之末事"，所以这种著作亦是史学的一个支流。这段话文字虽然不多，作用却是很大，它确切地记载了方志的起源正是东汉产生的地记。令人不解的是方志学界有些人不仅对此记载视而不见，而且还是紧紧抱着《周官》、《禹贡》、《山海经》来谈方志起源。正史记载都不相信，反将《周官》奉为经典，如此研究何以取信于人！上述《南阳风俗传》和《关东风俗传》等书，虽名为传记，实际已包含风俗等内容，兼有人物传记与地理性质，已成为最初形态的地记。有的人不了解此情况，总以为凡是称传者自然都是讲人物，其实这是一种误解，《南阳风俗传》、《关东风俗传》是这种性质，《陈留耆旧传》、《襄阳耆旧传》亦是如此。就以圈称的《陈留耆旧传》而言，《隋书·经籍志》著录于"杂传"类二卷，而在"地理"类又著录有《陈留风俗传》三卷。对此，清人姚振宗在《隋书经籍志考证》卷21考证曰："《陈留风俗传》三卷，圈称撰。案此《风俗传》与《耆旧传》本为一书，前世著录家乃分出《耆旧传》二卷入杂传，而此连《风俗传》并入于地理，务欲各充其类故也。《唐·经籍志》总入此类，《新志》则两头互见。"可见圈称之传，并不单记人物。又如习凿齿的《襄阳耆旧传》，虽然大多称其为《襄阳耆旧记》，终因有"耆旧"二字，往往也被误认为单纯人物传记。《隋书·经籍志》也是将其入"杂传"类，而新、旧《唐志》并作《耆旧传》，《崇文总目》、《直斋书录解题》也都作《耆旧传》。晁公武对此作了辨证，《郡斋读书后志》卷1曰："《襄阳耆旧记》五卷，晋习凿齿撰。前载襄阳人物，中载其山川城邑，后载其牧守，《隋·经籍志》曰《耆旧记》，《唐·艺文志》曰《耆旧传》，观其书记录丛脞，非传体也，名当从《经籍志》云。"为什么在看法上与分类上会产生如此分歧呢？正足以说明它是两者性质兼而有之，所以目录学家各取一端，这正反映了地记初产生时的形态。随着不断的发展，以后名称遂都归于称某某记或某地记。需要指出的是，地记这种著作所以会非常风行，同当时的门第制度的形成有着十分重要的关系。门第制度需要标举郡望，以显示自己门第的高贵，因此，单纯夸耀本地人物出众显然还不能满足要求，还需要宣传产生这些杰出人物的地理条件等的优越性，于是那些单写人物的传记已经满足不了这个要求，这样一来，地方性的人物传记与地方性的地理著作两者走上结合的道路，这就产生了第三种著作形式——地记。而在产生初期，还都称为某某风俗传、某某耆旧传，原因也就在这里。随着时间的推移，这类著作不仅数量不断增加，内容不断丰富，名称也就逐渐趋于统一，而人物传则相反，产生数量在逐年减少，我作过一个数字统计：

年　代	地　记	人物传
东　汉	六　部	九　部
三　国	十四部	九　部
两　晋	四十四部	十四部
南北朝	七十二部	八　部

数字表明，地记数量不仅是直线上升，而且增加速度快得惊人，三国时为人物传的一倍半，两晋时达到三倍，南北朝时已为九倍了。而从总数来讲，地记数量亦为人物传的三倍半。可见当时地记发展的生命力是十分旺盛的。同一个时代，就曾产生数人同写一个地方的地记的情况：

《冀州记》：在晋曾有裴秀、荀绰、乔潭先后写过。

《关中记》：在晋曾有葛洪、潘岳先后写过。

《会稽记》：在晋曾有孔晔、贺循、虞预先后写过。

《洛阳记》：在晋曾有华延儁、陆机、戴延之、杨佺期先后写过。

《永嘉记》：在南朝宋曾有谢灵运、郑缉之先后写过。

《荆州记》：在南朝宋曾有盛弘之、庾仲雍、郭仲产、刘澄之先后写过。

《湘州记》：在南朝宋曾有庾仲雍、郭仲产、甄烈先后写过。

从统计中我们还发现，有的人曾先后写过好多部地记，比较典型的有南朝宋刘澄之曾先后写过《扬州记》、《豫州记》、《荆州记》、《江州记》、《鄱阳记》、《广州记》、《梁州记》共七部之多。其次则为南朝宋郭仲产先后写过《秦州记》、《仇池记》、《荆州记》、《南雍州记》、《湘州记》共五部。南朝宋史学学士山谦之一人也撰写了《丹阳记》、《南徐州记》、《吴兴记》、《寻阳记》四部。至于一人撰写两部的那就相当普遍了。所以会产生上述这种现象，只要稍作考察便可发现，有许多地记作者，大都在某地任过官职，有的实际上就在任官期间所作。因为当时社会上特重世家门阀，因此，官吏们到某地任职，必须对当地的世家大族有所了解，这样可以避免在施政过程中触犯他们的利益。特别是当时的取士制度，推行的是九品中正制，与族姓、门第有着密切的关系，并非任何有才华之士皆可得到荐举。因为九品中正的选举制度，实际上就是保护世家大族利益、促进门第制度发展的用人制度，选举的标准，不是以人才优劣为本，仅以门第高下为据，于是"尊世胄，卑寒士，权归右姓"(《新唐书·儒学中·柳冲传》)，实际上已成为当时社会的不成文法，可见当时的族姓、社会地位、权利是密切相连的。结果便出现了"上品无寒门，下品无世族"(《晋书·刘毅传》)的现象。既然如此，所以主管选举之官，尤其必须熟悉本郡世家大族的家世和社会地位，否则荐举错了，不仅触犯了世家大族的利益，而且自己亦有丢官的危险。正因如此，我们可以这样讲，编撰地记，对于地方官吏来说，实际上已成为政治上的需要。这也正如当时地方官吏需要熟悉谱学一样。史书记载，魏晋南北朝时期，主管选曹者非精于谱学不可，以便熟悉每个族姓人物的状况。故南朝宋刘湛为选曹，就曾自撰《百家谱》，以助铨叙，最后竟成为谱学家。这与地方官撰写地记，其精神自是一脉相通。当然，当时许多地方官也大都出身于世家大族，其中还必然存在着相互庇护的关系，自然都属情理之中。如《益州记》作者李膺，据《南史》记载，曾任"益州别驾，著《益州记》三卷行于世"。《衡阳郡记》作者，据《梁书》本传载，齐高帝时，"除衡阳内史"，有政绩，其书显然作于任职期间。《临川记》作者荀伯子，《南史》本传载，曾为尚书左丞，出补临川内史。《荆州记》作者范汪，曾做过荆州留守。《江州记》作者梁元帝萧绎，任过江州刺史。《洛阳记》作者陆机，亦出仕洛阳多年。至于崔鸿之撰《西京记》、陶季直之撰《京邦记》、薛寘之撰《西京记》、姚察之撰《建康记》，他们大多供职京师，更具优越条件。尤其是崔、姚诸人，又多身居史职，写史本是分内之事。所以不厌其烦地列举，目的在于做到论据可靠，若仅列三两部，也许有人会说是出于偶合，数量多了，自然就很难说是巧合了。还有很大一部分地记的作者，其本人就是出身于该地的世家大族，贺循作《会稽记》、顾夷作《吴郡记》，就是当地人所撰地记中较为突出的两部。我们知道，贺、顾两姓，是江东的两个大姓，就连司马氏过江重建政权，都得对他们进行拉拢以便取得其支持，势力之大，可以想见。《徐州人地录》的作者刘芳，不仅是徐州本地的名门望族，加之又是帝王之后，自己又身任徐州大中正，操持着"定门胄，品藻人物"(《新唐书·儒学中·柳冲传》)大权的官吏，拥有选拔用人之大权。处在这样一个环境之中的刘芳，亲自撰写《徐州人地录》，其用意显而易见。《三晋记》的作者王遵业，乃太原晋阳人。而太原王姓则又是当时的著姓，累世显贵，世称"䩉王"，他本人曾"位著作佐郎"，后又历任高官。《襄阳耆旧记》作者习凿齿，襄阳人，史称"宗族富盛，世为乡豪"，自己又在仕途。他们都分别撰写地记，目的很明显，就是要维护他们所拥有的特殊社会地位、权势和利益，以宣扬自己门第的高贵、郡望的优越、人才的出众。根据上面这些事实，我们可以作出这样一个结论，即绝大部分的地记作者，不是出身于该地的高门大族，便是在该地任官，他们与该地的世家大族有着血肉难分的利害关系，因此他们所写的地记，直接是为这个郡望门第服务的。对于这种地记的弊病，唐代史学评论家刘知幾就曾多次提出批评，指出："夫郡国之记，谱牒之书，务欲矜其州里，夸其氏族，读之者安可不练其得失，明其真伪者乎？"（《史通·采撰》）又说："汝、颍奇士，江、汉英灵，人物所生，载光郡国。故乡人学者，编而记之。……郡书者，矜其乡贤，美其邦族，施于本国颇得流行，置于他方，罕闻爱异。"（《史通·杂述》）刘知幾的评论，言语虽然很简单，但却抓住了要害，既指出了这种郡书的著作意图在于"矜其乡贤，美其邦族"，又指出这种著作大多由"乡人学者，编而记之"。它们和那些地理书一样，也都是"人自以为乐土，家自以为名都，竞美所居，谈过其实"（《史通·杂述》）。这些评论，确实都符合当时这些著作的实际情况。所以要"矜其乡贤"、"竞美所居"，目的无非就是我们上面所讲的显耀门第的高贵、郡望的优越，以维护其门第制度下的特殊社会地位和权益。正因如此，所以我在拙著《方志学通论》一书中早就指出："谱学和地记是为了维护世家大族利益、巩固门第制度而形成的两种史学方式，它们产生的社会条件和肩负的任务都是一致的，都是世家大族所建立的庄园经济在意识形态上的反映，可以说是一根藤上结出两个不同形状的瓜。可见到了魏晋南北朝时期，史学发展之所以会衍生出两个旁支——谱学、地记，绝不是出于偶然。当时的社会现实既向人们提出了要求，同时又提供了所需的土壤和温床。这就进一步说明，地记乃是时代的产物，它负有时代的使命，因此从内容到形式，都具有强烈的时代精神。它的产生绝不是凭空而降，而是有本有源。脱离时代背景，孤立地用某部著作来说明方志的起源，不仅不符合马列主义观点和方法，而且是徒劳无益的。总之，标举郡望在于显示门第的高下，而门第的高下，与每个人的社会地位、政治权利都有着十分密切的关系。因此，宣传郡望的优越以巩固门第制度，这就是地记产生后所肩负的社会使命。"

其实关于"矜其乡贤，美其邦族"的思想，有些地记还为我们留下了不少证据。如虞预的《会稽典录》,就曾借朱育的口讲出了会稽所以会人才辈出的原因:会稽所处的优越地理环境。"山有金木鸟兽之殷,水有鱼盐珠蚌之饶,海岳精液,善生俊异,是以忠臣系踵,孝子连间,下及贤女,靡不育焉。"这就是说,会稽所以会产生那么多杰出人物,忠臣、孝子、才士、贤女,就是因为有异于他处的良好的地理环境,人物英杰是因为地气灵秀,"海岳精液,善生俊异"。又如常璩在《华阳国志·序志》的《先贤士女总赞论序》中亦说:"华岳降精,江汉吐灵。济济多士,命世克生,德为世儁,干为时贞,略举士女,表诸贤明。世济其美,不陨其名。"这同样是说,由于有"华岳降精,江汉吐灵",所以才使得这一地区人才济济,远胜他处。这些事实都告诉我们,当时所以要编写地记,地记又所以要包含人物与地理两大内容,正是当时社会风气所决定的。而这一思想,实际上是"人杰地灵"思想的具体体现,只不过到了唐初王勃才在《滕王阁序》中将其概括提出而已,后来方志定型以后,许多地方志作者仍沿袭而不改。直至今日,新方志编修中,不少新修方志为了表述本地人才出众,照旧说其原因在于"人杰地灵"。可见最早出于为世家大族服务,以夸耀本乡本土为著述宗旨的地记,其思想影响居然会如此深远。无数事实证明,某地是否产生杰出人物,绝不单纯取决于地理环境是否优越。因此,对于传统著作中的许多思想和术语,必须本着取其精华、弃其糟粕的精神,切勿完全照搬。我们认为还是提一方水土养育一方人士为好,因为穷山恶水之乡照样会产生许多杰出人物。

需要说明的是,这种地记在开始产生的时候,人们对于其名称似乎并不大注意,因此,有的称志,有的称传,有的称录,有的称记,并不统一,但从后来发展趋势看,称记者为多,称志者也不少。尽管当时出现的名称不一,但这种地记的内容,不外乎都有山脉河流、地理沿革、风土人情、主要物产、人物传记等等。这种著作当时相当普遍,作者和时代都确切可考者尚有一百三十多种,还有许多是作者不详或时代无考者,数量还相当大,当然更多的则是连书名也未留传下来。众所周知,魏晋南北朝时期,全国州郡设置一直不断变化,当时行政区划虽然都是用州、郡、县三级,但各个时期州、郡的大小和多少并不一致。西晋末年,全国有州二十一个;南朝宋有州二十二个,有郡二百三十八个;南朝齐有州二十三个,有郡三百九十五个;北魏有州一百十三个;北周有州二百十一个,有郡五百零八个。这还仅是举例而言，此时所有朝代国家设置州郡数字当然很大，平均每个州郡编写一部地记，其数字就相当可观了。南朝梁任昉，在前人基础上，编成《地记》二百五十二卷，这是一部地记汇编，有人将其视作一部地记，显然是误解。当然，这部汇编中也还有部分不是地记，而是单纯的地理书，因此，还不能说它就包含了二百五十二部地记。这种地记进入隋唐以后虽然没有广泛发展，却也从未中断。有人说地记之名早在北宋即已基本消失，我们认为这个结论是毫无根据的。海外华人学者陈正祥先生在《中国文化地理》一书中作了统计，宋代以记为名的地方志书尚有八十二种之多。我们又根据《中国古方志考》所载，参以《宋史·艺文志》以及上书所举，统计得出书名、作者均可考者有四十一种，其中不少还常被舆地著作征引，如宋敏求的《东京记》、林世程的《闽中记》、吴机的《吉州记》、黄元之的《金陵地记》、范致明的《岳阳风土记》等书影响更大。可见地记之名在北宋不仅没有"基本消失"，而且还出了一批影响很大的著作。学术研究必须老老实实，切忌无根据地信口而言。

开头我们讲了，图经与地记同时产生于东汉时代，但是傅振伦先生却认为图经起源于地记，他在《从敦煌发现的图经谈方志的起源》（载《兰州大学学报》1980年第1期）一文中说："图经起源于地记，其可考者有晋人挚虞的《畿辅经》。"此说明显很不妥当，因为图经在东汉确实已经出现。《华阳国志》卷1《巴志·总序》有这样记载："永兴二年（154）三月甲午，（但）望上疏曰：'谨按《巴郡图经》：境界，南北四千，东西五千，周万余里。属县十四。盐、铁五官各有丞、史。户四十六万四千七百八十，口百八十七万五千五百三十五。远县去郡千二百至千五百里，乡亭去县或三四百，或及千里。'"这是东汉桓帝时巴郡太守但望奏疏中的一段，奏疏较长，其中心议题是要求将巴郡"分为二郡"，便于管理，故将《巴郡图经》所载该郡的境界、属县、盐铁官、户口以及远县去郡的里数都详加列举。这是我们今天所能知道有确切记载的一部图经。又据有关文献记载，东汉顺帝时侍中王逸，还作过《广陵郡图经》，这是我们今天能够知道有具体作者的最早的图经，作者还是一位学者，著有《楚辞章句》行于世。可见东汉时图经已经出现是毫无疑问的。不过，在魏晋南北朝时期，由于社会上的需要，图经不像地记那样受到重视而得到大规模的发展。可是到了隋唐时代，在大一统局面的形势之下，随着中央集权的加强，许多制度发生了变化，也引起了社会风气的变化，而作为地方性著作的功能也相应发生变化，于是地记编写大大减少，而图经由于政府的提倡而得到迅猛的发展。因此，我们可以这样讲，地记编修的减少、图经的盛行，可视为中央集权战胜地方封建割据势力的一种表现。历史的发展正是这样向人们展示，随着隋朝的建立，各种制度产生变化，特别是中央集权的加强，图经终于取代了地记而行使其历史的使命。同时它告诉人们，隋唐五代图经的发展，绝不是一种偶然的现象，而是社会发展的必然产物。

图经是一种什么样的著作？由于大家都未见过，所以各人所说，不外乎都是出于想象和推测，有人说图经就是地图加文字说明，还有说图经是以图为主，这两种说法都没有任何文献为依据，明显是错误的。事实上敦煌图经残卷就足以说明这个问题，特别是《沙州都督府图经》，存者近乎三丈，所记内容有水、渠、壕堑、泽、堰、故堤、殿、咸卤、盐池、湖泊、驿、州学、县学、医学、社稷坛、杂神、异怪、庙、冢、堂、土河、古城、张芝墨池、祥瑞、歌谣等25种之多，内容字数之多已经相当可观，却丝毫没有图的痕迹，若说是以图为主，于情于理都是讲不通的。再如被后人定名为《沙州伊州地志》的残卷，其实也是一部图经，为唐光启元年写本，残卷内容也相当多，所记有各州县的户数、公廨、乡数，各县又分寺、观、烽、戍的名称，还有山川、湖泊、古迹、风俗等，与《沙州都督府图经》基本相同，却也不见有图的痕迹。因此，我认为那种说图经是地图加文字说明的说法是没有根据的，而认为图经是以图为主的说法同样是没有根据的。而持此说者并非一人，且都为大家名家，更加令人费解的是他们都亲自阅读过敦煌图经残卷。可见做学问必须善于思考，不能人云亦云。我们认为，所谓图经就是指这类著作卷首都冠以各种地图，并不是说都要以图为主，不妨看以下事实：第一，据记载，隋炀帝于大业五年命秘书学士编成《区宇图志》，全书一千二百卷，"卷首有图，别造新样，纸卷长二尺，叙山川则卷首有山川图，叙郡国则卷首有郭邑图，其图上有山川城邑"（章宗源《隋书经籍志考证》）。第二，唐代学者李吉甫的《元和郡县图志》，原本有图，如今流传下来仅为《元和郡县志》了，图失传了，当日有图时显然也是放在卷首。对于这部书，当日有图时我们同样可称其为《元和郡县图经》，因为古人常将经、志两字互用，图经亦称图志，宋人周煇在《清波杂志》中就曾讲过："近时州县皆修图志，志之详略，系夫编摩者用力之精粗。"这里就将图经称为图志，因为北宋时曾多次下令全国编修图经，所以才有"近时州县皆修图志"的现象。特别是宝庆《四明志》作者在《序》中还特地将图经易名为志的原因加以论说。"四明旧有《图经》，成于乾道五年"，开宗明义说明四明早已修过图经，还在大观初已经修过，但未能流传下来，而这次所修则以乾道所修为底本，"成二十一卷，图少而志繁，故独揭志名，而以图冠其首"。可见开始编修时还称图经，成书后为了名副其实，"故独揭志名"，改称曰志，因而就有《四明志》而不再是《四明图经》。第三，北宋元丰七年（1084）朱长文作《吴郡图经续记》三卷，完整地传了下来，却未见有图，是原书未作图，还是未流传下来，已不得而知。而朱氏自己所作的《序》中云："吴为古郡，其图志相传固久。自大中祥符中诏修图经，每州命官编辑，而上其详略，盖系乎其人。"这里又将图志、图经相提并论，可再次证实古人志、经之互用，而此书名曰《图经续记》，却不见有图。第四，我们再看南宋绍兴九年（1139）所修之《严州图经》，卷首有图九幅：《子城图》、《建德府内外城图》、《府境总图》、《建德县境图》、《淳安县境图》、《桐庐县境图》、《遂安县境图》、《寿昌县境图》、《分水县境图》。图以下的内容则先讲严州府，再后则分县记述。这就是图经，有什么理由能说它是以图为主呢？我们知道，北宋建立以后，一直沿袭着隋唐五代编修图经的制度，尽管各州县都先后修了图经，但流传下来的同样不多，朱长文的《吴郡图经续记》可视为北宋所作图经的代表，它与隋唐时期的图经相比，在体例、形式上并无多大变化，只不过越到后来内容更加丰富而已。可见那种认为图经是以图为主的说法，完全出于望文生义而已，这种研究方法是不可取的。

隋统一以后，由于各种制度的变化，特别是为加强中央集权的需要，图经得到蓬勃发展。唐和五代也都实行了编修图经的制度，史书中已见到明确记载。可惜的是，隋朝政府的正式规定至今尚未见到。问题在于这些朝代所修的那么多图经，竟连一部也未完整地流传下来，因而它究竟是一种什么样的著作，后人可以说一无所知，因此产生猜测和误解也就在所难免了。值得庆幸的是，当时的学者在其诗文中为我们留下了非常宝贵的点滴资料，特别是敦煌图经的发现，总算为我们解开了千古难解之谜。笔者已发表了《从敦煌图经的残卷看隋唐五代图经的发展》一文，作了专门的论述。至于隋代的图经，根据前人考订成果，我们现在能够知道成于隋的图经尚有十八种之多，并不像有的文章所说"有隋一朝三十余年，各地共修图经六种"，当然这并不是说隋只修了十八部。我们不能说我知道几种，就说人家当时只修了几种。据《隋书·经籍志》记载，炀帝时尚书左丞郎茂曾汇编了《隋诸州图经集》一百卷，这是一部汇集全国各地图经编纂而成的隋代图经总集，在一定程度上反映出隋朝图经的发展概况。郎茂曾任"尚书左丞，参掌选事"，有可能看到全国进呈的图经，否则要以一人之精力而纂辑全国各地之图经是很困难的。另外，我们上文已经讲了，隋炀帝命修一千二百卷的《区宇图志》，当然与各地编修图经也有着密切的关系。有了各地进呈的图经，才有可能修出这样一部规模宏大的著作来。就像后来元明清三代在修《一统志》之前，要各地普遍编修府、州、县志，其道理是一样的。

到了唐代，图经编修得到进一步的发展，政府已经设立专门官吏管理此项工作，并明确规定编修期限和办法。《新唐书·百官志·兵部尚书》载："职方郎中员外郎各一人，掌地图、城隍、镇戍、烽候、坊人、道路之远近，及四夷归化之事。凡图经非州县增废，五年乃修，岁与版籍偕上。"又《唐会要》卷59"职方员外郎"条记载："建中元年（780）十一月二十九日，请州图每三年一送职方，今改至五年一造送，如州县有创造及山河改移，即不在五年之限，后复故。"这两条材料联系起来看，下文州图很可能就是指州图经，古代书籍传抄常有漏、衍之现象。可见唐代图经编修，原规定为三年一修，后改为五年。但遇特殊情况，如"州县增废"、"山河改易"，则随时都要造送。这一制度，到了五代亦未曾间断。对此，《五代会要》为我们留下很好的证据，该书卷15"职方"条这样记载：

> 长兴三年（932）五月二十三日，尚书吏部侍郎王权奏："伏见诸道州府，每遇闰年，准例送尚书省职方地图者。倾因多事之后，诸道州府旧本虽存，其间郡邑或迁，馆递增改，添增镇戍，创造城池，窃恐尚以旧规录为正本，未专详勘，必有差殊。伏请颁下诸州，其所送职方地图，各令按目下郡县镇戍城池，水陆道路或经新旧移易者，并须载之于图。其有山岭溪湖、步骑舟楫各得便于登涉者，亦须备载。"奉敕："宜

令诸道州府，据所管州县，先各进图经一本，并须点勘文字，无令差误。所有装写工价，并以州县杂罚钱充，不得配率人户。其间或有古今事迹、地理山川、土地所宜、风俗所尚，皆须备载，不得漏略，限至年终进纳。其画图候纸到，图经别敕处分。"

这段资料为研究图经提供了极为丰富的内容，反映了统治者对其非常重视。隋唐两代尽管都重视图经的编修，却都未能留下如此丰富而具体的资料，所以当20世纪80年代初查得此段材料时，真是如获至宝，当时就引入正在撰写的《方志学通论》书稿之中，但因各种原因，并未引起人们的注意。长兴是五代后唐明宗第二个年号，这段文字可以说明这样几个问题：第一，五代统治者同样重视图经的编修，平时各州府都存有图经"旧本"。第二，制度虽然规定遇闰年各地州县应造送地图、图经，可是地方官为了例行公事，便将旧存之本抄录上报，势必不能反映各地的变化，必须防止此类事情发生。第三，地图和图经明显是两回事，并不像有的人所说图经就是地图加文字说明。这个资料说明，地图与图经内容都有具体要求，地图所载内容偏重于为军事服务，而图经内容则更加丰富，两者区别很大，况且地图还可以附在图经之中，成为图经的一部分。第四，图经内容，文中有着明确规定："古今事迹"、"地理山川"、"土地所宜"、"风俗所尚"，皆须备载。虽然只有十六个字，但所包括的内容是相当丰富的。如"古今事迹"实际就包括了本州县历史发展、建置沿革、历史事件、历史人物、故事传说等等；"土地所宜"，是指这个州县适宜于种植哪些作物，也就是后来由"物产"两字所代替者；"风俗所尚"，既包括衣、食、住、行、婚、丧、嫁、娶等各种习俗风尚，还包括是否能歌善舞。中央政府所以要了解这些，目的在于确定向这些地方征收什么，要其进贡什么。第五，图经编修不像地图那么简单，需要相当经费，所以文中还特地说明经费开支的出处。综观上述内容，我认为这段资料对于研究隋唐五代图经编修至关重要，有了这个资料再加上敦煌图经残卷，所有隋唐五代有关图经的谜团，全部都可以解开。

唐代所修图经，据各种文献记载所能知道的约有三十八种之多，而刘纬毅的《汉唐方志辑佚》一书中，"约为唐人所作"者尚有八十余种，说明唐代图经编修非常普遍。若从诗文记载来看，真可谓随处可得。唐代大文学家韩愈，因上《谏佛骨表》而被贬潮州。他怀着满腔的义愤离开京城，一路上便借大好的山水名胜来消除胸中的积愤。将要到韶州时，便给张籍写诗一首，请代借一本《韶州图经》，标题是《将至韶州先寄张端公使君借图经》，诗曰：

    曲江山水闻来久，恐不知名访倍难。
    愿借图经将入界，每逢佳处便开看。

  人还未到，便先寄诗请借图经，目的在于每逢佳处，先打开图经作些了解，以便更好地参观游览。这一则说明当时各地确实都有图经，正如王权奏疏所言，诸道州府都存有"旧本"（其实系进呈后所留之副本），否则如何能开口便借；再则说明图经内容相当丰富，竟能成为文人墨客参观游览山水名胜的忠实伴侣。既然如此普遍存在，为什么一部也没有留传下来呢？原因在于这些图经的编修大多出于政府的功令，其内容学术价值不高，加之其内容中许多重要部分已为当时各种地理著作所收入，自然就无人再去收藏这些公文档案了。同时大量事实证明，越是容易得到的书籍，越是容易失传，原因在于人们不注意收集保存。还要说明的是，正由于唐代图经普遍的、大量的编修，这就为编修全国性的地理著作创造了条件，因而先后产生的全国性的区域志、地理书很多，如《括地志》、《长安四年十道图》、《开元十道要略》、《贞元十道录》、《海内华夷图》、《古今郡国县道四夷述》、《元和郡县图志》、《域中郡国山川图经》和《郡国志》等。若是没有全国各地进呈的图经，仅靠一人的精力来编纂出全国的地理著作，是很难想象的。正因如此，我们可以这样讲，由于唐朝图经的普遍编修，造就了一大批像贾耽、李吉甫等杰出的地理学家。所以也可以这样说，唐代大量图经的编修，直接推动了唐代地理学的大发展。可见研究地记与图经，并不是简单地要说明魏晋南北朝时期产生了多少部地记、隋唐时期各产生了多少部图经，而是必须要说明这些著作产生的前因后果、服务对象及其影响等等，否则就失去了研究意义。

  到了北宋时期，这种图经的编修也一直在延续不断，并且统治者亦非常重视。据李焘《续资治通鉴长编》卷12记载："开宝四年（971）正月戊午，知制诰卢多逊等，重修天下图经。"该书卷14"开宝六年四月"条又记载："是月，遣卢多逊为江南生辰国信使。多逊至江南，得其臣主欢心。及还，舣舟宣化口,使人白国主曰:'朝廷重修天下图经,史馆独阙江东诸州,愿各求一本以归。'国主亟令缮写,命中书舍人徐锴等,通夕雠对送与之。多逊乃发。于是江东十九州之形势,屯戍远近,户口多寡,多逊尽得之矣。"《宋史·宋准传》记载,开宝八年,宋准又"受诏修定诸道图经"。可见还在北宋开国不久,宋太祖就三番五次下令搜集、编修图经,其目的固然在于政治方面,通过图经了解各地形势,以及屯戍、户口、物产等情况,同时还要抄送史馆,以供采摘之用,这与隋唐就有所不同。到了真宗大中祥符年间,又一次大规模发动全国编修图经,并由翰林学士李宗谔总其成。郑樵《通志·艺文略》"图经"条下共著录图经三十三部,出于宋代的有二十五部。宋仁宗天圣年间,分天下为十八路,十八路的图经齐全,另有七部为州、府图经。需要指出的是,此时所修之图经,其内容远远详于隋唐时期,这从朱长文的《吴郡图经续记》就足以说明。随着学术发展的影响,图经的内容在不断充实,体例也逐渐完善,显然已非往日图经所能比拟。于是许多这类著作,为了做到名实相符,便纷纷易图经而称志,特别是到了南宋时代,名称并逐渐趋向统一而称志,再称图经的已经非常少了。所以我们说,宋代的方志发展,在整个方志发展史上,具有划时代的重要意义,它起到承前启后、继往开来的重要作用。在这一时期,无论从修志的普遍性还是成书的数量来看,都是史无前例的。内容日益充实,体例不断完善,名称日趋统一,从各方面来看,方志的发展,到了宋代已经基本趋于定型,从此,方志发展进入了第三个阶段——方志定型阶段。

(原载《文史新澜——浙江古籍出版社建社二十周年纪念论文集》,浙江古籍出版社 2003 年版。又收入《仓修良探方志》)

从敦煌图经残卷看隋唐五代图经的发展

编修地方志是我们中华民族文化中的一个优良传统，但是，这种著作形式是在长期的历史进程中逐渐形成和发展起来的，并且经历了三个不同的发展阶段，即地记、图经和定型方志三个阶段，这三个阶段又都有自己不同的特点。至于为什么在发展不同阶段会出现不同名称和不同特点，可以说从来无人问津，似乎各种名称和特点，都是理所当然，并无研究之必要。事实上，方志既然是一门独立的学科，自然也就有其自身的发生、发展规律，要离开社会条件和时代精神而去研究特点和规律是不可能的。只要大家稍作留意，就可发现地记、图经和定型方志固然有其明显的区别，即使是定型后的方志，亦都带有不同程度的时代烙印。正像我们今天所编修的新方志一样，它必然反映出我们这个时代的精神。这不仅体现在观点上，而且反映在内容、体例等各个方面。地记产生于两汉，而盛行于魏晋南北朝，它是为门阀制度下的世家大族服务的，是适应地方政治、经济势力发展的需要而盛行的。而图经则是中央集权加强的产物，它是为巩固中央集权服务的。因此，我们可以这样说，地记编修的减少、图经的盛行，可以视为中央集权战胜地方封建割据势力的一种表现。历史的发展正是这样向人们展示，随着隋朝的建立，各种制度产生了变化，特别是中央集权的加强，图经终于取代了地记而行使其历史的使命。

一、隋唐五代图经发达的原因

随着隋唐统治的先后建立，封建中央集权制度有了非常明显的加强，而那盛极一时的世家大族势力逐渐在削弱，这是图经得以盛行的重要原因。隋统一全国以后，实行了一系列加强中央集权的政治、经济措施。如改革地方行政机构，由州、郡、县三级制改为州、县两级制，裁减不必要的机构，以便于政令的推行。汉魏六朝时期，州、郡、县长官权力很大，可以自行选用下级僚佐，从而使世家大族把持了本地大权。针对这一情况，隋文帝开皇三年（583）规定，九品以上的地方官，一律由中央任免，并且"刺史、县令三年一迁，佐官四年一迁"（《隋书·百官志》）。于是全国大小官吏，悉由吏部管理任免，特别是县佐还规定须用别郡人，不得用本地人，这一条应当说非常重要。这些措施的实行，使那些世家大族失去了把持地方政务的特权。在隋统一之际，南方的门阀世族已经腐朽没落，山东的世家大族亦已在逐步衰落，各项政治、经济改革更进一步促使其不断衰落。尤其值得注意的是，规模巨大的隋末农民大起义，不仅一度打乱了整个封建统治秩序，而且严重地打击了魏晋南北朝以来的门阀制度、世家大族，使其在政治上、经济上的势力都大为衰落，出现了所谓"燕赵右姓，多失衣冠之绪，齐韩旧俗，或乖德义之风，名虽著于州闾，身未免于贫贱"（《唐会要》卷83《嫁娶》）的现象。在唐朝政权建立以后，这些旧的世族尽管在社会上仍有很高的地位和一定的影响，但往日那种显赫声势却一去不复返了。当然这些门阀地主并未因此就甘心退出历史舞台，特别是以崔、卢、李、郑为首的山东世族，仍是以士大夫自居，妄自尊大，嫁女时必多方索取聘礼以抬高其身价。这种情况甚至使得唐太宗也深深感到不安，认为如果再听其发展下去，势必严重影响社会风气，动摇新的封建政权巩固。所以他就曾在一次诏令中严厉指出："自号膏粱之胄，不敦匹敌之仪，问名惟在于窃赀，结褵必归于富室。乃有新官之辈，丰财之家，慕其祖宗，竞结婚媾，多纳货贿，有如贩鬻，或贬其家门，受屈辱于姻娅，或矜其旧族，行无礼于舅姑，积习成俗，迄今未已。既紊人伦，实亏名教。朕夙夜兢惕，忧勤政道，往代蠹害，咸以惩革，惟此敝风，未能尽变。自今以后，明加告示，使识嫁娶之序，各合典礼，知朕意焉，其自今年六月禁卖婚。"（《唐会要》卷83《嫁娶》）这就说明，这些世家大族虽然已经无权无势，但其虚名在社会上还有影响，并且令人向往。唐太宗唯恐这个余波乱人伦，亏名教，扰乱社会风气，于是采用编《氏族志》的手段，借以压低世家大族的地位。通过编写谱牒著作形式，把全国旧望与新贵的地位进行一次大调整并加以固定下来，使那些本不为士族的新贵们进入了士族行列，自然也就压低了原有旧士族的社会地位。后来武则天当权，又通过唐高宗下诏改修《氏族志》为《姓氏录》，这就把士族的范围更加扩大，进一步促进了士、庶合流。改订《姓氏录》，是对旧士族营垒的更大一次冲击。总之，唐代通过多次大型谱牒的编纂，用政治手段，重新评定了姓氏门第，突出皇室和功臣地位，压制旧的门阀势力，削弱门第观念。六朝以来的豪门士族经过多次冲击，确实已经衰落凋零。唐朝后期参加过政治革新运动的政治家、诗人刘禹锡的《乌衣巷》诗，"朱雀桥边野草花，乌衣巷口夕阳斜。旧时王谢堂前燕，飞入寻常百姓家"，可以视为这种衰落凋零的真实写照——显赫一时的王谢等世家大族，早已失去了往日的威风。门阀制度的消亡，世家大族的衰落，意味着大量产生地记的温床已经崩溃，由于政治的需要，代之而起的便是图经的盛行。以后即使还曾出现过一些称为某地记的著作，但它们也已失去了往日那种特有的功能。

　　隋朝政权建立以后，首先遇上的便是六朝以来设置的侨置州郡所带来的麻烦，因此，隋朝初年，杨尚希就已看出"天下州郡过多"的弊端，他在给隋文帝的上书中指出："自秦并天下，罢侯置守，汉、魏及晋，邦邑屡改。窃见当今郡县，倍多于古，或地无百里，数县并置，或户不满千，二郡分领。具僚以众，资费日多，吏卒人倍，租调岁减。清干良才，百分无一，动须数万，如何可觅？所谓民少官多，十羊九牧。"（《隋书·杨尚希传》）地方机构重叠，官吏冗多，国家"租调岁减"，而"资费日多"。这种局面可谓由来已久，自从西晋永嘉以后，各少数民族贵族先后在北方建立了许多政权，迫使中原广大人民大量流向江南。而南下的世家大族，本来就互相标榜门第与郡望，就如刘知幾所说，他们"竞以姓望所出，邑里相矜"（《史通·邑里》），因为当时的社会风气是"人轻寒族"，"世重高门"。到了南方以后，他们自然不愿意丢掉自己的金字招牌，还想方设法将自己的郡望搬到南方。于是侨置州郡便在江南纷纷出现。故刘知幾在《邑里》篇又说："自洛阳荡覆，衣冠南渡，江左侨立州县，不存桑梓。由是斗、牛之野，郡有青、徐；吴、越之乡，州编冀、豫。欲使南北不乱，淄、渑可分，得乎？"王仲荦先生对这种现象非常风趣地说："地望在习惯上已经变成了他们的商标，有如解放前在大城市中的某姓公馆标以某姓生地如'合肥李公馆'、'常州盛公馆'者然。倘使琅玡王氏、陈郡谢氏为了流寓江南而变成了丹阳王氏、会稽谢氏，那就等于取消了他们的高贵标帜，因此，他们也必会提出：琅琊（或陈郡）'既是望邦，衣冠所系，希立此郡，使本壤族姓，有所归依'了。"[①] 晋成帝咸康元年（335）在江乘县（今江苏句容县北）境内设置了第一个侨郡——南琅琊郡[②]。此后又在京口（今江苏镇江市）界内侨置南徐州和南兖州，在广陵（今江苏扬州市）界内侨置南青州，在芜湖界内侨置南豫州等州一级的地方机构，在今天江苏常州不仅侨置南兰陵郡，而且还有南兰陵县。据统计，仅在今江苏便设置十五六个郡级和六十多个县级的流寓郡县，搞得杂乱无章，名实相违。所以还在南朝齐的时候，沈约写《宋书》时，就已经感到头绪纷繁，难以详书。在《宋书·志序》里，他就曾大发议论，指出："魏晋以来，迁徙百计，一郡分为四五，一县割成两三，或昨属荆、豫，今隶司、兖，朝为零、桂之士，夕为庐、九之民，去来纷扰，无暂止息，版籍为之浑淆，职方所不能记。自戎狄内侮，有晋东迁，中土遗氓，播徙江外。……百郡千城，流寓比室。人仺鸿雁之歌，士蓄怀本之念，莫不各树邦邑，思复旧井。既而民单户约，不可独建，故魏邦而有韩邑，齐县而有赵民。且省置交加，日回月徙，寄寓迁流，迄无定托，邦名邑号，难或详书。"这就说明，东晋南朝以来，地方行政区划和机构设置，既多且乱。所以还在隋朝初年，杨尚希便上书建议，应"存要去闲，并小为大"。于是开皇三年（583），隋文帝根据这个建议，改州、郡、县三级为州、县两级，还合并一些州县，裁减了不必要的机关和官吏，自然也就节省了封建国家的开支。既然要整顿州县，就必然要整顿版籍，因为这直接关系到国家赋税的收入。隋建立之前，山东和南方的世家大族，他们有较高的社会地位、雄厚的经济力量，占有大量的部曲、奴婢，还荫庇着为数众多的"浮客"，使得国家控制的人口很少，严重影响了政府的收入。所以隋文帝即位后，于开皇五年（585）先后实行了"大索貌阅"和"输籍法"两项措施，目的就在于严格核对户口，"户口不实者，正长远配"（《隋书·食货志》）。图经的编修，显然亦是为了配合这些措施的施行。通过图经，可以进一步了解全国所置州县的现状，诸如疆域的区划、户口的多少、赋税的增减、物产的品种等均可得知。所以我们说，消除东晋以来侨置州郡所造成的混乱，整顿地方行

---

① 王仲荦：《魏晋南北朝史》，上海人民出版社 1979 年版，第 348 页。
② 为了和北方的琅琊郡区别，故加"南"字。

政区划，加强户口控制，乃是隋朝大修图经的重要因素。

方志既是史学的旁支，那么修史制度的变化，必然给方志发展带来一定的影响。隋唐以前，中国史书大都出于私家一二人之手，虽有官修史书，也只不过是个人接受皇帝的命令而编写罢了，与私人撰史并无多大区别。特别是魏晋南北朝时期，私家撰史之风大为盛行。和以前相比，这一时期的史学不仅取得了许多新的成就，而且出现了不少新的特点，除正宗的编年、纪传等史著形式外，还出现了大量的人物传记、地记（方志初期形式）、谱学等著作形式，这一者与褒贬人物的史学思想发展有关，再者与世家大族把持地方政治、经济，进而左右中央政权有关。隋唐以后，情况不同了。为了加强中央集权的统治，不仅在政治、经济等方面采取措施，而且抓了意识形态。隋文帝开皇十三年（593）"五月癸亥，诏人间有撰集国史、臧否人物者，皆令禁绝"（《隋书·高祖纪下》）。这就是说，不仅把国史的纂修大权垄断在中央政府手中，就连私人评论人物的著作也一律禁止。然而地记之中，人物传记是其重要内容，这么一来，它的发展就明显地受到限制。隋文帝为什么要禁止私家评论人物？显然是针对旧的世家大族势力。因为他们向来标榜自己门第的高贵、郡望的优越，借品评人物而相互吹捧或自我吹嘘，这种风气若再让其泛滥，势必将侵蚀、危害封建中央集权制度，故而下令禁止。可见社会舆论的重要性历来都很受政府重视。

另外，选举制度的变化既然影响史学思想的发展，很自然地也要影响地方志的发展。不论是两汉的察举制，还是魏晋南北朝的九品中正制，都需要对人物进行品评褒贬。而这种品第人才的选举制度，又都积极地影响着褒贬人物的史学思想的发展，所以汉魏六朝以人物为中心的纪传体史著占据了绝对的地位，并在其直接影响下，产生了大量的为门第制度服务的人物传记、谱牒著作和各种地记。隋朝开始采用科举选士制度，到了唐代，被确立为选拔官吏的主要制度。这种科举制与以前的察举制和九品中正制不同，它是以才取士，无须对人物进行褒贬品第，更不受门第郡望的限制。由于这种制度选举用人是"以文章进"，而不"以门第进"，加之世家大族皆已凋零，因而当时官场中做官反以进士出身者为荣，社会上甚至认为"缙绅虽位极人臣，不由进士者，终不为美"（《唐摭言》卷1《散序进士》），从而引起以褒贬人物为中心的史学思想发生相应变化。同时，选举制度改变以后，社会上议论的中心也随之发生变化,以往议论都是集中在人物上,而现在所关心的却是哪一种制度更为有利于加强封建国家的统治。这种政治上的要求,自然也要直接反映到史学思想上来;加之隋文帝的明令禁止私人修史、臧否人物,唐朝更设立史馆,专门从事修史工作,将纪传体正史编修权全由政府掌握——需要与可能,使得史家的注意力不得不有所转移,于是主通明变的史学思想继之而起,研究历代典章制度发展变化的史学著作亦相应产生,杜佑的《通典》就是在这种形势下产生的。同时,这一时期还出现了专记一朝一代典章制度的会要体史书。这类史学著作的出现,对后世方志的发展有着极为重要的影响。

总之,由于朝代的更替、社会的发展、各种制度的变化、政权中心的转移、中央集权的加强,图经终于取代了地记而行使其历史的使命。因此,隋唐五代图经的发展,绝不是一种偶然的现象,而是社会发展的必然产物。

二、图经是一种什么样的著作

图经起源于何时,如何发展而来,目前说法也很不一致。如傅振伦先生认为:"图经起源于地记,其可考者有晋人挚虞的《畿辅经》。"① 笔者认为这一说法很不妥当,因为图经虽然是方志发展的第二阶段,事实上它却并不是起源于地记,而是与地记同时出现于东汉时代。常璩《华阳国志》中所记载的东汉时巴郡太守但望的奏疏中已经提到《巴郡图经》,这是我们今天所能知道的最早一部图经。《华阳国志》卷1《巴志·总序》这样记载:"永兴二年(154)三月甲午,望上疏曰:'谨按《巴郡图经》:境界,南北四千,东西五千,周万余里。属县十四。盐、铁五官各有丞、史。户四十六万四千七百八十,口百八十七万五千五百三十五。远县去郡千二百至千五百里,乡亭去县或三四百,或及千里。'"但望的奏疏较长,其中心议题是要求将巴郡"分为二郡",便于管理,故将《巴郡图经》所载该郡的境界、属县、盐铁官、户口以及远县去郡的里数和乡亭去县的里数都详加列举。又

---

① 傅振伦:《从敦煌发现的图经谈方志的起源》,《兰州大学学报》1980年第1期。

据有关文献记载，东汉顺帝时侍中王逸还作过《广陵郡图经》，可见东汉时图经已经出现是毫无疑问的。不过，由于当时和魏晋南北朝时期社会上的需要，图经不像地记那样受到重视而得到大规模的发展。到了隋唐时代，在大一统局面的形势下，随着中央集权的加强，许多制度也发生了变化，也引起了社会风气的变化，这样，作为地方性著作的功能也相应发生了变化，于是地记编写大大减少，而图经由于政府提倡则得到迅猛的发展。方志发展从此也就进入了第二阶段。

至于图经究竟是怎样形式的一种著作，由于大家都未完整地见过，所以各人所说，不外都是出于想象和推测。王重民先生在20世纪60年代所写的《中国的地方志》（载《光明日报》1962年3月14日）一文中说："图经（公元六世纪至十二世纪）。最早的图经是以图为主，用图表示该地方的土地、物产等。经是对图作的简要的文字说明。晋人常璩所撰《华阳国志》记述了公元154年巴郡太守但望根据《巴郡图经》了解巴郡的境界、属县、属官、盐铁官和户口等，他所依据的文字当系地图的说明（即经）。这种文字说明，越到后来越多，图在图经中的地位和作用因之缩小。六世纪的图经仍然有图有经，但是以经为主了。到了隋代，图经一类的地记更为普遍。大业中（605—616）'普诏天下诸郡，条其风俗、物产、地图'，虞世基、郎茂等从这些材料中编成了《隋诸州图经集》100卷，可见里面包括着许多图经的。"王重民先生讲"最早的图经是以图为主"，显然就是出于推测，因为最早的图经并未流传下来，加之文献也没有详细而明确的记载。一般说来，土地、疆界、城邑、山脉、河流等用图表示，自然可以理解；物产皆以图表示，则难以想象，是否像后来《本草纲目》那样，对各地所有物产皆绘之以图？至于说但望"所依据的文字当系地图的说明（即经）"，同样是出于推测，因为《华阳国志》并无这样的记载。对于上段文字还有两点需要指出：一者是讲"到了隋代，图经一类的地记更为普遍"，说法并不确切，图经和地记虽然都是方志发展早期的两个阶段，但两者之间毕竟还是有所区别，况且到了隋代，更为普遍的乃是图经而不是地记，关于这点上文已经作了论述；二者是讲"虞世基、郎茂等从这些材料中编成了《隋诸州图经集》100卷，可见里面包括着许多图经的"，说法也不太确切，恐怕他们是从各地所上之图经汇编而成《隋诸州图经集》100卷，正像《隋书·经籍志》所载，南齐时陆澄收集了160家著作，依成书先后为序，编成《地理书》149卷。到了南朝梁，任昉又在陆澄所编《地理书》基础上，增收了84家，编成《地记》252卷。可见这个《地记》集并非陆澄、任昉自己所编修，而是他们所汇编。

关于图经的形式，王永兴先生1987年在为《敦煌石室地志残卷考释》一书所写的《序言》中也是这样说："根据制度的内容以及'图经'这一名称，这些地方志应以图为主，而辅之以文字说明。仲荦先生辑录在此书中的地方志都是残卷，因此其地图部分可能已亡佚，所残存者只是很不完全的文字部分了。"看来这个说法似乎离谱更远了些。王重民先生说，"最早的图经是以图为主"，越到后来，图的"地位和作用因之缩小"，6世纪的图经"是以经为主了"。不管怎么说，这个结论还是近乎事实的。唐代的图经残卷已经放在面前，特别是敦煌图经残卷中的《沙州都督府图经》，存者近乎3丈，所记内容有水、渠、壕堑、泽、堰、故堤、殿、咸卤、盐池、湖泊、驿、州学、县学、医学、社稷坛、杂神、异怪、庙、冢、堂、土河、古城、张芝墨池、祥瑞、歌谣等25种之多，内容字数之多已经相当可观，却丝毫没有图的痕迹，还说以图为主，于情于理都是讲不通的。再看被后人定名为《沙州伊州地志》的残卷，是唐光启元年（885）写本，实际上也是一部图经残卷，残存内容也相当多，所记有各州县的户数、公廨、乡数，各县又分寺、观、烽、戍的名称，还有山川、湖泊、古迹、风俗等，与《沙州都督府图经》基本相同，也不见有图的痕迹。因此，说隋唐时代图经是以图为主可以说是没有任何根据的。

我们认为，所谓图经实际上是指这种著作卷首都冠以各种地图，并不是说皆以图为主。不妨请看三个例证：第一，据文献记载，隋炀帝时于大业五年（609）命秘书学士修成《区宇图志》1200卷，"卷首有图，别造新样，纸卷长二尺，叙山川则卷首有山川图，叙郡国则卷首有郭邑图，其图上有山川城邑"（《隋书经籍志考证》）。这种《区宇图志》，实际上也可以称它为《区宇图经》。第二，大家比较熟悉的李吉甫的《元和郡县图志》，原来也是有图，如今流传下来的仅为《元和郡县志》了，图也失传了。当日有图时显然也是放在卷首。同样，我们也可以称其为《元和郡县图经》，因为古人常将"经"、"志"两字互用，图经亦即图志。北宋时，中央曾多次下令要求全国编修图经，因此，全国各地都在编修，宋人周煇在《清波杂志》中就曾这样讲："近时州县皆修图志，志之详略，系夫编摩者用力之精粗。"这里就将图经称为图志。又如宋真宗咸平四年（1001），苏通判为作《善政侯祠堂记》云："善政侯琅玡王公讳元晔，册封之典，《图志》载之备矣。"（《四明六志校勘记》卷9）很显然，这个《图志》亦就是图经。第三，我们再举南宋绍兴九年（1139）所修之《严州图经》，卷首有图9幅：《子城图》、《建德府内外城图》、《府境总图》、《建德县境图》、《淳安县境图》、《桐庐县境图》、《遂安县境图》、《寿昌县境图》、《分水县境图》。图以下内容则先讲严州府，再后则分县编修。这就是图经，我们有什么理由能说图经应以图为主？值得注意的是，王象之《舆地纪胜》、陈振孙《直斋书录解题》、马端临《文献通考》在著录《严州图经》时，皆作《新定志》；就是郑瑶所修《新定续志》（也称景定《严州续志》）卷4《书籍》门，在著录此书时亦称《新定志》。可见当时人是将志与图经视作同一概念的。需要指出的是，北宋时期，沿袭唐五代编修图经的制度，自建国之始便一直重视抓各地图经的编修，尽管各州县都先后修了图经，但流传下来的却实在太少，今天所能见到的，最早无过于北宋元丰七年（1084）朱长文所撰的《吴郡图经续记》3卷。由于该书已经无图流传下来，所以，我们上文只好以南宋最早修的图经为例来说明。通过上面的论述，我们完全有把握下这样的结论：图经是一种有图有文的地方区域性的著作，是很有价值的一种地方文献，它是方志发展的第二个阶段，当然具有地方志的许多特征。不过它绝不像有些论者所言是以图为主，而它的图一般都是放在全书的卷首。这个结论正是在看了敦煌图经残卷后才得出的。敦煌图经残卷还告诉我们，唐代图经的结构与内容和宋人所修的图经，基本格调是一致的。关于这点，我们将在下文作详细的比较和论述。因此，我们可以这样讲，敦煌图经残卷帮助我们拨开迷雾，揭开盖在图经上的面纱，看清了图经的庐山真面目，否则还必然继续着猜宝式的研究，"图经以图为主"的结论也势必将一直流行下去。单就这一点而言，敦煌图经残卷的发现，在方志发展史的研究上已经起到了无可替代的重大作用。

三、隋唐五代图经发展概况

隋唐五代时期是我国地方志发展第二阶段，即图经盛行时期。在隋统一以后，由于上述多种原因，特别是中央集权的封建政府需要，图经得到蓬勃发展。唐和五代也都实行了编修图经制度。可惜的是，确切的文献记载留下很少，作为封建政府正式的规定，至今为止，隋朝的一条也未见到，唐和五代的在正式史书中也仅各见到一条，尤其是五代那条规定还非常具体。问题还在于这些朝代所修的那么多图经竟然连一部也未能留传下来，因而使后人对它一无所知，自然也就免不了产生许多误解和猜测。值得庆幸的是，古代有些学者在其著作中为我们留下了十分可贵的点滴资料。当然，敦煌图经残卷的发现，总算为我们解开了千古难解之谜。

关于隋代图经，根据前人考订成果，作一不完全统计，我们现在所能知道成于隋的图经约有如下这些：《上谷郡图经》、《江都图经》、《东都图经》、《固安图经》、《陈州图经》、《雍州图经》、《冀州图经》、《弘农郡图经》、《历阳县郡图经》、《河南郡图经》。我们列举这几部并不是说隋只修了这几部，并不是像《地记与图经考述》（载《方志论集》）作者所说："有隋一朝三十余年，各地共修图经六种，已超过历代修图经之总和。"这个结论显然是不正确的。此外，隋还有全国性的区域志和图经集各1部，即《隋区宇图志》和《隋诸州图经集》。《隋书·郎茂传》称："撰《州郡图经》一百卷奏之，赐帛三百段，以书付秘府。"郎茂，字蔚之，恒山新市（今河北正定东北）人，炀帝时官拜尚书左丞。郎茂所撰此书，《隋书·经籍志》则称《隋诸州图经集》，《新唐书·艺文志》又称《隋图经集记》，卷数皆是100卷，而书名却有三。上文已经讲了，其性质与任昉编的《地记》相同。郎茂将各地所送之图经加以汇集，依区域次序编排，故称《隋诸州图经集》比较符合实际，原名或许只称《诸州图经集》，唐初修史者加了"隋"字。既然当时已"付秘府"，唐初修史时应当可以看到。而称《州郡图经》显然不妥，因为隋初实行地方行政区划改革，推行州、县两级制，取消了郡一级行政区划，怎么还会称《州郡图经》？总之，这部《隋诸州图经集》是汇集全国各地图经编纂而成的一部隋代图经总集，它在一定程度上可以反映出隋朝图经发展的概况和记载的内容。因为作者郎茂曾任"尚书左丞，参掌选事"，有可能看到全国各地进呈的图经，否则以他一人之精力而纂辑全国各地的图经，其难度之大自然可想而知。这部图经集也足以表明，隋朝编修图经，确实是相当普遍的。另外，隋炀帝时所修之《区宇图志》与各地编修图经也有着很大关系。《隋书·崔赜传》："（大业）五年，受诏与诸儒撰《区宇图志》二百五十卷，奏之。帝不善之，更令虞世基、许善心衍为六百卷。"《太平御览》文部，隋《大业拾遗》曰："大业初，敕内史舍人豆卢威、起居舍人崔祖濬等，撰《区宇图志》一部，五百余卷。属辞比事，全失修撰之意，帝不悦。敕秘书学士十八人修十郡志，内史侍郎虞世基总检。……及图志第一副本新成八百卷奏之。帝以部帙太少，更遣重修，成一千二百卷。卷首有图，别造新样，纸卷长二尺，叙山川则卷首有山川图，叙郡国则卷首有郭邑图，其图上有山川城邑。"可惜的是，这部1200卷的图志，至唐初已大部散佚，仅存十分之一。《隋书·经籍志》著录只有129卷，而唐张彦远《历代名画记》载此书仅128卷。这里要指出的是，当时编修这样一部规模宏大的全国图志，需要参考材料之多也是可以想见的。这自然又要联想到全国各地编修图经之事。而《隋书·经籍志》地理类小序有这样的记载："隋大业中，普诏天下诸郡，条其风俗、物产、地图，上于尚书。"看来这条诏令与当时编修《区宇图志》有着很大关系，况且这些内容又都是图经所必备的。众所周知，唐代李吉甫编修之《元和郡县图志》，其基本资料无疑得益于全国各地所修之图经。关于这点，正如王永兴先生所说："唐代能出现像贾耽、李吉甫这样杰出的地理学家，和当时封建国家修造地图地志的制度是分不开的。"（《敦煌石室地志残卷考释·序言》）后来宋代曾产生过几部全国性地理著作，亦与当时全国各地图经、方志编修有着密切关系，如《太平寰宇记》、《元丰九域志》、《方舆胜览》、《舆地纪胜》等。人们在评论《太平寰宇记》等的价值时，无不指出由于它们采用了大量的新旧图经地志，所载唐以前地志佚文，可补史籍之缺略。南宋黄鼎于乾道五年（1169）为《乾道四明图经》所作序中就曾指出："（徽宗）大观元年（1107），朝廷创置九域图志局，命所在州郡编纂图经。"其后元代开始创修《一统志》，明清两朝相承，每当纂修之前，总是下令各地府州县编修方志进呈，以备修《一统志》之用。所以隋能够在短时间内修成1200卷规模的《区宇图志》，显然是得益于各地进呈之图经无疑。

到了唐代，图经编修得到了进一步的发展，政府已经设立专门官吏管理此项工作，并明确规定编修期限和办法。《新唐书·百官志》"兵部尚书"条载："职方郎中员外郎各一人，掌地图、城隍、镇戍、烽堠、坊人、道路之远近，及四夷归化之事。凡图经非州县增废，五年乃修，岁与版籍偕上。"又《唐会要》卷 59 "职方员外郎"条记载："建中元年（780）十一月二十九日，请州图每三年一送职方，今改至五年一造送，如州县有创造及山河改移，即不在五年之限，后复故。"将这两条材料联系起来看，下文"州图"很可能就是指州图经，因为图经本身必然就有地图。可见唐代图经的编修，原来是定为三年一修，后改为五年一修。从条文规定来看，若遇特殊情况，如"州县增废"、"山河改移"等发生，则随时都要造送。这种制度虽在时间短促的五代时期亦未间断。特别令人高兴的是，《五代会要》卷 15 "职方"条为我们留下了内容非常丰富而具体的材料，为我们研究隋唐五代图经的发展提供了十分有力的证据：

> 长兴三年（932）五月二十三日，尚书吏部侍郎王权奏："伏见诸道州府，每遇闰年，准例送尚书省职方地图者。顷因多事之后，诸道州府旧本虽存，其间郡邑或迁，馆递增改，添增镇戍，创造城池，窃恐尚以旧规录为正本，未专详勘，必有差殊。伏请颁下诸州，其所送职方地图，各令按目下郡县镇戍城池，水陆道路或经新旧移易者，并须载之于图。其有山岭溪湖、步骑舟楫各得便于登涉者，亦须备载。"奉敕："宜令诸道州府，据所管州县，先各进图经一本，并须点勘文字，无令差误。所有装写工价，并以州县杂罚钱充，不得配率人户。其间或有古今事迹、地理山川、土地所宜、风俗所尚，皆须备载，不得漏略，限至年终进纳。其画图候纸到，图经别敕处分。"

这条材料可以说明这样几个问题：第一，虽然规定每遇闰年各地州县须造送地图、图经，可是地方官往往例行公事，将旧的抄录一本上报，势必不能反映各地新的变化，必须防止此类事情的发生。第二，地图和图经的内容要求都有具体罗列，地图上要绘有"郡县城池"、"水陆道路"、"山岭溪湖"、"步骑舟楫各得便于登涉者"均须备载。可见地图所载内容，偏重于为军事服务，而图经内容则更为丰富，两者所载内容明显并不相同。当然地图可以附在图经之中，成为图经的一部分。就像隋所修之《区宇图志》，卷首所载之图即相当于地图，《元和郡县图志》卷首也必然就是郡县之地图。而单行者就是一张图而已。第三，至于图经内容，文中作了具体的要求："古今事迹"、"地理山川"、"土地所宜"、"风俗所尚"，皆须备载。虽然只有四句话十六个字，但所包含的内容范围却相当广泛。所谓"古今事迹"，自然就包括本州县历史发展、建置沿革、历史事件、历史人物、故事传说等等；所谓"土地所宜"，就是指这个地方的土地适宜于种植哪些粮食、水果、蔬菜、药材、树木等等，也就是平日所用之"物产"两字所指；所谓"风俗所尚"，则包括了这个地方的衣、食、住、行、婚、丧、嫁、娶等各种习俗风尚，自然也包括是否能歌善舞等。所有这些都是中央政府需要对这个地区作全面了解的，因为要向这个地区征收些什么以及各地的民情如何，都得通过图经来得以了解。第四，图经的编修显然不像地图那么简单易行，因而编修一部图经所需经费是相当可观的，这等经费如何开支，文中也有明确规定，不得向老百姓头上摊派，一律由州县杂罚钱中支出。可见当时政府对这项工作是相当重视的，考虑得也相当周到。所以这一记载，对于研究隋唐五代图经的发展，特别是图经内容的要求是有很大作用的。这个要求与宋代的可以说基本上是一致的。《宋史·职官志》"职方郎中"条这样要求："掌天下图籍，以周知方域之广袤，及郡邑、镇砦道里之远近。凡土地所产，风俗所尚，具古今兴废之因，州为之籍，遇闰岁造图以进。"从宋代政府三令五申要各地编修图经来看，这个内容显然就是指修图经而言，这与上引《五代会要》那条文字相比，可以说是完全相同。通过这一比较，我们对于隋唐五代图经内容的研究，自然就更加充满信心，因为既然对于政府要求来说，两者并无什么差别，那么对于图经是什么样的著作，隋唐五代的未完整留下来，就看宋代图经吧。

　　由于唐朝政府明确规定各地都要按时造送图经，所以不仅内地广为实行，而且边远地区也都无例外地普遍编修。如远在南方的交趾，据唐末崔致远《桂苑笔耕集》卷16《补安南录异图记》载："交趾四封，图经详矣。"北方的沙州、西州、伊州等地也都修有图经、地志、图录一类著作，敦煌石室图经残卷的发现，已经足以证明，而这些地方许多都在今天我国新疆境内。遗憾的是，隋唐以来，图经虽然大量编修，竟无一部完整的留传，敦煌发现的几部残卷，若不是连同其他书籍一道被封在石室之中，也很可能不会留存至今。推其原因，这种著作的编修完全出自封建国家的功令，各个地方官往往例行公事，大都采取应付态度，草草了事，完全变成了案牍之公式，很难谈得上是著作。有的为了交差，便将旧本过录一道上呈，当然也就谈不上具有何种学术价值。五代王权那个奏章已经揭露了"以旧规录为正本"，又如敦煌发现的《沙州伊州地志》的末行就注明"张大庆因灵州安慰使朝大夫等来至州，于朝使边写得此文书记"，至于出于什么动机而抄写自然尚可研究。既然如此，时过境迁，图经便和其他文书档案一样，在完成它当时的历史使命之后，就不再有人去重视它了。加之唐代又先后编著了许多全国性的区域志，如《括地志》、《长安四年十道图》、《开元三年十道图》、《开元十道要略》、《贞元十道录》、《海内华夷图》、《古今郡国县道四夷述》、《元和郡县图志》、《域中郡国山川图经》和《郡国志》等，因此，凡是当时被看作重要的内容，均已被收入上述各书，自然也就无人再去收藏这些大量的公文档案了。历史事实证明，越是易得的书籍，越是容易失传，因为人们不注意收集和保存。正是由于这个道理，到宋代初年，人们已经很少看到唐和五代的图经了，所以《新唐书·艺文志》地理类仅收录了孙处玄所修的《润州图经》一部，看来也是很自然的。除此之外，今天尚能知道书名的还有：

《京西京北图经》、《武陵图经》、《岳州图经》、《茶陵图经》、《邵阳图经》、《湘阴图经》、《夷陵图经》、《鄂州图经》、《汉阳图经》、《夔州图经》（原乾曜撰）、《夔州旧图经》（李国纬撰）、《开元（吴兴）图经》、《吴兴图经》（陆羽撰）、《沙州都督府图经》、《沙州图经》、《西州图经》、《沙州伊州地志》。

唐代的图经，尽管没有大批地流传下来，但从许多文献记载来看，在唐代的社会里，这种著作在全国各地确实普遍存在，因为它的作用，不仅是被中央政府用来了解各地的政治、经济、军事等方面情况，有时也被用来作为归顺称臣的象征。我们可以这样说，在唐代，编造图经事实上可以看作是归顺大唐版图的一种象征，而绝不是可修可不修的。如唐代中叶著名诗人张籍的《送郑尚书赴广州》诗就有这个意味在其中，诗曰：

圣朝选将持符节，内制宣时百辟听。

海北蛮夷来舞蹈，岭南封管送图经。
白鹇飞绕迎官舫，红槿开当宴客亭。
此处莫言多瘴疠，天边看取老人星。（《唐张司业诗集》卷 4）

请看，朝廷命官一到，不仅少数民族"来舞蹈"，而且封管马上送上图经，可见在当时，一个地方对中央政府及时送上图经是很重要的，否则送行诗也就不必讲了。另外，唐代著名诗人元稹有《进西北边图经状》一文，更为我们留下了非常难得的材料。现将状文抄录如下：

《京西京北图经》四卷。

右臣今月二日进《京西京北图》一面，山川险易，细大无遗，犹虑幅尺高低，阅览有烦于睿鉴，屋壁施设，俯仰颇劳于圣躬。寻于古今图籍之中，纂撰《京西京北图经》，共成四卷。所冀衽席之上，欹枕而郡邑可观，游幸之时，倚马而山川尽在。又太和公主下嫁，伏恐圣虑念其道途，臣今具录天德城已北，到回鹘衙帐已来，食宿井泉，附于《图经》之内，并别写一本与《图经序》，谨同封进其图四卷随状进呈。（《元氏长庆集》卷 35）

这个简短的状文再次告诉人们，地图和图经还是不一样的，而这种图经，不仅是最高统治者用来了解全国郡邑分布和山川形势的工具，而且人们长途远行时，还可以将其作为旅途的指南，依靠它来确定行程。去过我国河西走廊的人都会深深感到这一点实在太重要了。正因如此，许多文人墨客，在游览山川名胜的时候，往往还借助于它作为导游之用。众所周知，张籍的良师益友韩愈在上《谏佛骨表》以后，早上刚上的奏章，傍晚就被贬到几千里路以外的潮州，"本为圣朝除弊政"，却落得如此下场。于是他怀着满腔的义愤离开京城，一路上便借大好的山水名胜来消除胸中的积愤。将要到韶州时，便给张籍写诗一首，请代借一本图经，标题是《将至韶州先寄张端公使君借图经》，诗曰：

曲江山水闻来久，恐不知名访倍难。

愿借图经将入界，每逢佳处便开看。(《昌黎诗集注》卷 10)

人还未到，便先寄诗请借图经，目的在于每逢佳处，先打开图经作些了解，以便更好地游览。这一者说明当时各地确实皆有图经，否则如何能开口便借？再者说明图经的内容是相当丰富的，竟能成为文人墨客游览山水名胜的忠实伴侣。当然，关于图经的具体内容，下文将作详细论述。

四、《沙州伊州地志》残卷的名称和《沙州都督府图经》残卷的版本问题

《沙州伊州地志》残卷现在的名称是日本学者羽田亨所定，在他的文章中，也并未说明他为什么将其定为今名。笔者认为似乎应当称图经更为妥当。在隋唐时期，有关这方面内容的地方性著作，称地志的似乎并不多见，因为当时社会上流行的多为图经，封建中央政府有明文规定，各个地方政府都必须按时编纂上报。事实证明，各地政府不仅确实编纂上报，而且自己也都有保存，以备查考，因为这种东西的确很有用，对于地方政府，真的是缺少不了。如果没有，也得设法抄录一部，这部残卷就是明证。尤其可喜的是，卷末还标明"光启元年十二月二十五日，张大庆因灵州安慰使朝大夫等来至州，于朝使边写得此文书记"。这一者表明此件并非原著，再者也让人们知道抄于何时何处。这也足以说明地方官吏们对这种图经相当重视。不仅如此，同时还说明从上面下来的官吏大员们，随身都带有所要视察地方的图经，要通过图经的记载来了解该地的情况。当然，在当时当地来说，还有一个更重要的作用，即了解道路交通。通过图经了解当地情况，在宋代似乎已经成为一种制度，许多地方官吏上任之初，为了掌握该地的风土民情、利弊兴废，首先便找当地的图经来看。南宋大学者朱熹，淳熙六年（1179）出任南康军时，刚一到任便查看图经，他要从图经中了解政绩、民俗、先哲、古迹等，当他发现当地图经编得很不理想时，还亲自动手编纂。赵不悔于乾道九年（1173）知徽州，"吏以图经先至"，看了以后很不满意，故决定重修，他在《新安志序》中说："徽为郡自汉始，至于今久矣，图经记述其事宜详

也，试考之则遗阙而不备，读者恨焉，此《新安志》所以作也。不悔昔将承乏此州，而吏以图经先至，见其疏略，即有意于补次。"又《湘山野录》卷上记载，寇准"晚窜海康，至境首，雷吏呈《图经》，迎拜于道"。还未到任，地方官吏已经捧着图经迎拜于道，可见图经与地方官吏的关系是如此之重要。这种关系至迟应当是从唐代开始就已经延续下来了。正由于这种图经在唐代十分流行，影响颇大，因而才有可能在当时文人的诗中都得到反映。正如上文所述，由于确实随处都有，所以韩愈只要作诗一首就可以轻而易举地从友人处借得图经。就从这些角度而言，《沙州伊州地志》也应当就是图经。我们再从这部书的内容和体例来看，其与《沙州都督府图经》等几种图经残卷、残片亦大体相类似，此书所记有州的各县户数、公廨、乡数，各县又分寺、观、烽、戍的名称，还有山川、湖泊、古迹、风俗等，与《沙州图经》残片、《沙州都督府图经》残卷基本相同。当然，从形式上看，《沙州都督府图经》似乎更加条理化，格式、标题都较为正规而有规律，此书则比较零乱，或许是出自抄写人员的缘故。况且《沙州都督府图经》残卷，罗振玉最初也称之为《沙州志》，所幸卷末有"沙州都督府图经卷第三"字样，后便改称《图经》，否则至今很可能仍称《沙州志》。这种先入为主的现象，在学术研究上还是常见的。当然不能因此便作为定论。又《沙州图经》残片3种，残片第一行明明写着"《沙州图经》卷第一"字样，而王仲荦先生在《敦煌石室地志残卷考释》一书中，照样称之为《沙州志残片三种考释》。王先生的意思自然可以理解，图经就是地志的一种，但毕竟并不规范，因为原名并不叫地志。况且地方志在发展的不同阶段，有着不同的称呼，汉魏六朝称地记，隋唐五代称图经，宋以后才称方志，地志乃是一种笼统称呼，而地理书亦称地志，它是全国地理总志的简称，王先生所称正是指大范围而言，从其考释的书名和主要内容就足以说明这一点。该书前三篇分别为《唐天宝初年地志残卷》、《贞元十道录剑南道残卷》、《诸道山河地名要略第二残卷》，都属于全国地理总志，因此，将本称图经者亦更名为地志，显然是不妥当的。所以我认为该称什么就称什么，这是文献整理研究中很重要的问题。即不得乱改书名，这是文献整理工作的一条原则。说得再明确一点，随意更改乃是文献整理工作之大忌。基于上述理由，所以《沙州伊州地志》残卷还是称《沙州伊州图经》更为合适。

《沙州都督府图经》残卷实际上存在着两种版本，研究者一般大多只注意其内容和体例，而很少去注意版本之不同。再读王重民先生为该残卷所写之《叙录》，《叙录》中有这样一段话：

> 张芝墨池一条，虽有开元四年纪事，然全卷纪事，无逾证圣以后者，且墨池条与全书体例不合。（按原文明云其池已磨灭，故老相传，池在前件所去，而标题下乃称在县东北一里云云，此行显系后人窜入，不然应叙入正文，方与全书体例一致。）自开元二年九月以下，当系后人增入，应据全书以疑此条，不应据此条以定作书年代。又访查墨池为刺史杜楚臣、县令赵智本所主使，而张氏又为敦煌右族，则事举之后，窜入《图经》，至为易易。

读了这段文字，笔者觉得王先生的分析甚为有理，于是再去通读全部残卷，乃发现该残卷在体例上还有一个特点颇值得注意，即每一条标题都用数字标目，而单位则一律用"所"，如《七所渠》、《二所庙》、《一所冢》、《四所古城》等。但是我们也发现有不少条并无数字标目，《张芝墨池》则是其中之一，另外还有《咸卤》、《州学》、《县学》、《医学》、《歌谣》等也是如此，尤其是《廿祥瑞》更加特别，虽有数字，却无计数单位，显然与体例不合。这自然就有两种可能性：一者是后人编修时，仅仅在前人所修基础上作些增补，增补时乱了人家的体例也不管。况且当时图经的编修是十分频繁的，不像后世修志周期很长，按当时政府规定，三年五年就得向中央送一次图经。在这种情况下，后一次编修者在前人已修的基础上作些增益补充是完全有可能的。再者是此残卷也并非原件，就如《沙州伊州地志》残卷乃是抄件，抄写的人自然就不管你的体例了。再就是这个残卷留下来时就有两种本子，如"伯二六九五号"与此虽同出一本，但从《祥瑞》的"甘露"条起行格稍异，笔迹显然亦不相同。很显然这里就存在着两种可能性：一种是两个本子之中，一为原本（底本），一为抄本；另一种则是两个本子全是抄本。而大家经常列举的多为"伯二〇〇五号"，因为此卷残存较长，内容多，能够说明问题。"伯二六九五号"则仅存《祥瑞》一个内容，还不完整。但是，此卷最后却标出了"《沙州都督府图经》卷第三"字样，这就把自己的名称告诉了人们，这一点应当说非常重要，否则必然又遭到后人任意将其改名换姓的厄运。罗振玉先生最初看到"伯二〇〇五号"残卷后，已将其定名为《沙州志》，以后看到此件才又改转回来。至于"伯五〇三四号"《沙州都督府图经》残卷，则是这部图经的寿昌县内容，因为隋唐时期图经的编修体例，已经与后世大体相同，州一级图经的编修，总是先记载州境大事，然后再分县记述。这从敦煌遗存的图经残片也可以得到证明，"斯二五九三号背"有这样几行文字：第一行："沙州图经卷第一。"第二行："第一，州。第二、第三、第四，敦煌县。第五，寿昌县。"可见寿昌乃是沙州的属县。需要说明的是，据笔者分析，此残片实际上是编修图经时所列的提纲草稿，而不是正式图经，它与"斯七八八号"《沙州志》残片一样，而这个《沙州志》残片名称，显然又是后人所加，因为原件上已经看不出原来名称，以笔者之见，同样应称图经，并且应当与"斯二五九三号背"为同一部书的内容。如果编辑这类文献的人作一仔细对照，立刻就可发现，这个《沙州志》残片所记内容正是寿昌县的范围，岂不就是《沙州图经》"第五，寿昌县"？还有"伯二六九一号"残片，也属同样的性质。而此残片，王仲荦先生在《敦煌石室地志残卷考释》中仍称《沙州志》，书目文献出版社出版的《敦煌社会经济文献真迹释录》一书中则称《沙州城土镜》，这是因为残片内容中有"沙州城土镜"字样而定，其实并不妥当，因为许多内容并不在沙州城内，而是在沙州范围之内。为什么会产生任意定名的情况？关键还在于对隋唐时期普遍发展的图经现象不太了解，总以为这些都应当就是地志。还有一点要指出的是，"伯五〇三四号"《沙州都督府图经》残卷，与"伯二〇〇五号"和"伯二六九五号"两个残卷是否同为一个底本，现在还很难说，因为尚无法找出它们的共同点。而此件也没有收入《敦煌石室地志残卷考释》一书。

五、敦煌图经残卷的价值和启示

敦煌图经残卷虽然都残缺不全，有的是有尾无首，有的是首尾全无，有的只一张纸片保存几行字而已，如《沙州图经》残片，但是其价值却不容忽视，诚如罗振玉先生在为《沙州都督府图经》残卷所写的《跋》中所说："唐代图经，久绝于世，亟为考其厓略，俾读者知此为人间鸿宝也。"（《雪堂校刊群书叙录》卷下）这个评价显然是相当高的，但是又绝无夸大之意，因为有了这些残卷，我们终于打开了隋唐五代编修图经的大门，看到了图经究竟是一种什么形式的著作。这使我们真真实实地认识到图经确实是我国地方志发展的一个重要阶段，它在地记和定型方志之间起到了十分重要的承前启后的作用。在未看到这些图经残卷之前，所下的结论毕竟还是理论性成分占主导地位；有了这些残卷，情况就大不一样了，从具体材料出发，参之以文献记载，再辅之以理论，这自然就可以得出比较令人可信的结论。它的重要性当然也就不言而喻了。下面就其价值谈些具体的看法。

首先是让人们对图经的总体形象有了一个直观的认识，它实际上就如同后世的方志，只不过内容详略不同而已。从体例结构来看，当时凡属州的图经，总是先记载州境大事，而后再分县叙述。如《沙州图经》残片六行，第一行为"《沙州图经》卷第一"。第二行为"第一（州）第二第三第四（敦煌县）第五（寿昌县）"。分卷次序十分明确，第一卷是讲州，第二、三、四卷是记敦煌县，第五卷乃记述寿昌县。又如《沙州伊州地志》在编纂体裁上同样有此特点，即先叙州之沿革大事及州境内河流湖海、著名城镇，然后再分县叙述。由于卷首残缺，对整个州的记事情况已无由得知，而对州下辖县的记载，诸如去州之远近、户口、贡赋、乡镇、物产、寺观、烽戍、风俗等都有详略不同的记载。出现这种详略不等甚至零乱的情况，很大可能都是出自抄写者的粗枝大叶，因为卷末明白标出此乃抄本。这对于研究这种著作的体裁和它的史料价值无疑都是很大的损失。但即使如此，仍旧可以看出它的轮廓，它与《沙州图经》残片完全是一致的。这种先记载州境大事，而后再分县叙述的编纂体例，对后来府州郡志的编纂有着很大的影响，只要将宋代所编纂之州郡图经或方志稍作比较，便可看出这种影响和渊源关系。如宋代董棻所修之绍兴《严州图经》、张津所修之乾道《四明图经》以及罗愿的《新安志》等，无不都是先述州郡，而后再分县叙述。尽管详略完备程度不可同日而语，但其影响和渊源关系却无法割断。学术界有人将地方志的开始形成定在两宋时期，这种说法显然是很不妥当的，因为它不仅割断了方志发展的历史，否定了方志发展存在阶段性，而且把方志这种著作的产生和发展视作无源之水、无本之木,是不符合方志发展的历史事实的。所以会产生这种看法,关键在于对六朝的地记和隋唐五代的图经了解得不够清楚,特别是对图经,更是缺乏认真研究,总以为图经就是地图再加说明,或者认为图经总是以图为主。总之,唐代图经残卷残片的发现,不仅可以给人们提供关于图经这种著作的直观认识,而且对于研究方志发展和演变的历史,特别是研究其阶段性和渊源关系,都有着非常重要的价值。它用事实告诉我们,当时所修的图经与宋代所修的图经及定型的方志是一脉相承的,特别是宋代所修的图经,还为我们留下了多部,这就有可能作比较研究。无论是体例上,也就是目前修志界同仁常用的术语"框架结构",还是内容记载方面,二者可以说完全是一脉相承的。而与汉魏六朝时期的地记相比,隋唐图经自然与宋代图经、定型方志更加接近,特别是在体例形式方面,不过隋唐图经在地记和方志之间实际起到了承前启后的作用。如汉魏六朝的地记,并不重视图的作用,图经自然必定有图,而定型的方志,卷首一般都必冠以各种地图,以至地图成为一部方志必不可少的组成部分。可见隋唐的图经对后世定型方志影响之大。

其次,图经残卷还说明这样一个事实,当时在编修图经时,与后世修志一样,对于所要记之事,除了作社会调查之外,有许多历史上发生的事件和人物,往往引用史书和其他文献记载来加以叙述,以使其内容更加丰富,给人们以更多的知识。如《沙州都督府图经》残卷,因保存下来比较多,因而我们还能看到比较多的引文,先后引了《西凉异物志》,《汉书·西域传》,《汉书·匈奴传》,《十六国春秋》的《西凉录》、《前凉录》、《后凉录》,《魏书》,《瑞应图》以及王羲之的《颧书论》等,特别是对《西凉录》引用最多,如"悬泉水":

右在州东一百卅里,出于石崖腹中,其泉傍出细流一里许即绝。人马多至,水即多,人马少至,水出即少。《西凉异物志》云:"汉贰师将军李广利伐大(菀)[宛],回至此山,兵士众渴乏。广[利]乃以掌拓山,仰天悲誓,以佩剑刺山,飞泉涌出,以济三军,人多皆足,人少不盈。侧出悬崖,故曰悬泉。"

先是自己叙述，再引《异物志》作证。今存之《元和郡县志》和《太平寰宇记》所载此泉，除文字略有出入外，内容大体相同，而《太平寰宇记》还引《凉州异物志》，很可能与《西凉异物志》为同一书。

又如"古长城"，先讲现状，再引书说明来历：

古长城，高八尺，（其）[基]阔一丈，上阔四尺。

右在州北六十三里，东至阶亭烽一百八十里，入瓜州常乐县界。西至曲泽烽二百一十二里，正西入碛，接石城界。按《匈奴传》，汉武帝西通月氏、大夏，又以公主妻乌孙王，以分匈奴西方。于乌孙北为塞以益广（因）[田]。汉元帝竟宁元年，侯应对词曰：孝武出军征伐，建塞起亭，遂筑外城，设屯戍以守之，即此长城也。

再如"阚冢"，即今之所谓名人坟墓：

右在州东廿里，阚驷祖惊之冢也。《后魏书》云："驷字玄阴，敦煌人也。祖惊，有名于西土。父玫，为一时秀士，官至会稽（合）[令]。"其冢高三丈五尺，周回卅五步。

《沙州伊州地志》多次引用了《汉书·西域传》，而《西州图经》虽仅存50余行，仍为我们留下了一处引书的例证，在"圣人塔一区"条曰：

右在州子城外东北角。古老传云："阿育王之所造也。"按内典《付法藏经》云："输伽王于阎浮提造八万四千塔。"阿输伽即阿育王也。其塔内有故碑碣与道俗同，故此俗称圣人塔。

从以上所引四段文字来看，这几部图经的编写人员文字水平相当不错，知识面也相当广，绝不像专为政府规定闰年编造图经而作，其内容之丰富，并不亚于明清时期那些粗制滥造的方志。不妨就用被某些文人吹捧得很高的明代康海的《武功志》与韩邦靖的《朝邑县志》作一比较，一定可以得出比较满意的结论。特别是《西州图经》对丁谷窟、宁戎窟风景的描述，真乃极尽对仗之能事，显然是受到六朝和唐初文风的影响。现将丁谷窟内容摘引如下：

> 丁谷窟有寺一所，并有禅院一所。
> 右在柳中县界，至北山廿五里丁谷中，西去州廿里。寺（其）[基]依山[而]构，揆谦疏阶，雁塔飞空，虹梁饮汉，岩（蛮）[峦]纷纠，丛薄阡眠，既切烟云，亦亏星月。上则危峰迢递，下[则]轻溜潺湲，寔仙居之胜地，谅栖（灵）[霞]之秘域。见有名额僧徒居焉。

这样优美的文字，很难想象是出自一般庸吏之手，单就这段文字而言，可以判断这部图经很可能是修于唐朝初年。因为讲究文章的华丽，乃是六朝文风，唐初还受此文风的影响，重视四六对偶。当然，这几部图经残卷和残片还说明这样一个问题，即它们编写的主要内容，还是来自当时社会的现实生活，并且也的确都是为当时社会现实服务。关于这点，我们下面评论其内容时将有详细论述。因此，它的材料也只能是主要来自现实生活，这就得靠编写人员的调查和搜查，尤其是关于本地内容，凡涉及历史和神话传说的，也就少不了要引经据典。如《沙州都督府图经》在写古迹"张芝墨池"条时，为了说明张芝"书绝世，天下传名"，特地引了历史上杰出的书法家王羲之的《题书论》中所说"临池学书，池水尽墨，好之绝伦，吾弗及也"、"草书出自张芝，时人谓之圣"等句来加以佐证。可见这些编写人员还是下了一番功夫的。凡是使用过旧方志的人都会知道，旧方志往往猎奇，记载一些奇闻轶事，但又引经据典，说明并非自己臆造。《沙州都督府图经》残卷中"老父投书"一条正是这样性质，其文曰：

> 右按《十六国春秋》："北凉永和三年正月，有一老父见于城东门上，投书于地，忽然不见。书一纸，八字满之。其文曰：'凉王卅年，若七年。'凉王且渠茂虔访于奉常张体顺，顺曰：'昔虢之将亡，神降于莘，此老父之见，国之休祥。深愿陛下克念修政，以副卅之庆。若盘于游田，荒于酒色，臣恐七年将有大变。'虔不悦。卒为魏所灭。"

很显然，从作者意图来看，记载此事的目的自然是教诫当权者应当"克念修政"，切莫"荒于酒色"，以避免走凉王灭亡的道路。这一思想后来就发展成为方志六字功能"存史、资治、教化"的"教化"功能，也就是史学领域的教诫史学的反映。

再者，这几部图经残卷和残片的内容，也为我们正确认识图经的真实面貌提供了强有力的证据。因为在未看到这些残卷、残片之前，图经究竟记载些什么内容，是如何记载的，谁也作不出理直气壮的回答。我们提出隋唐统治者提倡编修图经乃是为巩固中央集权的一种措施。一个国家的统治者，最关心的就是要知道他统治了多少面积土地，有多少人口，可以征收多少赋税，等等，所有这些应当都可以从图经中得以了解。是否真的如此，从前一直未得到证实，因为前人尽管对图经内容作过不少辑佚，但这些内容却很少见到，而这些残卷残片已为我们作了令人满意的回答。如《沙州伊州地志》残卷，就有《贡赋》一项，此州管三个县："伊吾县（在下郭），公廨三百一十五千，户一千六百一十三，乡四"；"纳职县，下，东去州一百二十里，公廨二百一十五千，户六百三十二，乡七"；"柔远县，西南去州二百四十里，公廨，户三百八十九，乡一"。而"伊州下公廨七百卅千，户一千七百二十九，乡七"。又如《沙州图经》残卷："寿昌县，下，东北去州一百廿里，公廨钱二百七十五千，户三百一十九，乡一。"记载看来似乎很简单，但是，这个县的公廨钱、户口、去州之路程都有了，对当时统治者来说自然已经足矣。所以图经记载的数字，往往就成为统治者征收赋税的依据。随着以后征收内容的变化，图经记载自然也在变化，尤其是后来的方志，大多有"田赋"这一门类，而所载赋税数字，往往也就成为地方官征收赋税的一种依据。《建炎以来系年要录》卷151"绍兴十五年五月"有这样一条记载："初，两浙转运副使李椿年置经界局于平江府，守臣直秘阁周葵见椿年，问之曰：'公今欲均税耶？或遂增税也？'椿年曰：'何敢增税！'葵曰：'苟不欲增税，胡为言本州七十万斛？'椿年曰：'若然，当用图经三十万斛为准。'"这条材料生动地说明图经作用之大，幸好过去修的图经对以前征收赋税之数字都有所记载，否则当时就将多征收1倍以上。可见图经在历史上的作用是不可忽视的。

图经残卷的内容还告诉人们，当时所修图经，其内容大多记载与当时现实生活密切相关之事。如《沙州都督府图经》的十九所驿，《西州图经》的十一道，记载都较为详细，不仅写了方位、离州的距离、通向，而且说明了沿途的地形、水草是否丰足、能否行驶车马以及置废通塞诸内容。驿站是古代因交通不太方便而设置的传递信息的重要措施，尤其是在向边远地区及时传达中央政府命令和军事情报方面有着重要作用。如"清泉驿"条是这样记载："右在州东北卅里，去横涧驿廿里，承前驿路，在瓜州常乐县西南。刺史李无亏以旧路石碛，山险迂曲近贼，奏请近北安置，奉天授二年五月十八日敕移就北。其驿置在神泉观庄侧，故名神泉驿，今为清泉戍，置在驿傍，因改为清泉驿。"对位置远近、设置始末、名称来由都作了交代。道路交通不仅关系到军事方面，而且关系到民间的通商，况且这里正是处于丝绸之路的要冲，自汉以来已经如此，因此，在唐代掌握交通情况就显得尤其重要。所以《西州图经》在叙述十一道时，对于不同状况都有不同说明。突波道："右道出蒲昌县界突波谷，西北合柳谷，向庭州七百卅里，足水草，通人马车牛。"大海道："右道出柳中县界，东南向沙州一千三百六十里，常流沙，人行迷误。有泉井，咸苦，无草。行旅负水担粮，履践沙石，往来困弊。"乌骨道："右道出高昌县界北乌骨山，向庭州四百里，足水草，峻险石粗，唯通人径，马行多损。"我们所引述的三条道路，对三种不同情况都作了如实反映。一者是"足水草，通人马车牛"，这不仅有利于军事行动，而且很便利于通商。二者是虽有泉井而水苦不能饮，又无草，自然就影响了商旅的通行。三者是虽足水草，但仅有羊肠小道，马行都很危险，车辆更不必说了。然而很难想象，大海道既然是"常流沙，人行迷误"，为什么有些行旅还是"负水担粮，履践沙石"往来于此道呢？据我国探险人员最近考察证明，大海道是古代丝绸之路上连接吐鲁番与敦煌之间最近的一条路，比常走的哈密路线要近一半以上。所以许多人宁可"负水担粮"而走此道。可以想见，这种图经对于频繁往来于丝绸之路的经商者来说自然是非常重要的。他们不仅可以从中了解到每条道路的路况，了解到何处设有驿站可以住店，而且可以掌握到每个州县城距离当时京城长安的路程和各个州县城之间的远近。因为每部图经都有"四至"的记载，这也是当时统治者所关心的内容。如《沙州图经》残片记："沙州城土境：东去京师三千七百五十九里，去洛阳四千六百九里。四至：东，至瓜州三百一十九里；西，至石城一千五百八十里；西北，至西州一千三百八十里。"又《沙州伊州地志》也记载："伊吾军：东南去上都四千八百里。右景龙四年五月□日奉敕置，至开元六年，移就甘露镇。兵士三千人，马一千卌四。四至：东南去伊州三百里，西南去西州八百里，西去庭州七百八十里，东北接贼界。"通过这些记载，东南西北路程之远近，都做到了一目了然。

我们再看与农业生产有着密切关系的水利事业，显然也是图经记述的重点内容之一。《沙州都督府图经》残卷就记载有七所渠和二所堰，对这些水利建设的兴建始末，主要建造人以及农田受益、"百姓蒙利"等情况都作了记载。在所记七所渠中，北府渠最长，"长卌五里"，"右源在州东三里甘泉上中河斗门，为其渠北地下，每年破坏。前凉时，刺史杨宣以家粟万斛，买石修理，于今不坏。其斗门垒石作，长卌步，阔三丈，高三丈。昔敦煌置南府、北府，因府以为渠名"。又如在记载长城堰时，除了叙述其高大范围及距州里程外，还讲述了名称的来历："刺史李无亏造成，百姓欣庆。无亏，汉丞相蔡之后，自陇西徙居幽州之范阳。五代伯祖司空䜣，尚后魏（太）〔世〕祖舅阳平王杜（起）〔超〕女，后为公主忆长安城，（太）〔世〕祖于范阳为公主筑长安城，俗号长安城李。隋时定氏族，去其安字，直为长城李氏。"从叙述方式看，后世方志记述某一事件时往往通过讲述故事的形式，将事件的来龙去脉都作详细叙述，这一记事风格实际上从方志的最初阶段地记已经开始，真可谓一脉相承。从这些水渠的记载，人们还可以看到，凡是为当地水利事业作过贡献的官吏，通过介绍水渠，其事迹一般都得到了表彰。兴修了那么多水渠、水堰，效益究竟如何呢？该图经在前面总述中已经作了叙述："州城四面水渠侧，流觞曲水，花草果园，豪族士流，家家自足，土不生棘，鸟则无鸱，五谷皆饶，惟无稻黍，其水溉田即尽，更无流脉。"在一千二三百年前的封建社会，又是大西北的边陲地区，能够做到"花草果园"、"五谷皆饶"、"家家自足"，实在是了不起的事情，何况当时图经的编修者未必会有故意夸大的意识存在。

至于物产，应当也是图经必定记载之内容，不过，在这些图经残卷、残片中，我们并没有看到某种物产的具体名称，只有在《沙州都督府图经》残卷中，记载有这里产盐的内容，在"三所盐池水"条，分别记载着东、西、北三处盐池。其中面积最大的为北盐池，"东西九里，南北四里"，而产盐质量最好的则是西盐池，"时人于水中漉出，大者有马牙，其味极美，其色如雪。取者既众，用之无穷"。质量之好，产量之高，于此可见。而东盐池所产"其味淡于河东盐"，因为河东盐乃是当时影响比较大的内陆盐，因此知道的人多，知名度高，所以用它来相比。至于北盐池面积虽大，而所产之盐"与州东盐味同"。另外，《沙州伊州地志》残卷亦记载有产盐内容，其"陆地盐池"条云："地周回千里，北去县六十里。碛中无水，陆地出盐。月满味甘，月亏即苦。积久采取，竟无减损。"这一记载与《元和郡县志》所载大体相同："陆盐池，在伊州南六十里。周回十余里，无鱼。水自生如海盐，月满则盐多而甘，月亏则盐少而苦。"但前者曰"地周回千里"，后者则曰"周回十余里"。《地志》残卷所云"千里"，显然是抄写时误十为千。除此之外，我们在残卷中就没有看到有关物产的记载，只有在《沙州图经》残片中，还留下这样几句话："沙州，先是瓜州地，宜种美瓜，故号瓜州，后始改名为沙州。"很明显这是在说明沙州地名的来历，可以想见，作为物产的"美瓜"，与盐池一样，应当是有所记载的，只不过未能保存下来而已。在这些残卷中，我们还看到了所在州县内的山、水、名胜古迹、少数民族、风俗、祥瑞、歌谣等内容，这里自然无须再一一列举。值得注意的是，《沙州都督府图经》残卷的《祥瑞》门目之前，列了许多空目：监牧、羁縻州、江河淮济、海沟、陂宫、郡县城、关铲津济、岳渎、铁、碑碣、名人、忠臣孝子、节妇列女、营垒、陵墓、台榭邮亭、矿窟、帝王游幸、名臣将所至屯田。在这些空门目之后，接着有这样一行："右当县并无前件色。"这无疑是说，当时图经的编纂内容，是有统一要求的，上列空目内容按规定都是应当记载的，但是由于当地并无这些内容，故只好一一列出并指出"右当县无前件色"。若是当时图经的编纂并无具体要求，那么罗列这么多的空目自然就毫无意义了。因此，它的保留对我们研究隋唐图经的内容具有非常重要的意义。当然，不研究方志发展史的人自然不会去注意的，因为一般人也并不知道其重要性何在。这些空目的存在，无疑告诉我们，隋唐时期的图经内容，除了它已经记载的那些具体内容外，上列各项空目，只要本地也有，那就应当记载。如此看来，当时图经所记之内容是相当丰富的，边远地区尚且如此，文化经济都更为发达的内地自然是可想而知了。同时也还说明，图经的编纂是因地方的不同而决定其内容之详略，也充分体现出这种著作具有十分明显的地区差异，这就是后来人们在谈论方志的特性时常说的地方性或区域性。而这些丰富的内容，也进一步说明图经从来就不是以图为主，而它的编纂也绝不是专"为国防提供地志资料"，起码在隋唐时期并非如此。它在军事上确实具有非常重要的价值，但从来就不是专门为军事服务，人们可以看到，它所记载的绝大多数内容都与军事并无关系。

上面仅就图经本身的发展和在方志发展史上所起的作用谈了三个方面重要价值，至于这些图经残卷自身作为历史文献资料的史料价值，同样具有重要的意义。正如罗振玉先生在为《沙州都督府图经》残卷所写的《跋》中所说："其所记水渠、泊泽、池堰，如苦水、独利河、兴湖泊及三泽二堰，均不见于他地书。七渠之名，仅都乡渠一见于《使于阗记》。（《图经》又分一渠名都乡渠。案高居诲《使于阗记》，西渡都乡河，至阳关，殆即此渠。）盐池三所，《元和图志》则举其一而遗其二。（《图经》东盐池水在州东五十里。案《元和图志》作'盐池在县东四十七里'，即此池也，而不及西北两池。）所记城塞驿路，如汉武之长城旧塞，十九驿之名称建置，均为古今地志之所不及。"此外，《跋》文还列举了此残卷所能校勘的古籍中有关人名、地名等记载之错误，足见其史料价值确实不可忽视。又如王仲荦先生在《沙州志残片三种考释》中指出，残片中所载有许多山泽均无考，如："会道山，州东南二百五十里。""石泉山，州东二百八十六里。""大乌山，州北一百九里。""石槽山，州西北三百卅里。""望山，州西北三百三十七里。"考释曰："以上五山无考，始见于此残片。"又如："姚闵山，县东南一百八十里。""龙勒山，县南一百八十里。""西紫亭山，县西南一百九十八里。""龙泽，县东七里。""曲泽，县西北一百九十里。"考释曰："以上山泽并无考，始见于此残片及《寿昌县地镜》。龙泽《地镜》作大泽。"再如："龙堆泉，县东南三里。""寿昌海，县南十里，方圆一里。""大渠，县南十里。""石门涧，县东南三里。""无卤涧，县西南十里。"考释曰："以上涧泉并无考，始见于此残片及《寿昌县地镜》。"

如此众多的山、泽、涧、泉均无考，说明什么问题呢？内地所著主要古籍没有记载，而这里著作传入内地的又不多，况且这类图经尽管在当时是很普遍，但是一般学者要能看到全国所有图经也是比较困难的，所以内地学者的著作要全面反映出边远地区的这些内容，其困难之大是显而易见的。也正因为"无考",自然就更显示出其宝贵性,《沙州都督府图经》残卷中的水渠、泊泽、池堰等亦"均不见于他地书",特别是"十九驿之名称建置,均为古今地志之所不及",正因如此,所以才称得上"人间鸿宝"。这在上文已经作了评述。因此,这些残卷、残片尽管数量并不多,但其价值千万不容忽视。

（原载《文史》2001年第2辑）

说明：敦煌图经残卷,凡文中未注出处者,一律引自书目文献出版社1986年出版的《敦煌社会经济文献真迹释录（一）》和上海古籍出版社1993年出版的《敦煌石室地志残卷考释》。

再论章学诚的方志学

章学诚（实斋）是我国封建社会晚期一位杰出的史学评论家。他的代表作《文史通义》是可与刘知幾《史通》比美的。由于他生不逢时，因而聪明才智并未能得以充分施展，就是留下的代表作《文史通义》，自云亦多成于"车尘马足之间"。他生活的时代，是所谓"乾嘉盛世"，就在这个"盛世"，整个学术界几乎全被纳入考据的轨道。当时大多数士子为了自己升官进阶，宁愿放弃"诗赋举子之业"，去迎合当时的社会风气。面对这种学术风气，章学诚不仅不为其所囿，而且表示了极大的不满，他竟敢大唱反调，高唱"六经皆史"，大谈"经世致用"。像他这样的学者，在当时学术界真可谓凤毛麟角。正因如此，所以他就被视为异端邪说。他的著作，除"归正朱先生（笥河）外，朋辈征逐，不特甘苦无可告语，且未有不视为怪物，诧为异类者"（《文史通义新编》外篇三《与族孙汝楠论学书》，本篇后引该书，不注书名）。朋辈之间尚且如此，其他就更可想而知。他虽长于史学，但从未受到清政府的重用，因而对历史上的许多学者见轻于时深为不平，而自己境遇又连他们也不如。他本不愿走科举道路，但"逼于困苦饥寒"，"家贫亲老，不能不望科举"（外篇三《与汪龙庄简》）。想通过科举，解决生活出路，偏偏"又屡困棘闱，晚登甲第"（《章氏遗书》卷17《柯先生传》）。直到四十一岁才考取进士，却又顾虑重重，"自以为迂拘，不合世用"（外篇三《上梁相公书》）而终究"不敢入仕"。政治活动固然从未参与，就是史馆之职也未曾取得，因而一生当中，都是通过师友之助主持书院讲席、编修方志、为人幕僚来维持生活。他自叹"鄙人职业文墨，碌碌依人"（《章氏遗书》卷22《上毕抚台书》），"三十年来，苦饥谋食，辄笔墨营生，往往为人撰述状志谱牒，辄叹寒女代人作嫁衣裳，而己身不获一试时服"（《章氏遗书》卷29《与宗族论撰节愍公家传书》）。这里讲的虽指状志谱牒，其实他许多著作，何尝不是借助于达官贵人的力量，即以他所编修的许多方志而言，更不例外，如《和州志》是应知州刘长城之聘而编撰,《永清县志》则受周震荣之请而主修,《亳州志》则是为知州裴振所修。《湖北通志》更是以毕沅名义出面,全书完稿后,正值毕沅从湖广总督任降补山东巡抚,毕沅既去,章学诚也只得离开湖北,于是《湖北通志》的刊印也就自然落空。尽管这是他方志理论成熟阶段的代表作,但只能面对自己的辛勤劳动成果而束手无策,现今流传下来的仅是他后来汇订的残存之稿。他在人世间受尽了穷困的折磨和痛苦,备尝了人世间的崎岖险阻,他在《与史余村论学书》中感叹说:"仆困于世久矣,坎坷潦倒之中,几无生人之趣。"(外篇三)晚年为了编纂《史籍考》一书,竟落到"借贷俱竭,典质皆空,万难再支。只得沿途托钵,往来于青、徐、梁、宋之间,惘惘待饤来之馆谷,可谓惫矣"(外篇三《上朱中堂世叔书》)的地步。他在史学理论上虽有不少创见,迫于生活,无法用自己的主张写出一部完整的史著,想改编《宋史》,美志不遂,即刻意经营的《史籍考》也未能留传于世。所以平生精力,除了论史、讲学外,多用于方志的编修和讨论上面。他把自己对史学方面的理论,在编修方志中加以实践,正如他自己所说:"丈夫生不为史臣,亦当从名公巨卿,执笔充书记,因而得论列当世,以文章见用于时。如纂修志乘,亦其中之一事也。"(外篇四《答甄秀才论修志第一书》)在总结前人修志经验的基础上,加以自己实践所得,参之以丰富的史学理论,予以条理化,从而提出了一套修志理论,创立了修志体例,建立起比较完整的"方志学"。

一、确立方志的性质和作用

我国的方志起源很早,章学诚从"志为史体"角度出发,认为春秋战国时期那些记载地方史的书籍,如晋之《乘》、楚之《梼杌》、鲁之《春秋》等,应是最早的方志。但有人从体裁形式着眼,主张方志应导源于《禹贡》、《山海经》等书。我们认为,从后来方志所具有的实际内容来看,它是记载某一地区的有关历史、地理、风土、社会经济等内容的著作。这种亦地亦史的著作特点,实际上在西汉以来所出现的"地记"已经体现。这种地记,一般都是既载人物,又言风土。如晋习凿齿所撰《襄阳耆旧记》,马端临谓其

"前载襄阳人物，中载其山川、城邑，后载其牧守"(《文献通考·经籍考》)，显然就是属于这一类性质的著作。总之，我们认为地方志的萌芽，始于西汉末年，而魏晋南北朝时期得到蓬勃的发展，并成为史学的一个旁支而出现。它的出现和发展，正反映当时地方经济的发展和地方豪族势力的成长。因为地方豪族势力的成长，是产生地记一类著作的社会基础。唐宋时期则称图经，南宋起始陆续改称志。宋元以来，方志纂修日渐增多，并出现了不少著名的方志。如范成大的《吴郡志》，梁克家、陈傅良的《三山志》，施宿的嘉泰《会稽志》，周淙的乾道《临安志》，潜说友的咸淳《临安志》等，就是比较出名的几种。

　　明清时期，方志编写蔚然成风，尤其是清代，政府对修志工作非常重视，这是促成清代方志发达的一个重要因素。还有一个重要因素，则是清初以来，屡兴文字狱，使得许多学者不能私自编修史书，于是就把自己的聪明才智运用于编修方志上面，这是当局所提倡的。由于上述两个原因，因此，清代方志的编修，与前代相比更为普遍，无论数量之多、范围之广都开创了历代空前未有之记录。据朱士嘉先生新编的《中国地方志联合目录》，所载八千五百种左右的地方志中，成于清代者达四千三百余种，已占一半以上。值得注意的是，这一时期许多著名学者不仅参与编修或主修，而且对于编纂体例和方法也开始讲求，并从理论上展开了讨论。在这方面章学诚贡献最为突出，他曾和戴震为方志性质当面展开过辩论，还和孙星衍等许多学者通过信件往来进行讨论。他对前人所撰的方志中一些有代表性的分别作了评论，指出其长短得失，自己还先后发表了许多编修方志的重要论文，提出了不少精辟见解。在总结前人经验的基础上，结合自己修志实践，章学诚创立了系统的方志学，从而确立了方志的性质、体例和编纂要求，也提高了方志的价值和地位，这对后来方志的编修影响很大。虽然后来编修方志很少有人完全按照章氏的主张去做，但志为史体的概念确实是牢固地树立起来了，从此方志便从地理类划出，而成为历史学的一个名副其实的分支。

　　众所周知，清代以前的学者，一直把方志归入地理类，方志在史学上地位并不重要，也不为史家所重视。直到清代，章学诚才第一次提出"志属信史"、方志是地方史的重要创见，认为方志乃"封建时列国史官之遗"，"志乘为一县之书，即古者一国之史也"(外篇五《〈永清县志·前志列传〉序例》），因此，它既不属地理书类，又有别于唐宋以来的图经，而是"国史羽翼"，故其价值亦应与国史相同。对这一问题，他曾反复进行论述，说明方志与国史性质相同。他在《为张吉甫司马撰大名县志序》里说："夫家有谱，州县有志，国有史，其义一也。"（外篇五）又在《州县请立志科议》中说："有天下之史，有一国之史，有一家之史，有一人之史。传状志述，一人之史也；家乘谱牒，一家之史也；部府县志，一国之史也；综记一朝，天下之史也。"（外篇四）可见在他看来，府州县志，也都是史，它与国史相较，"其义一也"。所不同者，不过一记全国之事，一述地方之言，只有范围广狭之殊，绝无内容本质之异。既然如此，则内容就应绳之以史，而不应当仅限于地理沿革的考证。为此他曾同戴震进行过反复论战，《记与戴东原论修志》一文，则生动地叙述了他们一次争论的情况。戴氏仍将方志看作地理书类，因此主张"志以考地理，但悉心于地理沿革，则志事已竟。侈言文献，岂所谓急务哉"。对此说法，章学诚当场作了有力的反驳，指出："方志如古国史，本非地理专门。如云'但重沿革，而文献非其所急'，则但作沿革考一篇足矣，何为集众启馆，敛费以数千金，卑辞厚币，邀君远赴，旷日持久，成书且累函哉"，况且"考沿革者，取资载籍；载籍具在，人人得而考之"。显而易见，两人在方志的性质、内容和材料取舍上，看法都显然不同。章学诚本着"经世致用"观点，认为一方之志，要"切于一方之实用"，则材料必须取自当时的一方文献。所以他说："考古固宜详慎，不得已而势不两全，无宁重文献而轻沿革耳。"（外篇四）他不仅在理论上有此主张，而且在修志过程中更是身体力行。至于方志所以被误作地理专书，他在《报黄大俞先生》中亦作了简要叙述，指出："方志一家，宋元仅有存者，率皆误为地理专书，明代文人见解，又多误作应酬文墨；近代渐务实学，凡修方志，往往侈为纂类家言。纂类之书正著述之所取资，岂可有所疵议！而鄙心有不能惬者，则方志纂类诸家，多是不知著述之意，其所排次襞绩，仍是地理专门见解。"就如戴震等人主张正是如此，所以他接着说："故方志而为纂类，初非所忌；正忌纂类而以地理专门自画；不知方志之为史裁，又不知纂类所以备著述之资，而自以为极天下之能事。"（外篇三）总之，章学诚从多方面论述，说明"志乃史体"，"方志为国史要删"（外篇四《复崔荆州书》）。

方志的性质既属史体，当然它的作用也就无异于"国史"。因此，它的任务首先就要具有"经世"之史的作用。章学诚说:"史志之书,有裨风教者,原因传述忠孝节义,凛凛烈烈,有声有色,使百世而下,怯者勇生,贪者廉立。《史记》好侠,多写刺客畸流,犹足令人轻生增气;况天地间大节大义,纲常赖以扶持,世教赖以撑柱者乎!"(外篇四《答甄秀才论修志第一书》)当然,章氏所谓教育,就是利用方志来对广大人民灌输封建的忠孝节义思想,目的在于扶持封建纲常,撑柱封建世教,从而巩固封建统治。其次,方志还负有为朝廷修国史提供资料的任务。"方州虽小,其所承奉而施布者,吏户礼兵刑工,无所不备,是则所谓具体而微矣。国史于是取裁,方将如《春秋》之藉资于百国宝书也。"(外篇四《方志立三书议》)"比人而后有家,比家而后有国,比国而后有天下。惟分者极其详,然后合者能择善而无憾也。谱牒散而难稽,传志私而多谀。朝廷修史,必将于方志取其裁。而方志之中,则统部取于诸府,诸府取于州县,亦自下而上之道也。然则州县志书,下为谱牒传志持平,上为部府征信,实朝史之要删也。"(外篇四《州县请立志科议》)

然而以前方志并没有起到上述作用,章学诚认为原因很多,归纳起来有如下三点:其一,修志诸家未辨清方志的性质,误仿唐宋州郡图经,把方志当作地理之书。其二,方志变成了文人游戏、应酬文字或私家墓志寿文的汇集。他说:"今之所谓方志,非方志也。其古雅者,文人游戏,小记短书,清言丛说而已耳;其鄙俚者,文移案牍,江湖游乞,随俗应酬而已耳。"(外篇四《方志立三书议》)其三,修志者并无真才实学,而且多旨在名利,舞弊曲笔,成为风气。"志乃史体,原属天下公物,非一家墓志寿文,可以漫为浮誉、悦人耳目者。闻近世纂修,往往贿赂公行,请托作传,全无征实。""今之所谓修志,令长徒务空名,作者又鲜学识,上不过图注勤事考成,下不过苟资馆谷禄利。甚而邑绅因之以启奔竞,文士得之以舞曲笔;主宾各挟成见,同局或起抵牾,则其于修志事,虽不为亦可也。"(外篇四《答甄秀才论修志第一书》)这样一来,方志当然起不到"善恶惩创"的作用,也无从为编修国史提供资料。

关于修志断限问题,当时有人提出"方志统合古今,乃为完书"。章学诚不同意这种看法,认为"修志者,非示观美,将求其实用",不必每部都从古修起,要从实际出发,"如前志无憾,则但当续其所有;前志有阙,但当补其所无"。况且为了切合实用,也必须注意修当代之书,记当代之事,所以,"方志之修,远者不过百年,近者不过三数十年"。他还举例说明,"史部之书,详近略远,诸家类然,不独在方志也"(外篇四《记与戴东原论修志》)。当然,"方志诸家,例宜详近略远,古人见于史传,不藉方志表扬。假如《楚国世家》、《屈原列传》、陆贾儒术、季布高风,载之班马之书,今日岂能损益?摘撮则嫌如类纂,全篇有似于传抄,书欲成家,良难位置。今于古人昭史传者,列表以著其出处,去传以见其无疑。则志例既得,简明无所窒累。苟有欲览其全,则文征于焉备矣"(《章氏遗书》卷27《湖北通志检存稿四·文征甲集裒录正史列传论》)。这种修志不求观美但求实用以及详近略远的主张,正是他"经世致用"的史学思想在修志问题上的具体表现。这种思想能在乾嘉时代出现,应当说是难能可贵的。

  关于方志的性质,这里打算多说几句。我们认为,章学诚在当时提出"志属信史",有它的积极意义,因为他所处的历史条件不同于今日,当时有许多人仍旧强调方志乃属地理专书,因而他的提出是有针对性的,不能认为就是"迂阔之谈"。要知道,随着社会的向前发展,科学越是进步,各种学科也就越分越细,原来的许多附属学科,后来也都独立了,这在今天尤为明显,何况方志后来也已独立成为一门学科——方志学。因此,我们不能用今天的情况,去批评章学诚当时的论述。当然,我们今天也不应当再用章学诚的"地方志就是地方史"来指导方志的编写。必须明确,地方志并不等于地方史,更不同于历史地理。总的来说,它虽然具有地方史的性质,但内容却比地方史来得丰富,记载的面远比地方史来得广阔,而地方史的内容又比它来得专与深,两者虽有相同之处,却并不等同。因此,地方史不能代替地方志,地方志也代替不了地方史。方志就是方志,有它自己的特性,绝不能以地方史的尺度来要求,否则编写出来的就不可能是地方志。

二、方志分立三书

  章学诚在方志学上的另一杰出贡献,是创立了一套完整的修志义例,提出了方志分立三书的主张。《方志立三书议》可以说是章学诚所创立的方志学的精义所在，它的提出，标志着他方志理论的成熟、修志体例的完备和方志学的建立。我们知道，他的方志理论是在长期辩论和具体实践中得以不断充实、逐渐完备起来的。他早年《答甄秀才论修志》二书和《修志十议》一文，对编修方志已提出了不少卓越见解，为后来之主张开了先河。如"志乃史体"、另立"文选与志书相辅而行"、州县应建立志科等重要创见，是时均已提出。此后在方志性质、内容、体例等方面，与戴震、洪亮吉等学者专门进行了讨论。尤其是屡次修志的实践经验，更不断丰富了他的方志理论。他在《州县请立志科议》一文的开头，就曾作了很好的表白："鄙人少长贫困，笔墨干人，屡膺志乘之聘，阅历志事多矣。其间评骘古人是非，斟酌后志凡例，盖尝详哉其言之矣。要皆披文相质，因体立裁。"（外篇四）所以，他的方志理论是在不断地发展和完善的，而反映在他所修的方志上，则一部比一部来得完善。晚年所修之《湖北通志》，可视为方志理论已达成熟阶段的代表作，它是在《方志立三书议》提出后撰成的。

　　章学诚经过长期的研究和实践，总结出欲撰好方志，必须分立三书。他说："凡欲经纪一方之文献，必立三家之学，而始可以通古人之遗意也。仿纪传正史之体而作志，仿律令典例之体而作掌故，仿《文选》、《文苑》之体而作文征。三书相辅而行，阙一不可；合而为一，尤不可也。"（外篇四《方志立三书议》）这种主张可谓前无古人。它正是章学诚针对当时修志中所存在的问题而提出的。在《报黄大俞先生书》里，他批评了当时所编的许多方志只是纂类家言，是记注，而不是著述。更有甚者，则"猥琐庸陋，求于史家义例，似志非志，似掌故而又非掌故，盖无以讥为也"（外篇五《〈亳州志·掌故〉例议下》）。为什么会出现这些现象，他以为主要是"自唐宋以后，正史之外，皆有典故会要，以为之辅，故典籍至后世而益详也"。可是"方志诸家，则犹合史氏文裁，与官司案牍，混而为一，文士欲掇菁华，嫌其芜累，有司欲求故实，又恐不详，陆机所谓'离之则双美，合之则两伤也'"。若要防止此种现象发展下去，就必须采用"离之则双美"的办法，于志文之外，另立掌故、文征，这样，"则义例清而体要得矣"（外篇六《〈湖北掌故〉序例》）。所以，方志分立三书，正解决了"不失著述之体"与保存重要资料之间的矛盾。

　　三书当中，"志"是主体，"仿纪传正史之体而作志"，"是《春秋》之流别"。因此，它是"词尚体要"，成一家之言的著作。章学诚说："夫志者，志也，其事其文之外，盖有义焉。所谓操约之道者此也。"（外篇五《〈亳州志·掌故〉例议下》）又说，志者，"有典有法，可诵可识，乃能传世而行远。故曰：志者，志也，欲其经久而可记也"（外篇四《方志立三书议》）。由此可见，"志"乃是具有经世目的、有裨社会风教的史著，它与撰史一样，不仅在体例上有所讲求，还必须注意文字上的"属辞比事"。唯其如此，他认为志书的编修工作者非具有史才、深通史法的人不可。对此他是十分强调的，因为他深深感到，当时许多方志所以"似志非志"，除了义例不清外，很重要一个问题就是编修人员全无史法，特别是许多文人编修的方志更是浮而不实。在他看来，"志为史裁，全书自有体例。志中文字俱关史法，则全书中之命辞措字，亦必有规矩准绳，不可忽也"（外篇四《与石首王明府论志例》）。可是，"近行志乘，去取失伦，芜陋不足观采者，不特文无体要，即其标题，先已不得史法"（外篇四《修志十议》）。他从对许多方志的评论中得出了"文人不可与修志"（外篇六《书〈姑苏志〉后》）的结论，因为史家与文人要求不同，"文士撰文，惟恐不自己出；史家之文惟恐出之于己；其大本先不同矣。史体述而不造，史文而出于己，是为言之无征；无征，且不信于后也"（外篇一《与陈观民工部论史学》[①]）。这就非常具体而形象地把文人不能修志的原因表达了出来。编修方志，只要如实反映真实情况即可，不必夸饰文辞，妄加修饰，这是史家作史修志的共同要求，而"文士囿于习气，各矜所尚，争强于无形之平奇浓淡"，因此，"法度义例，不知斟酌，不惟辞不雅训，难以行远，抑且害于事理，失其所以为言"，到头来必然造成"虚文害实事矣"（外篇四《与石首王明府论志例》）。所以他再三强调，修志人员必须懂得史家法度，懂得"史家所谓规矩方圆之至"（外篇四《〈和州志·志隅〉自叙》），而文人不可与修志也。

"掌故"如同会要、会典，目的在于既使志书做到简洁明要，又使重要材料得以保存，故在志书之外，将当地机关的章程条例和重要文件，按类编选，勒成专书，与"志"相辅而行。这些内容，实类似于国家的典章制度，

[①] 此篇亦称《与陈观民工部论方志》。

所不同者，它是地方政府所颁布的。章学诚认为，"不整齐故事，别为专书，则志亦不能自见其意"，只有"修其掌故，则志义转可明矣"（外篇五《〈亳州志·掌故〉例议下》）。这种方法，他认为还应当推广到写史当中，以收掌故与史相辅之功。

"文征"则类似文鉴、文类，其大旨在于证史，它是挑选那些足以反映本地生活民情、"合于证史"的诗文，以及那些即使"不合于证史"，而实属"名笔佳章"、"人所同好"的诗文，汇编成书。这一主张，他早年在《答甄秀才论修志第二书》里已经提出，即所谓"略仿《国风》遗意，取其有关民风流俗，参伍质证，可资考校，分列诗文记序诸体，勒为一邑之书，与志相辅"。后来他在《为毕制军与钱辛楣宫詹论续鉴书》中，还主张把这种做法，在编年史中普遍采用。这里要说明的是，有的同志把"文征"解释为"一方文献的专辑"，恐不甚确切，两者在概念上、范围上都并不相同。章学诚在《方志立三书议》第一句就说："凡欲经纪一方之文献，必立三家之学"，文献是总的而言，掌故所收的内容亦可称地方文献，而文征只不过是文献的一个部分。综上所述，可见"掌故"、"文征"之设立，目的在于证史，保存一套可靠而丰富的资料，为后人著述博览约取创造条件，就其性质而言，是资料汇编，与具有著述之体、"词尚体要"的"志"书自有区别。

三书的性质与任务之不同显而易见，然而有人却把章氏的方志三书解释为："'志'指地方行政制度；'掌故'指地方行政文件；'文征'指本地人和外地人描述该地生活的诗文。"① 这样解释势必把"志"同"掌故"、"文征"的性质等同起来，而违背了章学诚的原意。何况"志"指"地方行政制度"一语本身就不确切，哪有方志是单单记载地方行政制度的呢？我们知道，方志分立三书，"志"与"掌故"、"文征"有别，乃是章学诚论史时认为撰述（或著述）与比类（或记注）之不同在方志上的体现。由于两者性质与任务有殊，就决定了对其要求有所不同，"撰述欲其圆而神，记注欲其方以智也。夫'智以藏往，神以知来'，记注欲往事之不忘，撰述欲来者之兴起，故记注藏往似智，而撰述知来拟神也。藏往欲其赅备无遗，故体有一定而其德为方，知来欲其决择去取，故例不拘常而其德为圆"（内篇一《书教下》）。撰

---

① 王重民：《中国的地方志》，《光明日报》1962 年 3 月 14 日。

述较之记注显然是难能可贵，但两者所肩负的任务不同，又决定了不可偏废，"譬犹日昼而月夜，暑夏而寒冬，以之推代而成岁功，则有相需之益，以之自封而立畛域，则有两伤之弊"（内篇四《答客问中》）。因此"著述譬之韩信用兵，而比类譬之萧何转饷"（外篇三《报黄大俞先生书》），两者缺一不可。我们明白了这一点，更有利于辨清方志三书所具的性质及其任务之不同。其实章氏在所撰的《湖北通志》已对三者不同的性质和内容作了明确的回答。他在《〈湖北通志〉凡例》中说："志者识也，简明典雅，欲其可以诵而识也。删繁去猥，简峡不欲繁重。簿书案牍之详，自有掌故专书；各体诗文，自有文征专书。志则出古国史，决择去取，自当师法史裁，不敢徇耳目玩好也。"（外篇六）又在《为毕制府撰〈湖北通志〉序》中进一步指出："'方志'义本百国《春秋》，'掌故'义本三百官礼，'文征'义本十五《国风》。"（外篇六）非常清楚，"通志"部分绝不是什么地方行政制度。所以，我们说："志"是主体，是词尚体要的著述，"掌故"、"文征"是两翼，是保存史料的资料汇编，两者相辅而行，构成一部完整的地方志。

除三书之外，修志过程中，因搜集了丰富资料，"取摭所余，虽无当于正裁，颇有资于旁证"，因此，这一部分资料，"阑入则不伦，弃之则可惜"，于是，"考据轶事，琐语异闻"，别为"丛谈"，以附于后。这样处理，与编书义例无妨，"彼于书之例义，未见卓然成家，附于其后，故无伤也。既立三家之学，以著三部之书，则义无可借，不如别著一编为得所矣"（外篇四《方志立三书议》）。

总之，方志分立三书，确是一种创见，对于旧的方志来说，无论在体例上或是内容上，都具有巨大的革新作用。它的提出，为方志学的发展开辟了新的广阔天地。

三、"志"书的体裁和内容

作为方志主体，"志"的体裁和内容究竟如何？这是章学诚极为重视的问题。他一再强调，"志"乃史体，体裁当规史法，内容要写这一地区的山川、物产、风俗、人文，以及"政教所施，经要所重"。他在《为张吉甫司马撰〈大名县志〉序》里还对内容的详略去取提出了几条意见："知方志非地理专书，则山川都里、坊表名胜，皆当汇入地理，而不可分占篇目，失宾主之义也；知方志为国史取裁，则人物当详于史传，而不可节录大略，艺文当详载书目，而不可类选诗文也；知方志为史部要删，则胥吏案牍，文士绮言，皆无所用，而体裁当规史法也。"（外篇六）既然"仿纪传正史之体而作"，那么就必须做到"邑志虽小，体例无所不备"的要求，因为它与国史相较，只是"所谓具体而微也"。至于志书为什么要仿纪传正史之体，他在《〈永清县志·舆地图〉序例》中曾有表述："史部要义，本纪为经，而诸体为纬。有文辞者曰书曰传，无文辞者曰表曰图，虚实相资，详略互见，庶几可以无遗憾矣。"（外篇六）我们统观章氏所撰诸志，确是纪传书表，诸体俱备，一如正史之规，尤其《湖北通志》更为完备。惟书、志之名，《和州》、《永清》诸志称书，《湖北通志》则改称"考"而已。这里要指出的是，有的同志仅根据《答甄秀才论修志第一书》和《修志十议》两篇文章就确定章学诚方志理论有所谓"四体"之说，这是很不妥当的。因为这两篇文章是章氏早年之作，实际上后来随着年龄的增长和阅历的丰富，这种所谓"四体"，无论是在他的理论中，还是在所修的各部方志中都从未存在过，特别是"外纪"、"年谱"之称，其所撰方志中曾无一部标过此名。因此，"四体"说不能代表章学诚的方志理论和主张，因为他的方志理论后来早已发展了。今对其诸体，略加论述。

纪：所谓纪者，是指按编年写的大事纪，其要求是把这个地方"古今理乱"之重大事件都"粗具于编年纪"（外篇六《〈湖北通志〉序传》）中。因此，它与一般正史里的本纪不同，"方志撰纪，只是以为一书之经"而已，而一书之首所以必冠以编年之纪，亦在于"存史法也"，因为"志者，史所取裁，史以记事，非编年弗为纲也"（外篇六《为毕秋帆制府撰〈石首县志〉序》）。这就说明他把编年之纪看作全书之纲，他在《〈湖北通志〉凡例》中对这一观点表述得更为清楚："史以纪事为主，纪事以编年为主，方志于纪事之体，往往缺而不备，或主五行祥异，或专沿革建置，或称兵事，或称杂记，又或编次夹杂，混入诸门之中，不为全书纲领。"（外篇六）至于纪的写法，《〈湖北通志〉凡例》中亦有说明："纪以编年为名，例仿纲目，大书分注，俾览者先知古今，了如指掌。"当然，应当说明的是，他最初所编的几部方志，均未能写出比较像样的编年纪来，这也足以说明他的方志理论是不断在发展的。

传："邑志列传，全用史例"，它的设置在纬本纪未尽事宜。"史之有列传也，犹《春秋》之有左氏也。"（外篇五《〈亳州志·人物表〉例议中》）"编年文字简严，传以伸其未究，或则述事，或则书人，惟用所宜"（外篇六《〈湖北通志〉序传》），而不应"执于一也"。这就是章学诚为列传所下的定义。它可以写人，亦可以书事，要从实际出发，"惟用所宜"。他认为，传分记人记事，乃是司马迁立传之本意。然而后世史家，往往有失此意，谈到列传，则仅拘于为个人具始末，无复言记事之传矣。他为了复司马迁列传之旧观，故于《湖北通志》中身体力行，既有事类相从，亦有数人合传。记明末农民起义之事，则立《明季寇难传》；述明季党争者，则有《复社名士传》；而《欧魏列传》，名为欧阳东凤、魏运昌二人合传，实则言"湖北水利之要害，与《水利考》相表里"。他们"一为明代沔阳之人，一为国朝景陵之人，以论水利，合为一传，亦史家比事属辞之通义"（《章氏遗书》卷26《〈湖北通志〉检存稿三·欧魏列传》）。

为了写好方志的列传，章学诚对于内容详略取舍诸问题都提出了严格要求。首先，内容上他认为应本着"详今而略古"、"详后而略前"的原则。尤其是以往人物，"史著昭著，无可参互详略施笔削者，则但揭姓名为人物表，其诸本传，悉入文征以备案检"（外篇六《〈湖北通志〉序传》）。其次，既然"方志为国史所取裁，则列人物而为传，宜较国史加详"。可是当时一般方志都没有做到这点，甚至仅仅"删略事实，总撷大意，约略方幅，区分门类"。这样的方志，既不能达到"为国史所取裁"的目的，亦不能收到"有裨风教"的效果。至于"品皆曾史，治尽龚黄，学必汉儒，贞皆姜女，面目如一，情性难求"（外篇五《〈亳州志·人物表〉例议下》），这更是一般方志的通病。再者，所志之人物，应当有所选择，"列传亦以名宦乡贤、忠孝节义、儒林卓行为重；文苑方技，有长可见者次之"，"如职官而无可纪之迹，科目而无可著之业，于法均不得立传"。无可纪之迹的职官之所以不得立传，一则因"志属信史，非如宪纲册籍，一以爵秩衣冠为序者也"（外篇四《修志十议》），再则因"方志为一方之政要，非徒以风流文采，为长吏饰儒雅之名也"（外篇六《为毕秋帆制府撰〈石首县志〉序》）。这个主张正是针对当时修志中"贿赂公行，请托作传"、"漫为浮誉"的情况而提出的，这种观点不仅在当时来说是相当杰出的，就在今天仍有其借鉴价值。为了做到这点，那么材料必须严加核实，"取舍贵辨真伪"，立一名宦传，一定要说明此人"实兴何利，实除何弊，实于何事有益国计民生，乃为合例"（外篇四《修志十议》）。当然，要撰好列传是很不容易的，正因如此，章学诚认为一个史家的才能可以在撰写列传中体现出来。他说："列传包罗巨细，品藻人物，有类从如族，有部分如井。……具人伦之鉴，尽事物之理，怀千古之志，撷经传之腴，发为文章，不可方物，故马、班之才，不尽于本纪表志，而尽于列传也。"（外篇五《〈永清县志·政略〉序例》）

考："考之为体，乃仿书志而作。"章学诚以为要撰好书考，必须注意书法，"典故作考，人物作传，二体去取，均须断制尽善，有体有要，乃属不刊之书，可为后人取法"（外篇四《修志十议》）。然而当时所撰之方志，都有失于体要。一则题目分得过细，"失之繁碎"，以致"浩无统摄"；再则变成选文类纂，非复志乘之体。"志艺文者，多取长吏及邑绅所为诗赋、记序、杂文，依类相附，甚而风云月露之无关惩创，生祠碑颂之全无实征，亦胥入焉"（外篇四《答甄秀才论修志第一书》）；志田赋者，"尽取各府州县赋役全书挨次排纂，于是，财赋大势沿革利弊茫然无可求"（外篇四《方志辨体》）。如此等等，当然难为典据。欲改变此种现象，首先分题不宜过细，其次内容必须澄清，笔削亦当审慎。今后志书，"但重政教典礼，民风土俗"，凡是"浮夸形胜，附会景物者，在所当略"（外篇四《修志十议》）。至如撰艺文者，"取是邦学士著撰书籍……删芜撷秀，掇取大旨，论其得失，比类成编，乃使后人得所考据，或可为馆阁雠校取材，斯不失为志乘体尔"（外篇四《答甄秀才论修志第一书》）；志赋役者，既要采撷州县赋役全书，又得吸取私门论撰，加以别裁，做到文简事明，这样，财赋沿革利病，就可洞若观火了。

图、表：对于图、表，章学诚十分重视，认为这是编撰史书中不可缺少的部分。如史表的作用，既可以表人、表年，又可以列表事类，其中尤以人表更为重要。在他看来，"使欲文省事明，非复人表不可；而人表实为治经业史之要册"，只要"人表入于史篇，则人分类列，而列传不必曲折求备；列传繁文既省，则事之端委易究，而马、班婉约成章之家学可牵而复也"(外篇二《〈史姓韵编〉序》)。史表既然如此重要,故他所撰诸志,部部有表,而《湖北通志》仅人物就立有五表,对于《食货考》中头绪纷繁的赋役一门,还作了赋役表以相统摄。经过他苦心经营,史表的作用在方志中可以说是得到了充分发挥。

至于图的作用,在章学诚看来,有时更甚于表。他说:"史不立表,而世次年月,犹可补缀于文辞;史不立图,而形状名象,必不可旁求于文字。此耳治目治之所不同,而图之要义所以更甚于表也。古人口耳之学,有非文字所能著者,贵其心领而神会也。至于图像之学,又非口耳之所能授者,贵其目击而道存也。"因此,"虽有好学深思之士,读史而不见其图,未免冥行而擿埴矣"(外篇五《〈永清县志·舆地图〉序例》)。他在《〈永清县志·水道图〉序例》中还曾指出:"地名之沿革,可以表治;而水利之沿革,则不可以表治也。盖表所以齐名目而不可以齐形象也,图可得形象,而形象之有沿革,则非图之所得概焉。是以随其形象之沿革而各为之图,所以使览之者可一望而周知也。"(外篇五)所以他把图像称为"无言之史"。当时许多方志尽管在形式上也往往有图,实际上却并未起到图的应有作用,原因是"其弊有二:一则逐于景物,而山水摩画,工技绘事,则无当于史裁也;一则厕于序目凡例,而视同弁髦,不为系说命名,厘定篇次,则不可以立体也。夫表有经纬而无辞说,图有形象而无经纬,皆为书志列传之要删,而流俗相沿,苟为悦人耳目之具矣"(外篇五《〈永清县志·舆地图〉序例》)。这就是说,当时许多方志之图,完全流于形式,变成了点缀时髦的装饰品。因此他在《〈湖北通志〉凡例》中说:"诸图开方计里,义取切实有用,不为华美之观。"这是针对当时方志纯为追求形式美观而发。他还指出,图之所作,应当取其有关经要而规方形势所必须者,详系之说,而次之诸纪表之后,这样才可以备用一家之学。

志的诸体既然一如正史之规,那么措辞命意,无疑当具撰史之笔法。章学诚在《与石首王明府论志例》一文中说:"志为史裁,全书自有体例。志中文字俱关史法,则全书中之命辞措字,亦必有规矩准绳,不可忽也。"(外篇四)为了撰好方志,他提出作者秉笔应当做到"持论不可不恕,立例不可不严,采访不可不慎,商榷不可不公"(外篇六《〈湖北通志〉序传》)的四大要求。章学诚继承了古代史家据事直书的优良传统,反对"任情无例"、

"私意褒贬"。他说："据事直书，善否自见，直宽隐彰之意同；不可专事浮文，以虚誉为事也。"（外篇四《答甄秀才论修志第一书》）当然，这并不是说不要褒贬，公正的议论、持平的论赞，亦不妨附入，否则也就失去了作史修志的惩劝本意。至于在志体既合史例、考信核实无虚的前提下，适当进行文辞修饰，自然也是作者们应当努力之事，因为"志体既取详赡，行文又贵简洁"乃是撰好一部方志的起码要求。况且一部方志也只有做到"词尚体要"，方能成为"可诵可识"、"传世行远之具"。

这里还值得我们提出的是，章学诚在早年总结前人修志经验的基础上，于《修志十议》一文中别具匠心地提出一个修志纲要。其中内容虽然后来有了发展和变化，但从这个纲要我们仍可看出他想象力之丰富、才能之卓绝以及创造精神之可嘉。他说："修志有二便：地近则易核，时近则迹真。有三长：识足以断凡例，明足以决去取，公足以绝请托。有五难：清晰天度难，考衷古界难，调剂众议难，广征藏书难，预杜是非难。有八忌：忌条理混杂，忌详略失体，忌偏尚文辞，忌妆点名胜，忌擅翻旧案，忌浮记功绩，忌泥古不变，忌贪载传奇。有四体：皇恩庆典宜作纪，官师科甲宜作谱，典籍法制宜作考，名宦人物宜作传。有四要：要简，要严，要核，要雅。"他要求人们在修志当中，应当尽力做到"乘二便，尽三长，去五难，除八忌，而立四体，以归四要"（外篇四）。这个纲要，尽管有些条文是勉强凑合，但大多数确是言之有理，如"八忌"之说，可谓条条言之成理，而有些主张后来在修志过程中又有了新的发展，但总的来说，在今天修志过程中仍有重要参考价值。

综上所述，章学诚理想中的方志，实际上是一部图文并茂、纲举目张、言简义明的地方史著。旧的方志按照他的理论改造后，将变其仅具地理沿革之书，而成为一种具有史义、能够经世的史书了。这些理论，在当时对方志性质和体例看法混乱、众说纷纭的时候被提出，自然具有重要的积极作用。但是时至今日，当方志已经成为一门独立学问的时候，他的有些说法显然就不合时宜了。特别是方志就是地方史的理论，在今天看来就不太确切。尽管方志仍具有地方史的性质，属于史的范畴，但绝不能说就是地方史，否则我们今天也就没有必要再普遍地编纂地方志了。

四、辨清各类方志记载范围和界限

唐宋以来，方志编修基本上已经定型，但当时所修，只限于郡县二志而已，特别是县志为多。明清以来，修志之风盛行，于是省有通志，府、州、厅、县各皆有志，甚至一些重要乡镇、山水寺庙亦多修志。由于对各类志书要求没有明确概念，因而出现许多混乱现象，有的简单把诸州、县志内容合并便成府志，将诸府志加以合并又成通志。亦有采用相反的办法，将通志机械地一分便成所属府志，又将府志分而成诸县志，似乎十分简单方便，实在混乱可笑。对此，章学诚特地写了《方志辨体》一文，从理论上对此混乱不清的现象加以澄清，指出各类方志有各自内容范围，也有各自撰写方法与要求，切不可简单任意分合，否则将不成为书。他说："盖文墨之事，无论精粗大小，各有题目，古人所谓文质相宜，题目即质之谓也。如考试诗文、命题诗文，稍不如题，即非佳文。修书亦如是也，如修统部通志，必集所部府州而成。然统部自有统部志例，非但集诸府州志可称通志，亦非分拆统部通志之文即可散为府州志也；诸府之志，又有府志一定义例，既非可以上分通志而成，亦不可以下合州县属志而成。苟通志及府州县志，可以互相分合为书，则天下亦安用此重见叠出之缀旒为哉！……今之通志与府州县志，皆可互相分合者也，既可互相分合，亦可互相有无。书苟可以互相有无，即不得为书矣。"（外篇四《方志辨体》）这里不仅指出明清以来各类方志编修中所出现的奇怪现象，而且指出这类现象必须终止，因为各类方志都有自己的特定内容与义例，这在方志发展史上又是一大贡献。

他不仅从理论上辨明各类方志自有义例，而且从具体内容入手，说明某一类方志应详某一内容。他说："山川古迹陵墓，皆府县所领之地也，城池坛庙祠宇，皆其地所建也，此则例详府州县志，通志重复详之，失其体矣。兹举其大，而略其琐细，各属专志。譬之垣墉自守，详于门内，而不知门外，通志譬之登高指挥，明于形势，而略于间架，理势然也。"（外篇六《〈湖北通志〉凡例》）又如"府州赋役全书，自当于府州志详之，州县赋役全书，自当州县志详之，通志体裁，自不当代为屑屑纂录"，一个省的"财赋大势，沿革利病，非府州县志所能具者"。所以他说："贵乎通志者，为能合府州县志所不能合，则全书义例，自当详府州县志所不能详。既已详人之所不能详，势必略人之所不略，譬如揖左则必背右，挥东则必顾西，情理必然之势。"（外篇四《方志辨体》）

总之，章学诚认为，撰写一省通志，绝不可将所属府州县志加以拼凑抄录，也不可将通志分析而成所属府州县志，二者各有自己内容范围和义例要求，能够按此要求去做，就可以做到各有侧重，各有特点，详略适宜，避免混杂。因此，这一理论的提出，对于澄清方志编修中的越俎代庖的混乱现象，其功绩自不可抹杀。

五、建议州县设立志科

史家撰史与文士作文的要求是有所不同的，史家贵在征信，文学贵在独创。所以章学诚说："文人之文与著述之文不可同日语也。著述必有立于文辞之先者，假文辞以达之而已。"（内篇六《答问》）又说："史笔与文士异趋，文士务去陈言，而史笔点窜涂改，全贵陶铸群言，不可私矜一家机巧也。"（外篇六《跋〈湖北通志〉检存稿》）这就是说，史家编写历史，必须有所凭借，所写之书才能取信于后世。唯其如此，史家只有具备了丰富的史料，始可记一事之始末，考一事之得失，加以陶铸，成为珍品。没有原料，也就无法陶铸成品。方志既然属于史的范畴，自然也不能例外。章学诚在修志的具体实践中，深感搜集资料的困难与及时搜集资料的重要性。他认为要修好方志，"萧何转饷"这个工作是万万少不了的，其中以往正史典籍固然"俱须加意采访"，而"他若邑绅所撰野乘、私记、文编、稗史、家谱、图牒之类，凡可资搜讨者，亦须出示征收"，以便做到"博观约取"。（外篇四《修志十议》）值得注意的是，方志内容既然要详近略远，多写当时之事，那么材料就必须取之于当时现实生活之中。因此，他主张除了搜集现成的乡邦文献以外，还需要进行实地访问调查，掌握第一手资料。他十分赞扬司马迁修史之前的"东渐南浮"的精神。他在修《永清县志》时，也曾"周历县境，侵游以尽委备"，并亲访乡村妇女五十余人，用所得口碑材料，替她们"详为之传，其文随人变异，不复为方志公家之言"，从而改变了一般方志撰写"贞节孝烈","文多雷同"的局面。(《章氏遗书》卷18《周筤谷别传》)而对于所撰《亳州志》,由于"逼于楚行,四乡名迹,未尽游涉,而孀妇之现存者,不能与之面询委曲,差觉不如《永清》",虽然从文献足征来说,是远胜于《永清》的,但未尽观察访问之责,以致总有"负愧"之感。(外篇三《又与永清论文》)尽管他所访问的对象多为农村妇女,其目的又在于宣传封建道德,但就其重视实地调查的精神来说,还是值得肯定的。通过实践,他体会到史料搜集贵在及时,"一方文献,及时不与搜罗,编次不得其法,去取或失其宜,则他日将有放失难稽、湮没无闻者矣"(外篇四《记与戴东原论修志》)。为了解决修志过程中所遇到的材料来源之困难,他建议清政府在各州县设立"志科",专门掌握搜集乡邦文献,为编修好各类方志创造条件。他在《州县请立志科议》中说:"州县之志,不可取办于一时,平日当于诸典吏中,特立志科。佥典吏之稍明于文法者以充其选,而且立为成法,俾如法以纪载,略如案牍之有公式焉,则无妄作聪明之弊矣。积数十年之久,则访能文学而通史裁者,笔削以为成书,所谓待其人而后行也。如是又积而又修之,于事不劳,而功效已为文史之儒所不能及。"至于志科搜集储存范围,他指出:"六科案牍,约取大略而录藏其副可也;官师长儒,去官之日,取其平日行事善恶有实据者,录其始末可也;所属之中,家修其谱,人撰其传志状述,必呈其副;学校师儒,采取公论,核正而藏于志科可也;所属人士,或有经史撰著,诗辞文笔,论定成编,必呈其副,藏于志科,兼录部目可也;衙廨城池,学庙祠宇,堤堰桥梁,有所修建,必告于科,而呈其端委可也;铭金刻石,纪事摘辞,必摩其本而藏之于科可也;宾兴乡饮,读法讲书,凡有举行,必书一时官秩及诸姓名,录其所闻所见可也。"可见搜罗范围相当广泛,不仅搜集办法十分具体,而且对如何保管,文中亦有详细说明。其实这一建议,早年在《答甄秀才论修志第一书》中就已有所考虑,他在信中说:"今之志乘所载,百不及一,此无他,搜罗采辑,一时之耳目难周,掌故备藏,平日之专司无主也。尝拟当事者,欲使志无遗漏,平日当立一志乘科房,佥掾吏之稍通文墨者为之。凡政教典故,堂行事实,六曹案牍,一切皆令关会目录真迹,汇册存库,异日开局纂修,取裁甚富。"从这里也足以说明,他对于编修方志的考虑是相当周全的。在志科以外,四乡还各设采访一人,聘请"绅士之公正符人望者为之",平日负责采集遗文逸事，及时上呈志科。他还强调志科之重要性说："今天下大计，既始于州县，则史事责成，亦当始于州县之志。州县有荒陋无稽之志，而无荒陋无稽之令史案牍。志有因人臧否、因人工拙之义例文辞，案牍无因人臧否、因人工拙之义例文辞。盖以登载有一定之法，典守有一定之人，所谓师三代之遗意也。"可是，像这样富有独创精神的建议，却如泥牛入海，根本没有为清政府所注意。然而有人在文章中竟说我国历史上曾经设立过志科，这纯属捕风捉影，很要不得。我们觉得，他这篇《州县请立志科议》，当时虽未得到采纳，在今天来说，不仅历史工作者和档案工作者仍可借鉴，就是对于从事社会调查工作的同志来说，同样具有一定的参考价值，当然，对于正在编撰新志的同志们，那意义就更大了。

六、余论

章学诚有丰富的史学理论，因一生遭际坎坷，不能试之于史，从而把自己修史的理论转向方志领域予以实践，用自己撰史的理论，对以往的方志编纂批判地进行总结，于是创立了一套修志义例和理论。他首先确定"志属信史"，其作用应当和正史一样足以"经世"，因而它的编纂亦应规于史法。他批判了许多方志"求于史家义例，似志非志，似掌故而又非掌故"。这种情况的出现，说明了作者们不懂得史籍区分两大部类——记注和撰述的意义，故出现了"于记注、撰述两无所似"的作品来。为了扭转这一局面，他提出了"方志分立三书"的创议。这一创议的意义，正如他自己所说，"用其别识心裁，勒成三家之书，各具渊源师法，以为撰方志者凿山浚源"（外篇一《与陈观民工部论史学》）。作为三书之一的志，是全部方志的主体，仿纪传正史之体而作。其内容重视当今，强调实用，为当时政治服务。这与那些专考地理沿革、罗列职官爵秩、记载古迹名胜、选录风云月露文章的方志相比，无疑是一个很大的进步。显然，通过这一革新，方志的作用与地位被大大提高了。而他提出"方志辨体"，更进一步明确了各类方志编修的义例与要求。尤其可贵的是，他能把自己创立的理论在修志中予以实践，而在修志过程中，又非常注意总结经验与创新义例。可惜的是，他所编修的几部方志，由于种种原因，均未能完整地保存下来。特别是他刻意经营的《湖北通志》，是贯彻其方志理论的代表作，全书既是分立三书，主体的《通志》包括纪、图、表、考、传诸体，亦具正史之规。由于毕沅调离湖北，该书因而失去支持而遭到反对和窜改，于是原书也就未能流传下来。有人却以为"学诚以方志名家，偏偏他自己所作的方志多不传，这与学诚重视方志编写的理论和体例研究，重点在各类大小序文的写作，于史料及事实注意不够有一定关系"①。这个评论是不符合历史事实的，从上述可以看出，章学诚不但重视方志编写理论的探讨，而且十分注意文献资料的搜集和积累，他自己所编撰的几部方志也都是从实际材料出发。

我们应当看到，章学诚在方志理论上所以能取得如此巨大的成就，与他有丰富的史学理论为指导是分不开的。他不仅总结前人的经验，具有实践的知识，更重要的是能及时把它们上升为理论，进而使它们具有普遍意义，转过来再指导方志的编修工作。这是一般方志学家所无法办到的。理论指导实践，实践又丰富了理论，这是章学诚方志学发展的全过程。

综上所述，我们可以清楚看到，章学诚在方志学方面的理论是相当全面的，从方志的性质到内容，从义例创立到资料来源，乃至省志与府州县志的分合详略等问题，无所不论。他将向来不大被人所重视的地方志，从理论到实践，建立起一整套体系，并使之发展成专门学问——方志学。因此我们说章学诚在方志学上的贡献是巨大的。近世有人推许他为"方志之祖"、"方志之圣"，是有一定道理的。

我们肯定了章学诚在方志学上的杰出贡献，但也必须指出，由于时代和阶级的局限，他的方志理论以及所撰诸志内容，都包含着不少封建糟粕，应当予以批判扬弃。

首先，他的方志理论及所修诸志内容，归根到底，是为封建地主阶级利益服务。他一再强调方志要详近略远，切合实用，要能经世，足以鉴戒。他在《〈湖北通志〉检存稿》的《复社名士传》后注曰："是篇叙论，其于鉴戒之义昭矣，《复社传》后，紧接《寇难》之篇，寓意甚深。"又于《明季寇难传》的论赞曰："民穷财尽，而上不知恤，明之所以亡也。湖襄虽曰四战之

---

① 柴德赓：《试论章学诚的学术思想》，《光明日报》1963 年 5 月 8 日。

地，然流贼一呼，从者数十百万，亦贪虐之吏，有以驱使然也。……呜呼！民隐苟不上闻，虽无朋党，亦足以亡国矣。"（《章氏遗书》卷25）这里他把地方志看成是统治者用来"鉴戒"、"资治"的工具，要清政府吸取明代亡国的教训，以进一步加强封建统治。当然，他这里说得还比较客观，"流贼"所以能"一呼百应"，是贪虐之吏驱使所造成的，这与那些歪曲真相的记载有所不同。

其次，他早期主修的方志，开端必冠以《皇言》、《恩泽》二纪，并且《修志十议》中立上"皇恩庆典宜作纪"一条。他强调修志"非示观美"，不必讲求死板形式，然而对此纯为形式的两个纪，却以为缺一不可。本来编年之纪是要记一方之"古今理乱"，成为全书之"经"，而此二纪其实并未起到用以编年、经理全书的作用，无非是为封建统治者歌功颂德，向广大人民灌输忠君的封建道德教育。

复次，他所修的方志是为世家大族服务的，广大劳动人民很少有入志的机会。在章学诚看来，"民贱而士贵"，"是以贵世族焉"。《湖北通志未成稿》所立《义仆传》，旨在表彰忠心耿耿为统治者效劳的人，并不是真正为劳动群众写史。

再次，他以为史志之书所以有裨风教者，原因就在于"传述忠孝节义"，因此他很重视列传及列女传的撰述，借以宣扬封建的伦理道德，纲常法纪，这正反映了他的封建卫道思想。为了撰好列女传，他四处奔走，大力搜寻妇女"贞节"的材料。

最后，还应指出的是，章学诚的修志理论，对于生产斗争是不够重视的，因此，如何在地方志中反映劳动人民生产斗争经验很少被谈到，这也是他方志理论上的一大缺陷。

（原载《中国地方史志》1982年第1期。后收入河南省地方志编纂委员会总编辑室、周口地区地方志编纂领导组合编：《地方志学习参考资料》第二辑，1982年内部资料；田嘉、李富强主编：《中国地方志优秀论文选编（1981—2011）》，中国城市出版社2013年版；中国地方史志协会编：《中国地方史志论丛》，中华书局1984年版，题目改为《论章学诚的方志学》；《史家·史籍·史学》；《仓修良探方志》；《史志丛稿》，浙江大学出版社2017年版）

对当前方志学界若干问题的看法

八十年代以来，我国政治稳定，经济发达，文化繁荣，因而，在中华大地上掀起了声势浩大的修志热潮，其规模之大、参加人数之多、进展之快都是历史上所仅见。十多年来，不仅编写出了数量很大的各类志书，而且培养出一批修志人才，建设了一支修志队伍。已经出版的新县志，全国已达五百种以上，这是一个相当大的数字，是十分可喜的成果，是广大修志工作者辛勤劳动的结晶。

但是应当看到，若是从我们所花的人力、物力和财力来看，这个成绩显然还不太令人满意。数量多则多矣，质量如何，大家心中有数。我很同意中国地方志指导小组秘书长郦家驹先生的评估："真正高水平的志书是少数，真正不合格的也是少数。"[①] 那么人们要问，为什么高水平的志书不多呢？毋庸讳言，这与修志队伍的素质有很大关系。这里就方志学界存在的一些问题，结合方志编修工作者应具备的素质，及某些方志理论工作者的水平与责任心，谈几点意见。

一、加强理论修养 提高研究水平

方志学界给我一个总的印象是缺乏对理论的研究和运用，具体表现在三个方面：

首先，在总结方志遗产、研究方志起源和历史发展时，很少有人以马列主义文化反映论为指导进行研究和探讨，谈起源总是抱着《周官》、《禹贡》、《山海经》等某部书来大发议论，至于方志产生的时代背景、社会条件和土

---

① 郦家驹：《对海南省各市县和省直各部门修志人员的讲话》，《海南史志》1991 年第 3—4 期合刊。

壤则全然不管。这样研究是永远寻找不到方志的起源和发展规律的。我在拙著《方志学通论》第一章里有这样一段论述：

> 马列主义经典作家早就指出，一定的学术文化是一定的政治经济在观念形态上的反映，同时又反转过来作用并影响一定的政治和经济。因此，不同时代，总是要出现为这一时代服务的学术文化思想体系、学术流派以及相应的各种学术著作。这就是说，文化这种精神生产，一定都建立在特定的物质生产之上，并与当时社会政治有着极为密切的联系。因此，我们无论研究哪一个时期的学术文化，都不能把它孤立出来就事论事，必须同产生它的社会经济和政治发展的历史过程联系起来加以研究。这样既注意到它与政治、经济的相互关系，又不忽视学术文化本身的渊源和发展过程。许多学者正是遵循着这一精神，在各自从事的学术领域中进行研究，因而都已经取得了可喜的成果，使得历史学、文学、哲学等都变成了有规律可言的学科。……可是在方志学的研究领域里，太缺少这种研究精神。

此书是八年前所写，时至今日，方志学领域的这种研究局面并未见到有所改变。

其次，有些新修志书未能真正用马列主义、毛泽东思想为指导。我们打开这些新出版的县、市志书，凡例第一条总都是"本志编修以马列主义毛泽东思想为指导"，有的还加上"实事求是"等语句以示贯彻之决心，然而当看了内容方才知道事实并非如此。许多新编县志，对解放前国民党、民国政府、国民党军队等记载非常简单，更有甚者，不少县志竟将这些内容全部打入附录之中，以表示自己政治立场十分坚定。其实这些做法都是违背马列主义的基本精神的。因为马列主义的精髓就是实事求是，方志编修只有如实反映历史和现实，才能符合马列主义的精神。众所周知，国民党及其建立的各级政府统治了中国几十年，这是千真万确的历史事实，对这几十年的历史，若是略而不写，或是写而不详，乃至打入附录，显然都是不符合马列主义的观点和精神的。马列主义不是教条，而是具有实在内容的普遍真理。

再者，许多修志战线上的同志，由于缺乏必要的理论（包括史学理论）

基础，因此不能把许多丰富的修志经验进一步升华，写成高层次的文章，从而不断丰富新方志的理论，而大多仅停留在经验总结的阶段。这无疑是方志理论上的巨大损失。

二、掌握史学知识 避免常识性错误

众所周知，方志是史学发展过程中所产生的一个分支，经过长期的发展，它已另立门户，成为一门独立学问——方志学。尽管如此，它与史学毕竟有着千丝万缕的联系。因此，修志工作者若是缺乏历史知识、史学常识，所修方志势必要出现"硬伤"乃至笑话。就我接触到的一些志书来看，有些错误实在令人痛惜。如我国朝代排列的顺序和名称，对修志工作者来说应当是不成问题的，可是有不少人硬是将南朝宋（刘宋）与南宋（赵宋）等同起来，而将王莽建立的"新朝"（或单称"新"）称作"新王莽"。若是这样，那么西汉就得称西汉刘邦，东汉就得称东汉刘秀，唐就得称唐李渊，岂不要乱了套？而对我国历史上帝王年号则往往是张冠李戴，将明朝的"嘉靖"写作清朝的"嘉庆"，将北宋的"太平兴国"简化为"兴国"。有部质量还算不错的新县志，在年号纪年中突然冒出一个"丙午年"，怎么回事？经查证，这条材料出自《明史·地理志》，这年是元至正二十六年（1366），两年后朱元璋才建立明朝，年号洪武。由于编撰该地理志的人是明代一批遗老，对明尚未正式建立之年份不愿再用元朝纪年，于是便用了干支纪年。我们在采用时本该转换成元的年号，以便统一，但因使用者不懂，于是便原样照抄了。还有在写人物时许多是节录正史原文，又不解其意，于是将"崩"、"薨"等字也都抄进去了。

史学常识的缺乏，在修志中也带来了许多不该有的错误。一部二十四史包括哪二十四部史书，作为修志同志应当知道，因为修志中要从这些书中取材、查证。有些主编不知道《唐书》有《新唐书》和《旧唐书》两种，有部新县志讲到本地有种土特产"唐武德年间已作为贡品"，出处注《唐书·地理志》。是指《新唐书》还是《旧唐书》？为了弄个明白，我便将新、旧《唐书》中的《地理志》都查了，结果并无此记载，方知这条材料是从别处抄来，人家错了，抄录者自然也就错了。如果抄的人知道《唐书》有新、旧两种，也许就会有查证的想法了。我们今天所形成的新的志书体，实际是从纪传体演变而来。按理讲参加修志的同志对于我国古代史书中主要几种体裁，诸如纪传体、编年体、纪事本末体、政书体、纲目体，都应当有所了解。事实上并不如此，许多人并不知道，有的还公开说知道这些没用。这种看法显然是错误的。去年底在某省志刊物上看到一篇题为《试论考体在修志中的运用》的文章，起初不解其意，因为在中国古代史书中并无"考体"，在读了文章后方知是指考证或者考据。我们知道，考据是进行学术研究（主要是社会科学，特别是文史方面）中的一个环节，是做学问过程中所采用的一种手段、一种方法，也可称一种途径，但绝不是一种史书体裁，历史上也从无这种体裁。例如我们在搜集来材料后，要知道此材料是否真实、是否正确，就得进行一番考证，这是做学问者人所共知的道理，但从无把这种研究方法称为"考体"的。也许有的同志会问，章学诚方志理论中不是有"考"体吗？他的《湖北通志》中不也是有"考"体吗？如果真有此看法，那只能说是一种误解。事实上章学诚所说的"考"，乃是指我们今天所讲的"专业志"。他在《答甄秀才论修志第二书》中讲得十分清楚："考之为体，乃仿书志而作，子长八书，孟坚十志，综核典章，包函甚广。"这就告诉人们，方志中的志（他后来改称考），其来源就是《史记》中的八书、《汉书》中的十志。他在《湖北通志》中所设的六考是：《府县考》、《舆地考》、《食货考》、《水利考》、《艺文考》、《金石考》。请看，这不就是我们今天的"专业志"吗？至于他为什么将"志"改称"考"，应当说是受班固的影响。班固修《汉书》，体裁仿照司马迁《史记》，《史记》将写天文、地理、典章制度的称"书"，如《天官书》、《河渠书》等，班固认为自己所著全书称"书"，内中小的体裁再称"书"无疑重复，于是将这部分内容改称"志"，如《天文志》、《地理志》等，这样一来，历史上就有了"书志体"之称。而章学诚感到，无论是府、州、县志，全部书已称"志"，为了避免重复，于是将原有"志"的内容改称"考"。因此章学诚所讲"考"体，与上述"考体"绝不相同，并且那种"考体"也是不存在的。需要指出的是，该文所引的明代所修《杞乘》八考——《方域考》、《山川考》、《建置考》、《赋役考》、《风俗考》、《物产考》、《古迹考》、《艺文考》，也正是八种专业志。对此我在《方志学通论》中早已指出，明人修志中，有的便将专业志通体称考，并列举《隆庆仪真县志》为例。此志共分二十门类，就连人物也称《人物考》，实际上当然就是《人物传》，谁也不会怀疑。更有甚者，有人还在文章中公开声称正史记载是不可靠的，其原话是："从史学研究看，县志在歪曲现实程度上，比完全受封建王朝直接督修的'正史'或'官书'小得多，也不像它们那样'装腔作势'。"从这个结论看，我可以肯定这位先生对于正史和方志都很不了解。方志编修，何曾不为封建地方政府所控制？

三、"据事直书"与"六字功能"

对于"据事直书"这个词，前几年在方志学界曾有过许多议论。有的方志学者提出"据事直书"是封建时代史家所用的，具有浓厚的封建色彩，我们今天不应当再用了。而近年来有的文章则更明确指出，"不管如何解释，但它的强烈的阶级性是难以冲淡的"，因此，"从总体方面来说，还是不提秉笔直书为好"。一个是说封建色彩浓厚，一个是说阶级性太强烈，当然，这个阶级性自然是指封建阶级，照此看来，"据事直书"是不能用了。是否真的如此，有必要辨个清楚。我觉得提出这种看法的人有个共同的错误，在于他们否定了"语言是没有阶级性的"这一普遍而又重要的常识。众所周知，马列主义经典作家和语言学家早就批判了有些人鼓吹的所谓"阶级语言"或语言的阶级性，论定语言不是上层建筑，因此也就不存在阶级性。他们指出，语言是人类社会中交际的工具，它为社会一切成员服务，而不管他们的社会地位如何，而词汇则是语言的重要组成部分，"若把语言比作建筑物，那么词汇就是建筑材料"。既然如此，词汇自然也不具有阶级性。那么试问单一词汇"据事直书"的阶级性从何而来？"封建性"又从何而来？这个问题再次告诉我们，做学问必须老老实实、实事求是，不能随心所欲、信口开河，否则将会谬种流传、贻误子弟。

大家都很熟悉毛泽东同志那篇著名的《反对党八股》（载《毛泽东选集》第 3 卷）文章。文章中要求干部认真学习语言，方能写好文章，并指出从三方面入手，第一，要向人民群众学习；第二，要向外国学习；"第三，我们还要学习古人语言中有生命的东西。由于我们没有努力学习语言，古人语言中的许多还有生气的东西我们就没有充分地合理地利用。当然我们坚决反对去用已经死了的语汇和典故，这是确定了的，但是好的仍然有用的东西还是应该继承"。这里毛泽东同志要求大家努力学习古人语言中许多有生命的东西，批评了对于那些还有生气的东西，我们还"没有充分地合理地利用"。如果说古人用过的语言具有强烈的阶级性或浓厚的封建性，他还会要求大家充分地合理地利用和继承吗？解放四十年来，历史学界和方志学界广大同志，正是遵照这一精神，无论是撰史修志，还是论史评志，都把"据事直书"作为衡量史志著作好坏的重要标志之一。凡是读过毛泽东论著的同志都会发现，毛泽东自己是充分地合理地利用古人语言的典范。所以他许多文章，虽属政治性论文，但一般都能做到生动而流畅，言简而意赅。其成功因素之一便是得益于学习古人语言。现在我们日常生活中许多政治术语、学术用语和生活用语，同样是来自封建时代文人笔下或口中，早就习以为常，却从未有人出来指责其有封建性或阶级性。尤其是日常生活中的一般用语，何止千百计数，各类成语辞典、歇后语辞典等便是很好的见证。若是按照某些人的标准推论下去，势必将得出一个十分荒唐、十分好笑的结论，那就是应当停止一切讲话和写文章，因为我们今天所用的语言，绝大多数来自封建社会。因此，不要只急于"创新"而就否定有价值的"继承"。没有"继承"，也就无所谓"创新"。千万不要将前人留下的有价值的东西，轻易扣个帽子而加以否定。"据事直书"，千百年来广大史学家一直坚持它、维护它，直至今日，不仅有巨大的生命力，而且被公认为中国史学优良传统之一，这是为什么？尽管它仅是标记或符号，但只要一提到它，人们自然就会联想到所指的要求和内容，因为它在人们的思想中早已形成了特定的内涵和概念了。

近两年来，有人还对方志的"六字功能"——"存史、资治、教化"提出疑义。有的说我们今天"要面向现代化、面向世界、面向未来"，"六字功能"似乎就不能为这些面向服务；有的则提出"朝着'志书功能社会化'的方向努力，变单纯的'资政'为兼备'资工'、'资农'、'资文'、'资科技'……还有'资会'、'资住'、'资行'等等"。这实际是对"六字功能"的一种误解。应当知道，这个"六字功能"是千百年来无数方志学家经过千锤百炼而形成的，虽然仅有六个字，而包含的内涵却非常丰富。就以"资治"而言，并非仅指"资政"，它既包含着政治，又包含经济、文化诸方面。哪有说一个地方官上任后只管政治，而不管军事、经济和文化的？就以"教化"而言，在今天就是为建设社会主义精神文明服务，问题看你如何理解，限于篇幅，对此笔者将另撰文章论述。

四、"横排竖写"辨析

不知从什么时候开始，"横排竖写"竟成为方志学界的一句口头禅，并把它视作方志的主要特点，还以此为准编出了一套套说法，如"横排竖写，横竖结合，横排门类，竖写史实"等等，似乎会讲这一套就成了方志的行家里手，参加修志自然就不成问题。正因如此，已出版的新方志，在凡例中总要列上此条，而正在编写的各类志书，也都不甘示弱地在层层贯彻。这里要问是谁最先提出此说，我未作考证，看来总是哪位方志"大家"吧。当然有的文章还一本正经地把它强加在章学诚头上，说是章学诚最早提出的，这自然不符合事实。众所周知，我国古代史书的体裁，除编年体外，纪传体、纪事本末体、政书体、会要体、学案体等，无一不是"横排门类"，然后竖写。就以我国最早的典章制度通史（政书体）杜佑的《通典》而言，分食货、选举、职官、礼、乐、兵、刑、州郡、边际九门，九个门类平行并列，每门之下再分子目。马端临的《文献通考》则分为二十四考，每考之下，再分子目。至于各种会要亦复如此，如《西汉会要》，则分帝系、礼、乐、舆服、学校、运历、祥异、职官、选举、民政、食货、兵、刑法、方域、蕃夷15个门类，每个门类之下，又分众多子目。再看专写唐代官制的《唐六典》，同样是"以类相从"（唐玄宗语），按类编写。我所以不厌其烦地列举这些书，目的在于说明我国古代的史书本来大都就是所谓"横排竖写"的，"横排竖写"绝不是方志所特有的特点。我向来主张编修方志应当"以类相从，按类编修"，也就是按其不同性质类别来区分篇章，常说的物以类聚，就是这个道理，而不主张用"横排竖写"来说明方志编写的特点，因为这种提法是不科学的。难道世间还存在着横排横写的历史书吗？区分门类以后，自然是平行并列，每类之中如何写法，不言自明。

也许有的同志会问，有的文章不是讲"横排竖写"是章学诚提出来的吗？这里可以奉告大家，章学诚并未讲过此话。在他的全部著作中，只有《答甄秀才论修志第二书》里讲过"史体纵看，志体横看"两句话，是有人据此加以发挥，把"横排竖写"当成方志区别于史书的主要特点。这里应当注意两点：其一，此文乃章氏早年作品，写此信时，他年仅二十五六岁。当时他对我国的主要史体和史书尚未深入系统地研究和评论，他的代表作《文史通义》在三十五岁那年才开始著作，因而他在给甄松年写论方志书时，读书不多，阅历尚浅，所提看法很难当作定论，我们不必把它当作经典。何况上引两句话的精神在他后来所写的方志论文中不仅不曾再出现过，而且被全部否定。其二，《方志立三书议》可以说是章学诚所创立方志学的精义所在，标志着他方志理论的成熟、修志体例的完备和方志学的建立。此文开宗明义便说："凡欲经纪一方文献，必立三家之学，而始可以通古人之遗意。仿纪传正史之体而作志，仿律令典例之体而作掌故，仿《文选》、《文苑》之体而作文征。三书相辅而行，阙一不可，合而为一，尤不可也。"（大梁本《文史通义》外篇一）这里明确提出，志乃是仿照纪传体史书而作，故修志过程中一切皆依史法办事。他在《与石首王明府论志例》开头便提出："志乃史裁，全书自有体例，志中文字，俱关史法，则全书中之命辞措字，亦必有规矩准绳，不可忽也。"（大梁本《文史通义》外篇三）既然"志乃史体"，"仿纪传正史而作"，又哪来志横史纵？我早就指出，要把此错误说法强加给章学诚完全是徒劳的。研究任何一位学者的学术观点，总是以晚年定论为准，此乃学术研究中起码的道理。为什么不对他的方志理论作全面研究，而仅根据其年青时期的一封信中的几个字，就轻率而武断地下结论，并在广大修志工作者中大肆宣扬？这不能不批评某些方志理论研究工作者，实在太不负责任了！

五、序言不应变成装饰品

书之作序，在于说明著书之宗旨及精义之所在，以便给读者入室前起一登堂的作用。宋代学者吕祖谦就曾说过，凡序文籍，"当序作者之意"。而章学诚在《文史通义·匡谬》一文中更明确地说："书之有序，所以明作书之旨也，非以为观美也。……吾观后人之序书，则不得其解也。"可见序之内容早有定论，且一书一序，因为序跋也是一种文体，自有其要求与格式。可是近年来一书多序逐渐成风，为了扩大影响，一书写成，必请许多名家为之作序，似乎有了名人之序，其书身价就可青云直上，因而多序之风一直不止。此风逐渐波及方志学界，许多新编县志也就有两序、三序而不足为奇了。去年五月，笔者在浙江方志馆对二百三十部新编县志作了统计，两序以上者竟在半数以上，这么大的数字，自然很可观了。序文一多，内容必然重复，况且许多序文本来就是概述的简单压缩，既无新意，更无文采，给人一个共同感觉便是无可读性可言。

新编方志序言太多还有自己特殊的原因，那就是官本位。有位方志学界同仁举例说，某县修志，曾在该县工作过的老领导下来指导，为了让他在这个县志中有个登台亮相的位子，就请他"挂个序吧"，应届县长自然当仁不让，那么再请上一位专家学者捧场，于是便有三篇了。为什么称"挂序"呢，因为该序一般都为主编代笔，领导只是挂名而已，应届县长的序自然也是主编为之代劳，其内容自然就只能大同小异了。这样的序既然是排座次的手段，实际就成了装饰品。

书的序言太多，古代学者早有批评。明末清初学者顾炎武在《日知录》中特地写了一篇《书不当两序》进行批评。章学诚对方志多序亦作了尖锐批评，指出："题序芜滥，体要久亡，难征录例也。""州县修志，尤以多序为荣，隶草夸书，风云竞体。棠阴花满，先为循吏颂辞；水激山峨，又作人文通赞。千篇一律，观者索然。移之甲乙可也，畀之丙丁可也。"（大梁本《文史通义》外篇一《和州志前志列传序例下》）可见当时方志序言内容空洞，既多且滥，自然就失去了写序的意义，故章学诚的批评十分辛辣。我们今天编修新的方志本当以此为鉴，而不应再蹈覆辙。

不过值得注意的是，清初修志还都是一志一序，而其时请人写序的经验也很值得后世借鉴。顾炎武说："国初时，府州县志书成，必推其乡先生之齿尊而有文者序之，不，则官于其府州县者也。请者必当其人，其人亦必自审其无可让而后为之。官于是者，其文优，其于是书也有功，则不让于乡矣。乡之先生，其文优，其于是书也有功，则官不敢作矣。义取于独断则有自为之，而不让于乡与官矣。凡此者，所谓职也，故其序止一篇。或别有发明，则为后序，亦有但纪岁月而无序者。今则有两序矣，有累三四序而不止者矣。两序非体也，不当其人，非职也，世之君子，不学而好多言也。"(《日知录》卷19《书不当两序》）意思是说，建国之初，府州县的志书修成后，必请本地年高而有学问的人为之作序，否则，就请在本地为官者序之。无论是谁，必定请得其人。而被请的人也应自我估量一番是否合适，认为无须推让，便为其序之。如果在本地做官者既有学问，又有功于是书，就无须让于乡贤；相反，若是乡贤既有文才，又有功于是书，则为官者就不与之相争了。顾炎武认为，这样做正是尽他们的职责。所以让来让去，因只作序一篇，即使另有发明，也只能再作篇后序。他还指出，一书两序是不符合著作体裁的。封建时代为志书请人写序，首先考虑的是学问文才，我们今天如何呢？

六、附录不是灵丹妙药

在翻阅新编方志过程中，发现许多志书中附录很多，有的多到每篇都少不了这种附录。起初不解其意，为什么许多应入志书本文的重要内容竟都入了附录呢？经过反复推敲，终于悟出了其中的道理。凡入附录者大体有两种情况：第一，有意识地加以贬抑，如国民党、三青团、民国时期的县政府和参议会、汪伪县政府、汪伪保安大队、汪伪储备券、日本侵略军暴行等等。第二，一时无类可归而入了附录。《萧山县志》将我国近代史上第一次农民暴动——衙前农民运动放在总附录；《金华市志》则将我国学术史上最早的著名学派——金华学派放入丛录；更有不少志书，将著作目录放在附录之中；还有一种似是而非的排法，如有的志书，在工业篇介绍了几座工厂，而在教育篇则又将几所学校作为附录；如此等等，不胜枚举。

所以产生上述情况，是因为有部分同志对附录的含义并不清楚。顾名思义，附录者乃附带著录之义，说明被著录者并非篇目中的正式内容。既然如此，就不应当将许多重要内容随便放入附录之中，凡是正式内容，一律不应放入附录。上述第一种做法，显然是指导思想的错误。修志就应当如实反映历史事实，国民党的统治、日本的侵略，这都是历史事实，我们不能用任何借口将其打入另册。某县志出版座谈会上，有位同志对这部县志将国民党时期参议会作为附录大加赞扬，认为此举具有创造性，说这种做法解决了长期以来未能解决的政权篇的编写问题，并以老干部的话作为自己的理论根据，说有些老干部提出，把国民党与共产党平起平坐，感情上是受不了的，这么一来问题就解决了。这位同志完全忘记了我们撰史修志应从史实出发而不能感情用事。国民党统治中国三十多年，给中国人民造成许多灾难和苦痛，这个历史事实必须承认。我们今天的政权是从哪里夺来的？如果把国民党政权否定了，那么我们数十年斗争的对象就落了空。从历史上来看，元朝把宋灭亡以后，元人所修方志中有哪一部将宋作为附录的？同样，明修方志有哪一部将元作为附录？清修方志自然也无此情况。再打开一部部中国革命史或中国现代史，有哪一部是将国民党政权和日伪政权作为附录？既然没有，我们修志是根据什么原则将国民党政权列入附录呢？这十分明显地违背了马列主义实事求是的观点，是唯心主义的具体表现。而这样做的结果，无疑是在割断历史。毛泽东同志早就告诫大家不要割断自己的历史。1938年10月，他在《中国共产党在民族战争中的地位》（载《毛泽东选集》第2卷）一文中指出："今天的中国是历史的中国的一个发展；我们是马克思主义的历史主义者，我们不应当割断历史。"1940年1月，他又在《新民主主义论》（载《毛泽东选集》第2卷）中说："我们必须尊重自己的历史，决不能割断历史。但是这种尊重，是给历史以一定的科学的地位，是尊重历史的辩证法的发展，而不是颂古非今，不是赞扬任何封建的毒素。"根据这个要求，大家都可以自行衡量一下自己的写法，是尊重了历史还是割断了历史。

至于第二种入附录者，也不妥当。就以衢前农民运动而言，即使不能入军事篇，也该单独成篇。金华学派则完全应归入文化篇中，学术文化本为一家，万一篇幅过大，亦可单独成篇。不管有千万条理由，上述两个问题万万不能打入附录或丛录，无论如何都得编入正式内容。至于著作目录编入附录就更加不妥当了，人家本来就是正式门类——艺文志，不能随心所欲硬将其砍掉。总之，我认为附录不可多用滥用，凡是应当入志的正式内容，一律不能用附录形式，更不能因一时无类可归就入附录，附录毕竟不是灵丹妙药。

七、应重视艺文志

　　方志有艺文由来已久，还在方志产生不久的地记阶段，这个内容就已经有了。据史书记载，北朝人宋孝王的《关东风俗传》中就有《坟籍志》，由于它在保存地方文献方面起到非常重要的作用，故历来著名学者都十分重视。尤其到了明清时期，方志的编修大多有艺文这个门类。姚名达在1937年出版的《中国目录学史》一书中说："三百年来，自通志、府志，以至县志，皆多有艺文一栏，亦有抄诗文入艺文，列目录为经籍者。"尤其是许多著名学者参与修志，则更加重视这一内容。有的志书因修志人学力所限，艺文志修得不够理想而重修者亦屡见不鲜，因为人们早就认识到它的学术价值之重要性。遗憾的是，我们社会主义时代所修新方志，竟将这样重要内容大多砍了。笔者查阅了230部新编县志，保留这个内容仅74部，占32%，而独立成篇真正称艺文的几乎没有，大多为一节或一目，能在文化篇中设置一章已经很不错了，有的还是放在最后的附录之中。与此相反，许多志书却用大量的篇幅选刊一些诗文，这实际上只是一种装饰，顶多只起到炫耀作用。这种早被章学诚所批判过的做法，我们今天反而非常时兴，这不能不说是当今方志学界的一大怪事。应当看到，这是修志领域流行的一种浮夸之风，此风决不可长。

　　总之，我认为艺文志的作用与价值是很大的，是一部好的方志必不可少的内容，但是这种作用与价值是急功近利者所无法看到的，自然就被砍掉了。为了引起大家的重视，笔者去年在《志苑》和《中国地方志》上先后发了两篇关于艺文志重要性的文章，这里就不多重复了。

八、对子孙后代负责　写好民国时期内容

　　我所见到过的新修志书，大多为洋洋百万言，论其字数不谓不多，但是关于民国时期的内容却少得可怜，这应当说是本届修志的一大失误，因为它直接影响着志书的质量。尽管有些同志已经写了文章进行呼吁，但并未引起有关方面足够重视，因而许多地方也未采取任何补救措施，似乎无关紧要。

对已出版新编方志中民国时期的内容，有的文章把它概括为"一短二空三戴帽"，意思是说篇幅设置很小，一章之下连节目也不分，总共千八百字，有的字数更少，而内容则是空洞的、抽象的，毫无具体实质的记载。众所周知，日本侵略军所到之处，都实行惨无人道的三光政策，各地都有写不完的血泪史，可是许多县志仅写"日本侵占××县后，实行惨无人道的烧光、杀光、抢光的三光政策，广大劳苦大众受尽蹂躏"，至于有哪些烧、杀、抢的事实，就无下文了。所有专业志，除政党、政权、人物诸篇外，上限似乎都定在1949年，在此之前的内容多数是只字不提，少数则是一笔带过，如"民国时期县内工业十分落后"、"民国时期商业非常萧条"等等。至于司法、公安等篇也都是如此。这里人们不禁要问，民国时期不是也有法院、监狱、警察局吗，何况这些当时大多是用来对付劳动人民的，通过这些内容的记载不正是能揭露国民党政权的罪恶勾当吗？当时许多城市还有"宪兵司令部"，我们统统不予记载，将来还有谁能知道"宪兵"是怎样性质的武装，其作用是什么？还有，民国时期的行政基层组织保甲制度是国民党用来统治人民的一种手段，国民党抓壮丁、催逼赋税，都是通过各地乡、保、甲长进行的，许多善良的百姓被逼得家破人亡，这些事我们这一代人不作记载，子孙后代还能知道他们的祖先还曾有过这样一笔一笔、一宗一宗血泪史吗？实际上当前的青少年们已经不知道保甲制度是怎么一回事了。这里我告知大家一件事，日本静冈大学一位历史学教授到我处研究明清史，而研究的课题是通过明清时期的方志研究当时江南乡镇基层政权组织。试问将来研究民国时期保甲制度时，方志还能起到这个作用吗？历史和现实都告诉我们，对民国时期的内容应作认真的记载，否则将是这届修志的一大损失。

那么民国时期的内容为什么没有能够得到记载呢？有人说主要是因为对"详今略古"理解片面。其实不然，中国地方志指导小组在《新编地方志工作暂行规定》中就曾明确指出：新编方志内容要"着重记述现代历史和当前现状"。对于这样的规定应当是贯彻执行问题，并不存在理解问题，因为"现代历史和当前现状"是并提的，是都要"着重记述"的。现代历史的范围是什么呢？学术界早有定论，那就是从"五四"运动到新中国成立（1919—1949），这正是民国时期这段历史。也有人说对民国时期情况不了解，当然这也不是理由。不了解为什么不作调查？许多过来人、当事人都还健在，为什么不进行采访？作家姚辉云、林德元两人经过多方调查不是写出了《南京大审判》吗？我认为主要原因还是主观上不重视，因为在许多主编看来，这些内容都是软任务，写多了也无人表扬，写少了也不会有人批评，只有建国后的内容才是硬任务。当然，也有出于"左"倾思想的，上文谈到的那种国民党与共产党不能平起平坐，只能打入另册、放到附录的做法就是典型的代表。

江泽民同志近来一再强调，要加强对青少年进行国情教育，进行中国近现代史教育，实际上是要使广大青少年懂得，我们今天的胜利来之不易。按理讲，每部新修县志，都应当成为进行国情、县情教育具体而生动的教材。若把民国时期的主要内容都省略了，还能真实地反映国情与县情吗？我们今天所修志书，既要为当前资政、教化（建设社会主义精神文明）服务，又要存史，传之后世。如果内容违背事实或者缺而不写，那么子孙后代不仅要加以纠正或补写，而且要指责我们不负责任。因此，编修社会主义第一代新方志，必须抱着对子孙后代负责的态度，将民国时期的内容认真地写入志书，否则就没有完成第一代修志任务，既对不起先辈，更对不起后人。

九、地方志不是百科全书

方志学界不少同仁喜欢把地方志说成地方上的百科全书，我认为这个说法是不对的，地方志绝不是地方百科全书，两者无论在性质上、形式上，还是在编纂体例上都不相同，它们各自都有自己的特点。就性质而言，百科全书是包括一切学科领域和实际工作部门基本知识的工具书，类似辞书，供检索之用；而地方志则是记载某一地区历史、地理、社会风俗、经济文化等方面的综合性资料性著作，对它的作用，历史上早就形成了"存史、资治、教化"三大功能的说法，两者显然不同。从形式上看，百科全书按不同类别条文式撰写；地方志则分篇、章、节、目进行书写，同时无论哪一部方志的门类也没有地方百科全书那么多而齐全。再就体例来看，百科全书实际上就是辞书体，基本上以条目为主，辅以概述和大事记；而地方志则有自己的体裁——志书体，纪、志、传、表、图、录一应俱全，而以专业志为主体，前面还要冠以序和概述。当然两者编排顺序亦不尽相同，百科全书一般按音序或笔划编排，地方志则要"以类相从，按类编修"。可见两者在性质、功能、形式、体裁、编排顺序等诸多方面都有自己的特点和要求，我们决不应当将其等同看待。

十、要实事求是地评论新方志

一部新志书的出版，写几篇评论文章，总结经验教训，为今后修志实践和丰富方志理论服务，同时也为志书的发行扩大影响，这都在情理之中，人们都会理解。但必须实事求是，而不能随心所欲夸大其词地乱捧。要真正评论好一部书并不那么简单。唐代杰出史学评论家刘知幾曾指出，作为一个评论家，必须做到"兼善"和"忘私"，才能对一部书作出公平合理的评论。"兼善"就是要能兼取众家之长，看到各家的优点和长处，不要孤立地就一部书做文章。"忘私"则是指不要专凭个人情感的爱憎来评论一部书，应当做到爱而知其丑，憎而知其善。能够这样，所写评论方能令人信服。然而当前的志书评论却不能不令人感到忧虑。虽然也有不少写得很中肯的评论文章，但大多数都存在着浮而不实的廉价的虚美、恭维乃至吹捧。自编评论集更是如此，"佳志"、"名志"的桂冠比比皆是。郦家驹先生说"真正高水平的志书是少数"，从目前这个形势看，似乎"真正高水平的志书"已变成了多数。"佳志"、"名志"还不是高水平吗？《中国地方志》1992年第三期发表了赵慧先生的《关于当前新志评论的思考》一文，文中对当前方志学界新志评论的这种不良倾向进行了十分中肯的评述，既肯定了好的一面，更深刻地指出了不良的风气，认为此风决不可长。文章写得很全面，说理性很强，看了令人信服，是一篇不可多得的好文章。因此，对这个问题笔者就不再多谈了。这里我想对有些方志学家提点建议，对于新志书的评论不应有求必应，而应当有选择、有目的地作些评论，要真正做到评出水平、评出特色，而不应千篇一律地泛泛而论，更不要廉价地封以美志、佳志、名志，自己应当自重自爱。我看到有位名家，至今所评新志书不下数十种之多，许多大小标题大多雷同，若是县名作一变动，真是"称之甲乙可也，畀之丙丁可也"。

有一部新志不仅被封为"佳志",而且还说"若不具备史才、史学、史识三长,决不能写出此志"。作如此高的评价,笔者决不敢苟同。众所周知,这是刘知幾为古代良史所订的标准,在回答当时礼部尚书郑惟忠时提出的。郑惟忠问:"自古以来,文士多而史才少,何也?"刘氏回答说:"史才须有三长,世无其人,故史才少也。"(《旧唐书·刘子玄传》)古代那么多优秀历史学家,刘氏乃说"世无其人",可见达到这个标准是很难的。我们一部县志的编纂者便能达到,要求实在太低。清代历史学家计六奇在其著作《明季南略·跋》中说:"落笔惊人,才也,博极群书,学也,论断千古,识也。"那位名家所讲的那部志书的作者,我横竖衡量,觉得无论如何也够不上"三长"条件,因为我查阅那部志书时即发现几个不应有的错误——史料不实。

更有甚者,有的大吹大擂已经达到使人难以置信的地步。如某地志书出版以后,有人竟向当地报纸写文章,吹捧这部志书的主编是该地的"太史公"。我们知道,西汉时太史令亦称太史公,伟大历史学家司马迁曾称其父为太史公,亦自称太史公。由于他为我们留下一部不朽的史学著作《史记》,两千多年来,"太史公"便成为司马迁的代称。在其后漫长的岁月里,曾出现过许许多多著名的历史学家,从无一人被比作太史公,更不用说被称作太史公了。而我们现在竟称一个县志的主编为太史公,廉价吹捧竟到如此地步,很值得我们深思。

我认为要认认真真地评论一部志书,最起码的必须对这部志书从头至尾通读一遍,否则就不应当有发言权。其次还应当对编纂比较好的三五部志书有所了解,评论中才能照顾左邻右舍,不至于把话说绝了。我们今天写评论文章的,有几位能够做到这个起码的要求,笔者就很难说了。

总之,上面从十个方面长短不等谈了自己的看法,还有一些问题,由于篇幅限制,只好以后再谈。诸如这届修志由于过多地强调经济门类的比重,因而就或多或少地削弱了其他门类的内容;方志由其资料性的性质决定,它的内容记载只能是微观,而不是宏观,更不阐述理论或探讨规律,可是目前不少文章在大谈宏观,大讲规律,如此下去必将改变方志原有的性质;与上述问题有关的是新修市县志水分太多,议论、抽象、空洞的东西太多,因而查找一条材料,必须挤去许多水分方能使用,许多历史学界朋友都有此看法,不能不引起方志学界的同仁注意;还有篇章设置,长短不必过分强求平衡，否则将使许多很有价值的内容，既无门类可归，又不能独立成篇成章，而被舍弃，旧方志能够做到有话则长，无话则短，三言两语，留下了许多有价值的资料，这应当说也是方志生命力之所在。诸如此类，有必要提出与方志学界同仁商量，因为这些问题既涉及新一代方志编修的质量，又关系到社会主义新方志理论的建设和发展，当然也关系到方志理论队伍的成长问题，非好辩也。如有错误和不当之处，欢迎方志界同仁批评指出。

（原载《中国地方志》1994年第1期。后收入田嘉、李富强主编：《中国地方志优秀论文选编（1981—2011）》；《史家·史籍·史学》；《仓修良探方志》；《史志丛稿》）

新修方志中艺文志不可少

经过广大修志工作者近十年的辛勤努力，已经出版了一大批新的县志，其中有许多是修得很不错的，既继承了方志编修的优良传统，保持了方志自己所特有的属性和特色，又体现了社会主义时代所编方志的时代精神，这是非常可喜的成绩。当然也还存在一些问题应当引起大家重视，较为突出的便是旧方志中的艺文志在许多新编县志中被忽略了。有的只保留了简单的"书目"，大多数则被删掉了。我认为艺文志在地方志中是一个十分重要的不可缺少的门类，因此它从方志的早期形式地记开始就已经出现了，到了定型的方志以后，已经成为不可缺少的重要篇目，特别是明清时期的学者对它就尤为重视，因为它在学术上有重要价值，对了解地方文献起着极为重要的作用，是任何著作所无法代替的。

地方志中开始设置艺文志门类的时代很早，从文献记载来看，早在魏晋南北朝时期就已出现。北齐、北周间人宋孝王的《关东风俗传》中就有《坟籍志》，唐代大史学家刘知幾在《史通·书志》中对此曾给予很高评价："近者宋孝王《关东风俗传》亦有《坟籍志》，其所录皆邺下文儒之士，雠校之司，所列书名，唯取当时撰者。习兹楷则，庶免讥嫌。语曰'虽有丝麻，无弃菅蒯'，于宋生得之矣。"这里刘知幾表扬宋孝王撰《坟籍志》，著录者皆为本地人士著作，尤其是当时撰者，更引诗来赞颂其既著录上流人物之著作，又记录民间流传的或下层社会的作品。从上述记载来看，《关东风俗传》的《坟籍志》无疑开了后世地方志中载艺文的先河。而《关东风俗传》的性质乃是记载以邺地为中心的地理、风俗、人物、艺文等内容的一部典型地记。至于今天尚留传下来的方志中，有此内容者，自然以南宋高似孙的《剡录》为最早。该书卷5、卷6，有著作目录，有诗文选登。尽管《剡录》中并无艺文志或经籍志之称，但却有此内容，说明作者注意到此内容的价值。不过应当指出的是，所选单篇诗文，皆与剡地有关，而所列著作的作者却大多不是剡人，这就不伦不类了。无怪乎清代学者钱大昕在为该书所作的跋中，对此已经提出批评。因为方志艺文，必须著录本地人著作，否则就失去了存一方之文献的意义了。周应合的景定《建康志》中有《文籍志》，元代张铉修《金陵新志》时，将《文籍》和《留都》两门删了，清代学者陆心源在《至正金陵新志跋》中亦曾提出过批评，因为此门一删，一代之地方艺文便无从查考了，可见清代学者对方志中之艺文看得是相当重的。进入明代，各地修志非常频繁，从所留下的府、州、县志来看，篇目中大多有艺文，当然名称不尽相同，有称艺文志，有称经籍志，有称典籍志，有直接称书籍、文籍、书目，等等。到了清代，不仅好的方志必有艺文，而且许多修得较为出色的还独立单行，如郑元庆的《湖录经籍考》，便是康熙年间所修《湖录》中的一部分，全书未刻而失传了。民国九年（1920）吴兴刘氏嘉业堂得《湖录经籍考》抄本而付刻于《吴兴丛书》中，因其有价值，尽管全书失传而该志仍为人所传抄。其体以书编次，每书皆有解题。管庭芬原编，蒋学坚续编的《海昌艺文志》，本是《海宁州志》的一部分，有民国十年（1921）铅印本。吴庆坻的《杭州艺文志》，乃是光绪《杭州府志》分修之稿，有光绪三十四年（1908）长沙刊本。丁祖荫的《常熟艺文志》则为《常熟县志》的一部分。如此等等，不胜枚举。至于单独为一方文献作艺文性质著作的那就更多了，而撰作动机，又大多出于认为地方志书此志修得不好或处理不当。如清人黄瑞作《临海著录考》，就是因临海旧志所载书目失之漏略，乃自己采辑自唐迄清咸丰同治年间临海先辈著述，略仿陈振孙《直斋书录解题》和朱彝尊《经义考》例揭其要旨。近人陆惟鎏作《平湖经籍志》，自序称："光绪初年，彭润修《平湖志》，徐步嬴多所赞襄，于乡贤著述，甄采尤富，惜未及藏事而殁。修志者即以原稿刊入，虽间有缺佚，而网罗散佚，阐发幽微，厥动亦巨。惟志乘胪列经籍，于各家之著录，刊刻之言，代序跋之何人，书籍之存亡，多略而不详。爰仿温、台、金三郡《经籍志》例，作《平湖经籍志》，以彰吾邑三百年之文献。"这里将述作经过原委讲得十分清楚。较为有影响的尚有张寿镛的《四明经籍志》、金武祥《江阴艺文志》等。其中影响最大、体例最好、学术价值最高者首推孙诒让的《温州经籍志》。其书仿马端临《文献通考·经籍考》、朱彝尊《经义考》之例，以书编次，全录叙跋，每部书下均注存、阙、佚、未见四项，最后间加按语，繁征博引，举其得失，考证均确有所见。全书33卷，《外编》2卷，计录著作1300余家。方志著录，当然以本地人著作为主，侨寄人士著作中与本地文献有关者也不能一律不收，但不能主客相混，孙氏则另立《外编》，以专收这类著作，这样处理自有见地，不愧为学术大家。其书成为传世之作自然也在情理之中。为了说明艺文志这个篇目的重要性，这里附带介绍一下，清代学者不仅对方志艺文一门十分重视，而且对正史有缺此项者，均纷纷为之补作。如范晔《后汉书》原作十志因故未传，南朝宋刘昭为之作注时，将司马彪《续汉书》中的八个志补入，八志中无艺文，清人顾怀三作《补后汉艺文志》10卷，而姚振宗亦作《后汉艺文志》4卷。陈寿的《三国志》，原来就是志、表全无，清人侯康、姚振宗各作《三国艺文志》4卷。唐初所修之《晋书》虽有十志，然独缺艺文，于是竟有秦荣光、丁国钧、文廷式、吴士鉴、黄逢元五家为之补作。至于《五代史》和《辽》、《金》、《元》诸史，均有许多人为其补作艺文志。艺文志所以重要，以全国而言，通过艺文志的著录，可以反映出一个时代学术发展之大势、学派之盛衰，各类著作数字的变化直接反映了这个时期学术发展的动向。它可以起到"辨章学术，考镜源流"的作用。对一个地区而言，更是体现你这里文化是否发达的重要的、直接的标志。一个地区教育事业是否发达，自然与是否培养出人才密不可分，不出人才，著作又从何而来？可见历代学者对艺文志之重视并非出于偶然。

清代杰出的史学评论家、方志学理论的奠基人章学诚，无论对正史艺文志还是对方志艺文志都非常重视，他有两篇专论方志艺文志的文章留传下来，一篇是他在青年时代所作的《〈天门县志·艺文考〉序》（《文史通义新编》外篇六），另一篇是进入中年以后写的《〈和州志·艺文书〉序例》（《文史通义新编》外篇四）。前一篇由于写时阅历尚浅，理论上论述不多，仅从个人角度说明一部著作的产生历尽艰辛，有志之士，"往往竭数十年萤灯雪案，苦雨凄风，所与刻肝肾，耗心血，而郑重以出者，曾不数世，而一觚拓落，存没人间，冷露飘风，同归于尽，可胜慨哉！"许多著作，各类艺文志若能及时著录，即使散佚，后人尚可据此于民间搜寻，即便搜罗不全，亦知历史上某人著过此书。就在这篇序中，章学诚已指出当时方志艺文志的一个不良倾向，那就是滥选诗文而不载书目。"论曰：近志艺文，一变古法，类萃诗文，而不载书目，非无意也。文章汇次甲乙成编，其有裨于史事者,事以旁证而易详,文以兼收而大备。故昭明以后,唐有《文苑》,宋有《文鉴》,元有《文类》,括代总选,雅俗互陈,凡以辅正史,广见闻,昭文章也。"这就是说,诗文固然重要,但不能选入艺文以取代书目,而应另外汇集成册,这就是他后来提出方志立三书,另设"文征"专收有用诗文的最早想法。至于后面一篇,论述就很丰富了,不仅从理论高度来论述艺文志之重要性,而且叙述了书籍著录的发展历史和分类方法。特别是艺文志著录书籍的重要性,说得入情入理,"文字点画,小学之功,犹有四方传习之异,况纪载传闻,私书别录,学校不传其讲习,志乘不治其部次,则文章散著,疑似两淆,后世何所依据而为之考订耶?郑樵论求书之法,以谓因地而求,因人而求,是则方州部录艺文,固将为因地因人之要删也。前代搜访图书,不悬重赏,则奇书秘策不能荟萃;苟悬重赏,则伪造古逸妄希诡合;三坟之《易》,古文之《书》,其明征也。向令方州有部次之书,下正家藏之目,上备中秘之征,则天下文字,皆著籍录,虽欲私锢而不得,虽欲伪造而不能,有固然也。夫人口孳生,犹稽版籍,水土所产,犹列职方。况乎典籍文章,为学术源流之所自出,治功事绪之所流传,不于州县志书,为之部次条别,治其要删,其何以使一方文献无所阙失耶?"其意是说,经典、小学之书,流传四方尚且会产生不同版本,私家著作,若不及时著录,传抄流传久了,原来究竟几卷也搞不清了,况且各地方志若均能及时著录,还能为求书者提供线索,更可杜绝伪书的出现。尤其重要的是,它能反映一个地区学术文化发展的状况及其趋势。因为艺文志的编纂,可以起到"辨章学术,考镜源流"的作用,这一观点,是章学诚在《校雠通义》一书中所一再强调的。众所周知,《湖北通志》是章学诚方志理论成熟阶段所编纂的一部大型地方志书,也是他一生中最后所修的一部方志,书中共设六个考(即今天所讲专业志),第五考便是《艺文考》,第六考乃是《金石考》,于此可见其对艺文之重视,可惜此志因故未及刊刻而散佚,竟连此稿之前的序也未能留传下来。综上所述,可见历来方志的编修,对于艺文志这一内容都是十分重视的,遗憾的是,我们今天新修的县志许多都将这一篇目丢了。

就实用价值而言,艺文志在今天看来尤为不可忽视。凡是从事文史研究工作的同志都会深有感受,在研究历史上许多文人学者时,由于不是名家、大家,其事迹大多不见经传,只有从地方志中来查找,而他们的著作,更往往只是在地方志的艺文志中得以著录。笔者八十年代初参加《中国历史大辞典·史学史》分卷编写时，负责撰写清代部分的史家和史著，撰写过程中，就大大得益于方志艺文志。修志的目的自然不是为了鉴赏、装饰，而是为人们所利用，存史也好，资治也好，都跳不出一个用字，用志的人如此需要，修志的人难道可以不闻不问吗？还要提醒大家注意的是，在出版事业非常发达、出版社到处林立的今天，在每年出版图书数量十分巨大的情况下，要了解全国各地出书的情况已非易事，许多综合性大学图书馆和省市图书馆馆长都在惊呼，在经济条件不富裕的情况下，要将全国各地出版社所出之书都购进一部，实在太难了。作为一部新修县志，若将本地人士的各类著作都能加以著录，这不论从哪一方面来讲，都将是功德无量的事情。当然，正如许多从事新志编修的同志所讲，修艺文志困难多，难度大，特别是要将当代本地人士著作收录齐全就更难了。这是实情，但不能因为难度大而不修，应当知难而进，要为后人留下一部门类比较齐全的地方志。事实上修志本身就是一件难度很大的工作，要是轻而易举，也就无须兴师动众了。

至于方志中的艺文志如何编纂，这里也谈点看法供大家参考。艺文志的编纂，不外乎采用两种体裁，一是以书为主体分类编次，一是以人为主体加以著录。前者乃是正史艺文志的编纂通例，后者则是地方志中艺文志常采用的变例，两者各有长短，而以前者为难。以书编次，势必涉及分类问题，这就要对每部书过目，方能了解其性质，确定其类别，在学术文化比较发达的地方，宜用此法。因为通过分类，可以看出这个地区各种学术文化的盛衰。当然，现在的分类，自然就不应再采用老的四部分类法了，而应当采用1980年出版的《中国图书馆图书分类法》，但不必分得那么细，可以自行简化。如果仍用四部分类，势必有许多著作无类可归了，如研究、评介马列主义和毛泽东思想的论著，就是突出的例证。若是以人为主体编纂，则无须分类，只要将某人著作依出版先后加以编排就行了。不论采用哪一种形式，对每部书著录的要求都是一致的。首先是要为作者写一简历，若是分类，简历则附于第一部书著录时，其余各书只需注明参见某书。然后依次著录出版（刊刻）时间，出版地点（出版社），注明几种版本。不仅旧书有多种版本，而且当代人著作亦有初版、再版、修订本、增订本之别。有的修订本或增订本内容与初版出入很大。对于前人著作，如果旧的目录学著作中已有著录，则上述项目均可省略，在书名之后，径注见《四库全书总目提要》史部地理类字样。若进一层要求，每部书作一简明提要，其学术价值自然就不可同日而语。

这里需要说明的是，地方志的艺文志，著录范围必须明确，只收著作，不收单篇诗文。现在不少新修县志，用大量篇幅收录诗文，而把艺文志却弃在一边，这实在是舍本逐末。此种情况的出现，说得严重一点，乃修志领域浮夸风的表现，似乎选登了名人的诗文，便可提高县志的身价。此种做法，旧时代的方志学家尚且反对，我们今天反而盛行，岂不怪哉！

和一些县志主编谈起艺文志之事，他们总以为修艺文志工作量太大，很难收效。这里不妨为大家介绍一种简便易行的方法。东北师范大学图书馆为了编纂近年出版的《学术著作提要》，向每位作者寄了一张表格，要大家将自己的简历、有几种学术著作（包括何时何出版社出版）等项目填好后寄回。他们把大家所填内容汇集起来，加上自己为每部书所写的提要，这样一本有很高学术价值的目录学著作就诞生了。各地正在编修新志的同志们，何不也印制一张精心设计的表格，给本县在外地工作的作家、诗人和各类专家、学者每人寄上一份，晓之以义，动之以情，相信大家一定会乐意协助，共同来完成这一工作，一部新县志中的艺文志，定会较为顺利地诞生。

实际上只要能认识到艺文志的重要价值，困难再大，也会想方设法加以解决，何况它在所有专业志中还算不上是最难的部分。

（原载《中国地方志》1992年第4期。收入《史家·史籍·史学》；田嘉、李富强主编：《中国地方志优秀论文选编（1981—2011）》）

序跋琐议

近年来一书多序似乎成了一种风尚。本来一部书稿写成后，请位师友或学界前辈写篇序言，这在情理之中，无可非议，可是如今学术界却刮起了多序之风，据云是为了扩大影响。因此，书稿成后，必请许多名家为之作序，似乎有了这些名人之序，其书身价就可青云直上，因而多序之风愈演愈烈，尽管有些报刊早已指出此风决不可长，若长此以往，势必助长学术界浮夸之风的发展，影响良好学风的形成。然而建议和批评并未引起任何人的注意。是否此风已经完全不可逆转？章学诚曾经说过："天下事凡风气所趋，虽善必有其弊。"(《文史通义新编》外篇一《淮南子洪保辨》)多序之风既无善处可言，而其浮夸形式之流弊，已非三言两语所能讲完。这种风气不仅已经波及方志学界，而且在方志学界似乎更为"红火"，因而在新修县市志中，两序三序已经习以为常了。笔者曾在浙江方志馆对230部新编县志作一粗略统计，两序以上者竟达半数以上。前不久曾看到一部新志，序文多达五篇，另有跋一篇，其实就有六篇了，因为跋亦就是序，故常称后序。但愿这届修志中不再有破此纪录者出现。如此多的序言，除了形式以外，还能有什么意义呢？我翻来覆去琢磨总是找不出有什么学术意义和价值，给人一个共同的感觉就是空洞语言的重复，很少有实质性的内容。况且许多序文本来就是概述的简单压缩，既无新意，更无文采，自然谈不上有什么引人入胜的可读性了。即便是名人所写，也大多出自应酬，试问那些写序的名人有几位对所写之书稿翻阅过呢？更不必谈通读全稿了。既然如此，所写之序文，虽然洋洋三两千言，罗列一二三四，所谈的不过是些不痛不痒的称颂而已。这样的序即使文章再好，也失去了写序的意义，因为它没有能做到对所序之书作实质性的评介的作用。至于新编方志序言太多，自然还有自己的特殊原因，那就是官本位的特点。一个县修志，前任县长或书记尽管已经升官离开这里，但为了感谢他曾对修志工作有过支持或领导，自然要给他安排一个体面的留芳百世的位子，而序自然是一部志书中最好的位子了。应届县长还能少吗？理所当然地该有一篇。若再请位专家学者点缀捧场，就已经三篇了。为什么说专家学者的序是点缀呢？因为从排列顺序看仅是陪衬而已。第一篇总是某某长居多，专家学者的序能列在第二已是很不错了，也许这就叫"礼贤下士"吧，"下士"么，自然应当将专家学者排列在下面，专家学者乃是士也，岂不顺理成章吗？我这个解释是绝对不会错误的，如若不信，我还有强有力的旁证。凡是参加过县志稿评议会的朋友都会知道，拍纪念照时，前排中间，总是县长、书记等官字号专有位子，专家学者则大多分坐两边相陪，这不正符合"礼贤下士"吗？让你坐前排，自然是表示"礼贤"；由于你是士，自然应当列居下首。有人对这种现象深感不满，认为一位正教授级别总在县太爷之上吧，尤其是享受国务院颁发的有特殊贡献政府津贴的专家学者，其级别总不下于厅局级吧，为何反在县太爷之下呢？我的回答还是上面那句话，由于他们都是士，是符合"下士"这个原则。需要指出的是，无论是前任县长、书记，还是应届县长、书记，他们的序一般都为主编代笔，他们只是挂名而已，或许这也是遵照孔老夫子的"述而不作"的教导办事吧。既然都是出自主编一人之手，其内容大都来源于概述的提炼，文字叙述也就只能是大同小异，这样的序究竟能有多少学术价值，也就无须多说。

　　请人作序的"名人效应"，确实来自古人，那就是晋代著名文学家左思作《三都赋》成，曾轰动一时，文学史上还流传着不少佳话，其中之一，就是由于有高名之士、文坛宿儒为之作序，方才引起人们的重视，并且形成了"豪贵之家竞相传写，洛阳为之纸贵"的轰动局面。为了正确理解"名人效应"，这里不妨将《晋书·左思传》中有关文字抄录于后，大家共同研讨：

　　　　（左思）造《齐都赋》，一年乃成。复欲赋三都，会妹芬入宫，移家京师，乃诣著作郎张载访岷、邛之事。遂构思十年，门庭藩溷皆著笔纸，遇得一句，即便疏之。自以所见不博，求为秘书郎。及赋成，时人未之重。思自以其作不谢班、张（意不在班固《两都赋》、张衡《二京赋》之下），恐以人废言。安定皇甫谧有高誉，思造而示之。谧称善，为其赋序。张载为注《魏都》，刘逵注《吴》、《蜀》而序之曰："观中古以来为赋者多矣，相如《子虚》擅名于前，班固《两都》理胜其辞，张衡《二京》文过其意。至若此赋，拟议数家，傅辞会义，抑多精致，非夫研核者不能练其旨，非夫博物者不能统其异。世咸贵远而贱近，莫肯用心于明物。斯文吾有异焉，故聊以余思为其引诂，亦犹胡广之于《官箴》，蔡邕之于《典引》也。"陈留卫权又为思赋作《略解》，……自是之后，盛重于时，文多不载。司空张华见而叹曰："班、张之流也。使读之者尽而有余，久而更新。"于是豪贵之家竞相传写，洛阳为之纸贵。初，陆机入洛，欲为此赋。闻思作之，抚掌而笑，与弟云书曰："此间有伧父，欲作《三都赋》，须其成，当以覆酒瓮耳。"及思赋出，机绝叹伏，以为不能加也，遂辍笔焉。

从这段引文中，我们可以得到这样几点启示：其一，左思在创作《三都赋》时，确实下过一番苦功夫，一篇一万多字的赋，竟构思十年，家中各处都放有纸笔，得一佳句，立刻写下。为了了解蜀地情况，还特地拜访张载。其二，此赋写出之前，左思并不出名，因而写成之后，他担心社会上的世俗偏见，会"以人废言"，于是请了文坛名家皇甫谧为之作序。其三，张载、刘逵分别为之作注，卫权作《略解》，都是出于对此赋的好评，这样一传，引起了人们的注意，由于该赋写得的确具有特色，就连当初曾作书讥笑过他的陆机，当看了左思的《三都赋》后，也非常佩服，认为自己再作是无法超过的，因而计划写的《三都赋》也就停止了。这样一来，左思遂名重京师，《三都赋》亦蜚声文坛，这才有"洛阳为之纸贵"的轰动效应。这个故事说明，名人作序的轰动效应，是首先建立在作品本身质量的基础之上，否则名人的序再多也吹不上去，更不能持久使之流传。况且根据《世说新语》的记载来看，皇甫谧是"见之嗟叹，遂为作叙"，因为很赞赏，所以才为作序。正由于作品本身有其价值，也才有可能得到后人的好评。刘勰在《文心雕龙·才略》中就说："左思奇才，业深覃思。尽锐于《三都》，拔萃于《咏史》。"如果是平庸的作品，能够得到这么高的评价吗？中国民间有句谚语"酒香不怕巷子深"，说的是只要是好酒，名气随着香气自然会远飘四方，根本无须大做广告，会饮酒者自会替你宣传。当然历史上也根本未记载皇甫谧替左思《三都赋》作过序，而说他在《三都赋》写成之前早已去世，关于这些问题那就留给文学史研究的同仁去探讨吧。

序，作为一种文体，起源是相当早的。据文献记载，最早的当推春秋时孔子弟子子夏所作之《诗大序》，其后大家比较熟悉的则有司马迁的《史记·太史公自叙》、班固《汉书·叙传》，都是作者自撰之叙，且放在全书最后。而孔安国《尚书序》及晋人杜预所作之《春秋序》则又都置于卷首，可见这种序的放置，起初似乎前后不拘。可是随着时代的发展，序也在变化，并且产生了多种名称，如唐宋以来，始有将这种文字称"引"者，据说是起于某些文学大家因避父讳而改序（或叙）称引。刘禹锡的父亲名刘绪（序、绪音同），苏洵的父亲名苏序，故而避序称引。不过引与序在使用时似乎还略有区别，即短小者大多称引。明人徐师曾在《文体明辨序说·引》中说："唐以前，文章未有名引者；汉班固虽作《典引》，然实为符命之文，如杂著命题，各用己意耳，非以引为文之一体也。唐以后始有此体，大略如序而稍为短简，盖序之滥觞也。"如大家比较熟悉的赵翼《廿二史札记》前的作者《小引》仅三百来字，而他的另一部著作《陔余丛考》卷首亦仅作《小引》，清代学者钱塘为自己的著作《史记三书释疑》亦是作《小引》。唐宋以来，又有题跋形式出现，起初叫"读……后"、"书……后"，后则称跋或题跋，因置于全书之后，故也称"后序"，今人亦称"后记"。徐师曾在《文体明辨序说·题跋》中说："题跋者，简编之后语也。凡经、传、子、史、诗、文、图、书之类，前有序引，后有后序，可谓尽矣。其后览者，或因人之请求，或因感而有得，则复撰词以缀于末简，而总谓之题跋。至综其实则有四焉：一曰题，二曰跋，三曰书某，四曰读某。夫题者，缔也，审缔其意也。跋者，本也，因文而见本也。书者，书其语。读者，因于读也。题、读始于唐；跋、书起于宋。曰题跋者，举类以该之也。其词考古证今，释疑订谬，褒善贬恶，立法垂戒，各有所为，而专以简劲为主，故与序引不同。"可见这种文字简短而有力，具有实在内容，若是空洞无物，也就不可能有力了。当然随着时代发展，序与跋实际上已形成为一种文体，只不过所置位子与称呼不同罢了，其内容要求则是一样，打开前人文集，其内容分类，序跋总是放在一道。

从前人论述和历代流传的序文来看，这种文字之产生，在于论述所序之书的著作宗旨及精义之所在，以便给读者入室前起一登堂的作用。唯其如此，以前拿到一部书总是先看序文，得其要领，再看正文。还是汉唐时代，此种要求已经十分明确，唐人陆德明对孔安国的《尚书序》就已指出："此孔氏所作，述《尚书》起之时代并叙为注之由。"而《尚书序》本文亦言，《书序》"序所以为作者之意"。明代学者吴讷则从评论文体要求出发，指出："《尔雅》云：'序，绪也。序之体始于《诗》之《大序》，首言六义，次言《风》、《雅》之变，又次言《二南》王化之自。其言次第有序，故谓之序也。'东莱云：'凡序文、籍，当序作者之意；如赠送燕集等作，又当随事以序其实也。'大抵序事之文，以次第其语、善叙事理为上。近世应用，惟赠送为盛。当须取法昌黎韩子诸作，庶为有得古人赠言之义，而无枉己徇人之失也。"（《文章辨体序说·序》）他又在《文章辨体序说·题跋》中说："前有序引，当掇其有关大体者以表章之，须明白简严，不可随入寔曰。"这就对作为文体一种的序之产生发展、内容、文字要求等都提出具体意见。章学诚在《匡谬》一文中说得就更加明确："书之有序，所以明作书之旨也，非以为观美也。序其篇者，所以明一篇之旨也。……吾观后人之序书，则不得其解焉。"（《文史通义新编》内篇三）他们这些意见其实正是从历代学者所作之序文总结而来。读书先读序和跋，也正因为历来广大学者所写的序和跋确实给人们送来丰富的知识和学问，就以朱彝尊为万斯同所作之《历代史表序》而言，他告诉人们切莫小看这部《历代史表》的价值，阅读中可以使你"揽万里于尺寸之内，罗百世于方册之间"。"况季野所编皆历代正史所必不可阙者！用以镜当世之得失，虽附诸史，并颁之学宫，奚不可也？"寥寥数语，便将《历代史表》一书在学术上的价值与地位交代得一清二楚。《十驾斋养新录》是钱大昕的一部读书札记，作者自己所作之序则非常富有新意，序文不长，今全录如下：

"芭蕉心尽展新枝，新卷新心暗已随。愿学新心养新德，长随新叶起新枝。"张子厚《咏芭蕉》句也。

先大父尝取"养新"二字，榜于读书之堂。大昕儿时侍左右，尝为诵之，且示以"温故知新"之旨。今年逾七十，学不加进，追惟燕翼之言，泚然汗下。加以目眊耳聋，记一忘十，问字之客不来，借书之瓻久废。偶有觊闻，随笔记之。自惭萤爝之光，犹贤博簺之好，题曰《养新录》，不敢忘祖训也。

嘉庆四年十月，书于十驾斋

在这两百字不到的短序中，钱大昕告诉人们，他这部书是读书笔记，所以名《养新录》，是因为祖父曾用"养新"二字，"榜于读书之堂"，而"养新"二字又取之于张子厚《咏芭蕉》诗之"愿学新心养新德"句，意味深长。作为读书人，"温故知新"的"起新知"自然要紧，而"养新德"则更为重要，一个人若道德文章俱称，方才值得人们推崇和学习，否则文才再好，人品很差，自然就不足为训了。作者已过古稀之年，仍勤学奋进，但十分谦虚，实际上此书虽是笔记，但学术价值很高，正如阮元在为该书所作的序中所说："凡此所著，皆精确中正之论，即琐言剩义，非贯通原本者不能。譬之析杖一枝，非邓林之大不能有也。"

这些序文都从不同角度给人们以知识和教益。而与序文相类的跋，同样也是如此。这里不妨再录钱大昕《跋大金国志》一篇，文章不长，无一句空话，绝非今人序跋所可比拟：

> 《大金国志》四十卷，卷首有表，题云"宋端平元年正月十五日，淮西归正人改授承事郎、工部架阁宇文懋昭上"。新城王尚书贻上谓是宋人伪造。予读其词，称蒙古为"大朝"，曰"大军"，曰"天使"，而于宋事无所隐讳，盖元初人所撰，其表文则后之好事者为之，而嫁名于懋昭也。
>
> 钱遵王举其直书差康王出质，详列北迁宗族，以为无礼于其君，而讥端平君臣漫置不省。今考《志》所载指斥之词，尚有甚于此者。即其以"大金"为称，亦可知非当时经进之本矣。（《潜研堂文集》卷28）

《大金国志》一书，旧题宋宇文懋昭撰，钱大昕在《跋》中从几个方面论证其绝非宋人所作，而是元初人所撰，托名宇文懋昭而已，简洁明了，不论何人看了此《跋》，都会明白作者之用意。下面我想再向大家介绍一篇文字简短、内容充实的自序——施国祁的《金史详校序》：

> 金源一代，年祀不及契丹，舆地不及蒙古，文采风流不及南宋。然考其史裁大体，文笔甚简，非《宋史》之繁芜；载述稍备，非《辽史》之阙略；叙次得实，非《元史》之讹谬。

廿余年来，雨窗灯夕，手此一编，读几十余过，校勘小详，楮墨渐积，成书计十卷，不揣固陋，敢希问世，聊序卷端，以志岁月。附题长句云："闲消我有肆帘风，寓墨金源旧事丛。野史功臣惭褚补，圭斋诤友悔刘通。书抄冷局雠难遍，字订讹传拟未工。长此一编深箧底，敢言载笔附群公。"

辛未春日北研识

序中作者开头便将宋、辽、金、元的历史、地理、文化作一简单比较，接着又将四部史书进行比较，说明《金史》在四史之中可称上乘，于是他花了20年时间，反复看了10多遍，校出问题十卷，成《金史详校》一书。这就是这篇序的中心内容，序中丝毫没有炫耀自己之处，这就是古代学者最为可贵之处，做学问都很严谨，而为人又都十分谦虚。

综上所引，可见古人所写序跋，大多言之有物，不作无病呻吟。因而对读者来说，总是可以从中得到各类有关知识。因为凡是自撰之序，总要叙述著述宗旨、内容大要、体例方法等问题。别人所写，有些则与自序相类，更多的则在于评论内容之价值，或对某些问题进行考辨，也有谈论读后体会、介绍版本流传等等。总之都是有所为而作，显然亦多出于自我需求，很少为著作者本人所请托。从序跋作者来看，除著作者本人外，在同时代人中，有师长，有朋友，亦有门人。黄宗羲是万斯同的老师，黄氏曾为万斯同《历代史表》作序，序末讲述自己所以为之作序："余向读史时，尝有意为斯事，忽忽未果。嘉季野之克成余志也，故为叙之如此。"至于门人为老师作序者，则以历史学家潘耒为其师顾炎武的《日知录》所作之序较为典型。《日知录》是一部学术价值很高的读书笔记，作者生前为供友人之求仅刻八卷，并有两百余字短序一篇。去世后，门人"从其家求得手稿，校勘再三，缮写成帙"，多方奔走，方于康熙三十四年（1695）仲秋刻成32卷本刊行于世，并为作序一篇，历叙其师治学经历、治学特点及《日知录》的内容价值、刊刻经过，序中称"先生非一世之人，此书非一世之书也"，"异日有整顿民物之责者，读是书而憬然觉悟，采用其说，见诸施行，于世道人心，实非小补"。此类语言，虽出自门人之口，却毫无虚夸溢美之辞。因为顾炎武确是人人皆知的学术大师。

许多著作每一次新版本问世,刊刻者总是照例作序或跋一篇,因而不少古籍序跋很多,这样也就给某些人一种错觉,认为古人方且一书有多篇序,为什么要批评今人多序,这当然是一种误解。比较典型的如黄宗羲的《明儒学案》,以著者署名的序就有四篇之多,而文字仅略有异同。事实上真正黄氏本人所为者只有两篇,即康熙三十二年(1693)贾润父子为刻此书,请黄宗羲作序,时黄氏在病中,遂口授其子百家代书,这是一篇,病愈后又亲自修改,于是便出现了文字略有出入的两篇序言,并都收在贾刻之中。问题是贾润父子在收入修改过的《明儒学案序》时,又以己意对这篇序文作了文字上的增损,这自然就与黄氏亲自修改之文又有出入。雍正年间,贾氏后人贾念祖再刻《明儒学案》时,将黄氏原文又妄加改窜,从而一篇序文,便成了四篇。在沈芝盈先生的中华书局版《明儒学案》点校前言中和陈祖武先生的《〈明儒学案〉成书时间的思考》(载《书品》1986年第4期)一文中对此均有论述,可见所以会有四序,全是书贾所为,当然该书他人所作之序跋,也达六篇之多,自然也不是出于同一时期,因为它有多种版本,应在情理之中。

　　需要指出的是,前人所作之序,亦有不少是在不切实际地廉价吹捧。这在旧志序言中表现最为突出,较为典型者如对康海《武功志》的吹捧,只要打开此志卷首各家之序就可看出,真是满纸颂词。有的说"前明郡邑之志,不啻充栋,而文简事核,训词尔雅,无如康对山志武功";有的说《武功志》"七篇,文简而明,事核而要,且其义昭劝鉴,尤严而公,乡国之史,莫良于此志";有的说"《史记》,史之始也,对山先生《武功志》,州县志之始也";有的干脆把它与司马迁《史记》并论,认为不仅是"郡邑志之最",就是称之"古之良史不为过也"。看来最美好的辞句都用上了,然而这样评论能令人信服吗?别人姑且勿论,作为著名诗人的王士禛也参与其中大合唱,实在太不应该。对于这部明代方志,笔者在拙著《方志学通论》中已作评论。又如梁启超为余绍宋《龙游县志》所作的序,将这部县志推崇得几乎达到无以复加的地步。序中云余氏学实斋,已远远超过实斋,当今治方志者,唯独余氏足以称道,而其所撰之《龙游县志》,亦是古今无与比美的佳志。由于此序讲的不是事实,因此,傅振伦先生早就在《中国方志学通论》中提出批评,指出:"今观《龙游志》全书,知梁氏之言,实属妄誉溢美之词。

不仅不能贯彻自定体例"，而且具有无法辩驳的六大缺点，根本谈不上是佳志。"此志仅可说是一邑文献的私家杂记，既未实地调查，不合现实，谈不上有裨实用的地方志书，虽然梁启超荒谬宣传，并不能抬高其学术价值。"梁启超自然称得上是名人了，在中国近代政治上的影响且不必说，就是在中国近代史上也是一位极为重要的学者，在中国资产阶级史学界，具有"万流归宗"的崇高地位。就是这样一位名人，所写之序由于不实，同样受到应有的批评，他所封的美志、所定的调子，人家照样不买他的账，可见书籍的传世之本只在于书本身的学术价值，把希望寄托在名人写序上面是靠不住的。而作为替人作序的名家，也应注意防止"无枉己徇人之失"，不然的话，后世照样不会给你情面，是非自有公论，学术问题人人都有评论权利。这里想引顾炎武在《书不当两序》一文中的一段话，对托人写序和为人写序者都有借鉴意义。文章说：

凡书有所发明，序可也，无所发明，但纪成书之岁月可也。人之患在好为人序。

唐杜牧《答庄充书》曰："自古序其文者，皆后世宗师其人而为之，今吾与足下并生今世，欲序足下未已之文，固不可也。"读此言，今之好为人序者可以止矣！

娄坚重刻《元氏长庆集》，序曰："序者，叙所以作之指也，盖始于子夏之序《诗》。其后刘向以校书为职，每一编成，即有序，最为雅训矣。左思赋《三都》成，自以名不甚著，求序于皇甫谧，自是缀文之士，多有托于人以传者，皆汲汲于名而惟恐人之不吾知也。至于其传既久，刻本之存者或漫漶不可读，有缮写而重刻之，则人复序之，是宜叙所以刻之意可也。而今之述者，非追论昔贤妄为优劣之辨，即过称好事多设游扬之辞，皆我所不取也。"读此言，今之好为古人文集序者可以止矣！
（《日知录》卷19）

顾炎武通过古代两位学者对作序的意见以表达自己对作序的看法，什么情况下该序，什么情况下不该序以及不同形式序的要求都讲得十分清楚，特别批评了为了出名而请托别人为之作序是不可取的。可见古人对于作序是非常审慎的。当然也批评了那些"好为人序"的文人。

至于一书多序,古代学者亦早有批评,上引顾炎武《书不当两序》一文,对一书两序都认为不当,更何况多序。章学诚对方志多序亦作了尖锐批评,指出:"题序芜滥,体要久亡,难征录例也。""州县修志,尤以多序为荣,隶草夸书,风云竞体。棠阴花满,先为循吏颂辞;水激山峨,又作人文通赞。千书一律,观者索然。移之甲乙可也,畀之丙丁可也。"(《文史通义新编》外篇四《〈和州志·前志列传〉序例下》)可见当时方志序言内容空洞,既多且滥,这样的序有何意义?难怪章学诚批评十分辛辣。我们今天编修新志,本当以此为鉴,而不应再蹈覆辙。令人遗憾的是许多新修方志的序言,其空洞程度不客气地讲真是有过之而无不及,其篇数之多恐古人也会自叹不如。然而令人费解的是对此现象方志学界竟然都无动于衷,也许是习以为常了。

值得注意的是,顾炎武在《书不当两序》一文中还说明了这样一个事实,即清初修志还是一志一序,并且当时请人作序也是有讲究的,其经验很值得我们学习。他说:

> 国初时,府州县志书成,必推其乡先生之齿尊而有文者序之,不,则官于其府州县者也。请者必当其人,其人亦必自审其无可让而后为之。官于是者,其文优,其于是书也有功,则不让于乡矣。乡之先生,其文优,其于是书也有功,则官不敢作矣。义取于独断则有自为之,而不让于乡与官矣。凡此者所谓职也,故其序止一篇。或别有发明,则为后序,亦有但纪岁月而无序者。今则有两序矣,有累三四序而不止者矣。两序非体也,不当其人,非职也,世之君子不学而多言也。

封建时代请人作序,首先考虑的是学问文章,而我们今天则把官放在首位,即使请了学者专家,也只能放在次要地位,也许可以说明政府对修志的重视吧。当然,对那些确有真才实学的领导能亲自为之作序者,自然另当别论。

总之,通过对序跋的产生、发展及其内容要求的叙述,本文旨在说明这种文体是有自己特定的功能的,希望修志界的同仁千万不要把它当作排列座次的手段,更不要把它变成一种装饰品,当然也不要对它抱有什么名人效应幻想,通过请某某名人写序来抬高自己作品的身价,扩大自己作品的影响,这些做法和想法都是不可取的；作为名家也应自珍自重，不要为了应付而轻易为人作序，更不要无原则地称颂而影响自己所取得的崇高声誉。大家共同努力，以恢复序跋的本来功能和本色。它既然是一部书的组成部分，就应当发挥它在这部书中应有的作用，它在书中所处的地位如同窗口，非常重要。因此希望大家重视它，写好它，让读者重新喜爱它，使"时下可读的序跋实在不多"的感叹很快成为过去，这就是本文撰写的最大愿望。

（原载《黑龙江史志》1995年第2期。后收入《史家·史籍·史学》；《仓修良探方志》）

如何写好新修方志人物传

一、上传的标准

人物传是一部方志的重要组成部分，目前各地在修志中，哪些人物该写传，哪些人物不该写传，似乎成了一个难以处理的大问题，实际上涉及上传的标准问题。要解决这个问题，不妨先明确一下司马迁创造以人物为中心的纪传体史书的目的，即重视人在历史上所起的作用。这种以人物为中心的纪传体，可以突出各种人物在历史进程中所起的作用，突出人物在物质文化创造上的功绩，特别是突出每个人的功或过，从中总结出成败得失的经验和教训。这就是说，写人物传记，是要总结他对人类社会、对国家民族作过何种贡献，使人们可以知道他有哪些功或过。既然如此，方志人物列传自然也不例外。因此，笔者认为，凡是写入列传者要以其对国家、对民族、对人民有无贡献为标准，贡献大的立大传，贡献小的立小传，无贡献的一律不立传。不是以官职的高低大小为标准。章学诚在《修志十议》中对于入传人物要求提出了明确标准，事迹必须具体，贡献必须明显，方得立传。他说："邑志尤重人物，取舍贵辨真伪。凡旧志人物列传，例应有改无削。新志人物，一凭本家子孙列状投柜，核实无虚，送馆立传。此俱无可议者。但所送行状，务有可记之实，详悉开列，以备采择，方准收录。如开送名宦，必详曾任何职，实兴何利，实除何弊，实于何事有益国计民生，乃为合例。如但云清廉勤慎，慈惠严明，全无实征，但作计荐考语体者，概不收受。又如卓行，亦必开列行如何卓；文苑亦必开列著有何书，见推士林；儒林亦必核其有功何经，何等著作有关名教；孝友亦必开明于何事见其能孝能友。品虽毋论庸奇偏全，要有真迹，便易采访。否则行皆曾、史，学皆程、朱，文皆马、班，品皆夷、惠，鱼鱼鹿鹿，何以辨真伪哉？"又说："其例得立传人物，投递行状，务取生平大节合史例者，详慎开载，纤琐钉饾，凡属浮文，俱宜刊去。""如职官而无可纪之迹，科目而无可著之业，于法均不得立传。盖志属信史，非如宪纲册籍，一以爵秩衣冠为序者也。其不应立传者，官师另立历任年谱，邑绅另有科甲年谱，年经月纬之下，但注姓名，不得更有浮辞填入。"(《文史通义新编》外篇四）在封建时代，对于"名宦"，还要考察其"实兴何利，实除何弊"，"实于何事有益国计民生"，这些条件具备，方才"合例"给以立传，否则仅能列入表中。我们社会主义时代修的新方志，就更加应当以对社会贡献大小作为立传的衡量标准。事实上封建时代修正史时，对那些官位很高而无政绩表现者亦不予立传，而仅列入史表。因此我们今天修志，亦必须坚持这样一条。

另外，对于英雄人物、劳动模范以及有特殊贡献的能工巧匠，都应视具体情况而予以立传。因为他们当中有的是为了革命而献出了自己的生命，有的是为了保卫祖国的独立而英勇献身，有的则是在生产上作出杰出的贡献。为他们立传，对于进行革命传统教育和爱国主义教育都将有着重要的意义。而对于劳动模范的立传，则更要注意立传的目的，通过对他（她）们的立传，旨在总结他（她）们劳动生产中所创造的宝贵经验。如江苏农民出身的小麦专家陈永康，他在培育小麦优良品种、创造小麦高产方面作出了重大贡献，在为他立传过程中，很自然地也就总结他创造小麦优良品种的经验。能工巧匠，如东阳的黄杨木刻、青田的石雕，以及其他各种艺人，只要有贡献都应为之立传。

再者，人物立传，应以近现代为主，对于古代人物原则上一律不必立传，因为许多古代人物各种史书、旧志上都已有传，只要在人物表中注明某书有传则可。当然，有些人物史书、旧志上均未作过传，但却有人为其作过墓志铭和行状，这类文字实际上是变相的传记，大多保存在文集之中。这种情况亦只要在表中注明便可以。

二、生人不宜立传

生人是否立传，明代志书有的在凡例中明确规定，生人概不立传。章学诚在《修志十议》中也说："史传之作，例取盖棺论定，不为生人立传。"因此,"邑志列传,全用史例,凡现存之人,例不入传"。这就说明他主张方志不为生人立传。但是他在文中又提出两个例外情况,可"破格录入"。一则是妇女守节,这是宣扬封建三从四德,可以姑且不论。再则是在此县做过官,为人民做过好事,若不立传,怕埋没了在此县之功绩。用他自己的话说:"至去任之官,苟一时政绩卓然可传,舆论交推,更无疑议者,虽未经没身论定,于法亦得立传。"其理由是:"盖志为此县而作,为宰有功此县,则甘棠可留;虽或缘故被劾,及乡论未详,安得没其现施事迹?且其人已去,既无谀颂之嫌,而隔越方州,亦无遥访其人存否之例。唯其人现居本县,或现升本省上官及有统辖者,仍不立传;所以远迎合之嫌,杜是非之议耳。"这个例外,实际上又给自己制造矛盾,离任的可以立,现任的或提拔为上级首长了又不能立,原因是要避免"谀颂"、"迎合"之嫌。据此,我们可以提出这样的反问,现任之官或升迁本省之上官,他们都曾有功于此县,难道为了"避嫌"而不给他们立传,就不怕"没其现施事迹"吗?这个矛盾现象的存在,也进一步说明,章学诚初期的方志理论还不够成熟,他作此文时年仅二十七岁,自己尚未独立修过一部志书,尚未体会到实际修志中的甘苦,因此文中所讲还是纸上谈兵的空头理论。按照他这种破例入传的主张,就在当时也是不大行得通的,用今天话来说,这样做很显然"位子摆不平"。所以生人一概都不入传,绝对无任何例子可破,一有破例,生不立传的原则也就不能存在了。修志立传,关系重大,正像刘知幾所说:"得失一朝,荣辱千载。"我们千万不能掉以轻心,等闲视之。

现在有不少人写文章提出"生不立传"这条原则应当被推翻。有的还提出说生人立传也是创新,我们不必墨守旧的章法;有的则从反面提出盖棺也未必就能论定,还举出历史上对秦始皇、曹操这类历史人物的评价为例,死了那么多年,至今尚未论定;更多的则是认为如果生不立传,详今略古便体现不出来,何况有大批为革命作过贡献的老同志,现在都已退居二线,"基本上结束了自己的政治生涯",若不为之立传,自然也就埋没了他们的贡献等等。道理看来都相当充足,实际上都未必能够成立。

首先,"生不立传"这条原则确实是封建时代撰史修志过程中所立,但是,他们是经过长期的经验积累,证明生人立传弊多利少,所以后来才慢慢形成这条原则。我们对于前人一些成功的经验还是应当继承,不管是封建社会的还是资本主义社会的,这就是"古为今用"的一种形式。而生人立传弊多利少这个情况在今天也并不可能有所改变,在这条原则上不存在"创新"。

其次,至于列举历史上不少人物"盖棺后并不能定论",这只是与我们后人对某一历史人物一生所做事实的认识深浅有关。这一点我们必须分清。因为一个人死了以后,他的一生所作所为便到此为止,这就是功过已定,不可能再有变化。例如某人一生中做过三件好事,也做过一件不太光彩的事,他死了以后不可能在三件好事之外又多做出两件。这就是客观历史事实已成定局,本身不可能有所改变。而历史上常有争议的一些人物,往往都是他们的功过悬殊不太明显,而后人占有材料多少、认识深浅不同,从而就产生了争论。我们不能以此为例,说明"盖棺后并不能定论"。

再者,必须分清,生人不入传,并不是说生人概不入志,立传与上志是两个概念,如果搞清了这件事,担心对祖国对人民作过贡献而如今又健在的人物功劳被埋没自然也就是多余的了。如果你在某个县工作期间,做过不少好事,那么修志中记载这些事情时,必然要提到你这个人,这就是我们常说的以事传人、以事系人。既然记载的事情以当代为主,所传之人自然也是以当代为主,何以会使详今略古的内容逊色呢?这里还是举河南省民权县那位李晓新县长为例,他为了使全县人民能够吃到本地特产麻花,曾"三顾茅庐",请出了七代祖传的麻花技师张俊江到县城摆麻花摊。他这样做一则丰富了副食品内容,再则使这个传统的当地特产的生产技术可以传了下来。毫无疑问,修《民权县志》时,必然要写本地的风味食品和土特产,而这种麻花既是这里的特产,自然也必须记载,既要讲它的历史,又要讲它的现状,这么一来,那位李县长不就是为此"小事"也就上了志吗?事情虽小,却可以小中见大,反映了这位李县长埋头做实事的优良作风。就是因为他替人民做了这点"小事",不就是上志了吗?当然,他若为该县人民做好事越多,上志的次数可能也就越多,何愁为人民立了功而不可能上志呢?而这种以事系人、以事传人的方法可以灵活方便,不必顾虑上志人晚节问题。至于谈到"一些退居二线的老同志,有的基本上结束了自己的政治生涯,完全可以立传"的说法更不能成立。因为广大的"退居二线的老同志",为革命出生入死,立下了汗马功劳;解放以来,为祖国社会主义建设又作出很大贡献。虽然因年事已高,退居了二线,但由于他们并没有在坐着"吃闲饭",而是用各种不同形式"发挥自己的余热",怎么能说他们"基本上结束了自己的政治生涯"呢?事实说明,许多老同志在"发挥自己的余热"中做得很出色,如果将来立传,还有必要对此大书一笔。我们也毋庸讳言,也有极少数退居二线的人,由于革命意志衰退,晚节不忠。因为一个人的一生历史,毕竟要用他自己实际行动来写,这是任何人都无法代替的。何况作传必须首尾完整,有始有终。基于上述几方面理由,生人还是不立传为好。随着社会经济文化的发展,修志这个优良传统必将制度化,只要对国家、对人民作过重大贡献者,人民绝不会忘记他们。

三、人物传应突出人物贡献写出人物个性

编纂新方志,若想取得独特的成就,除了体例上进行合理的创新外,更重要的是要争取在人物传的编写上能够有一个大的突破,在人物传上写出特色、写得成功。当然,旧方志人物传写得并不理想,我们不能够以此为式。而在方志产生的初期阶段即地记阶段,人物传一般都是写得比较好的,我们曾列举过的习凿齿《襄阳耆旧记》中丹阳太守《李衡传》就是明证。在封建时代修史最难的是志,从南朝历史学家江淹就已有此看法,南宋大史学家郑樵亦同意这个看法,他在《通志·总序》里说:"江淹有言,'修史之难,无出于志'。诚以志者,宪章之所系,非老于典故者不能为也。"因为在封建时代要熟悉典章制度是不容易的,故非"老于典故者不能为也"。现在情况不同了,各级、各地都有档案机构,各种政策、法令、制度都有档案可查,这个条件大家都是一致的,只不过在篇目设置、材料取舍和文字组织上可以显示出不同的才能。若要修出特色,则应多在人物传上下些功夫。因为人物的材料,单靠档案记载是远远不够的,必须深入调查访问,掌握大量第一手材料。现在所见到的一些新志的人物传,大多是一般化、概念化。归纳起来有这样几种形式:履历表、记功簿、新闻特写、追悼会的悼词。而反面人物,则如大批判稿子。总之都是单调而无文采,最后自然就形成了千人一面的结局。

当然,写人物传首先要突出这个人物一生中所作过的重大贡献,因为这

是写人物传的最终目的。但是，值得注意的是，写突出贡献并不是简单地开列账单，某年某月立下什么功勋，某年某月建立过何种功业，而必须要有一定的历史背景和社会条件作衬托。因为任何一位英雄人物都是特定的历史条件下的产物，只有把这个人物置于那个特定的历史条件下和社会环境之中，才能体现出其伟大的英雄本色。例如司马迁在《史记》中倾注了饱满的热情和同情心，写下了农民起义领袖项羽的英雄事迹。在司马迁的笔下，人们清楚地看到项羽曾经成为全国的首脑——西楚霸王，成为发号施令于全国的政治中心人物，他的功绩自然非一般人所能比拟。司马迁说："初作难，发于陈涉；虐戾灭秦，自项氏；拨乱诛暴，平定海内，卒践帝祚，成于汉家。五年之间，号令三嬗，自生民以来，未始有受命若斯之亟（急）也。"（《史记·秦楚之际月表》）后来项羽"位虽不终"，失败了，可是他灭秦的历史功绩，为"近古以来未尝有"。（《史记·项羽本纪》）这几句话实际上是司马迁为项羽一生功绩作了小结。这样一来，我们既知道了项羽的主要功绩在于"虐戾灭秦"，"拨乱诛暴，平定海内"，为建立统一的大汉帝国奠定了基础。又可看到在那全国各地都暴发了起义"竞相亡秦"的日子里，群龙无首，很可能被秦军各个击破。在这种情况下，项羽能将各地许多支反秦势力，置于自己指挥之下，集中反秦，这就是在关键时刻起到了推翻秦王朝的决定性作用。这就很自然地体现出项羽这个历史上的农民起义英雄是在天下竞相亡秦的历史条件下产生的，至于五年之间，他能够成为发号施令于全国的政治首脑人物，那就在于他的个人主观能动作用了。总之，突出人物的贡献，并不是用记流水账的形式所能办到的，只有把他（她）们放在特定的历史条件下、特定的社会环境中才能显示出他（她）们建功立业的社会价值。

人物传的撰写，还必须力争做到能体现出人物的性格，反映出所写人物的形象，切忌写成千人一面。《史记》这部著作所以伟大，所以能使人百读而不厌，令鲁迅高度赞美说"固不失为史家之绝唱，无韵之《离骚》"（《汉文学史纲要》），其中很重要的一个因素，便是作者善于用不同的文笔、不同的语言，去刻画多种多样人物的性格和形象，使他们个性分明，神态逼真。同为贵族出身的四大公子，各人有各人的性格特点；同样都是策士，每人有每人的脸谱特色。司马迁正是通过对各人不同形象的描绘，表现出他的爱和憎、表扬和批评，但他自己却从不给这些人下结论。他把项羽刻画成一个力拔山兮气盖世、专欲以力服人、终于为人所制的失败英雄，把大诗人屈原塑造成一个对祖国无限热爱和忠诚的爱国志士。对于管仲和晏婴，前者突出他和鲍叔之间高尚的知己情感，后者则集中记叙了晏婴和越石父以及御者的轶事来歌颂，通过不同情节的概括，使这两个历史人物的形象，深深地铭刻在人们的心目中，而为人人所喜闻乐道。对于反面人物也是一样，像历事十主、以面谀得亲贵的叔孙通，出身微贱、骤致富贵的外戚田蚡等，经过生动的描绘和精心的安排，一个个原形毕露，他们的内心世界和精神面貌全部呈现在读者面前。抓住主要情节，具体细致地描写人物的活动，避免千人一面的概念化叙述，这是司马迁写作人物传记的最大特色。历史人物经过他精心的真实的记载和必要的加工，个个性格突出，人人形象逼真，收到了如闻其声、如见其人的效果。

值得注意的是，司马迁所以能够做到这一点，除了他的才华出众以外，很重要的便是他深入各地调查，从民间获得了大量的活的感性材料。这从司马迁自己的叙述中可以得到证实：

《孟尝君列传赞》：吾尝过薛，其俗闾里率多暴桀子弟，与邹、鲁殊，问其故，曰："孟尝君招致天下任侠，奸人入薛中，盖六万余家矣。"世之传孟尝君好客自喜，名不虚矣。

《赵世家赞》：吾闻冯王孙曰："赵王迁，其母倡也，嬖于悼襄王。悼襄王废适子嘉而立迁。迁素无行，信谗，故诛其良将李牧，用郭开。"岂不谬哉！

《屈原贾生列传》：孝武皇帝立，举贾生之孙二人至郡守，而贾嘉最好学，世其家，与余通书。

《卫将军骠骑列传赞》：苏建语余曰："吾尝责大将军至尊重，而天下之贤大夫毋称焉，愿将军观古名将所招选择贤者，勉之哉。大将军谢曰：'自魏其、武安之厚宾客，天子常切齿。彼亲附士大夫，招贤绌不肖者，人主之柄也。人臣奉法遵职而已，何与招士！'骠骑亦放此意，其为将如此。"

从以上所引便可看出，有的材料是来自地方父老的口中，有的是从交往中得知，更有许多材料是他从当事人的后代那里调查得来，可见他对这些活的材料异常珍视。我们要写出人物的个性，光靠档案的死材料是远远不能满足的，非得对被写人物的生活习惯、举止言谈等能够了解到细枝末节，才有可能把人物的性格刻画出来。

新方志的编修，其内容是以近现代为主。近百年来，中国人民为了推翻三座大山，涌现出了许许多多英雄豪杰，可传之事和可传之人难以数计。八年抗日战争中，千百万祖国的英雄儿女，他（她）们为了祖国的独立、民族的生存，抛头颅，洒热血，献出了自己宝贵的生命。在和敌人斗争中，英勇顽强，视死如归，留下了许多可歌可泣的英勇事迹。解放战争时期和抗美援朝战争时期，又有许多英雄儿女为革命、为祖国，献出了宝贵的青春！其中有许多次战役，从场面、从规模、从投入人数，都远远超过了推翻秦王朝的战争和楚汉之争，司马迁能够把当时的许多英雄人物栩栩如生、形象鲜明地写了下来，传之后世，难道我们就不能这样做，而使许多英雄人物的光辉形象被淹没掉吗？我们应当把《史记》的列传挑选些比较典型的篇目仔细琢磨一下，把方志的人物传写得出色一些，不要再使人看来千人一面。也有人问过，方志算不算著作？算不算著作并不是谁说就能定下的，还是要看你修得好不好。修得好，当然可以算著作，并且可以藏之名山，传之后世；若是修得不好，只是一包资料堆砌，无论任何权威人物来捧它也无用，迟早还是要被淘汰的。章学诚不是早就讲了，方志应该是"词尚体要"、"有典有法，可诵可识，乃能传世而行远"（《文史通义新编》外篇四《方志立三书议》）的著作。我们今天如果能够在人物传的撰写上来个大的突破，真正起到了创新，将所收人物写得形象鲜明、性格突出、栩栩如生，完全可以自立于著作之林。我们写一位焦裕禄式的县委书记，就应当着力写他如何为改变本县的穷困落后面貌而做了哪些实事，而不要去样样处处都模仿焦裕禄，甚至待人接物、举止言谈也像焦裕禄，若是这样的话，那只能说是失败而不是成功。因为这位县委书记的性格绝不可能与焦裕禄一式一样，他们所做的事情内容也不可能全是一样。非常显然，无论哪两个邻近的县，自然条件也不可能等同。

要写出人物个性，难度是比较大的，因为它需要更多的第一手材料。但是，只要下功夫还是办得到的。

年仅三十二岁的青年传记文学作者张俊彪为了表彰为革命而献身的革命

英雄刘志丹,他排除万难,深入细致地进行了调查研究,写出了"既是真实的历史,又是引人入胜的文学作品"的一部传记文学《刘志丹的故事》。他能够做到,为什么修志工作者就不能做到?实际上"是不为也,非不能也"。如果大家决心去做,也一定可以办到。何况我们今天有着许多优越的条件,这是无须多说的。

四、人物传的撰写不要轻易乱下结论

任情褒贬,这是古代进步历史学家向来所反对的。我们今天撰写人物传时,也要注意不要轻易乱下结论。乱作结论,实际上就是主观的褒贬。写文章不可能没有观点,我们要把这种观点在叙事中间得到体现,这就是我们常说的"寓论断于叙事之中"。这种写作方法也是由司马迁所创造。顾炎武说:"古人作史,有不待论断而于序事之中即见其旨者,惟太史公能之。"(《日知录》卷 26《史记于序事中寓论断》)司马迁在叙述史事当中,可以不必夹上一句议论,不置任何可否,人们顺文一读,就会明白作者主观评价之所在,这是一种在史实的叙述中就把自己的论点体现出来的写作方法。司马迁采用这种叙述史事的方法,其形式又是灵活多样的。基本的、常见的有下列三种:一种是借别人的评论或反映来表达自己的观点,《叔孙通列传》是一篇体现这种形式的典范。全篇多次对叔孙通进行了评论,可是作者本人却一次都未出面,先借秦诸生的话"先生何言之谀也",点出了叔孙通为了升官发财,违背事实,对秦二世奉承拍马。接着就借鲁之两生的话指出他在汉高祖时制定朝仪,不过是为了"面谀以得亲贵"。而这套朝仪,确实使得汉高祖喜得心花怒放,"吾乃今日知为皇帝之贵也",这是汉高祖第一次行朝仪后所说的一句得意忘形的话,自然也意味着对定朝仪的人的赞赏。其实司马迁引这句话,还是在于针对叔孙通的"谀"而进行的批评。此外,传中还引用叔孙通一批弟子的埋怨和吹捧的话,来衬托叔孙通的虚伪与狡猾。总之,对于叔孙通的为人,司马迁个人没有发过一句议论,都是通过别人的评论,把这个历事十主、以面谀得亲贵的叔孙通的面目,赤裸裸地暴露了出来。用今天的话来讲,是个十足典型的马屁精。当然,司马迁并不只是限于引用别人的议论来表达自己的观点,他还往往通过吸收当时民间流传的歌谣、谚语、俗语等穿插在他的叙事和论赞里,来反映自己主观的评价。另一种则是在历史叙述的过程中,把自己对所叙人物、事件和现象的态度、论点表现出来,也就是说采用客观的内容来体现主观的评价。这是《史记》寓论断于叙事之中的最基本形式。如《廉颇蔺相如列传》就是通过完璧归赵、渑池之会、将相交欢等历史情节的描绘,突出了蔺相如勇敢机智的性格和"先国家之急而后私仇"的高尚品德。再如《项羽本纪》、《陈涉世家》、《李斯列传》、《淮阴侯列传》、《李将军列传》等篇,采用这种形式表现得更为突出。第三种,《史记》里经常采用对比衬托的形式来表达自己的意旨。在《项羽本纪》里,写鸿门宴中的项羽和刘邦,一方是轻敌、不忍和少谋略,一方是懦怯、沉着而有机智。在《刘敬叔孙通列传》里,一方写刘敬见刘邦不肯着鲜衣,一切主张全由心发;一方写叔孙通投刘邦所好,改着楚制短衣,处处面谀,以求荣华富贵。另外,司马迁还通过《李将军列传》和《卫将军骠骑列传》这两篇文章的比较叙述,写出了李广跟卫青、霍去病的出身不同、治军不同、战争经历不同和所享名声与下场也各不相同的情况,通过这种对比,更加衬托出李广一生为保卫祖国、奋身疆场和体恤士卒、热爱人民的品质。但是这样一位深得军心、民心的爱国将领,却一直受到贵戚的排挤和压抑,最后落得个"引刀自刭"的悲惨结局;而卫青、霍去病却步步青云。司马迁在这两篇传记中,处处给予李广以深厚的同情,并对他的遭遇表露出愤愤不平。李广的功绩和声誉,通过司马迁的笔深深地铭刻在人们的心上,千百年来,一直为人们所景仰。每当国难当头、边患连年的时候,人们不由得便会想到这位飞将军。"但使龙城飞将在,不教胡马度阴山",盛唐边塞诗人王昌龄这两句诗,准确而真实地唱出了广大人民的心声。这就说明,司马迁通过人物的对比刻画,不但使作者观点立刻在读者面前展现出来,而且由于他的高超的语言感染力,使得许多历史人物的形象栩栩如生,在人们中间得到广泛流传。

综上所述,撰写方志人物要避免轻易下抽象的、概念化的结论,又要能体现出作者的观点或倾向性,必须学习使用"寓论断于叙事之中"的写作方法。只有这样,才能在人物传中省掉"最伟大"、"最杰出"、"最勇敢"、"两面派"、"最顽固"、"最恶劣"、"反动透顶"、"十分狡猾"、"奉承拍马"等空洞的形容词,以及"汉奸"、"叛徒"、"特务"等政治帽子。新编《五台县志》，撰写有《阎锡山传》，写得基本是成功的，但还不够理想。说基本成功的理由有三点：第一，传记并没有把青少年时期的阎锡山写成是个"坏人"，事实上许多历史人物并不是在娘肚子里就是反动的，可是有些人物传，写到这类人物，便是由小一直坏到老。第二，这篇人物传，把阎锡山的一生政治生涯大体上反映了出来。第三，阎锡山善于搞政治投机，两面三刀，这个特点在传中得到体现，但作者并没有用这种词句。传记全由作者个人叙述下来，既未让传主讲话，也没有第三者发言，这对于突出阎锡山的性格和刻画他的形象就显得非常不足。据说阎锡山一生中有句口头禅："军事上不要命，政治上不要脸。"这句话就很能说明问题。我们应当承认这个事实，在国民党的军队当中，阎锡山手下的军队还算是能够打仗的，所以能够如此，自然与他那"军事上不要命"的训练精神是分不开的。至于"政治上不要脸"，就是"有奶便是娘"的两面三刀的集中体现，这句话是阎锡山一生政治生涯的真实写照，也是他的自画像。这类语言若能在传文中加以引用，显然有利于加强人们对阎锡山性格和形象的认识。可见写《阎锡山传》让阎锡山自己讲话，作用是非常大的。阎锡山的部下、佣人有哪些议论？阎锡山统治下的广大山西人民大众又有哪些议论？若能让他（她）们这些人在传中有发言权，可以肯定，对于写好《阎锡山传》恐怕不会是无益的，对突出其性格、显示其形象、暴露其罪行都会起到良好的效果。同样，为正面人物写传，也应当注意让传中人自己讲话，让第三者发言，而不要作者一个人包办代替叙述到底。只有这样，才能把人物写活。因为人们的语言可以透露出各自的生活经验和心理状态，是其全部生活的反映，而每个人都生活在特定的社会环境之中，这样各种语言也就必然具有一定的历史背景，反映一定社会所具有的特点。否则还是跳不出上述所列几种流水账的形式，当然也就很难谈得上什么创新。

五、吸取前人写好列传的良好方法

在我国古代史学领域里，为写好人物传记，学者们曾创造出许多良好的形式和写作方法，这些形式和方法，在今天撰史和修志中，仍有借鉴和推广的价值。

为了节省篇幅，做到使更多的人物事迹得以流传后世，前人曾创立了合传、类传形式。如南朝时期，范晔所撰的《后汉书》，在编纂上有一个明显的特点，就是叙事以类相从。在《史记》、《汉书》已有的类传之外，根据东汉一代的历史特点和社会风貌，创立了许多新的类传。如"党锢"事件，是东汉后期统治阶级内部的一场政治斗争，斗争前后延续了十八年之久。在两次"党锢"事件中，因反对宦官专权而被杀、被禁锢、被迁徙的党人达数百人之多。这在东汉历史上称得上是一次重大政治事件，范晔在《后汉书》中围绕着这次事件，写了《党锢列传》。这篇列传写了二十一个"党人"的传记，传前写序言一篇，说明"党锢之祸"的起因和经过。而下列二十一人，皆是此事件中之人物，这样就可以省去每个人的时代背景。同时一件事涉及多人，叙述中则可采用此详彼略、此略彼详的互见法，不必将每一事情原委在各人传中都一一叙述。宦官专权也是东汉政治舞台上非常突出的典型，为了反映这一政治现象，范晔在书中作了《宦者列传》。又如东汉时有那么一批人，为了达到某种要求，隐居不出做官，可是东汉统治者却对他们非常重视，礼遇甚厚，以达到互相利用的目的。范晔特作《逸民列传》，揭露这是东汉君主们所玩弄的政治手段，是为了通过那些戏剧性的征、聘、召、赐，以达到"举逸民天下归心"（《后汉书·逸民列传序》）的目的。当然，作为类传，有时又可不拘时代先后，各就其人之生平事迹，以类相从。

这种类传法在今天撰方志中仍可大量采用。如在抗日战争期间为抗击日寇侵略、挽救民族危机而壮烈献身的狼牙山五壮士，我们便可作《狼牙山五壮士列传》；为"皖南事变"而牺牲的革命烈士，可作《皖南事变英烈传》等等。总之，这种类传长处很多，这里就不多说了。

与此类传有关者，范晔还创立了一种"类叙法"。有些人单独立传，事迹又太少，若不立传，他所作事迹湮没又太可惜。如某一事件的成功，其中必有很多人参加，则可选择一贡献大的主要人物立传，其他人物有事可记者则尽附于此人传内。清代史学家赵翼对此方法非常赞赏，他说："此等既不能各立一传，而其事可传，又不忍没其姓氏，故立一人传，而同事者用类叙法，尽附见于此一人传内，亦见其简而赅也。又有详简得宜，而无复出叠见之弊者。"（《廿二史札记》卷4《后汉书编次订正》）萧子显撰《南齐书》列传也多用此法，亦深得赵翼的好评，并在《廿二史札记》中专门写了《齐书类叙法最善》一条加以评述，指出："《齐书》比《宋书》较为简净。……《孝义传》用类叙法尤为得法。盖人各一传，则不胜传。而不立传，则竟遗之。故每一传，辄类叙数人。"

"带叙法"也是人物传记中一种编纂方法，这种方法是不必立传，而将某人事迹附带在别人传中予以叙述。赵翼认为，这是"作史良法"。他说："《宋书》有带叙法，其人不必立传，而其事有附见于某人传内者，即于某人传内，叙其履历以毕之，而下文仍叙某人之事。如《刘道规传》，攻徐道复时，使刘遵为将，攻破道复，即带叙遵，淮西人，官至淮南太守，义熙十年卒。下文又重叙道规事，以完本传。……盖人各一传，则不胜传。而不为立传，则其人又有事可传。有此带叙法，则既省多立传，又不没其人。此诚作史良法。但他史于附传者，多在本传后，方缀附传者之履历，此则正在叙事中，而忽以附传者履历入之，此例乃《宋书》所独创耳。"（《廿二史札记》卷9《宋齐书带叙法》）

"互见法"也是古人写人物传时所创立的一种写作方法，最早使用也是司马迁的《史记》。采用这种方法，最大好处便是可以做到集中叙述史事，详此略彼，略此详彼，繁简适当，重点突出，记事简练，条理分明。对此，张舜徽先生在《中国古代史籍校读法》第三编第三章第二节《阅读时，注意篇与篇之间、书与书之间的联系》中有段议论，不但对阅读古代史书有指导作用，对于今天著书立说，组织安排材料亦有指导意义：

> 古代历史书籍，特别是由一手写成的作品，在组织材料时，有着预定的义例，对于材料如何安排得更合理，更重要，是费了多番考虑的。尽管是一部规格庞大的书，也必然体现出篇与篇之间，错综离合、彼此关联的精神。这一精神运用在写作上最早而最成功的，自然要推司马迁的《史记》。司马迁已将某段材料摆在甲篇，遇着乙篇有关联时，便清楚地作出交代说："事见某篇"，"语在某篇"。例如《周本纪》说："其事在周公之篇"；《秦本纪》说："其事在商君语中"；又说："其语在《始皇本纪》中"；《秦始皇本纪》说："其赐死语，具在《李斯传》中"；《吕后本纪》说："语在齐王语中"；《孝文本纪》说："事在吕后语中"；

《礼书》说:"事在袁盎语中";《赵世家》说:"语在晋事中";《萧相国世家》说:"语在淮阴侯事中";《留侯世家》说:"语在项羽事中","语在淮阴事中";《绛侯周勃世家》说:"其语在吕后孝文事中"。这一类的交代,在全书中不能尽举。都是唤起读者们不要把每篇记载孤立起来看,应该联系他篇来参考问题。所以我们今天应该运用联系的观点,来阅读古代历史书籍。

这里张先生列举了《史记》书中互见的例子以示说明,而《史记》中没有说明互见而实为互见的例子那就更多了。如在《项羽本纪》中,司马迁倾注了饱满的笔墨歌颂项羽的英雄事迹,突出他在历史上的功绩,因而对巨鹿之战、鸿门宴、垓下之战三个关键的历史场面,集中加以叙述,以突出其英雄形象。对他的缺点,本纪中则一笔带过,或略而不载。但在其他许多篇中,又借他人之口,将其缺点补说出来。如在《高祖本纪》中,借刘邦之口,数项羽十罪;在《淮阴侯列传》中,借韩信之口,批评了项羽在政治上的重大弱点。韩信说:"请言项王之为人也。项王喑恶叱咤,千人皆废,然不能任属贤将,此特匹夫之勇耳。项王见人恭敬慈爱,言语呕呕,人有疾病,涕泣分食饮,至使人有功当封爵者,印刓敝,忍不能予,此所谓妇人之仁也。项王虽霸天下而臣诸侯,不居关中而居彭城。有背义帝之约,而以亲爱王,诸侯不平。诸侯之见项王迁逐义帝置江南,亦皆归逐其主而自王善地。项王所过无不残灭者,天下多怨,百姓不亲附,特劫于威强耳。名虽为霸,实失天下心。故曰其强易弱。"韩信所列举的这些缺点和错误,并不是无关紧要的小节,而是关系到胜败存亡的大端。对于这些弱点,司马迁并不因为同情喜爱项羽而加以讳饰。但这些内容若是都放到《项羽本纪》之中,不仅冲淡了重点,而且无疑将使本纪篇幅拉得过长。所以,互见法也是缩短篇幅的良法。今天写方志人物传时,可以充分利用这一优良的方法。

(收入《史家·史籍·史学》;《仓修良探方志》)

论山志的编修

一、山志的篇目设置问题

　　山水志是方志发展的一个分支，它属于方志一家族，因此也具有方志的共性。但它对整个方志来说，却又具有自己的个性。这就是说，县志有县志的要求，山水志有山水志的要求。章学诚在《修志十议》中就曾指出："夫志州县与志名山不同。彼以形胜景物为主，描摹宛肖为工，崖颠之碑，壁阴之记，以及雷电鬼怪之迹，洞天符检之文，与夫今古名流游览登眺之作，收无孑遗，即征奥博，盖原无所用史法也。若夫州县志乘，即当时一国之书，民人社稷，政教典故，所用甚广，岂可与彼一例？"可见章学诚已经明确提出州县志书与山志的重点不相同，这就是说它们都具有方志的共性，各自又有不同的个性，只有明确了这点，才不至于用州县志应有的门类去衡量和要求山志。

　　山志究竟应设置哪些篇目，这要从各个山的实际情况出发，不好一概而论。在新编《黄山志稿》评议会上，有的先生曾就新编《黄山志稿》中未设建置沿革、人物传、大事记、风俗、节气等门目提出了意见，认为缺少了这些，似乎就不像是方志了。新编《黄山志稿》不设《人物传》，而立《游山名人》，这是从黄山的实际出发的。这个实际就是长期以来无固定居住人物，流动性很大。若是凡到过黄山的人都立传，那么许多名人游遍了全国名山大川，每个山都得给他立传，这样做不仅重叠，而且不可避免地将出现相互矛盾的现象。而用《游山名人》这个形式，则仅记其在黄山活动的一些事迹就可以了。有事则多记，无事则少记，非常灵活。采用这种形式，还可以解决生不立传和"排位子"难的两大矛盾。也许有人要问，不立人物传是否符合志体？其实方志记载人物的形式也是多种多样的，人物传记当然是一种主要形式，而明清时期盛行起来的山水志，已经开始发生变化。有许多并未采用这种主要形式，而是根据实际情况，进行了必要的变革。如黄宗羲（1610—1695）编纂的《四明山志》九卷，分名胜、伽蓝（寺院）、灵迹、九题考、丹山图咏、石田山房诗、诗括、文括、撮残九目，并无人物传专目，而有关人物，则分别在名胜、伽蓝、灵迹等目中出现。记载一处名胜，则将与此名胜有关人物同时加以记载。现列举数例以明其义：

万竹屿：宋高元之著书之所也。元之字端叔，读书靡不究极，佛氏藏经五千卷，亦为再过，他可知也。含英咀华，以昌其文，楼攻媿称其困陁多故，其思苦坟悱极，故其得真有刿目钬心、穿天出月之工。陆放翁于文章少许可，以诗人称端叔。尝结庐察廉冈，在大小万竹之间，著《万竹先生传》以见其志焉。

这一条仅用一百二十余字，便将高元之其人及学术上造诣、生活上遭遇都作了明确的说明。其题是在介绍"万竹屿"，但全文并无一语涉及正题，人们读了以后，同样可以了解"万竹屿"之来历。这就是借景以传人，也不是正式为他作传。

石门山：石壁对峙若门，束流于下，劣容一人砑而过也。门之外有崩湍数十道为水帘，门之内有龙潭，其潭天成石釜，广容万石，瀑布十余丈，注之噌吰若钟鼓，有雌雄石。唐大理丞孔戢避黄巢之乱于此，殁，而人神之以司水旱焉。有石门寺，元柳贯云：石门山者，宋之禅伯进虎子所栖隐是也。

大小晦山：相传黄巢引乱兵过一峰下，天色将冥，谓之小晦，又过一峰下，天已深黑，谓之大晦，遂安营岭上，谓之住岭。按雪窦虽有巢迹，亦是其逃死之日，不应引兵而来，若在转寇浙东之时，又不应违城郭而向穷山也。《道书》云：宋应则入此山，睹其景色明丽，再来则冥晦莫辨，因以名之。岩下有覆盆山，《丹山图咏》所谓中有一山如覆盆，林木交加，花卉乱者是也。大略诸峰高峻，路在谷底，早晚不见日色。故有此名耳。有金井洞，在住岭之麓，亦名茶坑，峭壁飞泉，与隐潭齐胜。洞外平石广可一亩。（以上均见《四明山志》卷1《名胜》）

从以上所引三例中可以看到，黄氏在《四明山志》中，将人物放在各名胜点中予以带叙，自然也有它的长处，将人物与名胜、景物紧密结合，可以避免重复。因为人物到某山游览，必然与景物发生关系。并且做到事多则长，事少则短，无事无人可记，则单独写景，灵活自如。这样写法，也就真正体现出"地以人贵，人以地传"这两句话的精神。作者所用的却是史家之笔法，由于亲临其境，经过实地考察，对于各种名称的来历，大多作了正伪工作，即如上述第三例，所说入情入理，令人信服，从而也摒弃了那些荒唐不经的各种传说。这种精神，今天修志中仍应当加以发扬。《四明山志》并不因为无人物专志而被认为不符志体，相反，自成书以后，一直受到学者的好评。新编《黄山志稿》既未立人物传，却又将有关人物相对集中，单设《游山名人》一目，无疑是总结、吸收了前人的经验，从黄山实际出发，创立了这一新的形式，这就是既有继承又有创新的突出表现。当然，这种形式，对有些山修志很适用，而有些山则不一定适用。如五台山、普陀山等，其他人物姑且不谈，长期定居在那里著名的和尚，总该立个《名僧传》，而对那些为修建这些庙宇作过重大贡献的"施主"也总该为之立个传。《五台山志》编纂办公室拟订的《五台山志篇目》，其中就有《人物传》一章，下设《高僧传》、《名人传》、《游山名人录》三目。这个事实说明，编修山志（自然县志编修也如此），吸取前人经验固然重要，但是最重要的还是从本山实际出发。有些先生提出，新编《黄山志稿》没有风俗、节气、建置沿革等目，似乎总归是个缺陷。其实不然。此山长期以来既无固定居住之人，当然也就谈不上风俗、节气，更谈不上建置沿革。风俗乃是人们在长期生活中共同形成的风尚、习俗，生活习惯，衣着穿戴，饮食爱好，婚丧礼节，各地都不尽相同。这里并无人们共同固定聚居，自然也就无风尚、习俗可言。那么为什么又会有人提出这些问题呢？关键在于他们只注意方志的共性，而忽略了山志的个性。

新编的山志是否要"大事记"，这也不能强求一律。因为山志毕竟与县志不同，若真的没有多少大事可记，采用新编《黄山志稿》那种概述形式也未尝不可。章学诚讲过，修志"非示观美，将求其实用"。形式总是要取决于内容，既然没有内容，何必要这种形式？决不能为了保持这个形式，硬性拼凑。实际上旧方志编写中有些很好的东西，却很少引起人们的足够重视和采用。如新编《黄山志稿》在每篇的前面都冠以小序一篇，起到提纲挈领的作用。这种小序的设置，虽不是他们所首创，但编纂者知道这很有用，因此继承采用并加以发扬。古代许多史籍诸如郑樵的《通志》、马端临的《文献通考》等都早已使用了这个形式，许多方志亦已采用。著名的咸淳《临安志》，每门子目就都有序。明代万历年间重修的《乌青镇志》，每一门类亦均有小序，以说明这一门类编纂的目的和意义。如《风俗志》小序曰："两镇之声名文物骎骎乎邹鲁矣。迩来时风众势，一切冠昏（婚）丧祭，暨服饰器用之细，未免有越礼而惊众者。然茅随风靡，政由俗革，是在君子矫其弊而力挽之，志风俗。"非常明显，在作者看来，乌青镇这个地方，原来的社会风气、风俗习惯都很好，已有邹鲁之遗风。可是近来社会风气发生变化，从婚丧祭礼到服饰用品等，都起了"越礼而惊众"的巨大变化。因为不好的风俗习惯、不良的社会风气，对整个社会将起着很大的腐蚀作用，因此必须"矫其弊而力挽之"。这就是写《风俗志》之目的所在。可见古代对于方志的编修，每个门类都注意它在社会效益中应有的作用。由这个例子也说明，方志每个门类写篇小序，并不是装饰，其作用是很大的，写得好可以收到画龙点睛之功效。这种小序，对各类志书都很适用，故在此特附上一笔。

二、应对本山作实事求是的估价

修山志时，要防止偏爱情绪，做到如实地反映本山本地的真实面貌，力求做到"识得庐山真面目"，千万防止有意无意地夸大、抬高本山的地位与重要性。因为各个山的风景名胜都是客观的存在，绝不是任何个人所能变更，既不能抬高，也不能贬低。这里就有一个如何正确对待前人评价的问题。名山大川历来是文人墨客常去之处，特别吸引着历代的诗人和画家纷纷前往。而这些人所到之处又免不了要吟诗作画，因而每座名山都留下了大量的题咏和诗篇。诗文题咏尽管许多都出于写真，但大部分都免不了带有夸大或虚构成分，他们不可能等遍游全国名山大川以后再坐下来评定等第。因此每到一处，灵感一动，诗兴大发，便挥笔而作，哪里还顾得上与其他名山等第的平衡。况且艺术夸张又是文艺作品的本色，当然他们笔下的描绘，就很难作为评定某座名山品第高下的依据。如同样是写庐山瀑布的诗，唐代两位诗人说法就不相同。诗人李白在《望庐山瀑布》诗中说："飞流直下三千尺，疑是银河落九天。"而诗人徐凝在《庐山瀑布》诗中却说："虚空落泉千仞真，雷奔入江不暂息。"一仞是八尺，千仞就是八千尺，两者相差五千尺。《太平御览》引周景式《庐山记》曰："白水在黄龙南数里，即瀑布水也。土人谓之白水湖。其水出山腹，挂流三四百丈，飞湍于林峰之表，望之若悬素。"挂流三四百丈，也就是三四千尺，这与两首诗中所讲又不相同。可见诗人的诗句、画家的题词，用它们来形容某座名山胜景之美好、景色之宜人，自然可以，若是用它们来评定山之地位高低那就未必可行。这种情况普遍存在，应当引起编写名山志者们的注意。

另外，历代帝王对各地风景名胜、名山大川所定之等第也不可轻信。他们所说，大都未经过比较和推敲，信口而出，即使明知错误，"金口玉言"，也绝不能更改。到过河南登封嵩阳书院的人都知道，这里两株将军柏的传说便是如此。据说汉武帝进了书院，看到一株柏树高大茂盛，遂封为"大将军"。再向里面走去，又看到一株更为高大茂盛的柏树，可是前面已经封了"大将军"，这一株尽管超过前者，也只好封"二将军"了。这个传说是否可信，且不必去考究，但它说明了一个问题，即封建帝王给名山古寺所定等第，未必符合实际情况。镇江的北固山，位于镇江市区的东北，如飞来奇峰，跃峙在波光万顷的长江南崖。南朝梁武帝曾在此题字"天下第一江山"。形势确实险要而奇特，但是否天下第一就很难说了。清朝康熙皇帝到镇江金山寺后，非常欣赏这里的壮丽景色，认为"江山之奇，未有逾此者"。既然"未有逾此者"，那自然就是天下第一了，是否真的如此，恐怕也未必。他若到过桂林，又不知当作如何讲了。就如泉水而言，镇江市有个"天下第一泉"，也是清朝某皇帝到此所封，这个"第一泉"我去过多次，无论从哪一方面来说，在国内都称不上是"第一泉"。此泉在金山寺附近，今天若是新修《金山志》，将它作为名胜古迹，沿用"天下第一泉"，这个名称自然可以，但若据此去力争它真的是"天下第一泉"就大可不必了。再者，我们在引用历史名人学者的讲话或文章时，还应注意到讲话或写文章的时代条件。孔子曾讲过"登泰山而小天下"，我们今天在修《泰山志》时，当然不会用它来证明泰山是我国最高的一座山峰。总之，我们对于前人有关名山的各种评论都必须持审慎的态度，采用时也必须分别对待。我们编写某一部名山志时，由于同此山朝夕相处，产生了深厚的感情，觉得这座山处处可爱，这是可以理解的，也是正常的，只有产生了这种充沛的感情，才有可能写出这部山志的特色，这种感情是产生在了解、熟悉的基础之上。为了防止产生偏爱情绪，编修名山志的执笔者，还应当到其他名山去走走看看，有比较才能发现自己所据山头的长处和短处，这样才有可能显示出自己所在山头的特色。我们应当本着刘知幾所讲的"爱而知其丑，憎而知其善"的精神来编写名山志，就可以避免产生偏爱的情况。旧时代所编修的各种方志，多少都存在着夸大本乡、本土、本山的地位和作用，这是旧方志共有的通病，刘知幾对此作过批评。有偏爱的情况存在，往往影响到真实地反映名山的固有面貌，我们新修的各类方志都应尽量避免。

三、应当突出名山的特点

能否突出重点，写出每座名山的特色，这是衡量一部山志编纂得成功与否的重要标志。同样是山志，还是有不同的侧重点，因为类型不同。黄山、庐山等，则应以景胜为主；而五台山、普陀山、天台山又应以佛教寺院的兴废为其重点，这些山的名胜，也大都围绕着佛教在做文章；沂蒙山、井冈山、四明山等又应以革命根据地为其特点。总之，各个山都有自己的特点，因此，所修山志，其内容也就有各自不同的侧重点。黄山与庐山同以风景闻名于世，但在景胜方面又有各自不同的特点。黄山是以险峰、怪石、奇松夺魁，它又有所谓"三奇"（奇松、怪石、云海）、"四绝"（奇松、怪石、云海、温泉）。新编《黄山志稿》为了突出重点、反映特色，用比较多的篇幅写"胜景"，这样编排是很恰当的。因为"胜景"乃是黄山的特色，若是丢掉了这个特色，其他写得再好，无疑是舍本逐末。《黄山志稿》紧紧围绕着"三奇"、"四绝"做文章，可以想见，当正式出版时，配上彩色照片，就是未到过黄山的人，亦可以领略到黄山大自然的奇观，得到美的享受。这样的编纂方法，搬到别的山志，未必完全适用，这就体现出黄山的特色。又如《五台山志》的编写，显然是以佛教圣地为中心，既要搞清各大庙宇佛教宗派的来龙去脉，又要讲清与佛教相关的那些名胜古迹。在这里，从民间传说到文化艺术，从风景名胜到文物古迹，无一不与佛教有关。因此《五台山志》就应围绕着"佛"字做文章。普陀山上有"海天佛国"四个大字，这就是普陀山的特点，它虽与五台山一样同为佛教圣地，五台山却没有"海天"，这就是同中有异。我们在写山志的时候，就应当在"异"字上下功夫，突出这个"异"字，因为它反映的是个性。有人讲，黄山有七十二峰，而他们那里也有七十二峰。数字不是本质问题，你那里的峰是否也具有黄山山峰那样险的特点？四明山据黄宗羲记载有二百八十个山峰，每个方向七十个，有趣的是，其中也有一座叫"莲花山"。但可以肯定，它的形状与险势各有自己的特点，完全与黄山相同是绝不可能的。

突出重点，反映特色，这是编修新山志和一切方志的最基本的原则。绝对不能搞平均分配，反对将平均主义思想带到修志领域。新编《黄山志稿》在总体安排上，做到了繁简适当、重点突出。但也有人提出这样安排，比例似乎不大协调。意思是说"胜景"的分量太重。如何看待这个问题？还是前面讲过的老话，一切应当从实际情况出发，不能硬性规定比例。马列主义的研究方法就是要实事求是，一切从实际出发，不能从主观意图出发。《黄山志稿》突出黄山的"胜景"，这就是黄山的实际。黄山既是以风景闻名中外，为它写志，不以风景为重点还要突出什么？如果按照所谓比例要求，那以前许多旧的志书特别是山志无疑都是不合格了。前面所举的《四明山志》那就更不合格了。因为它全书总共九卷，而《名胜》一门则占全书近三分之一，应当说这是严重的比例失调。可是长期以来在这点上从没有人提出批评，而批评的却是另外内容。《四库全书总目提要》对该志作这样评论："四明山旧称名胜，而岩壑幽邃，文士罕能周历，故记载多疏。宗羲家于北七十峰之下，尝扪萝越险，寻览匝月，得以考求古迹，订正讹传，乃博采诸书，辑为此志，凡九门。宗羲记诵渊通，序述亦特详赡。惟所收诗文过博，并以友朋唱和之作牵连附入，犹不出地志之习。又既列《名胜》，复以皮陆《九题》、《丹山图咏》、《石田山房（诗）》别出三门，其诸门之内，既附诗于各条之下,又别出《诗括》、《文括》二门,为例亦未免不纯也。"这个批评是比较中肯的,诗文不仅收得太多,而且重复出现,即在《名胜》或其他门类许多条目之下大多附有诗文,而这些诗文又全都收入《诗括》、《文括》之中,这样过多的不必要重复,确实是著书之大忌。对于这方面,我们今天在修新山志时,尤其应当引以为戒。

四、对历史上所形成的名称不要轻易作改动

"天下名山僧占多。"这句话充分反映了全国的名山与佛、道二教的活动都有着千丝万缕的关系,许多名山的开发,往往还是由他们所开始。"南朝四百八十寺,多少楼台烟雨中。"这就说明,在南北朝佛教盛行的时候,许多寺庙都是建筑在香烟缭绕、云雾弥漫的山林之中。天长日久,他们对周围的事物以及自然现象,按照他们的观点一一予以定了名称。千百年来,代代相传,时至今日,都已经成了特定的名称。对待这些名称,不要轻易加以改动,有的虽然带有迷信色彩,只要我们作必要的说明,还可以起到破除迷信的作用。用简单抹掉的办法是最不明智的。众所周知,云海、佛光是许多名山普遍存在的一种大自然现象,它们是大自然为人们所提供的富有诱惑力的特殊美景。新编《黄山志稿》中有《佛光》一目,原稿是这样写的:

  人站在山巅上,在旭日东升或晚霞西照时,如前面是弥漫的密云或浓雾,背后是晴朗的天空,阳光又正好从后面照射过来,在密云浓雾的孔隙中,发生衍射分光作用,而在前面的云幕上,出现五颜六色的光环。当人的位置恰在光环与阳光之间的一条线上,则光环中即出现人的虚像,如似佛像上的光圈且人动亦动,人静亦静,异常神奇。这种大气光学现象,俗称佛光,气象学上称峨眉宝光。

  佛光是一种大自然现象。由于阳光从背后辐射而形成。在阳光强烈时,佛光的光圈呈现七色,内蓝外红,绚丽夺目。如阳光不强,则环形光彩,色彩排列不大清晰,佛光的维持时间,由日光照射时间决定,云

雾遮掩，佛光自然消失。

　　佛光在全国很多名山都能看到，但由于黄山气候独特，植被率高，湿度大，云雾天多，因此出现佛光也较多。

在《黄山志稿》评议会上，有人提出要把"佛光"这个名字改掉，"因为名称中保留了一个佛字"，对此不少人持有不同的意见。

"佛光"的形成，《黄山志稿》用光学原理加以说明，既说明它产生的原因，又说明它产生的规律，指出这"是一种大自然现象"，它的出现是有特定的时间，并不是任何时候都能出现。同时还指出："佛光在全国很多名山都能看到，但由于黄山气候独特，植被率高，湿度大，云雾天多，因此出现佛光也较多。"这样虽然没有介绍以前各种迷信说法，但实际的科学论述却起到了破除迷信的作用。当然，如果能在其中再适当加些旧社会统治阶级利用这一自然现象作为奴役、统治人民的精神枷锁，看来会更好一些。有的先生提出，"佛光"一词，具有迷信色彩，因为它与"佛"字连在一起，因此应当改掉，重新命名。这个意见值得商榷。在长期历史过程中所形成的一个名词，看来不宜更改，若是改了，将来我们的子孙后代也就不知道"佛光"这个词儿是怎么回事，更不知道历史上统治者曾经还利用过这一大自然现象来欺骗广大人民群众。实际上历史上留下来带有迷信色彩的名词很多，就是与"佛"字连在一起的又不知多少，诸如"佛祖"、"佛爷"等等，难道我们能够把这些词儿都消灭？五台山、普陀山与"佛"字连在一起的名称很多，如普陀有座"佛顶山"。若是这样改法，那这些佛教圣地的山志真不知当如何写法。比这个迷信色彩更大的许多名词，历史书上照样沿用。如皇帝称"天子"，也就是天之骄子。这个名词的本身就是肯定天是有意志的，皇帝既是有意志的天的儿子，那么他的政权也就是由天所授，这自然纯是骗人的鬼话，然而对于这样的名词，谁也没有把它从历史著作中抹掉。把它记载保留下来，正是揭露封建统治者欺骗人民的铁的罪证。类此情况，不胜枚举。因此，"佛光"一词，不宜改掉，何况这种现象在今天气象学上仍称为"峨眉宝光"，同样又与"宝"字连在一起。即使我们新修的山志改了，大量的旧山志和其他著作中都已记载在那里，我们总不能将其尽行销毁，更不能对每部著作去作更改，反而搞得人们糊里糊涂。所以在编纂新山志时，对于在长期历史过程中所形成的并且影响很大的那些名词、称呼，都不宜轻易改动。

（原题为《喜读新编〈黄山志〉——兼谈山志编修的几个问题》，载《安徽史志通讯》1985年第4期。后收入《史家·史籍·史学》，标题改为《论山志的编修》；《仓修良探方志》）

关于新修志书冠名问题的一点建议

方志的名称在其发展过程中，曾发生过很多变化，初期阶段称地记，即某某地记，如《会稽记》、《洛阳记》、《荆州记》、《三秦记》等。当然，同时亦有称传、志、录等，但称地记是主流，所以称为地记阶段，时间是从两汉至魏晋南北朝。而到了隋唐五代，就进入了图经阶段，不论行政区划大小，一律都称某某图经。在唐代，我们确切知道的，有《沙州都督府图经》、《西州图经》、《润州图经》等。直到北宋，还是称图经者居多。南宋大史学家郑樵在《通志·艺文略》中为我们留下了一组宝贵的图经名称，计有：《开封府图经》18卷、《畿内诸县图经》18卷、《京东路图经》98卷、《京西路图经》46卷、《河北路图经》161卷、《陕西路图经》84卷、《河东路图经》114卷、《淮南路图经》90卷、《江南路图经》114卷、《两浙路图经》95卷、《关郡图经》6卷（李宗谔撰）、《吴郡续图经》3卷（朱长文撰）、《荆湖南路图经》39卷、《荆湖北路图经》63卷、《川陕路图经》30卷、《益州路图经》82卷、《利州路图经》63卷、《夔州路图经》52卷、《梓州路图经》69卷、《广东路图经》57卷、《广西路图经》160卷、《福建路图经》53卷、《南剑州图经》6卷、《吉州图经》9卷、《江宁府图经》6卷。

宋代实行路、府（州）、县三级地方行政制度。宋仁宗天圣年间，分天下为18路，从上列书名来看，18路的图经齐全。郑樵为南宋初年的历史学家，故对北宋所修路一级的图经情况都还可以知道。至于府、县两级，一则数量大，不易统计；再则是私人修史，条件也有所限制，故其他图经仅记7部。可见所有地方行政区划，也都一律称图经。众所周知，到了南宋，方志体例渐趋定型，名称也趋向于统一，大都称志。如今流传下来的30余种宋代方志，亦基本上修于南宋，并且都为府州县志，路一级根本就没有修志。或许是南宋政权偏安以后，一直处在风雨飘摇之中，因此，路一级也不曾修过志。元朝建立以后，地方一级建置亦是路，全国共设置185路，路领州

（府）、县。而元代方志编修，无论是形式、体例还是内容，可以说基本上还是继承、沿袭宋代成规，并无明显特殊变化，只是使已经定型的体例更进一步完善、成熟。从现有资料来看，所修三级志书，名称大都称志，如《邹平县志》、《白马县志》、《德顺州志》、《东兰州志》、《昌国州图志》、《保定路志》、《肇庆路志》、《丽江路图志》等。这些书名显示，在元代，所有地方行政区划的志书都一律称志，尚未出现有区别的称呼。

到了明清时期，方志发展达到了完全成熟时期，也是封建时代方志发展的全盛时期。无论是编修数量之巨、种类之多、体例之完备，还是内容之丰富，都出现了前所未有的新局面，因此，方志编修也进入了制度化、规范化时期。唯其如此，在志书的冠名问题上也有所规定。众所周知，明清两代地方最高行政区划一律称省，而省一级所修志书则冠名"通志"。这种称呼始于明代，历清代至民国，都是如此。从明代来看，山西就曾修过三次省级志书，有成化《山西通志》、嘉靖《山西通志》、万历《山西通志》；陕西有嘉靖《陕西通志》、万历《陕西通志》；贵州有弘治《贵州图经新志》，而嘉靖、万历两次所修则均称《贵州通志》；而广东、广西于嘉靖、万历两次都修了通志。至于如今只留下一部的省份那就多了。需要指出的是，有明一代在省一级志书改称"通志"以后，在学术界很快就得到了反映，如凌万知在其所编著的《万姓统谱》卷首《凡例》中就说："是编引用诸书甚繁，大略以姓氏等书为宗，参用《一统志》、十二省通志、各郡县志，至于经史子集等书。"又如著名学者王世贞在《弇州四部稿》卷170《乞赐忠臣祠额以励士风疏》中亦有这样的记述："又查得唐忠臣赠扬州大都督张巡，据《唐书》及本省通志，俱称系南阳府南阳县人。"可见通志之称在明代社会中已经相当流行。不过，我们也要说明的是，在明代省一级所修志书中，亦有不称"通志"，而称"总志"的，四川最为典型，如正德年间所修直接称《四川志》，嘉靖、万历所修则都称《四川总志》。而湖北省，嘉靖所修称《湖广图经志书》，万历所修又称《湖广总志》。河南省，成化所修称《河南总志》，嘉靖所修则称《河南通志》。可见在明代，省一级志书的冠名，同样是有一个演变过程的。可是到了清代则完全统一了，这是因为清朝最高统治者已经三番五次明确表态。康熙十一年（1672）七月，保和殿大学士卫周祚进奏："各省通志宜修，如天下山川、形势、户口、丁徭、地亩、钱粮、风俗、人物、疆圉、险要，宜汇集成帙，名曰通志"，以供纂修《大清一统志》之用。诏允其请，令"直省各督抚聘集夙儒名贤，接古续今，纂辑通志"。《世宗宪皇帝上谕内阁》卷 75：雍正六年（1728）十一月二十八日，"著各省督抚将本省通志重加修辑，务期考据详明，撷采精当，既无阙略，亦无冒滥，以成完善之书"。这一内容在《清实录·世宗实录》"雍正六年十一月"下所载内容更具体："今若以一年为期，恐时日太促，或不免草率从事。若各省督抚，将本省通志，重加修辑，务期考据详明，采撷精当，既无阙略，亦无冒滥，以成完善之书。如一年未能竣事，或宽至二三年内，纂成具奏。如所纂之书，果能精详公当，而又速成，著将督抚等官俱交部议叙。倘时日既延，而所纂之书，又草率滥略，亦即从重处分。"

上引两条材料说明，清朝最高统治者是明确将省志冠名为"通志"的，所以有清一代所修之省志，大都称为"通志"，已经约定俗成，成为惯例。我们不妨再看一看当年直接参与通志编修的总督们对此所作之议论。康熙年间两江总督于成龙主持了《江南通志》的编修，他在《江南通志·序》中说："夫修志之役，必始于县，县志成乃上之府；府荟集为之府志，府志成，上之督抚；督抚荟集为通志；通志归之礼部，然后辑为一统志。于是无所不该，山川、贡赋、土产、人物之类，无所不备。上下数千载，使之瞭如目前，然则通志之举，其事不綦重而为之不綦难欤！"（《王清端政书》卷 8）又如乾隆年间所修《甘肃通志·后序》亦说："直省有通志，犹古列国有史，但史与志义例不同，详略亦异。夫统一省数千里之境，上下数千年之久，其间典章事实悉于志，是载其事诚不易为。臣等生逢圣世，恭遇右文盛事，遵奉纶音，敢不悉心延访耆硕，采辑旧闻，搜罗轶事，以荟萃成编，惟是各省通志俱有成书，甘肃独无。"由于清朝统治者非常重视修志工作，并规定对志书编修的好坏，还有必要的奖惩措施，故封疆大吏们都热衷于修志，也的确修出了一批好的志书，比较有名的如谢启昆的《广西通志》、阮元的《广东通志》和《云南通志稿》等。当然，特别能说明问题的还是清代台湾修志题名的变更。清代早期，台湾原是福建省内的一个府，故早期所修志书都称《台湾府志》。到了清末方置省，于是光绪二十一年（1895），唐景崧等人便修了《台湾通志》。这就说明，行政区划变更了，志书的名称也随之变化，足见有清一代，通志之名只有省志才能够称呼。

民国尽管时间不长，在短短的30多年中，也编修出各类志书1600余种，而所修之省志，也一律都冠名"通志"，即便是沿边省份亦是如此，如《四川通志稿》、《贵州通志》、《新纂云南通志》等。特别难能可贵的要属民国时期所修之《绥远通志稿》。作为绥远省，如今知道的人已经很少了，因为它仅仅存在26年，1914年曾置绥远特别区，1928年改置省，1954年撤销，并入内蒙古自治区，因此，存在时间很短。尽管如此，民国时期的该省主席，还是四处请人来编修通志，并留下一部100卷的通志稿，现存内蒙古图书馆。前不久国家图书馆出版社已将其收入稀见方志丛书出版。

综上所述，可见自明以来，历清朝至民国，修志过程中，已经形成一个不成文规则，即所修省志，均应冠名"通志"，其他府、县之志，不得冠以此名。历史事实也证明，这是行之有效的。因此，笔者认为对于这样一个修志传统还是应当继承的，因为在方志分类上有着很大的优越性，也就是说，在众多的方志著作中，只要看到"通志"二字，就知其必然是一部省志，这在目录学著录上就相当方便，也很科学。当然，需要指出的是，在民国时期所修县志中，也有过称"通志"的，那就是民国二十二年（1933）所修的《鄞县通志》51编，但毕竟是极个别的事例，总体都还是按照长期以来所形成的规范办事。

在首轮修志过程中，尽管许多修志工作者都是初次接触修志工作，但是在冠名问题上，大家都还是按照长期形成的规范办事，并未出现"越位"现象。而第二轮修志出版的新修志书中，在冠名问题上，已经出现了"越位"现象，如新修的《武威通志》，一个地级市的志书，居然也冠上了"通志"之名。据我所知，目前正在编修的志书中，还有许多也都打算冠"通志"之名，如杭州市余杭区所修志书，送审稿就已经定名为《余杭通志（送审稿）》；又如县级市江苏常熟市，新修志书的编写大纲也已写了"常熟通志"字样。我所知道的已是如此，不知道的或许还要多。究其原因，其实就是要表明自己所修的是一部贯通古今的志书，与他人所修的续志（断代式的）是不同的。说老实话，对于他们这种重修方式我是举双手赞同的，因为他们这样编修，符合我国传统的续修方式。为此，十年前我在《中国地方志》上还发表过题为《千锤百炼著佳章》的文章，积极提倡在新一轮志书编修中，应当采用传统的续修方式，即贯通古今的编修程式，这样可以编修出高质量的新的志书。但是这种传统的编修方式，无须在书名上标出，只要在凡例中加以说明就可以了。事实上，自宋代方志定型以来，一直采用传统的续修方式——贯通古今的重修方式，但是从来没有在志书的名称上作过任何标志，我们自然也没有必要，何况，这样一来反而打乱了长期以来形成的志书冠名规范。不过，我也要告诉大家，在第二轮修志中，采用传统的续修方式（即贯通古今）的地方还是比较多的。据我所知，浙江就有义乌市、金华市、台州市等，江苏则有南京市江宁区、大丰市、宿迁市宿豫区等，特别是宁夏回族自治区，全区的市县志编修，基本上都是采用这一形式，而他们在志书的冠名上都并无异样举动，该称市志的就称市志，该称区志的照样标以区志，尤其是《大丰市志》，前几年就已经出版，《义乌市志》、《台州市志》等亦先后通过了评审。他们所修志书的内容虽然都是贯通古今，但都从未考虑过要在书名上标以"通志"二字，因为大家只要看了志书，自然就知道其内容。可见欲冠名"通志"者，毕竟还是很少数。就是这个少数，我想当他们得知在志书冠名问题上已经形成了一种规范时，他们肯定也不会坚持要这么去做了。

总之，鉴于以上论述，方志编修的冠名问题，长期以来已经形成了一个规范，只有省志可以冠"通志"之名，其他府州县志一律不得冠"通志"之名。这一做法，数百年来，也一直为学术界所公认。因此，我建议在新志编修中，应当遵守数百年来所形成的冠名规范，即除省志以外，其他志书都不得冠"通志"之名，否则破坏传统规范看是小事，但它势必引起学术界的反对，因为这已经不单纯是方志学界内部的"私事"。修志界同仁应慎重其事。

（原载《中国地方志》2010年第8期。后收入《独乐斋文存》，浙江人民出版社2019年版）

千锤百炼著佳章

——新志续修的一些想法

王忍之同志于 2000 年 7 月 26 日《在全国续志篇目设置理论研讨会上的讲话》(载《中国地方志》2000 年第 5 期)中提出新志续修的两大任务,"一个任务是续","第二个任务是修","这次修志应该做到既修又续,不能偏废"。对于第一个任务,修志界同仁容易理解,也容易接受,但是,对于第二个任务,恐怕就不太容易理解,不太容易接受。当然,改革开放二十年的历史进程,因内容丰富程度超过任何一个时代,要写好自然也不是那么容易,也要花大力气,付出巨大代价。而"对上届志书进行修正",也确实不能忽视。正如王忍之同志所说:

> 上一届所修志书,总的说来,质量是不错的,但也存在缺点和不足,甚至有错误。面对这种情况,怎么办?是视而不见、听之任之呢,还是重视它,尽可能地改正它?我想应该是后者。"修"也是新一轮修志重要的、不应该忽视的任务,不能只讲"续",不讲"修"。"修"的工作量很大,开拓工作难度固然大,要在百尺竿头更进一步也不容易,也要付出大量劳动,要做很多考订、补充、修正等等的工作。好的保留,错的纠正,漏的补上,长的精简,如果这些工作做好了,再加上时间上把它延伸,新的续上,新一轮的修志工作就完成得更全面。摆在我们面前的,将是一部新的、更好的志书,既有最新一段历史的新的史料,又有对上一部志书的提高、修正。这次修志应做到既续又修,不能偏废。

从王忍之同志讲话的精神来看,他是希望"百尺竿头,更进一步",使这一届修志中能够出现更多的高质量、高品位的优秀志书,而这个要求又是根据实际情况提出的。所以我觉得这个要求提得很好、很及时。众所周知，任何一部好的学术著作都是通过不断修改、反复琢磨而成，有些书甚至修订多次，第一版与最后一版的内容会有很大的不同，甚至面目全非。凡阅读过古文的人都会感到，作为唐宋八大家之一的欧阳修的文章写得非常好，其实这些好的文章也是经过多次修改而成的。据南宋前期人沈作松记载，欧阳修晚年在寒冷的夜间，亲自修改平生所撰文稿，时过半夜，妻子薛夫人劝他道："此己所作，安用再三阅？宁畏先生嗔邪？"欧阳修笑着答道："不畏先生嗔，却怕后生笑！"（《寓简》卷8）又据《朱子语类辑略》卷8《论文》记载："欧公文，亦多是修改到妙处，顷有人买得他《醉翁亭稿》，初说滁州四面有山，凡数十字，末后改定，只曰'环滁皆山也'五字而已。如寻常不经思虑，信意所作言语，亦有绝不成文理者。"这都说明，即使像欧阳修那样的大家，对于写作也是一再修改，精益求精，用心良苦，可敬可佩。可见精品是要锤炼出来的，方志精品自然也不例外。历史上许多方志精品，无不是建立在前人成果基础之上。就以著名的《临安三志》来说，一百年间修了三部，都是自为起讫，谁也不续谁，实际上后者总是得益于前者，尽管后者总是批评前者"疏陋特甚"、"病其漏且舛"，而对人家的长处总是避而不谈。《乾道志》与《淳祐志》间相距八十多年，而《淳祐志》与《咸淳志》间相距还不到二十年，尽管间距很近，照样从头修起，并且成为宋代流传至今体例最完善、内容最丰富、史料价值最高的一部地方志，是研究宋代历史非读不可之书。所以能够如此，正是由于有前两部志书为其奠底，特别是《淳祐志》，成为该志编修的蓝本。所以我们可以这样说，咸淳《临安志》的成功，前面两部志书的作者也都作过贡献，当然在总结这部志书成功经验之时，这些重要的因素都不应当忽略。我们再看看景定《建康志》，在清代曾得到许多著名学者的高度评价，自然也有其重要因素。在此志编修之前，也已经编过两部志书（指南宋以来），即乾道五年（1169）修的乾道《建康志》和庆元六年（1200）修的庆元《建康志》。这两部志书虽然今天因早已失传而看不到了，但是，在景定年间马祖光、周应合两人携手共修景定《建康志》时，肯定都看到了，这从马祖光景定《建康志序》和周应合的《修志始末》中都可说明，他们不仅看了，而且对利弊得失还作了比较。马祖光说："乾道有旧志，庆元有续志，皆略而未备，观者病之。庆元今逾六十年，未有续此笔者。"周应合则说："旧志二百八十版，所记止于乾道；续志二百二十版，所记止于庆元。庆元至今所当续者六十余年事，不敢略，亦不敢废前志也。"这里讲得很具体，连每部志书多少版都讲了，同时又讲了指导思想，即，既续写庆元以来六十年之事，又吸收前两志的成果而"不敢废"。至于如何补，如何续，马祖光讲得就更加明确了："乾道、庆元二志，互有详略，而六朝事迹，建康实录，参之二志，又多不合，今当会而一之。前志之阙者补之，舛者正之，庆元以后未书者续之，方为全书。况前志散漫而无统，无地图以考疆域，无年表以考时世，古今人物不可泯者，行事之可为劝戒者，诗文之可以发扬者，求之皆阙如。"这就告诉我们，这部志书的编修，是在吸收前两志成果的基础上进行的，先将两志"会而一之"，对其"阙者补之，舛者正之"，然后再续之，这就是全过程。当然具体做起来，考虑得又相当仔细周到，"纂修既欲其备，搜访不厌其详，自幕府以至县镇等官，自寓公以至诸乡士友，自戎帅以至将校，欲从阃府转牒取会。凡自古及今，有一事一物，一诗一文，得于记闻，当入图经者，不以早晚，不以多寡，各随所得，批报本局，以凭类聚考订增修"。（《修志本末》）从这些事实中人们可以看到，景定《建康志》所以能够得到大家好评而成为佳志，也并不是出于偶然，而是三部志书的编纂者们辛勤劳动而取得。正因如此，清代学者孙星衍在嘉庆三年（1798）重刻景定《建康志》的《后序》中给予高度评价，认为："《建康志》体例最佳，各表记年隶事，备一方掌故；山川古迹，加之考证，俱载出处；所列诸碑，或依石刻书写，间有古字。马祖光、周应合俱与权贵不合、气节迈流俗者，其于地方诸大政，兴利革弊，尤有深意存焉。"著名历史学家钱大昕在为该志所写《跋》中说："建康，思陵驻跸之所，守臣例兼行宫留守，故首列《留都录》四卷，又六朝、南唐都会之地，兴废攸系，宋世列为大藩，南渡尤称重镇，故特为《年表》十卷，经纬其事，此义例之善者。《古今人表传》，意在扶正学，奖忠勋，不专为一郡而作，故与它志之例略殊。"（《潜研堂文集》卷29）从这两部宋代名志来看，它们都是在前人基础之上，既有续，又有补，当然还有修正，特别是后者，当事人就是这样明确地讲了。因此，这两部志书实际上都是包含了续修，当然，也可以说它是重修，就看你作如何解释。其实这也正是我国古代方志编修所共同采用的方法或形式。

所以在流传下来的 8000 多部旧方志中，真正意义的一刀切式的续志是很少看到的，不能只看名称上有个"续"字，这里我们不妨举例说明。《吴郡图经续记》，是北宋时期流传下来的仍以图经命名的一部地方志，书成于北宋神宗元丰七年（1084），而《图经》的编修是在北宋真宗大中祥符年间（1008—1016），两者相距八十年左右。按理讲只需续这八十年的内容就可以了，作者朱长文在序中也说："凡《图经》已备者不录，素所未知则阙如也。"事实上并非如此，其内容都是起自很早，《封域》引《书》、《春秋传》、《禹贡》来说明，"《书》云：'三江既入，震泽底定。'即此地也。至周，为吴国"。《城邑》从吴国记起，《户口》则从西汉记起，《海道》亦从西汉记起，《牧守》第一个就是西汉朱买臣，《人物》开头便说"吴中人物尚矣"，接着便列举严助、朱买臣。其他自然就不必再列举了。我们再看看林虙为该书所写的《后序》，讲得就更加清楚了：观《吴郡图经续记》，"千数百载之废兴，千数百里之风土，粲然如指诸掌。呜呼！何其备哉！先生之书三卷若干条，而所包括者，古今图籍不可胜数，虽浮图方士之书，小说俚谚之言，可以证古而传久者，亦毕取而并录。先生岂欲矜淹博而耀华藻哉？举昔时牧守之贤，冀来者之相承也；道前世人物之盛，冀后生之自力也；沟渎条浚水之方，仓庾记裕民之术；论风俗之习尚，夸户口之蕃息，遂及于教从礼乐之大务，于是见先生之志素在于天下也，岂可徒以方域舆地之书视之哉！"可见这部《吴郡图经续记》乃是一部贯通古今之地方志，并成为研究苏州历史的重要的历史文献，不能因为它的名称上有个"续"字就理解为我们今天所说"接下去修"的意思。我们再看清代的太平县曾于康熙、嘉庆、光绪三次修志，当然嘉庆《太平县志》是在《康熙志》的基础上编修的，按理讲似乎也该加个"续"字了，但是编纂者们并没有这么做。编纂者戚学标在该志"自序"中说："书成为十八卷，较前增沿革表、营制、海防诸政、书目、艺文各篇。"此外，该志在"杂志门"还记载了嘉靖四十年（1561）戚继光抗倭史事，并附林贵兆所撰《南塘戚公台南平贼记》，这些内容《康熙志》也是没有记载的，可见全志是有补有续。而光绪《太平续志》，同样是在《嘉庆志》的基础上编修的，作者在"凡例"中说得很清楚："其凡例均仿前志，略有改变，复增考异、补遗、附录诸目，或以正旧志之失，或以拾前志之遗。"该志还加强了"艺文"、"金石"二门。志书虽以续命名，其内容照样是有补、有正、有续。以上事实给我们一个启示，如果当年编修嘉庆《太平县志》时便把该志称为续志，那么光绪《太平续志》又该如何称呼呢？这还仅仅修了三次，在明清时期，有些地方都修过六七次、七八次的方志，如杭州，在明代就于洪武、永乐、正统、景泰、成化、万历六次编修方志，而萧山在明代就于永乐、宣德、弘治、正德、嘉靖、万历、天启七次编修方志，值得庆幸的是，我们的先人早就采用了以年号来标记各年所修的志书，否则要采用所谓创修、续修等字眼来标记，那么从第三部开始又将如何处理呢？不过，我想我们现在没有必要在创修、新修、续修等字面上去多做文章，还是从实际情况出发。上列明代杭州修的六部府志、萧山修的七部县志，除第一部以外，后面的几部自然也都带有续志性质，且内容也都有补、有正、有续，但并无一部标过续字，也从未有人提出过非议，因为这是封建时代共有的普遍现象。正如魏桥同志所说，"广义的续修是传统方志的主要形式"①，而这种广义的续修也正是千百年来广大方志编修者们创造的行之有效的办法。当然也有的同志似乎并不同意这种办法，因而到历史上去寻找那种只按下限接着编修的所谓续修，为此，竟然把唐代所修的各类《十道图》，宋代的皇祐《方域图志》、皇祐《方域续图》、元丰《九域志》，和清代三次编修《大清一统志》也用来说明，这种眉毛胡须一把抓的研究方法，除了会起误导作用外，还有什么价值呢？早在1983年4月，著名的历史地理学家谭其骧先生在洛阳召开的全国史志协会年会上所作的报告中就已指出：

> 地方志不同于总志。地方志顾名思义，是记载一个地方的事情的。地方志所记载的地方可大可小，大的一个省一种志，古代的大到一个州一种志，小的不管是一个县、一个镇，也可以有县志、有镇志。尽管可大可小，但总而言之是一个地方一种志。因为是记载一个地方的，所以地方志简称就叫"方志"。"方"是对全国而言的，"方"是总的对立体。凡是以全国为记载对象的，那就不能叫它地方志。清朝人编的《四库全书》，大家都知道，在地理类里头就有一部分叫总志的书，一部分叫方志之书，那就分得很清楚。凡是记载全国的，就在总志里头；记载一个

---

① 魏桥：《广义的续修是传统方志的主要形式》，《中国地方志》2000年第6期。

地方的，就在方志里头。把各个省的通志，府、州、县志叫作方志，这是很正确的，也是很科学的。可是这几年，我看到不少地方出版的地方志通讯一类刊物上所载的文章，往往把总志与方志混为一谈，这是很不应该的，我认为搞地方志工作的，有必要将这两个概念分清楚。[①]

十八年过去了，今天在谈论新志续修时，还是总志、方志不分地来发表议论，恐怕未必妥当吧。

那么究竟如何续修呢？我觉得应该一切从实际出发，按照王忍之同志讲话的精神，认真衡量一下，已经修好的志书是否还有遗漏内容需要补充，已写的内容是否有错误需要更正，如果都有，那就既作补充，又作更正，再作续写。如果已经相当完善，自然就可以直接编修了。上文中笔者已经讲了，王忍之同志对新志续修工作所以要提出补、正、续三者不能偏废的要求，完全是从实际情况出发，讲话中已经指出："已经出版的志书，质量很不整齐，一些志书存在的缺点和问题还比较突出，史实不准，取舍不当，语言不精，校对粗疏，甚至对某些历史事件和历史人物记述不够客观等等。"作为一次大规模的修志，出现了一些这样那样的问题，应当说是属于正常的现象，因为修志人员的素质，特别是文化水平参差不齐，自始至终都是如此，这是总的情况。仔细分析，可归纳为如下三个原因：

第一，初次修志，没有经验。尽管全国各地开始时办过许多培训班、讲习班，但是传授的知识毕竟有限，况且参加培训班讲课的人水平也高低不一。虽然在启蒙方面起过不少作用，总不可能真正彻底解决问题。因而在初期阶段，对于一部方志究竟应当包含哪些内容，各地理解也不可能很一致，所以完成较早的方志，缺这样少那样的情况也就在所难免。1992年4月间，我应浙江方志馆馆长周金奎同志的邀请，前去参观浙江方志馆，并在此作了一次调查。当时该馆收有全国新修市县志共二百二十九部，在翻阅这些新志的过程中，发现存在不少问题，如艺文志普遍没有编修，民国时期内容记载很少，有许多志书将民国时期的议会、政府、国民党、三青团、日伪政权、日军侵华罪行等都记载到附录中，还有一书多序等。于是便下决心对这

---

① 谭其骧：《地方志与总志及历代地方行政区划》，《中国地方志通讯》1984年第5期。

二百二十九部方志作全面查阅，并请该馆李祝华同志协助我共同查阅。因为这个数字已经接近于当时全国已出的新县志"五百种以上"[1]的二分之一。查阅的结果是，还保留艺文志这一内容的仅七十四部，占百分之三十二，称著作目录者也计算在内，而独立成篇真正称艺文的几乎没有，大多为一节或一目，能在文化篇中设置一章已经很不错了，有的还是放在最后的附录之中。还要指出的是，有的即使是有，也是记载得不伦不类。就以安徽的《萧县志》为例，我在1991年为《〈萧县志〉评论集》[2]所写的序中就已经指出："《文化科技》编，设《创作》一节，只写了两百字的文艺创作，又列了三个文艺刊物，下面一个附表则是'主要著述'。就这点内容，起码有三点不妥：第一，标题与内容不一，标题不能概括下述内容。文艺书籍可算创作，但许多学术著作称创作就欠妥当。因此，节的标题应改。第二，《萧籍人主要著述简表》不应作附表，应当去掉'附'字。第三，这个简表未说明时限，而所列全是当代人著作，应当注明，否则人家要问，难道萧县古代连一部重要著作也未产生过？这一点新《萧山县志》处理得比较合理，在'文化篇'中列有'主要书目'，将古今重要书籍备列其中。"这里还要强调一句的是，新编《萧山县志》是全国方志评奖中得奖的志书，也没有单独的艺文志，仅在"文化篇"设立一章。可见这届修志的前期，艺文志确实不被重视。当然，修志工作进入中期以后，提出新志编修要提高文化品位、学术品位，情况就大不相同了，既然要提高文化品位，各地在修志中又都非常注意自己县市历代文化积淀的发掘，艺文志这一内容便都变成必不可少的了。

这次查阅过程中我们还发现一个很大的问题，即对民国时期的内容记载实在太少了，有的几乎就是空白，如对公、检、法和民政等方面内容，大多是从1949年新中国成立开始记起。这就是说民国时期是个空白，这显然没有达到这届修志的要求。中国地方志指导小组在《新编地方志工作暂行规定》中曾明确规定，新编方志内容要"着重记述现代历史和当前现状"。对这样的规定自然应当是贯彻执行问题，而不存在理解问题。因为"现代历史和当

---

[1] 五百种以上是中国地方志指导小组秘书长郦家驹先生在海南一次报告中讲的，参见《海南史志》1991年第3—4期合刊。

[2] 中国人民大学出版社1992年版。

前现状"是并提的，都是要"着重记述"的。现代历史的范围是什么呢？学术界早有定论，那就是从"五四"运动到新中国成立（1919—1949），这正是民国时期这段历史。试问那么多内容都没有记载，能够说完成了修志任务吗？有些部分内容虽然记了一些却也非常简单，甚至是空洞的、抽象的、毫无具体实质的。而在政治部类，有的则将国民党、三青团、民国时期的县政府和参议会、汪伪县政府、日本侵略军暴行等等，一律列入附录之中。在这次调查中发现的问题确实不少，因此根据这些材料我便写了《对当前方志学界若干问题的看法》一文，发表在《中国地方志》1994年第一期，并在文中特地列了"对子孙后代负责，写好民国时期内容"一个标题，指出"关于民国时期的内容却少得可怜，这应当说是本届修志的一大失误，因为它直接影响着志书的质量"。根据这次查阅的情况来看，我觉得早期完成的那些志书，有很大一部分都需要再作补充，否则就很难说是已经完成了这届修志任务。就以河南省新修《林县志》而言，因为有红旗渠的记载，所以我在拟定撰写《新修方志特色过眼录》之初，就将其列入第一篇之中，标题已经定下《红旗渠水流万代》，当正式撰写之前再对该志翻阅一次，发现有许多应当记载的内容没有记载，已经记载的有的内容也很单薄，这样的志书自然就不适合向大家介绍了。类似这样的志书，在续修时明显就应当作很好的补充。又如新修《平阳县志》出版后发现错误很多，《中国地方志》在前几年就已发表了列举该志错误的文章，其中有一则很典型的示例，即当代棋王"谢侠逊传"，竟有二十多处错误，一个传总共有多少字，不说大家也会知道，不重新改写行吗？也还有一些方志记载的内容让人查不到出处，最后连主编也不知道材料来自何处，这样的内容难道还能让其流传下去吗？诸如此类，就不再列举。

　　第二，思想尚未解放，"左"倾思想影响尚未肃清。80年代初修志工作刚开始时，"左"倾思想的影响还有一定市场，大家都还心有余悸，因此，有些内容不敢写也是完全可以理解的。因为这种心理状态在当时是比较普遍存在的。这与当时的社会气候是有着密切关系的。记得当时萧县志办的同志曾经问我，三年困难时期饿死人的情况是否要记载，我回答说当然要记载。那么如何记载呢？我则回答说那就用孔子作《春秋》的"微言大义"的书法来反映吧，即用非正常死亡人口数字来反映吧。可见当时我也没有要求他们直接把饿死人的数字明确记载下来，因为当时的气候下确实不可能这样写。党的十一届三中全会以后，新华社四位记者受命于1980年3月赴黄土高原四省三十九个县进行调查，通过大量材料整理成五十多篇共约十九万字的书稿，由于里面有饿死人的具体数字和有些县解放后农业生产水平比解放前还大幅下降等情况，限于当时的历史条件，除十四篇发于内参，书稿就未能公开出版。直到十八年后的1998年，才以《告别饥饿》为书名在人民出版社公开出版，副标题是"一部尘封十八年的书稿"。这种情况自然也要影响到修志上面，有许多内容就不记载了，有的记了也含糊其词，内容则尽量减少。1987年在《萧县志稿》评议会上，鉴于萧县在抗日战争时期曾存在过三方面政权，即由共产党领导的抗日民主政府、国民党的县政府和日伪政权，同时都挂县政府牌子，因此我建议三方面政权要单独写，因为在全国这种情况也很少见到，写得好不仅具有特色，而且对中国现代史的研究都具有重要意义。同时在会上我还提出，不仅国民党等要作为正式内容，而且日本侵略暴行也要作为正式内容记入。这时已经是80年代末，竟然还有人会反对，有人说共产党修志为什么要为国民党树碑立传。会议期间参加评稿会的江苏沛县县志主编还给我送来一封信，要和我辩论。萧县志办的同志虽然接受了我的建议，也仅仅只设一节来处理，就是这样，出版后还是得到了好评。按照我的设想，即便不能单独成篇，最好也得有个章的地位。也就是在这种风气之下，出现了好多志书将民国政府、国民党、国民党军队、三青团、日军侵略暴行一律列入附录的现象，我们这次查阅过程中，发现有一百零七部新修志书多少不等地存在这种情况。更有甚者，有的还有理论。1991年春，在《淳安县志》首发座谈会上，有位外省来的省志办主任对这部县志将民国时期的参议会作为附录大加赞扬，认为此举具有创造性，并说这种做法解决了长期以来未能解决的政权篇的编写问题，还以老干部的话作为自己的理论根据，说有些老干部提出，把国民党与共产党平起平坐，感情上是受不了的，这么一来问题就解决了。这位同志完全忘记了我们撰史修志应当从史实出发，而不能感情用事。国民党统治三十多年，给中国人民造成许多灾难和苦痛，这个历史事实必须承认。我们今天的政权是从哪里夺来的？如果把国民党政权否定了，那么我们数十年斗争的对象就落了空。根据这次翻阅的结果，我就写了那篇《对当前方志学界若干问题的看法》。现在的情况不同了,"左"倾思潮影响基本上没有了,思想也早已解放了,"禁区"也不存在了。许多原来不宜公开发表的内容和数字,早已见之于报刊和书籍。为了说明问题,现举例如下:

首先摘引两段《告别饥饿》一书中的内容:

第一章"愿饥饿的岁月从此结束"六"'难兄难弟'都有了希望":

> 定西地区的状况也同固原一样,穷得令人难以置信。
>
> 通渭县,是第一号"困难户"。刚解放的 1949 年,全县粮食总产是一亿六千四百二十万斤,三十年来,有二十二年总产低于 1949 年。以人均产粮计,更是大倒退。1949 年人均产粮七百二十三斤,1979 年仅三百二十七斤。生产水平如此低下,人民生活自然不如解放前。据统计,1971 年至 1979 年的九年中,人均收入超过四十元的仅四年,1979 年仅二十四元;人均口粮连续十年在三百斤以下,1979 年仅一百八十二斤。这还是全县平均数,相当一部分队人均口粮只有几十斤,收入仅几元。

同一章七"在贫困的死亡线上":

> 贫困到了极限便接近着死亡。
>
> 我们专栏调查了这片挣扎在贫困死亡线上的农村——甘肃定西地区的通渭、会宁、定西等县,平凉地区的静宁县和宁夏的西海固地区。
>
> 三年困难时期,这一带县县都发生过饿死人的现象。根据当地了解情况的人估计,因缺粮断粮饿死和浮肿无救而丧命的,最少已接近百万。其中以通渭最惨,直到七十年代中期统计全县人口总数尚未恢复到 1949 年的水平。

我们再看看河南省的重要粮棉产区信阳地区,在 50 年代末"大跃进"时期,曾因浮夸风、"共产风"造成大量人口非正常死亡,成为举国震惊的"信阳事件"。对于这个事件,新修《信阳地区志》、《遂平县志》、《西平县志》都作了不同程度的记载,都有饿死人的记载,但是实际数字均无记载,虽然《信阳地区志·大事记》1959 年 9 月记载"死亡 735 人",但都是死于

"肠胃炎、痢疾、伤寒、浮肿等疾病"。这个说法与当时任地委副书记、行署专员的张树藩同志的回忆录所载显然有很大分歧。1998年《百年潮》第6期上发表了张树藩在1993年写于病中的遗作《信阳事件——一个沉痛的历史教训》，上海出版的《报刊文摘》1998年12月7日以《信阳事件的惨痛教训》为题予以摘登。我们将有关内容摘引如下：

会①后，省委仍按1958年大丰收的标准征购秋粮，信阳地区将农民的口粮、种子粮都交了征购，才完成16亿斤，秋粮刚收完，很多地方群众就没饭吃了，开始出现逃荒要饭的现象。很多食堂开不了伙，群众无奈，只能在家里煮红薯叶、野菜充饥。干部发现后把他们的锅给砸了，群众就外出逃荒。地委认为这是破坏"大跃进"，就让各县市在各路口设岗拦堵群众，不准外逃。

有一个党支部23个党员饿死了20个，剩下的3个党员，给省委写了一封血书，请求省委救救村民，此信也被省委秘书长扣压并要查处。当时地委书记路宪文在省委支持下，还专门让各邮局把关，扣压反映情况的信达12000封。

9月底，我被定为"严重右倾错误"戴帽批斗，停止工作，开仓放粮便是我的一大罪状。余德鸿（张的秘书）也受牵连没工作做。他在半个月里回淮滨县老家两次，第一次回家埋大爷大娘，第二次回家是埋父母。4个老人家全都是没有吃的饿死的。我追问他村里饿死多少人，余说他没多出家门，光知道他们村西头就饿死一半多，有不少户饿死都没人埋。余离开后，我当即跑到地委，请地委立即采取紧急措施挽救。地委仍未采取措施，始终不敢承认是饿死的，全区统一口径都说是瘟疫传染而死的。

我被批斗两个月后，才被路宪文安排出来陪中央内务部来的郭处长下去看看情况。到了息县、淮滨两个县，郭处长看到灾荒十分严重，就问我到底饿死了人没有。我说有，而且还不少。郭处长问饿死了多少人，我说估计在20万到30万之间。郭处长一听就感到问题太严重了，

---

① 指河南省委召开贯彻庐山会议精神扩大会议。

只待了两天,就回内务部向部领导谈了我说的话。部领导马上就让他向国务院秘书长习仲勋汇报。习仲勋同样感到问题严重,又向中央纪委书记董必武作了汇报,董老马上派李坚、李正海两个处长到信阳地区调查3个月,最后结论是饿死的数字比我估计的要多好几倍。

既然是举国震惊的严重事件,无论是史学研究工作者还是修志工作者,都有责任将事件的真实情况记述清楚,摆在我们面前的这两种说法究竟相信哪一种呢?《信阳地区志》讲是死于瘟疫,人数是七百多人。而张树藩的遗作则说是饿死数十万人,地委"始终不敢承认是饿死的,全区统一口径都说是瘟疫传染而死的"。不仅数字相差太大,而且死亡原因完全不同。身为当时地委副书记、行署专员的张树藩,恐怕还不至于胡编乱造吧。因为此事件已经惊动了当时的中央领导。时任中央纪委书记的董必武同志还派专人作了三个月的调查。既然如此,当时的内务部、国家档案局肯定都会有存档,要搞清事实真相,并不是太难。

总之,我们不厌其烦地征引了那么多内容,旨在说明,这样的问题,原来属于"禁区"而不能记载的内容,如今都早已解禁了,许多书籍、报刊也都先后刊登了,向来具有"存史"、"资治"功能的地方志该怎么办?如果没有记载的,恐怕义不容辞地都得记载,记载不足的都得补充,记载错了的都得改正,这自然也都属于续修志书的范畴。讲述理论不如列举事实,因为这些内容并不是人人都能看到的,这就是大量征引的目的。当然,我们也要指出的是,编修得比较晚的一些志书,对这些内容已经作了不同程度的记述,如新修《嘉善县志》,通过"专记"的形式,把1958年以后由于全国上下大刮"五风",造成地处鱼米之乡的一个生产队竟然发生饿死人的情况作了如实的反映,对于总结我们党在历史上的工作失误和教训,具有重要的现实价值。对于这一内容记载,当时来自各方面的阻力都是相当大的,而该志的全体编纂者态度都十分明确,顶住了方方面面的阻力和压力,把这一重要内容写入了志书。为此我曾通过《新修方志特色过眼录》向大家作过介绍。又如新修《通渭县志》对这类内容也已作了详尽的记述,今后我亦将陆续向大家作介绍。

第三,这届修志的初期阶段有些要求不太明确,各省的修志领导水平高低不一，自然也不同程度地影响了志书的质量。例如对"十年浩劫"的"文化大革命"如何记载，当时指导小组主要负责人只是讲"宜粗不宜细"，对此大家都有过议论，因为这句话实际上是含糊不清，什么样叫粗，什么样叫细，这个界限如何划呢？正因如此，大多数志书仅在大事记中作了些记载，设有专篇的很少。其实对于"十年浩劫"，党中央早已有了结论，按照结论精神撰写也并不困难。它不仅时间长、破坏性大，而且造成的恶劣影响也是众所周知的，作为地情资料的地方志，也得作适当反映吧。又如以中国地方志协会名义曾拟定过一个《新编县志基本篇目》，对各地修志起过一定的积极作用。但毋庸讳言，由于篇目拟定还不够完善，因而也起过一些消极的约束作用。如对传统的艺文志的不重视，就是受到该篇目的影响。不单独成编当然可以，但起码也该在"文化志"中设立一章（一目），而该篇目却将其放在第十编"附录"之中，名曰"地方文献要目"，难怪不少新修志书都将这个内容放在附录之中。该篇目在"文化志"中设有"科技"一目，而没有社会科学，因而初期成书的几乎都没有社会科学。再如起初曾提出每部县志一般控制在五十万字左右，有的地方执行了，有的则没有执行，现在看来，相当字数才有可能修成一部内容丰富的志书来，后来许多新的志书都在百万字以上，近年出版的《绍兴县志》竟多达四百万字。当然，这并不是说字数越多越好，但五十万字修一部县志确实是少了些，因为现在志书内容要记载的确实太多了，这是整个社会生活的丰富所决定的，没有百万字确实难以容纳。

　　由于上述这些原因，较早完成的那些志书，存在一些令人不太满意的情况，诸如内容不够丰满，记载还有错误，有些该写的内容没有写进去，等等。这是完全可以理解的，通过之后的续修也是完全可以解决的。众所周知，新修《建德县志》1986年就已经出版，并得到大家的好评，然而后来居上，它与中后期出版的许多志书相比，就显得黯然失色，内容也显得太单薄了。就连该志主编周金奎同志也不得不承认这点，并希望通过续修来使之再放光彩。再如《萧县志》刚出版时觉得很不错，但是现在通过比较，差距就出来了，不论你承认与否，这总归是事实。作为该志顾问的我，也很希望萧县志办的同志们能够通过续修，使其质量更上一层楼，特别是提高志书的学术文化品位，把萧县的历史和现状全面反映出来。当然，更希望那些还不够理想的志书，也能通过续修的机会，作进一步修改和补充，精益求精，再续上改革开放二十年的光辉成就，通过千锤百炼，定会出现更多的佳章佳作。这就是我撰写这篇文章的目的之所在。

众所周知，一部完整的历史，总是由善与恶、美与丑、正确与错误斗争所构成，缺哪一方面都称不上是完整的历史。唐代杰出的史学评论家刘知幾早就在其代表作《史通》一书里指出，编写历史就是要"彰善瘅恶"，"善恶必书，斯为实录"。因此，如实编写历史从来就是既写正面的，又写反面的，因为"存善"是信史，"书恶"亦是信史，只有善恶皆书，才称得上是真正的"实录"。这本是显而易见的道理。古往今来的史书从来就是这样做的，而旧时所修的方志自然也不例外，只不过完成得好坏的程度有所不同罢了，所以也就无须多作议论。而我们上一届修志中许多新志有那么多内容都未记载，能够说不作任何补救而听之任吗？我们现在不作补充难道还留给子孙后代去花大量的精力作考证补充吗？也许有人会说，丢了漏了那么多内容如何补充呢，真是补不胜补。我们认为，该补的就是要补，再多也得补，这是为了对子孙后代负责，否则子孙后代要责骂我们不负责任。当然，我在文章开头已经讲了，王忍之同志提出的"修"与"补"的任务，修志界同仁已经是很难理解，很难接受，而我的一些想法又能有谁来理会呢？作为一介书生，由于人微，言再重也肯定不足以动修志界同仁之视听。尽管如此，作为方志理论工作者的我来说，在修志工作面临转轨的重要关头，何去何从，为了对方志事业负责，对子孙后代负责，我不能不说，否则就是我的失责，就是对方志事业和子孙后代的不负责任。讲了无人理会，那就不是我的责任了。这里我还想向修志界同仁提出一个问题，特别是向各位掌权者提出，现在所修称续志，如某某县续志，那么以后再修如何称呼呢？每二十年修一次，又如何称呼呢？难道你们真的就不为以后再修者们想一想吗？这是必须回答的问题，不论你愿意还是不愿意，都得作出回答。

最后还想再讲几句，许多修志界同仁，为了多记载一些内容，但又为篇目设置所限，于是他们就想方设法，设立《专记》、《特记》等形式来予以记载。如《嘉善县志》为了记载1958年大刮"五风"所造成的影响，于是设《专记》；《上海县志》将1928年以前的上海县情况用《特记》来记载，而将那些无类可归的内容，如《马桥遗址和马桥文化》、《有关黄道婆的资料》、

《淞沪警备司令部》、《抗日战争纪事》、《"文化大革命"纪事》等放在《特记》下；《静安区志》则以《上海展览中心》作为《特记》，而将无类可归的《谢晋元孤军营》、《汪伪特工总部》、《中统局上海办事处》、《"文化大革命"纪略》等作为《专记》；《镇江市志》则将《民主革命斗争纪略》作为《专记一》，将《地委行署》作为《专记二》。在这些内容中，大多数确实无类可归，为了把这些内容记载下来，这些同志真是煞费苦心，这种敬业精神令人敬佩！但是，这种无法记载的局面总不能继续下去吧。大家都知道，篇目是由人设计出来的，我们总不该用自己设计的篇目来束缚自己吧，那些内容很多已经足够成篇的为什么不能作为一个正式的篇加以记载而非得用《专记》、《特记》等形式呢？大家都知道内容决定形式是唯物论的重要观点之一，既然已经有了内容，为什么不能再设置相关篇目呢？其实我们今天所修的志书，有许多内容、许多篇目都是旧方志所没有的，为什么这些内容都能作为正式篇目，而《特记》、《专记》中的这些内容就不能作为正式篇目呢？我看不能老是用形式来奴役、束缚自己，内容够成篇的就该独立成篇，而那些内容很少又无类可归的当然可以用《杂记》来收容，这事不少新修志书已经这样做了。以上仅是个人看法，供修志界同仁们参考，欢迎大家批评指正。

为了说明问题，现将1992年在浙江方志馆查阅的二百二十九部方志名称附录于后：

　　上海市　崇明、青浦、川沙、松江、金山县志
　　天津市　天津简志
　　河北省　武安、霸、遵化、宽城、抚宁、丰南县志
　　山西省　代、寿阳、曲沃、河津、襄汾、五台县志
　　内蒙古自治区　托克托、武川县志，鄂伦春、土默特旗志
　　辽宁省　昌图、绥中、灯塔、金、法库、锦、台安、岫岩县志，锦西市志
　　吉林省　集安、蛟河、柳河、大安、龙井县志
　　黑龙江省　拜泉、通河、桦川、双城、克东、海伦、鸡东、林甸、依安、肇州、海伦、明水、富裕、肇东、集贤、纳河、宁安、望奎、海林、方正、东宁、巴彦、木兰、依兰县志

陕西省 临潼、延长、神木、澄城、南郑县志

甘肃省 康、宁、临洮、肃北自治、陇西县志，玉门市志

青海省 共和县志

新疆维吾尔自治区 阿克苏市志、哈密县志

山东省 利津、夏津、胶南、长岛、滕、齐河、昌邑、临朐、博山、莱西、栖霞县志，福山、淄川、临淄区志，青州、威海市志

江苏省 昆山、太仓、高淳、江宁、宜兴、溧水县志，白下区志，常熟市志

浙江省 永康、青田、象山、义乌、临海、余杭、萧山、普陀、龙游、浦江、嵊泗、桐庐、上虞、淳安、嵊、武义、建德县志

安徽省 六安、屯溪市志，全椒、肥东、萧、来安、泗、休宁县志，合肥郊、徽州区志

江西省 崇仁、县子、进贤、高安、新建、宜丰、吉水、乐安、万载、瑞昌、新干、乐平、信丰、铅山、南昌、宁都、靖安、兴国、丰城县志

福建省 龙溪、永春县志

河南省 新、濮阳、商水、夏邑、浚、信阳、登封、鄢陵、西峡、息、林、西平、南阳、安阳县志，驻马店、禹州、南阳市志

湖北省 江陵、咸丰、松滋、武昌、枝江、钟祥、襄阳、大冶、潜江、天门、汉阳、沔阳、京山、来凤、鹤峰、南漳、秭归、远安、石首、宜都、黄冈县志，随州志

湖南省 益阳、南、龙山、铜鼓、攸、凤凰、黔阳县志

广东省 南雄县志

海南省 临高县志

广西壮族自治区 宾阳、扶绥、横县、柳江、天等、大新、桂平、上林、阳朔县志

四川省 夹江、平昌、古丈、温江、开江、营山、郫县、井研、犍为、开县、新津、彭、射洪、仁寿志，北碚区志

贵州省 清镇、惠水、赤水、紫云自治、黎平县志

云南省　元阳、弥勒、武定、昌宁、石屏、永胜县志

注：本文系为《浙江方志》编辑部约稿而作。中国方志珍藏馆俞福海先生多次为我查抄有关资料，在此表示感谢！

（原载《中国地方志》2001年第4期；又载《浙江方志》2001年第3—4期合刊、《宁夏史志》2006年第1期。后收入田嘉、李富强主编：《中国地方志优秀论文选编（1981—2011）》；潘捷军主编：《方志之乡 文化浙江》，浙江古籍出版社2018年版；《仓修良探方志》）

二轮修志的继承与创新

一

方志的发展历史经历了地记、图经和定型方志三个阶段。在地记和图经阶段，由于当时所记内容比较简单，因而在体例上也比较单一，大都是将所记内容一一罗列，因而也就无所谓篇与目，这与当时社会内容相对来讲比较简单有密切关系。宋代开始，方志逐渐定型，记载内容也随之增多。于是在方志编修上产生了细目并列与分纲列目的编纂方式，分纲列目中，出现了篇目设置问题。同样是分纲列目，又分出多种形式，纲后来称篇或卷。特别要指出的是，南宋时期周应合所编纂的景定《建康志》已经采用了纪传体，他是方志发展史上采用纪传体编修方志的第一人。而更多的则是采用以类相从、按类编修的纲目体，如罗愿的《新安志》、潜说友的咸淳《临安志》等。在发展过程中，两种形式都有采用。到了明代，在分类过程中，还曾出现过"六部体"、"三宝体"和"三才体"。所谓"六部体"，乃是按照我国封建时代中央政府实行的三省六部制设置而相应分类的，如弘治《兴化县志》即分吏纪、户纪、礼纪、兵纪、刑纪、工纪六大类，也就是我们今天所说的六篇或六卷；章学诚在修《湖北通志》时，所汇编的《湖北掌故》，亦是按此六部分纲。所谓"三宝体"，就是全志分列土地、人民、政事三大总纲，然后再列细目编写，最典型的有明代唐枢万历《湖州府志》，由于《孟子·尽心》中讲过"诸侯有三宝，土地、人民、政事"，故有"三宝体"之称。"三才体"则是以天文、地理、人事为总纲，清代赵弘化的康熙《密云县志》可被视为典型。清代所修的《续修台湾县志》亦是采用了这种体裁。因为《周易》将天、地、人称为"三才"，故明代学者王世贞便将用此种体裁编写的志书称为"三才体"。明代所修志书，大多采用分纲列目。到了清代，由于贾汉复的《河南通志》采用细目并列，"康熙中尝颁诸天下以为式"，故影响很大，如雍正九年所修的《浙江通志》亦采用此式，并列细目多达 54 个。后来章学诚曾提出批评，指出："今之州县志书，多分题目，浩无统摄也。如星野、疆域、沿革、山川、物产，俱'地理志'中事也；户口、赋役、征榷、市籴，俱'食货考'中事也……凡百大小，均可类推，篇首冠以总名，下乃缕分件析，汇列成编，非惟总萃易观，亦且谨严得体，此等款目，直在一更置耳。而今志猥琐繁碎，不啻市井泉货注簿，米盐凌杂，又何观焉？"（《文史通义新编》外篇四《答甄秀才论修志第二书》）由于时代发展，社会内容丰富了，再用细目并列，确实已经很不妥当，查阅起来很不方便。清代乾、嘉以来，在章学诚"仿纪传正史之体而作志"的倡导之下，产生了一大批采用纪传体编修成功的志书，如谢启昆的《广西通志》、阮元的《广东通志》等。当然也曾出现过一些不伦不类的著作，如汪中的《广陵通典》、沈谦的《临平记》等，通体用编年体，自然不能算是地方志，尽管也有人作无原则的吹捧，只能说是对方志的无知。而这些书的作者，完全可以说是对方志性质和体裁一无所知，这些书只能称地方史或地方文献，而不能称地方志。

20 世纪 80 年代以来，随着全国经济的发展，文化的繁荣，在全国掀起了修志高潮，全国有 10 万大军参与修志。在大家的共同努力下，在继承传统方志编修体裁基础上，经过不断改进和完善，最后创造出新的志书体，这是上一轮修志中最大的成果。这一体裁是根据今天社会发展的需要，按照方志性质和特点建立起来的。因此，今天新参与的修志工作者，应当珍视爱护这一劳动成果，并且使之不断地完善，不断地创新，以适应社会的需求而永葆青春。这种新志书体实际上就是采用了纪传体的形式，容纳通行的以类相从、按类编修的分纲列目的体裁，作为专业志编修的主要方法，当然，这也就是司马迁《史记》、班固《汉书》中的"书志体"，又吸取了新出现的教科书编写的篇、章、节、目的方法，可见新志书体是有继承、有创新、有发展的。它是适应当今社会内容丰富情况下编修新方志的需要。当然，我们也应当知道，这个成果来之不易。在初期成书的许多新方志中，有些该写的内容都没有设立专门篇章。如"艺文志"，在方志发展初期阶段地记时期就已经有了这个内容，如宋孝王的《关东风俗传》；定型方志，特别是到了明清时期，凡是好的方志，都有这一内容，前面谈到的景定《建康志》就有《文籍志》。方志学大师章学诚再三强调,应当修好艺文志。令人遗憾的是,直至今日,尚有不少修志工作者对此没有引起重视。又如许多新修志书,对民国时期的政权、国民党等内容,不仅不立篇章,而且将其放在附录之中;有的志书虽然有了这些内容的篇章,但在编排上却一定将共产党、人民政府放在前面,而不是按照历史发展的顺序编排,这实际上是违背了历史唯物主义的观点。不过成书于后期的志书,这一现象已经基本不存在了,可见在修志过程中认识能力在不断提高。

二

继承和创新是相互依存的,没有继承,也就谈不上创新,因此,首先是要有继承。为此,我在《方志学通论》(初版)中,在谈论新方志编修时,就已经列有"注意做好继承和创新的关系"一目,指出大家首先必须懂得,自己编写的是地方志,而不是其他别的著作。既然如此,就必须保持方志的优良传统和特点,如内容的广泛性、区域性、时代性、资料性等,如果丢掉了这些传统和特点,那也就不成其为地方志了。这些特点和传统是其他任何一种著作所无法取代的。当然,继承并不是全部照搬,而是有批判地吸取其精华,剔除其不适应于新社会的内容与形式。就以人物传而言,旧方志大多有《烈女传》,章学诚当时已经批评,提出应当改为《列女传》,要为有才华、有贡献的妇女立传,而不应当只为守贞节的妇女列传。民国时期余绍宋所修的《龙游县志》中,还是设置了《节妇略》、《烈女略》,并振振有词地说:"贞烈一事,今世颇多非议,然二千年来律令所重,公议所崇。其苦行绝诣,亦多出于自然,非尽由于强致,洵足以发挥性情,维持世教,不可诬也。"已经到了民国时期,还在宣传封建礼教,这就是全盘照搬,谈不上是继承。相反,对于少数民族畲族,他却声称"畲氏本属异族,不必入志",这与孙中山提出的"五族共和"完全是背道而驰。封建时代许多旧方志,对少数民族多有记载,他又不继承。像这样的一部志书,如今还有人将其吹捧为佳志,简直不可思议。总之,创新是对继承而言,是以继承为前提,在继承的基础上根据时代的需要、地方的需要而加以发展和创造,而不是无依据的凭空创作。若是离开了这个前提,把千百年来方志发展过程中所形成的许多优良传统,有别于其他著作的所独具的特色全部抛开,另起炉灶地独创,那只会失去编纂方志的宗旨和意义。这种做法,只能叫作新创,而不是我们所讲的创新,一字之差,意义截然不同。因此,所有创新都必须照顾到方志有别于其他著作的固有特点和体例,如果这些都不复存在,那方志这种著作形式也会逐渐变味乃至消亡。就如《山东省志》在《人物》卷之外,另设《诸子名家》卷,本来这种做法是无可厚非的,只要将这些诸子放在一卷之中,并适当加大其篇幅也就可以了。遗憾的是编纂者们所采用的却完全超越了方志体例,而是为每个人写一本书。这种做法已经不是什么篇章升格与突出问题了,其结果已经是与《山东省志》并列了,不管你是否承认,如何辩论,摆在大家面前的事实就是这样。这就是量变的结果而引起质的变化。不仅如此,人们不禁还要问,你们这一本一本人物志,与各式各样的人物评传究竟有什么区别?既然与人物评传没有什么区别,那又从哪一点能够说明你是地方志呢?其实我们已经讲了,问题并不在于《诸子名家》卷能否单独立卷,而在于立卷之后如何处理,如何编写。人家批评你也不是单独立卷有错,而是没有将这些诸子名家"纳在一卷"之中编写。众所周知,绍兴的名人名家之多是举世闻名的,《绍兴市志》为了突出这一点,也设立了《名家学术思想》卷,集中反映人物群体。他们的这一做法,受到了方志界好评,并被认为是创新之举,因为人家的做法仅仅在于突出重点,反映特色,而编写中没有任何违规的做法,也就是说没有超越方志的体例。可见,设想都是一样,由于做法不同,表现形式各异,其效果完全相反。试想如果他们也按照《山东省志》的《诸子名家》卷那样写法,分别独立写成《绍兴哲学名家学术思想》、《绍兴政治名家学术思想》、《绍兴历史名家学术思想》、《绍兴文学艺术名家学术思想》等等,其性质自然也就变了,其结果也必然被否定,这是绝对没有商量余地的。据说目前有的地方正在新一轮修志中搞"方志编修年鉴化",我听了着实感到吃惊。在搞年鉴化的同志们,你们这样做不是在促使地方志走向消亡吗?这绝不是危言耸听。因为地方志与年鉴两者性质根本不同,前者是著作,这是胡乔木同志早就讲过的,而年鉴则是工具书性质,这是众所周知的事,难道这一点也不懂吗?既然年鉴化了,作为方志的性质自然也就不存在了,这不就是消亡了吗?这是明摆着的事实,根本无须多作辩论。这里我们再次提出，恳切地希望方志界同仁，特别是修志第一线的同仁，共同来认真负责地呵护已经延续了2000年之久的文化瑰宝，使这一优良文化传统，能够正常地代代相传，千万不要在我们这一代人手中变味而自行消亡。当然，我们也要指出，无论在什么时候，无论是什么人，若是真的断送了已有2000年历史的优良文化传统，必将成为千古之罪人！《北京市志》主编赵庚奇同志于2000年10月11日在全国城市区志北京研讨会上所作的题为《继承·创新·求实》的报告中就明确提出："1. 坚持地方志的本质属性不能改变。2. 坚持地方志的编纂体裁（形式）不能改变。"我觉得这两点在这个时候提出非常适时，非常重要。这里告诉修志界同仁，创新不能改变地方志的本质属性，也不能改变地方志的编纂体裁和形式，如果这两点都改变了，也就不成其为地方志了。关于地方志的本质属性，1986年12月胡乔木同志代表党中央和国务院在全国地方志第一次工作会议闭幕会上所作的讲话中已经指出："（地方志）应该是一部朴实的、严谨的、科学的资料汇集……尽管它不是一部科学理论著作，但是它毕竟还是一部科学文献。"其中还特别强调："客观的历史就是客观的历史，不需要在地方志里画蛇添足地加以评论。地方志不是评论历史的书，不是史论。多余的评论不但不为地方志增光，反而为地方志减色。"这就明确地指出了地方志的资料性。资料性本身就是微观的而不是宏观的，许多地方志书中大谈宏观，自然是不妥当的。浙江某县志稿评议会上，有人公开批评志稿宏观做得很差，其实正说明批评者本人对方志的属性还没有很好的认识。用胡乔木同志这个讲话精神去衡量《山东省志》那个《诸子名家》卷所写的一本一本诸子名家，很明显其是与方志属性相违背的。

三

至于创新，编纂者必须有胆有识，两者缺一不可。怎样创新，如何创新，这就是一个识的问题。见识不足，看不出创新门路，再有胆也无济于事；自己有见识，看出哪里可以创新，但没有勇气、没有胆量去做，前怕狼，后怕虎，怕犯错误，尽管有好的见解、好的想法，最终自然还是落空。

这在上一轮修志中都可以找到典型事例。上一轮修志，在篇目设置上有创新的为数还是比较多的，现就我所见到的作些介绍。上一轮修志初期，由于某些人错误引导，过分强调加大志书中经济部类比重，因此，当时所修不少志书，经济部类过于膨胀，大多占全志三分之一以上。当时我已经发现这个问题，因而在《方志学通论》（初版）中已经指出："若是部部方志的重点都是经济，而经济中的重点又都是工业，这就造成了千志一面，无所谓重点与特点了。"不仅如此，这种做法势必会挤掉其他内容的比重。在篇目设置的比重上，新修《绍兴市志》为我们树立了典范。以绍兴经济而言，在全国占有很重要的优势，列举几个数字就足以说明：还在1966年，绍兴已成为全国第一个粮食亩产超千斤地区；1984年实现全市粮食亩产超"双纲"（1600市斤）；至80年代末，全市又有25%的农田亩产达到1吨。在工业方面，1987年，绍兴已跻身于全国25个工业产值超百亿城市之列。所属绍兴县，则被列为全国十大"财神县"之一，绍兴、诸暨、上虞三县都进入中国农村综合实力百强县行列。单就以上所列而言，完全有理由将其作为特色、重点而大书特书。可是该志的编纂者们没有这样做，他们采用的是"详特略同"的编写原则。什么叫"特"，用该志总纂任桂全的话说，"人无我有、人有我优、人优我特"。那么绍兴特色应当是什么呢？他们经过多次研究，一致认为"历史文化名城"乃是"绍兴最根本、最重要，也是最本质的地情特色"，有必要加以突出。为了做到这一点，全书共设45卷，属于文化类的就有15卷，占卷目总数三分之一；全书正文字数472万，其中文化类220万字，占全志45%，这个比例在全国新修方志中是不多见的。在整个篇目设置上，他们从绍兴地情出发，也颇多独创。一般志书大多设文化篇或文化卷，他们取消了这个篇卷，而分别设置了《科学技术》卷、《名家学术思想》卷、《文学·艺术·图书》卷、《文物古迹》卷、《戏曲曲艺》卷、《艺文》卷、《报刊·广播·电视》卷。他们认为，这样做能够使有关文化内容在较为广阔的范围内和较为深入的层次上得到详细记述。这正是他们实施"详特略同"编纂原则的体现。在这些篇卷中，许多内容都是绍兴所特有的，可以使人们感受到这部志书很浓的文化气息和乡土气味。正因如此，我在为其写《过眼录》时，标题就是《浓浓乡情绍兴人》。要特别指出的是，艺文卷不仅单独列卷，而且分量相当大，著录各类书籍8000多种，因为他们知道这能具体反映绍兴人对祖国文化事业所作的贡献。可惜的是许多新志编修者却认识不到这点的重要性。这部志书为了突出反映绍兴人，从人口总体、人才群体、人物个体三个方面加以记述，特别是"人才群体"，又是这部志书的特色，自然也反映了编纂者们的创新。反映人才群体的有四个方面，一是《名家学术思想》卷，二是《戏曲曲艺》卷，三是《艺文》卷，四是《绍兴师爷》章，都集中突出反映绍兴的人才，使人阅读后会深深感到绍兴确实是人才辈出、人才荟萃之地。这部志书在全国评奖时，曾得到全国评委的一致好评，认为这是一部文化品位相当高的新修志书。

《东阳市志》也是当年方志学界公认的一部非常成功的志书，被认为是新修志书上台阶的代表作。这部志书确实有颇多创新之举，主要表现在篇目设置和编排都比较合理，特别是排列上很有自己的特色，在《政区》、《自然环境》、《灾异》之后，便是《居民》，《居民》之后是《方言》、《民俗》。这种排列顺乎自然规律，富有逻辑性，体现了人类社会的演变过程。因为《政区》、《自然环境》、《灾异》三篇，首先展示了这里居民长期赖以生存的地理环境和自然条件；而居民长期生活在一个共同的环境之中，久而久之，就产生了共同的方言和生活习惯，这完全是顺理成章的事，说穿了似乎并无多大奥妙。难能可贵的是人家想到了、做到了，这显然就是创新精神的体现。不仅如此，在《民俗》之后，接着就是《人物》，这就打破了新方志编修以来《人物》总是垫底的固定模式，从而突出了志书以人为主体的编修思想。因为有了人才有一切，工农业、文化技术等等都是由人创造出来的，人类一切文明史都是由人类自己创造出来的，要记载文明史，理所当然应以人为主体，突出人的作用。这再简单不过的道理，却往往被人们忽略，许多新志书总是存在"见物不见人"的现象。而《东阳市志》的编纂者们，确立了以人为主体的主导思想，全部志书的编写，都以人和人的创造为主线展开，从而体现了在东阳这块土地上所产生的一切物质文明、精神文明都是由东阳人所创造的。这里还想特别指出的是，该志在《人物》篇前面，还介绍了比较集中的姓氏和家族，如冯氏，在唐代，冯宿、冯定皆为进士，并且宿为吏部尚书，定为工部尚书，其子孙曾多人为进士，人称"兄弟两尚书，祖孙九进士"；赵氏，自南宋赵师尹金榜题名始，至清末29人登科；当代严济慈家，有"小科学院"美誉；诸葛棋家，一门八人七教授，被誉为"教授之家"；

王惕吾家，本人为台湾报业巨子，子女皆兴报业，誉称"报业世家"；韦文贵家，数代名医，人称"医药世家"。如此介绍人才，在新修方志中还从未见过。也许有人对这样记载会不以为然，我却认为很有意义，值得推广。许多地方不也是有世代从教的教育世家吗？当然还有许多各式各样的世家，为什么不能用这一形式写一写呢？这对建设社会主义精神文明、形成好的社会风气是大有好处的。它告诉人们，家庭环境对子女教育影响很大。一个家庭，如果大人每天都忙于"方阵"，而想要子女长大后成为大科学家，恐怕只能是天方夜谭。因此，集中介绍某些家族或家庭的做法，其意义不应被低估。我曾经讲过，政区、自然环境、灾异、居民、方言、习俗、人物这七个篇目，几乎所有新志书都有，但为什么大家都没有想到作如此顺序的排列呢？可见习惯势力的影响是很大的。这也说明每部志书篇目的编排顺序，内中还是大有学问的。许多修志界同仁对此不大注意，其效果就是大不一样。如镇江市也是一座历史文化名城，风景名胜又很突出，有三山、五岭、八大寺、古渡、名园、各种古遗址，还曾有过收藏《四库全书》的文宗阁，因此，这个历史文化名城具有非常深厚的文化积淀。志书本当集中、突出地加以反映，可是从《镇江市志》的篇目来看，不能不说是令人失望，因为反映这些内容的篇章太少，只有《风景名胜旅游》和《文物》两篇是关于这些内容的，却又一个排在上册第 23 卷，一个编在下册第 57 卷，两者相距如此之远，失去了内在联系，当然也就无从集中反映这座历史文化名城的风貌了。由于我中小学时代都在镇江读书，应当说对于镇江的情况还是有些了解的。

前面讲了，创新必须要有胆有识，这也是从许多志书篇目设置中概括出来的。我们先以安徽《萧县志》编修为例。1987 年，我参加了他们的志稿评议会。会上发生了两大争论问题，一个是该县志办同志欲将《书画艺术》从文化篇中独立成篇，在我看来，这本是正常的做法，但在评稿会上却引起了激烈的争论，而反对派又占优势，认为这样做不仅内容少、太单薄，而且这一分出又削弱了文化篇的分量。更有人提出《书画艺术》根本就不能成篇，因为萧县的国画艺术乃是无源之水，找不到源头，并且也无派可言，它与"新安画派"无法可比。虽然当代国画大师李苦禅题写过"国画之乡"，但那只是当代的，仅代表他个人看法，不能说明它有什么渊源，并且也未说明它已成派。此意见一出，影响很大，并给县志办同志带来不小压力。这时如果顶不住这个意见,《书画艺术》单独成篇的设想就可能流产。当时作为顾问的我,听了主编汇报,又看了志稿,深深受到志稿内容的感染和影响,觉得如此丰富的内容应当可以单独成篇。人家有全国一流的5位画家作为支柱,有全县1800名可施丹青之技的群众基础,有散布在全国各地数十名颇有成就的中青年画家,还有全国赫赫有名的雕塑家刘开渠也是萧县人,书画艺术已成为萧县人民文化生活中不可缺少的组成部分,对于这一突出的社会现象,为什么不能单独成篇呢?这里实际上有两个问题必须搞清楚,一是志书中凡是独立成篇的是否皆得有渊源可溯才可以。我觉得这个理由是不能成立的,否则好多新生事物、新发现的重大事件或新的社会现象就无法成篇入志了。二是应当看到历史上许多学派,形成于当时,但其名称大多为后人所加,"金华学派"、"浙东学派"、"扬州学派"、"乾嘉学派"等无不如此。因此,萧县的"龙城画派"形成虽然很晚,但它毕竟是一个艺术流派,存在也已有200年的历史,为什么不能成派?"常州学派"至今不过百年历史,不是照样成派吗?可见我们考虑问题必须胸怀五千年文明史,面向全国学术界,不能仅守一个"新安画派"。最后当然还是单独成篇,志书出版后,得到一致好评,认为地方特色反映得很好。另一个争论问题是,我阅读志稿后,发现萧县在抗日战争期间,三方面政权同时存在非常典型,既有抗日民主政府,又有国民党县政府,还有日伪建立的县政府。他们各行其政,各有数千人武装;政治上各有建制,各派官员,甚至还各有政党;文化上各有学校,各有报刊。全县10个区,竟有30个区公所。这个现象在全国也是少见的。为此,我在会上建议将三方面政权集中来写,单独成篇,不仅要写三方面政权同时存在,还要写三方面政权的对立与斗争,因为这个内容很重要,对今后编写当代历史都有重要价值。可是由于当时的政治气候,加上反对这样做的人很多,有人甚至提出这是为国民党、日伪政权树碑立传。县志办同志迫于压力太大,虽然采纳了我的建议,但仅仅放在一个节的地位,连章都不敢放,这自然就是胆量的问题。即使只有一节,出版后还是得到好评。这时就感到当初若是作为一篇来编写,容纳的内容就会更多些,其价值自然也就更大。

我们再看苏州、杭州两部新市志。苏州和杭州同是历史文化名城,又都是风景名胜城市,这两个城市,虽然都有"天堂"美称,但在历史文化、风景名胜的内涵上又各不相同。单以风景而言，杭州多为天然景色，以西湖而著称于世；苏州则多出自人工，而以园林享誉海内外，并成为江南园林的典型代表。可见同为"人间天堂"，各自特色大不一样。在编修这两部城市志书上，由于指导思想并不一样，所采取的方法、措施各不相同，其成书的效果也就大不一样。《苏州市志》的编纂者们，为了充分反映出苏州地方特色，不仅自己深入研究讨论，而且鼓励参加评审人员献计献策，还广泛征求意见，最后确定了自己的重点篇卷。他们在采纳了多方意见后，从三个方面作了处理："一是发挥地方优势，从《文化》中分出《文物》卷、《刻书·藏书·著述》卷，从《城市建设》中分出《城巷河桥》卷，保留了地方特色的《饮食服务》卷；二是注意从全方位反映各自的特色，或加大章节的处理，《工艺》卷中生产与特色并重……《商业》卷中着力记述苏州的传统商业街区；三是将《经济综述》、《城巷河桥》、《丝绸工业》、《工艺美术》、《园林名胜》、《文化艺术》、《文物》、《商业》等8卷列为重点志稿，求深求特。"[1]应当说，《苏州市志》的编纂者们对自己所写的对象，认识是比较准确的，并不是随意拼凑。因此，他们所确定的重点确确实实反映了苏州城市的性质和特点，甚至连苏州人的性格也反映出来。特别要指出的是，为了向世人展示园林建筑这一精美的内涵，他们除了单独设置园林名胜卷外，又在建筑卷中设立园林建筑章，以起到相互呼应的作用。志书告诉读者，园林其实就是古代富豪人家的私家花园，因此，它的建筑大都具有实用和观赏双重功能，它们都是"移山水之胜于咫尺，融诗、画、景于一体"的杰出建筑。他们还引用著名古典建筑学家陈从周发表的评述苏州园林艺术风格之说："首重境界，就是要有诗情画意，无形之诗，无声之画，而以立体的园林来代替，达到叠石流泉，虽由人作，宛自天开。因此是综合的科学，也是综合的艺术，包含了高深的哲理，在世界文化中独树一帜。"[2]这就更进一步将苏州园林的价值向世人作了展示。《杭州市志》的重点与特点是什么，我虽然住在杭州，志书出版，也曾一本一本给我送来，但我还是不太清楚，直到最后一卷的

---

[1] 陈维新:《〈苏州市志〉评审的有益尝试》,《中国地方志》1994年第1期。
[2] 《苏州市志》第11卷《园林名胜》第一章《园林》引，江苏人民出版社1995年版，第一册，第651—652页。

《后记》中我才看到："在集篇分卷时把文物、风景名胜、旅游、民情风俗等列为第二卷，突出杭州历史文化名城与旅游城市的地位。"我认为单靠这个篇目来突出杭州的历史文化名城和旅游城市的地位是远远不够的，况且这几项内容在其他历史文化名城也照样都可列出，若是不看你的内容，只看篇章名称，无论如何也反映不出杭州的特色。况且即使不是历史文化名城的地方，在志书的篇目中也照样可以找到这几个篇章名称，我不用查阅，就可列出十多种。说实在的，还在他们当初讨论篇目时，我曾听到过一点风声，觉得他们还没有抓住杭州地情的重点和特点，因此在拙著《方志学通论》（初版）中就曾引用1983年5月27日《杭州日报》头版报道："国务院在关于杭州城市总体规划的批复中指出：杭州是省会所在地、国家公布的历史文化名城和全国重点风景旅游城市……"我征引此报道的目的，在于说明杭州城市的性质和特点是"历史文化名城和全国重点风景旅游城市"，因此，这也就应当成为《杭州市志》编修的重点之所在。可是，我这一举动，却从未引起任何人的注意，更谈不上重视了。按理讲，人家苏州把"园林"作为重点而独立成篇，而且在其他篇中还有章节讲述，除此之外，还有好多篇章都在讲述苏州特点；那么"西湖"总该单独成篇吧，如今大家都口口声声说西湖是杭州的品牌，如何做好这个品牌文章呢？众所周知，杭州之所以出名，也正是因为有了这个西湖，人家到杭州来，多半正是慕西湖之名而来，不是吗？早在唐朝，大诗人白居易就讲了："未能抛得杭州去，一半勾留是此湖。"事实上许多名胜古迹，也大多围绕在西湖周边，张煌言的就义诗《入武林》不是也在讲吗："国亡家破欲何之？西子湖头有我师；日月双悬于氏墓，乾坤半壁岳家祠……"这就是说，于谦墓、岳飞墓、张煌言墓都在西湖周边，苏堤、白堤、保俶塔、雷峰塔等等当然就更不用说了，因此，有了西湖篇，许多风景名胜就都在其中了。为什么就想不到呢？这自然也就有个"识"字在其中了。我还要指出的是，现在声誉很大的千岛湖，原是人工湖，它是因建造新安江水电站而形成的一座大水库，人家淳安县志办同志在修《淳安县志》时，还特地为千岛湖立了专篇。同时，为了让大家了解千岛湖的形成，还在此篇之前设了《移民》篇。这部志书的篇目编排也比较合理，编者从本县是山区的实际情况出发，在《建置》、《自然环境》、《人口》之后，接着就安排了《移民》和《千岛湖》篇，然后又安排了与此相关的《水利》、《水产》、《电力》、《林业》、《土特产》诸篇，从而将该县建造水电站后引起巨变的特色如实地显示出来。这样安排亦是顺乎自然，篇章之间存在着一定相关联系。按常规安排，作为湖泊的千岛湖本当隶属于《自然环境》篇中，但是为了体现其在该县经济生活中所起的主导作用，予以独立成篇，使之与《自然环境》并列。因为千岛湖的旅游业与水产品已成为该县的两大经济支柱。它不仅已经成为著名的旅游胜地，而且已经成为浙江省四大淡水鱼基地之一，有83个鱼种，产品远销欧美十多个国家和地区。又由于先有30万人的大移民，才有可能建造这样一个大水库，形成这样风光旖旎的"千岛湖"。人家如此重视千岛湖，而杭州竟如此冷落西湖，不能不令人感到惋惜。《杭州市志》编纂者们对此想过吗？

当然，还有一种情况就更令人不可思议了，别人已经明确指出应当加强或突出的内容，但是有些同志就是领会不进去。浙江永嘉是包产到户的发源地，但是现在的新闻媒体每每以安徽小岗村最早而报道，事实上永嘉农村实行的联产承包责任制早在1956年春天就已经搞起来了，而小岗村是在1978年党的十一届三中全会后才搞起来，两者时间相差20多年，只不过永嘉农民的创造是被压下去了。著名经济学家廖盖隆在为《中国农村改革的源头——浙江永嘉包产到户的实践》[①]一书所写的序中，就曾明确指出："人们通常都说，农村家庭联产承包责任制即包产到户是1978年12月党的十一届三中全会以后，由安徽、四川等省的农民首先搞起来的。其实远在1956年和1957年，以后又在三年暂时困难时期，许多省区的农民就搞起包产到户这种农业合作的责任制形式了。……根据搜集到的材料，包产到户这种责任制形式，最早是1956年春，由中共永嘉县委选派得力干部深入农村，帮助农民搞起来的。"而在1957年10月13日《人民日报》发表的《温州专区纠正"包产到户"的错误》一文中就明确指出："这个办法是中共永嘉县委副书记李云河错误地认为'包产到户'能调动农民的积极性。"当年县委正、副书记都被开除党籍，正书记送农场劳改，李云河和宣传部下去搞试点的干部还下了监狱，直到20世纪七八十年代才得到平反。这件事在永嘉的历史上自然是一件大事，作为新修志书理所应当大书特书。因此，我在参加《永

[①] 当代中国出版社1994年版。

嘉县志》稿评审会时，会上会下我都多次提出此事应当单独成篇，因为此事记载并不困难，当事人李云河及宣传部下乡试点的干部戴洁天都还健在，有关的书也已出版。令人不解的是，该志出版后对此事竟然连章也未上，更不要谈单独设篇，仅仅放在节的地位，字数也很少。不仅如此，该县桥头纽扣市场，是改革开放以后国内产生的最早的小商品市场，是"温州模式"的重要内容之一，因此，评稿会上我也建议应当重视这个内容的编写，因为它对后来全国小商品市场的兴起起到了星火燎原的作用，如今规模宏大的义乌小商品市场、绍兴柯桥轻纺城等，都是在它的影响下兴起的。然而出版后的志书竟在目录上还找不到这个内容，也就是说连一个目的地位也没有给。这究竟是主编的主意还是顾问的主意我就不得而知了，是什么问题呢？自然都很明白。在首发式上，我当着主编和顾问的面将上述看法再讲了一次，自然已经无济于事了。

为了使方志编修做到精练，同时又能使地方文献资料得到保存，方志学大师章学诚曾写了《方志立三书议》一文，建议方志分立三书，他晚年所修的《湖北通志》就是完全按这一精神编修的。《宁波市志》主编俞福海在《宁波市志》出版后，又编了《宁波市志外编》，前几年我在给宁波大学方志专业首届毕业生讲新方志评论时就曾说，俞福海先生学习章学诚方志理论是真正学到手了，这个《外编》实际上全部是资料汇编，其实就是章氏三书中之"掌故"和"文征"。而这些资料对于研究宁波历史又都很重要，但是《宁波市志》中无法放进去，故单独编为《外编》，这在新方志编修中，自然又属创新之举。众所周知，上一轮新方志中，许多志书将重要的艺文志都丢了，为此我曾多次发表文章，呼吁大家务必要重视艺文的编修。但是也有不少志书虽然设立了艺文志，但所载内容多为诗文选，而不是真正的艺文志。这种做法历史上也曾有过，故章学诚曾在多篇文章中提出批判。同时代的谢启昆在《广西通志序》中也曾提出批评。希望在新一轮修志中不要再出现这一现象。《宁波市志外编》共分《古志选辑》、《碑记选》、《文选》、《诗·竹枝词·校歌》、《姓氏现存宗谱目录》五大部类。虽然只有五大部类，但涉及的内容相当丰富，以《碑记选》而言，又分学校碑类、水利碑类、桥梁和器物碑类、城垣和建筑物碑类、军事碑类、寺观碑类、祠庙碑类、官府行业民间规约和会馆碑类、墓志铭碑类、善举和其他碑类共10类。这些碑文大都具有存史和教育价值，一般只需看标题，即可知其大概。总之，《外编》所选内容，对于保存地方文献、提供学术研究都有重要价值，它对《宁波市志》来说，实际上起到了锦上添花的作用。这一经验值得推广。这里还要说明的是，《台州地区志》也曾汇编过一本《志余辑要》，选辑了一些重要的地方文献，我在撰写《论谱学研究中的随意性》一文时，还引用了其中陈、吴两姓家谱中世系与人名相同的怪现象史实，可见这种文献资料选辑工作，对于学术研究确实是很有价值的。

四

地方志这种著作，总是随着社会的发展而发展，其记载内容也就不断地在扩充和发展，并且随着社会的变化而在不断变化。因为它所记载的必须反映社会现实，因而所记的内容也必然经常在变，这就使得篇目设置也必须经常在变。所以修志界同仁就有必要用变的观点来对待篇目设置，用变的眼光来看待方志编修，以适应社会发展的需要。在上轮修志过程中，由于习惯于用经济部类、政治部类、文化部类等形式来确定和设置篇目，而不是从当地实际情况出发，从而在无形中限制了许多需要记载的内容，使其无法设置篇目。于是许多地方就采用《专记》、《特记》等形式来记载。如《嘉善县志》为了记载对该县一个生产队在1958年到1960年由于当时所吹的"五风"使生产、生活受到严重影响而饿死人的调查——这个调查是毛泽东同志的秘书田家英亲自带领的中央调查组所作，自然很重要，却又无类可归——他们便将之与明清时期嘉善赋税之重等内容合在一道设立《专记》。《上海县志》则将1928年以前的上海情况用《特记》来记载，将那些无类可归的内容，如《马桥遗址和马桥文化》、《有关黄道婆的资料》、《淞沪警备司令部》、《抗日战争纪事》、《文化大革命纪事》等作为《特记》记下。《静安区志》则以《上海展览中心》为《特记》，将无类可归的《谢晋元孤军营》、《汪伪特工总部》、《中统局上海办事处》、《文化大革命纪略》作为《专记》。《镇江市志》则将《民主革命斗争纪略》作为《专记一》，将《地委行署》作为《专记二》等等。在这些内容中，确实有许多是无类可归，为了把这些内容记载下来，这些同志也真是煞费苦心，这种敬业精神真是令人敬佩！但是这种无法记载的局面总不能继续下去吧。大家都知道，篇目是由人设计出来的，我们为什么要用自己设置的篇目来束缚自己的手脚呢？那些内容中有许多已经足够成篇，为什么不能作为一个正式篇目加以记载而非用《专记》、《特记》等形式呢？我们向来主张，篇目设置必须从本地的实际出发，有多少内容就应当设置多少篇目，这难道还有什么问题吗？应当看到，今天的志书，有许多内容、许多篇目是旧方志所没有也不可能有的，为什么这些内容都能作为正式篇目，而《专记》、《特记》的内容就不能作为正式篇目呢？什么"温州模式"、"机构改革"、"综合经济管理"等等，从前从未听说过，还不是改革开放以后才产生的，如今不都是作为正式篇目载入志书中了吗？不能老是用形式来束缚自己。内容够成篇的就独立成篇，而有许多内容很少，又很重要，且无类可归的就可采用《杂述》篇来收容，实际上许多新志书已经这么做了。希望方志理论工作者今后不要再给修志工作制定许多不必要的清规戒律。总之，我认为凡是入志皆应当作为正式的篇章节目，更不要搞各式各样的《附录》。因此，建议大家在新一轮修志中，学一学绍兴、苏州等地上一轮修志，修志工作者在拟定篇目之前，首先找本地"最根本、最重要，也是最本质的地情特征"。做到心中有数再确定重点与特点。鲁迅先生说过，越是地方的东西，越具有世界性。因此，大家必须懂得，编修地方志必须尽一切努力突出地方性。为此，绍兴修志同仁还总结出一条信念："地方特色写得越好，志书的生命力也就越强。"我觉得是很有道理的，提供大家参考。

最后建议大家在新一轮修志中，设置《杂记》篇（或《杂述》篇）和《文献辑存》两个篇目。众所周知，方志的记载内容非常广泛，旧时方志记载也比较灵活，内容长短不拘。三言两语均可入志，因此为后人留下了许多宝贵的材料。查找也很方便，因为没有空话、废话。这是修志宝贵的优良传统。由于新方志编修要求整齐划一，这个传统慢慢就被遗忘了，有许多很好的内容，就是因为无类可归而自己又不能单独成篇，于是只好都"割爱"而丢弃了，以后再想了解这些内容也就无处可查了。建议今后修志都设立一个《杂记》篇，将凡是无类可归、内容不多而又很重要的事情，一律记入此篇。方志大师章学诚对此早有创议，他要求每部志书都设丛谈，将街谈巷议之内容全部加以收录，以备日后之用，他在早年写的《修志十议》，最后一条讲的就是这个内容，指出："谣歌谚语，巷说街谈，苟有可观，皆用此律。"他晚年编修的大型志书《湖北通志》凡例中还专门立有一条，又在《为毕制府撰〈湖北通志〉序》中说："今编考据轶事，琐语异闻，别为《丛谈》四卷，所谓先民有言，询于刍荛，稗官小说，亦议政者所参听也。"可见他对这些内容一直很重视，在他看来，这些内容也是"议政者所参听也"，也就是我们今天所说，这些内容也都是可以资政的。所以新方志编修，亦应注意搜集这类内容，不能因为三言两语或无类可归而丢弃。值得庆幸的是，有些新志编修者已经注意到这些内容的重要性并加以搜集和记载，做得比较突出的首推新编《苏州市志》，他们正是以《杂记》为篇名，记录了苏州古往今来 95 条互不相干的历史事件。记事之前还有简明小序，序曰："本卷主要收集记录本志修纂时限内苏州的遗闻轶事，内容包括地方掌故、名人轶事以及具有科学价值和健康趣味的奇异珍闻，以期从各个侧面真实生动地记述苏州历史发展中的某些片断和细节，反映苏州古城丰富的文化内涵和独特风貌……所选有散见于书籍、报刊者，有采访记录者，重在第一手资料，并大体归类，酌加标题，以便翻查。"这里不仅说明了他们收录的范围，而且讲述了资料的来源和处理方法。据我所看，这90多条资料，内容都很有价值，诸如《为封建婚丧礼仪服务的苏州六局》、《雷允上和六神丸》、《玄妙观的传统集市》、《陈云和苏州评弹》、《胡适、钱穆相识于苏州》、《范烟桥与〈拷红歌〉》、《刘海粟三写司徒柏》、《〈枫桥夜泊〉诗异文》、《柴德赓与〈永禁机匠叫歇碑〉》、《狗肉将军张宗昌在苏州丑闻》、《林彪在苏州的所作所为》、《"文化大革命"时期苏州的标语、口号和歌谣》等等。在这些条文中，有的是苏州历史上的事件，有的是反映民风民俗，有的是关于老字号招牌的创始过程，更多的则是文化学者、社会名流在苏州留下的遗闻轶事。所有这些内容，对于保存地方文献、研究有关方面的历史和学术都有着无可替代的作用。可以想见，百年以后，人们对这些内容更会感兴趣。对于这些内容，其他书中都没有记载，此篇无疑起到了"拾遗补阙"作用，令人觉得"太难得了"。众所周知，方志有别于其他著作的重要表现就是内容上的一个"全"字，对于一个地方的方方面面，特别是奇闻轶事，大多有记载。然而上轮修志中，有些地方过于强调整齐划一，对许多无类可归的内容，不管多么重要，大多弃而不载，这无疑损害了方志记载的一个重要特点。《苏州市志》的编纂者们，正是为了保住这个特点，特地设立了《杂记》篇。只要亲眼看过这 90 多条内容，都会感到这些条文确实都是杂七杂八，无类可归，但是其重要价值又是任何人所无法否定的。总之，为了保持方志这一重要特色，希望今后在所有新修方志中，都能增设《杂记》或《杂述》篇，以便为子孙后代多留一些有价值的重要史料。另外，也建议在卷末设置《文献辑存》篇，将有保存价值的文件、布告、有关条例以及有价值的诗文选编等都收入其中。至于在新一轮志书编修中，编修的大多是续志，那么对前面所修志书中所存在的错误和遗漏，则建议分别设置《纠误》篇和《补遗》篇，这样不仅操作方便，读者查阅也比较容易，千万不要都纳入附录。

（原载庞国凭主编：《二轮修志·浙江论坛》，浙江人民出版社 2005 年版）

阮元和《云南通志稿》

在有清一代的封疆大吏中，曾产生过一批在理政之余，从事兴文教、治学问的学者型的地方官吏，他们与一般政客确实存在着很大差别，因为在他们的周围，大多吸引了一大批有着真才实学的人物。这种现象尤其以乾嘉以来最为突出。此时的代表人物如毕沅、谢启昆、阮元尤为典型。毕沅当年曾汇聚了一批学者，编修了《续资治通鉴》，又采用章学诚的建议，编纂《史籍考》，还主持编修了一批地方志，由章学诚负责编修的《湖北通志》乃是其中之一；谢启昆尝病魏收《魏书》失当，乃作《西魏书》24卷，又作《小学考》，以广朱彝尊《经义考》之所未及，故初名《广经义考》。至于阮元在学术上的贡献，则远远超过了他们不知多少倍。他们这些人不仅在繁荣乾嘉以来的学术，特别是朴学方面起到了不可忽视的作用，并且为朴学的进一步发展培养了一大批人才，许多人都是在得到他们的资助、重用和培养后才得以成长起来，有的还成为后来学术界的中坚人物。因此，对于这样一批封疆大吏当时在各地振兴文教、奖掖士子、重视乡邦文献、提倡学术研究等现象，应当很好地加以总结和研究，无论是对于了解当时的吏治还是总结当时的文教、学术发展都会有重要价值，因为这些人本身都是文教、学术发展的组织者和参与者。

一、阮元的学术生涯

阮元（1764—1849），字伯元，号芸台，江苏仪征人。乾隆五十四年（1789）进士。两年后升少詹事，不久授詹事，补文渊阁直阁事。乾隆五十八年，出任山东学政，任满调浙江学政。嘉庆四年（1799），继谢启昆任浙江巡抚。后历任江西巡抚，湖广、两广、云贵总督，体仁阁大学士。所到之处，兴办学校，提倡朴学，延揽大批学者从事编书刊印工作，特别是发掘、编修地方文献，为繁荣学术文化作出了贡献。在山东任学政期间，便编修《山左金石志》。乾隆六十年（1795）十一月即调任浙江学政，嘉庆四年（1799）十月，奉命接谢启昆而巡抚浙江，直至嘉庆十年七月丁父忧归里。三年后再抚浙江，次年因科场案牵连革职，入京在文颖馆任事。

他的一生，在浙江任职先后竟达12年之久。在此期间，他曾倡导了一系列对当时和后世都有重要影响的学术活动和文化事业。到了浙江不久，便开始编辑《两浙輶轩录》，编纂《经籍纂诂》，编写《畴人传》，并邀请臧庸、臧礼堂到杭州任《经籍纂诂》总纂。接着又撰《两浙防护录》、《浙江图考》、《皇清碑版录》、《积古斋钟鼎彝器款识》，编修《两浙盐法志》、《海塘志》、《两浙金石志》和编辑《海运考》等。特别要指出的是，嘉庆五年，阮元在杭州设馆校刊《十三经注疏》，好多学人如段玉裁、李锐、顾千里、臧庸、孙同元等相继入馆任事，历时六年，完成了243卷《十三经注疏校勘记》的撰写和刊刻工作。应当说这是当时学术界的一件大事，有的论著称这"正是他在校勘领域中树立的一座丰碑"，对于学术界的贡献和影响，自然可想而知。而阮元对于浙江的教育事业所作贡献亦是相当大的。当奉命巡抚浙江后，他很快就在编纂《经籍纂诂》处所设立诂经精舍，广聚生徒读书，并延聘王昶、孙星衍主讲诂经精舍。当时著名学者钱大昕、段玉裁、焦循、陈寿祺、顾千里、臧庸等亦都经常出入于诂经精舍，为生徒们讲学。不仅如此，他们还编集《诂经精舍文集》，将师生间研究讨论相关文章汇集成册，加以刊布。因此，这个书院实际上已经成为一个研究学问的活动中心。阮元还特聘陈寿祺主持杭州敷文书院，又立海宁安澜书院，聘周春为山长。他在浙江期间，还搜集撰写了《四库未收书提要》172种，足见其平日读书之勤。如此等等，可见其对浙江的教育事业确实是相当热心的。

调抚江西后，因时间短，仅刊刻《宋本十三经注疏附校刊记》，改建江西贡院号舍。嘉庆二十二年（1817）十月，便抵广州，接两广总督任。在两广总督任上，首尾约七年之久，在这段时间里，阮元在学术文化上做了三件大事：一是创办书院学海堂，二是组织学人编纂《皇清经解》，三是主持编修了《广东通志》。这三件事在当时和后世都产生了很大的影响。

阮元到广东不久，便约请地方名士商讨兴办教育、提倡朴学、发展文化诸事宜，并且很注意发挥社会力量来兴办教育和发展文化事业。嘉庆二十五年（1820），在广州设立了学海堂，初无校舍，乃借用原文澜书院，至道光四年（1824），新建之书院在风景宜人的越秀山落成。在这书院中，阮元实行了不少大的改革，如取消了山长制，《章程》的第一条明确规定书院不设山长，而实行学长制下的集体领导，这可以说是自有书院以来的一大变化。作为课程，也不再专门传授八股制艺，而开设了《十三经注疏》、《汉书》、《后汉书》、《三国志》、《文选》、《杜诗》、《昌黎集》、《朱子大全》等各种专书的讲授。教学方法也类似于研讨式，除教师讲课外，学生之间、师生之间都可以展开讨论。为了鼓励这种学习热情，还特意选编师生所撰文章，刊刻成《学海堂初集》16卷，阮元自己还为此集作序。学海堂的学生梁启超曾称赞阮元说："广东近百年的学风，由他一手开出。"可见学海堂书院，不仅为广东培养了一批人才，而且确实培养了一个好的学风。

《皇清经解》的编辑，是阮元当年在学术界所做的另一项大的工程。有鉴于清初以来，一批著名学者都纷纷推出对经书的研究成果，但是这些研究成果都分散在各自的文集或专集之中，查找起来颇不方便，于是阮元便想将其汇集成书以便阅读。最初命名曰《大清经解》。还在嘉庆二十三年，便约请了一批学人商讨编辑此书之事。最初考虑时，以为"能总此事，审是非，定去取者，海内学友惟江君（藩）暨顾千里二三人"。后因与江藩在编辑取舍上意见不一，故此事一直迁延到道光四年学海堂落成时，方正式发凡起例，决定去取，并命严杰率领学海堂诸生正式编辑《皇清经解》。因为严杰早在浙江时就已经协助阮元编《经籍纂诂》，校《十三经注疏》、《文选》等书，长期志同道合，故此次乃定他为该书之主编。其子阮福，则为总理收发书籍出入、催督刻工诸事。其书编辑，以人之先后为序，不以书为次第。道光五年八月《皇清经解》才正式开局，次年阮元便奉命赴云贵总督任，行前他只好将书局编辑之事，委托于夏修恕。自己则与严杰邮件往返，商讨编辑中取舍之事。道光九年九月，《皇清经解》刊刻成书，计收书182种，作者72家，共1400卷。夏修恕为之作序，记述该书编辑之缘起。阮元在此序最后略作增改云："不但岭南以此为《注疏》后之大观，实事求是，即各省儒林亦同此披览，益见平实精详矣。"

有鉴于广东的通志上一次修于雍正九年（1731），已经近90年没有编修，按照清朝政府的规定，各地志书都要60年一修，于是阮元在嘉庆二十三年便会同广东巡抚奏请修志，次年便得到批准，很快就组织了一个强有力的修志班子。这个班子的人选从总纂、采访到校录者皆"富于学而肯勤力者"，这就是说，参加的人必须具备两个条件：一个是很有学问，再一个就是认真肯干。实际上在这批修志人员中，好多都是当时著名的学者，如总纂中的江藩、分纂中的方东树等。其中还有许多则是对广东地方历史文献非常熟悉的有识之士，可见阮元在用人搭配上也很注意，如果都是外地人，对广东的历史和现状都很生疏，要修出一部内容丰富翔实的广东通志自然是困难的。这部《广东通志》历时三年，即到道光二年三月便完稿。全书共324卷，由典、表、略、录、传五体组成，典一：训典；表四：郡县沿革、职官、选举、封建；略十：舆地、山川、关隘、海防、建置、经政、前事、艺文、金石、古迹；录二：宦绩、谪官；列传八：人物、列女、耆寿、方技、宦者、流寓、释老、岭蛮。后在列传中又增《土司》一门，最后还设置《杂录》一门。门类设置相当齐全，其中的"略"，其实就是一般所称的志，由于总的书名称志，故内中的志便改称"略"，正如郑樵《通志》中的"二十略"，主要是内中称呼避开与书名重复而已。正如章学诚在修《湖北通志》时，则用"考"取代志，其意一也。由于阮元在浙江期间曾与章学诚有过交往，因此在修志思想上受到章氏方志理论的影响。最后设置了杂录，就是章氏的一贯主张。志书编写中，还根据广东地方的特点，专门设置了关隘、海防、岭蛮、土司等门类，更加丰富了志书的内容，所以受到后来方志学家瞿宣颖和梁启超等人的好评。《广东通志》与谢启昆所修的《广西通志》都成为清代所修志书中的上乘之作。

至于阮元在云南任职，从时间来说还是相当长的，从道光六年九月赴任，至道光十五年六月调回京城，首尾八年。然而，在这期间，阮元在学术文化方面大的活动，远不如在浙江、广东等地那么活跃，看来原因也是多方面的：一则是已经进入老年，精力自然不如以前充沛；二则是这几年中继妻孔璐华、爱妾唐庆云和长子阮长生先后死去，这对年届古稀的老人来说，精神上必然受到影响。还有一点也很重要：云南远在边陲，学术界人物来往很不方便。故而在此期间，他只做了一些与云南有直接关系的学术文化工作。

阮元一生爱好金石，到了云南以后，工作之余，便对各地的碑刻进行调查，并指导其子阮福撰成《滇南金石录》。他又搜罗大理石屏，留心石画，并于道光十四年撰成《石画记》一书。看来这也是他所独创，要知道在道光以前，大理石在社会上还是鲜为人知的，尽管在明代陈眉公所著《妮古录》始载有石屏如董巨之画，李日华《六砚斋二笔》亦载环列大理石屏有荆关董巨之想，而徐霞客游大理亦著入游记，大理石之名，在明代已见诸文献，但影响并不大，未为世人所重。阮元在云南期间，十分留心石画，认为大理石为天然之石画，非笔墨所能造成，因此着力加以搜集和宣扬，并为此数次赴大理石产地——大理之点苍山，每遇佳石，必有题咏。据记载，道光十三年是阮元题石画诗最多的一年，这年共题诗35首，其中题石画诗就有21首。阮元在《大理石屏四时山水歌》中记载，道光九年冬，他得佳石四幅，纵横皆一尺开外，确如画幅，"第一横幅，春山睡绿，湘烟叠叠，其痕宛然有欲销之意，用子厚句题之曰'烟销日出不见人，欸乃一声山水绿'。此'湘烟春霁'也。第二方幅，横岭连峰，沉阴黝绿色，下有云起，上有雨来，用许浑诗意题之曰'溪云初起，山雨欲来'。此'夏山欲雨'也。其三立幅，特立方峰，右连绿岭，天飘雨脚，云落峰腰，亦用丁卯诗意题之曰'残云归太华，疏雨过中条'。此'华岳秋晴'也。其四横幅，石纹如坡公雪浪，石青白相纠，酷肖风雪江流寒矶激浪之势，即用坡公句题之曰'画师争摹雪浪势'。此'寒江雪浪'也"（《揅经室续集》卷9）。经过他如此点题，其意境便完全突显出来，这么一来，这四块石板就变成了精妙绝伦的板画。经过阮元题写的各幅石画，题记往往都点出画意似某著名诗人之诗情，或类同某名画家之手法，大多做到恰到好处。阮元认为，许多石板虽有鬼斧神工的造化之工，不加品题，犹未凿破混沌，若无题记，则云烟过眼，实在可惜。众所周知，历代评论书画之书屡见不鲜，却无专记石画之书。阮元将多年来对石画所题所识，于道光十四年汇为一书曰《石画记》，所以我们说这完全出于他所独创。正因如此，大理石之名方大著于天下，其后便不断输入内地，成为各种著名园林名苑不可缺少之建筑材料和装饰品。阮元的宣传之功自然不可泯灭，因此，大理人民应当永远记住有功于大理的学者型官吏阮元。

当然，最重要的还是他组织人力，编纂了一部大型志书《云南通志稿》。这是一部内容相当丰富、编纂也颇有特色的志书，不知什么缘故，长期一直被人冷落。本文将在下面适当作些评述，以便引起人们的重视。

综上所述，我们可以看到，阮元的一生，大多数任官时间，都是在地方上担任封疆大吏，在为政之余，为各地振兴文教、发展学术确实作出了显著的贡献，特别是在浙江和广东两地尤为突出。在当时，他的周围总是吸引着一大批著名学者出入于他的幕府，他依靠这批学人，不仅编纂出多部具有学术价值的大型著作，而且还为地方上培养出一大批人才，这些人有许多后来都成为学术界的中坚人物。侯外庐先生把阮元看作"是一个在最后倡导汉学学风的人"，从他当时所编纂的各类书籍也确实可以说明这一点。对于阮元的学问，侯外庐先生曾有这样一段论述：

> 阮元不是一个哲学家，而是一个史料辨析者。他虽然和焦循为同乡姻娅（焦循为他的族姐夫），并推崇焦循为通儒，但他的治学态度却与焦循不同。焦循主贯通，阮元仍主训诂。他不但和当时学者编纂了训诂各书，而且在学问的研究上，由经史子集以至天文、历算、地理、物理，由小学直求之古代吉金、石鼓、刻石、石经诸学。胡适硬说："阮元虽然自居于新式的经学家，其实他是一个哲学家。"这话错了。因为哲学家起码要有自己的体系。我们读遍阮元的《揅经室集》，除了接受戴震的一些思想外，丝毫找不出他自己的哲学思想，像焦循的均衡论那样的体系在他也是没有的。他整理古史的方法，绝不能代替哲学。他一方面说"经……立乎史之前"，另一方面也从事于古代思想的考证，好像接受章学诚的"六经皆史"论，无意之间说"书之性近于史"。一方面他主观上主张最古的义训是最确的真理，这实在没有价值；另一方面他在客观上追求历史的义训，也有些史料判别的贡献。我们历史主义地批判地研究思想史，主要是从客观上论究古人的遗产，洗涤净除了他的糟粕，而保留着他的时代有价值的思维。①

阮元的所作所为，确实表明了他是乾嘉后期一位出色的汉学研究者、推广者和守卫者，而他领头编纂的那些书籍，即使在今天来说，还是有着重要

---

① 侯外庐：《中国思想通史》第五卷第二编第十五章，人民出版社1956年版。

的学术价值。正如何满子先生在为《阮元传》写的序中所说："不但乾嘉后期朴学的繁荣与他关系至密，咸同以后继朴学余绪的经师如俞樾、孙诒让等大批人物，亦莫不直接间接受其荫庇。"由于他对浙江的文化教育事业的发展影响比较大，所以后来浙人在杭州的吴山还建了一座阮公祠，并有人撰了长联云："殊遇纪三朝，入翰苑者再，宴鹿鸣者再，综其七年相业，九省封圻，想当日台阁林泉，一代风流推谢傅；宏才通六艺，览词章之宗，萃金石之宗，重以四库搜遗，百家聚解，到于今馨香俎豆，千秋功德报湖山。"此联虽有歌功颂德之意，但在一定程度上还是反映了他的人生经历。

二、阮元的方志理论

阮元由于长期在地方上任职，因而有机会操持编修两部大型志书——《广东通志》和《云南通志稿》，还曾编修过一部《扬州图经》，并应邀为多部府县志写过序。因为他自己也是做学问者，因而这些序也大多有内容、有价值，并非完全出于应酬，所以也就保存了不少有价值的方志理论。这里概括作些介绍。

（一）后人修志应当保留前人所修志书内容

这一观点主要反映在道光二十九年阮元为《重修仪征志》所写的序中。他的理论根据就是"史家之志地理，昉于《汉书》，其志（指《汉书·地理志》）首列《禹贡》全篇，次列《周礼·职方氏》，然后述汉时疆域，盖旧典与新编前后相联而彼此各不相混，乃古人修志之良法也"。他认为"欲得新志之善，必须存留旧志"，当于各门之中，皆列各部旧志内容于前，"然后再列新增，凡旧志有异同，则详注以推其得失。新增之事迹，则据实以著其本原。其旧志缺漏舛讹，有他书可以订正者，别立校补一类，庶乎事半功倍，详略合宜"。因为当时该志的编修者完全采纳了他的意见，所以该序最后说："所幸新修之志包括旧志于其间，学者读此一编，即可见诸志之崖略，其有裨于掌故，岂不伟哉。后此修志者，能奉此志为典型，但续新增而无改旧贯,匪特易于集事,不至费大难筹,且新旧相承,并垂不朽,此则余所厚望夫。"这一做法,实际上有三大好处:一是保留旧志内容,这是对以前修志人员功绩的肯定。二是方便读志用志人员,只要拿到一部志书,新旧内容都可以看到。作为封建时代的官员,在编修方志的时候,还非常注意为读志用志者着想;再看我们今天有些修志领导者,领导修志时从未把读志用志者放在心上,这两者差距难道不值得深思吗?三是编修人员可以省时省工,节省经费。其实我国古代修志工作者,也都是这么做的。最典型的无过于南宋景定年间马祖光、周应合两人携手共同编写的景定《建康志》,他们的做法在该志的《修志始末》中都讲得非常清楚,笔者在2001年发表的《千锤百炼著佳章》[①]一文中已经作了较详细的征引,这里限于篇幅,就不多讲了。我们要特别指出的是,对于新一轮志书应当如何编修,上一届地方志指导小组副组长王忍之同志2000年7月26日《在全国续志篇目设置理论研讨会上的讲话》(载《中国地方志》2000年第5期)中,就曾总结吸收了我国历史上传统修志的这一优良方法,创造性地提出了新一轮志书的编修方法。原话是这样讲的:

  上一届所修志书,总的说来,质量是不错的,但也存在缺点和不足,甚至有错误。面对这种情况,怎么办?是视而不见、听之任之呢,还是重视它,尽可能地改正它?我想应该是后者。"修"也是新一轮修志重要的、不应该忽视的任务,不能只讲"续",不讲"修"。"修"的工作量很大,开拓工作难度固然大,要在百尺竿头更进一步也不容易,也要付出大量劳动,要做很多考订、补充、修正等等的工作。好的保留,错的纠正,漏的补上,长的精简,如果这些工作做好了,再加上时间上把它延伸,新的续上,新一轮的修志工作就完成得更全面。摆在我们面前的,将是一部新的、更好的志书,既有最新一段历史的新的史料,又有对上一部志书的提高、修正。这次修志应做到既续又修,不能偏废。

[①] 此文2005年已收入华东师范大学出版社出版的《仓修良探方志》一书中。(亦收入本书。——编者注)

非常遗憾的是，对于新一轮志书编修有着重要指导意义的这样一个讲话内容，竟随着地方志指导小组的换届、王忍之同志的离任，而不再有人去理会了。

（二）志书编修不主张详近略远

自古以来，撰史修志，一般总是提倡详近略远，并成为传统史学中的优良传统。而《云南通志稿》的《凡例》第一条则说："详近略远，志书通弊，考志书备一方掌故，若详近略远，考古者不可为典要，何用志为？况四部载籍具在，悉心考订，自不至大有渗漏，蹈详近略远之弊。今自三代以迄本朝，综汇数千载，详加考订，期免漏略，不敢草率塞责，其不可考者仍缺之。"他所以把详近略远看成是志书的通弊，看来是出于他对方志的功能所寄托之希望过高。方志既然是一方之典要，就必须全面记载一方之掌故，若是详近略远，势必使得古代许多重要事情难以载入，这样一来自然就影响了方志作为一方典要的价值，这就是他指责详近略远症结之所在。

（三）修志要做到繁简适宜，反对私人议论

《云南通志稿》的《凡例》中直接提出："志贵乎繁简得宜，最忌横使议论。……若前明《武功》、《朝邑》诸志，专以简称其意，盖欲效法《五代史》耳。然欧阳修、宋祁分修纪传，删繁就简，称为良史，而后人又有议其略者。近代志书或矫其弊，复失于冗，似于繁简均未得宜也。"修志要做到繁简得宜，这条要求在任何时候都是适用的。明朝康海的《武功志》、韩邦靖的《朝邑县志》，简得实在太离奇了，前者全书3卷，约2万余字，后者2卷，仅5600字。别的不说，仅以此字数而言，能够写出一部县志吗？所以章学诚就曾指出，"韩氏则更不可以为志，真是一篇无韵之朝邑赋"。然而如此之志书却得到许多人的吹捧。当然，这里有必要附带指出，《新五代史》乃是欧阳修自己所修，"欧阳修、宋祁分修纪传，删繁就简"，乃是指《新唐书》。由于清朝许多地方志书编修，内容过于繁富，所以阮元提出要做到繁简得宜。这一思想，同样反映在他为嘉庆《嘉兴府志》所写的序中，序

说:"然使简而不得其要,固不若详者之足资考证也。"在《凡例》中,阮元还提出了"最忌横使议论"。每一个门类记载,必须做到"详悉颠末",正文引书,应当注明出处,而不能掺以"私议",如有需要考辨者,则加以按语,以避免渗入正文。可见他严格要求在修志过程中必须遵守叙而不论这一修志优良传统。

(四)重视图在志书中的作用

阮元在《重修广东省通志序》中曾这样说:"古人不曰志,而曰图经,故图最重。"可喜的是,他当时已经知道,方志在发展过程中曾叫图经,这一点可以说是比章学诚来得高明,因为章学诚虽然具有丰富的方志理论,但是始终不承认图经也是方志。当然,阮元对图经也有误解,总以为古代图经中的图是很多的。他重视图的作用,对此他又多少受到郑樵和章学诚的影响,章学诚将图称之为"无言之史"。阮元在《重修广东省通志序》中说:"《广州图经》不可见矣。今则一县一州为一图,沿海洋泛又为长图,按册读之,粲然毕著矣。"这就是说,除了卷首全省各种图外,每个州县还要绘图一幅,完全是从实用出发。他在嘉庆《嘉兴府志》序中盛赞该志有三善,其一便是"经界之明析,嘉靖赵志,作方画简而有法,仿其意为之,疆域之广袤,水利之堤防,展卷瞭如,此合乎夹漈(指郑樵)图谱之学也"。这就告诉修志界同仁,方志编修,不能仅局限于文字的记述,还要充分发挥表和图像的作用。

(五)方志编修中应当专门设立事志

什么叫事志?实际上就是记载这个地方自古及今的编年简史,目的在于让读者阅读后能够了解这个地方历史上发生过哪些重大事件。在阮元所修的《广东通志》十略中的《前事略》其实就是事志。他在《扬州府志事志氏族表图说三门记》一文中就讲述得非常清楚:

自古史传,人事与地理相为经纬者也。人事月改日易,而终古不易者地理也。同一郡县山川，在汉某年为治为乱，在唐某年为失为得，贤良之拊循，忠烈之婴守，灾害利弊，前史具在，修郡志者，是宜专立一门，以备考览。扬州太守伊公秉绶以修图经之事访于余，余为立事志一门，凡经史书籍中有关扬州府事者，编年载之，始于《左传》吴城邗沟通江淮，迄于顺治十六年贾质死瓜洲之难。纂修诸君，依余言撰之，成六卷，三千年事，粲然毕著矣。太守以忧去官，此六卷稿与各门稿本，皆存余家。余除服入都，巡盐御史阿公克当阿续修府志，延余门生姚文田等撰之，余以此门授文田曰："勿改可也。"故此门至今刊成独详备，特名《事志》，曰《事略》耳。(《揅经室二集》卷8)

　　看了这段文字，对于编修事志的原由及方法自然已经非常了然。在新修方志中间，由于大多数志书都有"大事记"这一内容，因此再立事志，多少会有重复之感。在新一轮修志过程中，有的地方已经不设"大事记"，而改为编写这个地方的编年简史，如新修的《昆山市志》，他们就直接称《史纲》，并且放在卷首。因此，阮元这一主张，在当时尚未普遍推广编修"大事记"的情况下，无疑还是具有创意的。他所以会有如此创意，自然与他把志乘视作史家之支流是分不开的，在《云南通志稿》的《凡例》中就有这样一条："志乘为史家支流余裔，而其实又微有不同。史纪一代典故，纵横数万里，而其断限则以时，两汉之史断不可及于三代，此定例也；志纪一方典故，上下数千年，而其断限则以地，滇之志断不可涉川黔。"按照阮元的看法，史与志的区别在于：史所记载是全国性的，不能越代而书；志书所载则为一地之事，不能越境而书。

　　除上述以外，阮元对金石志也非常重视。他所到之处，都要为该地修一部金石志，而他主持的两部大型的通志中都有《金石略》或《金石志》。他所以重视金石志，是因为许多碑刻的内容往往可补史书之不足，却尚未引起人们的足够重视。他在称赞嘉庆《嘉兴府志》"体例有三善"时，说"一在金石之著录，《至元志》所载碑碣搜罗独富，吴任臣作《十国春秋》藉以证据，今悉存其目，甄录其文，此合乎舆地碑目之例也"。

三、《云南通志稿》的价值与特色

《云南通志稿》全书216卷（不含卷首3卷），总目十三，子目六十八。从总体来看，篇目分类合理，编排有序，资料翔实，内容丰富，在当时来说，应当是志书中的上乘之作。为了帮助大家了解和研究，现将全部篇目抄列于后：

卷首3卷：诏谕、圣制（2卷）。

《天文志》4卷：分野、气候、灾异（2卷）。

《地理志》26卷：舆图（4卷）、疆域（2卷）、山川（18卷）、形势、风俗。

《建置志》24卷：沿革（4卷）、城池（2卷）、官署（4卷，仓库、三善堂并附）、邮传（2卷）、关哨汛塘（5卷）、津梁（4卷）、水利（3卷）。

《食货志》24卷：户口（2卷）、田赋（4卷）、积贮、课程、经费（4卷）、物产（4卷）、盐法（2卷）、矿厂（5卷，附钱法）、蠲恤。

《学校志》9卷：庙学（2卷）、学额（附贡例）、书院义学（6卷）。

《祠祀志》11卷：典祀（3卷）、俗祀（2卷）、寺观（6卷）。

《武备志》9卷：兵制（2卷）、戎事（5卷）、边防（2卷）。

《秩官志》29卷：封爵、官制题名（16卷）、使命、名宦（2卷）、忠烈、循吏（2卷）、土司（6卷）。

《选举志》9卷：征辟、进士（合为1卷）、举人（5卷）、武科（2卷）、恩荫难荫。

《人物志》26卷：乡贤（2卷）、卓行、忠义（4卷）、宦绩、孝友（2卷）、文学、列女（12卷）、方技、寓贤、仙释。

《南蛮志》19卷：群蛮（4卷）、边裔（6卷）、种人（6卷）、贡献（2卷）、方言。

《艺文志》18卷：纪载滇事之书（2卷）、滇人著述之书（2卷）、金石（2卷）、杂著（12卷）。

《杂志》8 卷：古迹（5 卷，台榭胜迹附）、冢墓、轶事、异闻。

由于该志稿道光十五年（1835）刊刻以后就不再有刻本，因此流传不可能太广，一般人很难见到，所以我将全部篇目都一一列出，让更多的人能够有机会对它进行研究。要给大家指出的是，这部志书所以能够完稿不久就很快得以刊出，与阮元任职调动有着很大关系。道光十五年二月，阮元拜体仁阁大学士，留任云南总督，没有几天就改管兵部，并很快成为实授。考虑到自己很快就要离开云南，若不抓紧刊出，人走后书稿很可能就会散失，这有早年毕沅请章学诚所修之《湖北通志》为前车之鉴，后者在历史上留下了千古之遗憾！可以这样说，阮元的果断为我们留下了一部不可多得的通志。

上文讲了，他的《广东通志》"大略以《广西通志》体例为本"，采用典、表、略、录、传五种体裁，而《云南通志稿》则又通体皆曰志，可见他的修志思想是随时随地在变的，以做到因时因地制宜。他在《顾亭林先生〈肇域志〉跋》中就曾明确讲过："天下政治随时措宜，史志、县志可变通而不可拘泥。"（《揅经室三集》卷 4）这部志书据笔者初步研究，有如下几个特点值得注意：

（一）篇目编排有序

全书总目十三，实际上就是我们今天所讲的十三大类，每类之中再区分不等的子目。而这十三大类的编排都是前后有序，在每一个类目之间，又都有着一定的联系。关于这点，编纂者们在《凡例》中还作了详细的论述。如对于卷首为什么要放那些内容，作者们很坦诚地说："尊王制也。"这样的说法和做法，即使在今天，我们也很难说对或不对，因为这完全是由时代和地位所确定的。正像我们今天新方志编修中，每部志书的凡例第一条，总是都要列上"本志编修要以马列主义、毛泽东思想和邓小平理论为指导思想"一样。因此，对于封建时代的志书卷首要列上那些内容，自然也就不足为奇了。接下去排列，先《天文》，后《地理》，用他们自己所说，"志书天文而外，地理最重"。因为"天文、地理本于天成"，其他内容都属于人事，故将这两个内容排列在前面。在所有人事中，则又先列《建置》，以显示出这里居民的居住环境。"民以食为天"，这是自古以来政治家治理国家总结出来的重要经验，要先解决好老百姓吃饭穿衣问题，"仓廪实知礼节，衣食足知荣辱"，所以在《建置》之后，紧接着就是《食货》。"衣食足而后礼义生"，老百姓在吃饱穿暖之后，就要对他们进行教育，这是遵照孔老夫子富而教之的思路在做，因此接《食货》者便是《学校》。以下自然没有必要一一列举下去，总之十三个大的门类编排，是有他们自己一定的思路的，而不是随意地胡乱编排，最起码他们已经考虑到各个门类之间的相互关系。

（二）突出重点、反映特色

这部志书的编纂，重点和特色表现得都非常突出，200多卷的志书，《食货志》就有24卷，而《南蛮志》亦竟用了19卷，这两卷既成了重点，又成了特点。我们先谈《食货志》。在《物产》之外，又特地专列《盐法》和《矿厂》，并在《凡例》中指出："盐法、矿厂为滇南大政，尤宜详载。盐法有旧章新法，矿厂有现采已封，金、银、铜、铁各厂并京铜采买鼓铸诸例，俱不可缺。"可见编纂者们已经知道这些内容都应当详加记载。而记载少数民族的《南蛮志》，不仅设立专志，而且用较多的卷数加以记载，因为他们也知道云南是少数民族比较多的地方，可是以前所修志书，很少有专门记载的门目，大多分散在相关门类之中。正如《凡例》所云："滇属蛮方，诸蛮之事为多，旧志俱杂入各类中，殊未明晰，今另立《南蛮志》一门，又次之其子目五。曰《群蛮》，考诸蛮受中朝封列五等者入《封爵》，受中朝冠带为群吏者入《土司》。其不受中朝爵命自相雄长，及未受爵命，以前既叛，以后事迹繁多，类无所归，今为《群蛮》一门，悉隶于是，俾效命者荣膺圭组，叛乱者屏诸远方，于记载中亦微寓旌别之意。"针对云南地处边陲，又特立子目《边裔》，以记载边疆民众与邻国交往所发生诸事。特别是《贡献》与《方言》两个子目的设立，更突显边疆志书所特有的内容。而在《秩官志》一门中，《土司》亦占6卷之多。可见修志者们确实还是本着从云南实际出发，尽可能地反映云南的历史和现状。

（三）力求保存地方文献

人们若仔细阅读这部志书，就会发现《艺文志》有两个非常特殊的地方：一是《金石志》归并于其中，二是诗文入了《艺文志》。其实这正是这部志书分类不合理所致。上文已经讲了，阮元对于金石一直是很重视的，因此每部志书他都要修金石志，这个主张和见解自然是应当肯定的。由于这部志书在分类上欠妥当，因此，《金石志》无适当位置，但是为了保存这一重要文献，只好附入《艺文志》，为此，《凡例》还作了说明："《金石》为旧志所无，今裒集元以前钟鼎碑版诸文，每事必详其源委，考其异同，并勾勒其原文，以备鉴别，为嗜古者考证之资，且有足以补史家之阙，虽非《艺文》，亦可与《艺文》为一类，故附入之。"可见这样的做法完全出于无奈。又如对于各处题咏及诗文不该入《艺文志》，他也是很清楚的，但是像这样一个篇目设置又能放在何处呢？对此，《凡例》中亦无可奈何地表示出了作者的心情："诗文不入《艺文》，前已言之。今志中凡各处题咏及诗文之与各类有关者，既已散入各类中矣。尚有不能分入各类而诗文不可废者，统为《杂著》，亦从俗附入于此，犹夫《金石》之意。"所谓"前已言之"，即本条《凡例》前面讲的"旧志专以诗文为《艺文》，非古也，考《汉书·艺文志》专载书目，并无诗文"。这就说明，两者收入《艺文志》，他也明知不合本意，最后还是"从俗附入"，完全出于尽力为地方多保存一些有价值的文献。而对于《艺文志》中所收的各种著作，做得就更加细致了，除著录书名、作者外，更"仿晁公武、陈振孙诸家之意，每书必录解题，又仿朱彝尊《经义考》，每解题必录前人成说，搜罗四部，裒集无遗"。这部志书之《艺文志》的学术价值也就可想而知了。当然，这对于研究云南的地方历史和文献的价值也就可想而知了。因此，我认为，单就这个《艺文志》，这部地方志的价值就不应当被低估。

（四）注意发挥杂志的作用

作为地方志的内容所追求的就是一个"全"字，所以章学诚把地方志称作"一方之全史"，它要对一个地方的历史和现状的方方面面都加以记载，包括奇闻轶事无所不载，正因如此，许多方志就在三言两语中为后人留下了许多重要的材料。章学诚当年就曾提出，修志过程中要对那些无类可归的内容，最后设置《丛谈》，对于街谈巷议的内容加以记载，可以起到拾遗补阙的作用，他在《湖北通志序》中就曾指出："今编考据轶事，琐语异闻，别为《丛谈》四卷，所谓先民有言，询于刍荛，稗官小说，亦议政者所参听也。"(《文史通义新编》外篇六) 阮元受到章氏学说的启发，在所主持的两部通志中，都设置了这一性质的篇目，《广东通志》称《杂录》，而《云南通志稿》则称《杂志》，与全书保持一致。正如《凡例》所云："有不能入各总目中无所统辖者，以《杂志》终焉。其子目四：曰《古迹》，旧志有收之未确者，咸辨明存之，其未收者悉为补入；曰《冢墓》，亦踵旧志之例而宜存者；曰《轶事》；曰《异闻》，即旧志之《杂记》，今为博采成编，以备阙遗。"他们的编纂目的非常清楚，"博采成编，以备阙遗"，尽量做到应收尽收。正因为有了这种认真负责的精神，才有可能编纂出这样一部内容丰富、特色鲜明的大型志书。特别是在当时的社会里，能够抓住突出重点，反映地方特色，尤其是难能可贵的。花了那么多篇幅来编写少数民族，不管他的出发点如何，单从为后人留下了这么丰富的少数民族史料，也就值得肯定了。

该志的价值和特点，除了以上从四个方面所论述外，其实有些内容在处理和做法上还是值得人们注意和研究的。众所周知，封建社会所编修的地方志，记载妇女的就是烈女传，似乎妇女只有忠守贞节的才值得被记载。对此，章学诚在其论著中多次提出批评，认为妇女传的编写，不应当变成"烈女"，忠节固然要写，而更多的应当写才华出众的妇女，凡是有作为、有贡献的妇女都应当撰写。我们看这部志书《人物志》的《列女传》所写就不是"烈女"，不仅如此，《人物志》一共只有26卷，而《列女》就占了12卷，这样的比重，在历来方志中是很少见到的，这自然反映出作者的思想和观点。诸如此类，都很值得研究，限于篇幅，就不再讲了。

我们说这部志书修得相当不错，究其原因，除阮元在指导外，关键是总纂得人，这就是笔者经常讲的，主编得人乃是一部志书编得成功的关键因素。主纂王崧（1752—1837），是阮元的门生，号乐山，云南浪穹人。嘉庆四年进士，先在山西武乡县任知县，由于学问渊博，因此还受聘在山西晋阳书院游学四年。道光六年，受聘参与该志的编纂，并任主纂。著有《说纬》6卷，编辑有《南诏野史》、《云南备征志》等，特别是后一种，编辑以事为主，抄录原文，因此史料价值很高，号称滇南大典故；还将该志地理等六个门类抄录成《道光志钞》，收入所著《乐山集》。李诚，字师林，别号静轩，浙江黄岩人，研究经学，著有《十三经集解》，还著有《蒙古地理考》、《新平县志》等，任云南顺宁县知县，适因事罢官，阮元遂将其聘入志局。从两人经历看，均非一般政客，正是阮元所要求的"富于学而肯勤力者"，在他们共同努力相助之下，《云南通志稿》才有可能修成这样的规模，取得这样的成就。可见阮元的方志思想非常明确，主编用人得当乃是修好一部志书的第一要务。

当然，用今天的眼光来看，由于篇目设置上的局限性，因此许多内容归类不合理也就在所难免。这就说明这部志书并不是十全十美的，值得议论的地方也并非三两句话所能完成，文章篇幅所限，这个问题就不再展开。至于语言文字的表述中存在的观点上的问题，那是时代所留下的烙印，今天大家都能理解，自然也就没有必要再对这些问题大做文章。

（原载《历史文献研究》总第 27 辑，华东师范大学出版社 2008 年 9 月版。后收入《独乐斋文存》）

一部反映杭州千年历史足迹的重要文献
——《武林坊巷志》

杭州市最近正在进行背街小巷的整治工程，在整治过程中，还要发掘每条街巷的历史典故，我觉得这是一项很有意义的工程，它不仅在为杭州人民创造一个非常良好的生活环境，而且在为全市人民找回杭州被湮没的历史。因为杭州的每条街巷，都有一段丰富的历史和十分精彩的文化内涵，而这些长期以来一直被埋没而鲜为人知。如水星阁一带，自南宋以来就已经成为游览胜地，特别是明代建阁以后，周围广植梅花，冬春时节，梅花盛开，游人前来赏梅之盛况，可与孤山相媲美；由于这里当时还有南湖，夏季又到此观赏荷花。又如今天的长庆街一带，北宋时这里称北桥巷，巷内有吉祥寺（咸淳《临安志》称吉祥院），寺内所种之牡丹非常有名，苏东坡称其是"钱塘第一"。他在杭州任太守期间，每当牡丹盛开时节，必到此赏花，直至傍晚扶醉而归，还留下一组《吉祥寺赏牡丹》诗，其中一首是："人老簪花不自羞，花应羞上老人头。醉归扶路人应笑，十里珠帘半上钩。"这一带当年的繁华景象亦可想而知。南宋时这一带则属安国坊。再如今天的新华路一带，明代以来称忠清巷，而在宋代则称褚家塘，因为唐代名宦褚遂良家族，自三国以来，世代居此，故有此称。至南宋时，太监陈源命园丁在褚家塘御东园嫁接琼花成功，故将此园改称琼花园，因而此处又有"琼花街"之称。这些内容，如今的杭州人知道的自然也不会很多。说老实话，对于上述这些，我也是最近才从丁丙所著《武林坊巷志》一书中知道的。

前不久，社区领导请我帮忙，为他们查找一下本社区所属几条街巷的历史名称和典故。为了完成这一任务，于是便将书柜中这部《武林坊巷志》八本全部拿出。这部书还是六七年前，浙江人民出版社王福群同志给我送来的，一直没有时间翻阅。经过几天的翻阅查找，任务当然是完成了，同时我深深地感到，要想了解杭州的各条街巷、里弄、桥梁、寺观等名称的来历及演变，只要能有这部书，就可以得到比较满意的回答，因此，我在这里特向大家推荐和介绍。

丁丙，字嘉鱼，号松生，又号松存，浙江钱塘（今杭州市）人，生于清道光十二年（1832），卒于光绪二十五年（1899），是我国清代著名的藏书家。同治三年（1864），因左宗棠奏荐，以知县发往江苏任用，未仕。一生以搜集地方文献为志，太平天国时期，杭州文澜阁《四库全书》散佚，他多方访求、补抄，为保存这部《四库全书》作出贡献。其先世有藏书楼曰"八千卷楼"，他又增益二楼曰"后八千卷楼"、"小八千卷楼"，总称"嘉惠堂"，有藏书凡20万卷。与江苏常熟瞿氏"铁琴铜剑楼"、山东聊城杨氏"海源阁"、浙江归安陆氏"皕宋楼"并称清季四大藏书楼。他曾将杭州地方文献搜集整理并编刊为《武林掌故丛书》，这对于防止地方文献的流失、保存杭州地方文献作出很大的贡献。另外，他还著有《善本书室藏书志》、《庚辛泣杭录》等书。特别是他用了30多年时间编写成的《武林坊巷志》，更是一部有益于民生的好书，建议所有杭州人都去读一读此书，肯定会有收获。

丁丙编写《武林坊巷志》究竟用了多少时间，尚未见到有确切记载。从其自序可以知道，同治三年（1864）他已经着手搜集有关资料，而光绪二十二年（1896）元旦自己就写了序，俞樾也在同年立夏后三日为该书写了序，序中已明确讲了，"康侯抱书来见，则裒然成编矣"。以此推算，用时30多年之久。全书440余万字，记载了南宋至清末杭州城市的坊巷、官府、宫室、寺观、园圃、坊市和名人宅第及有关文献，所收街、坊、巷、弄据《自序》所云，"都八百余条，稽之图志，证之史传，下至稗官小说，古今文集，靡不罗载"。可见编写中所据之资料是非常丰富的，内容记载翔实可靠，因此，书刚完稿，便得到大学者俞樾的称赞，并随即为之作序，指出："其书以太平坊建首，以南巡行宫在焉，尊之义也。次之以西壁坊以下，鳞罗布列，若网在纲。博采群书，参稽志乘，无一事不登，无一文、一诗不录，城郭、官府、宫室、寺观、坊市曲折及士大夫宅第，无不备载。"其学术价值，远远超过宋敏求的《长安志》。而对于"文献无征，付之盖阙，正其著书之慎也"，因此，书中所载内容，大都足以信赖。

这部书中坊巷的排列顺序，是按照康熙《杭州府志》所列坊巷为准而再作调整，关于这一点，作者在《总目》之前的按语中已经作了说明：

谨按：康熙《杭州府志》：仁和县坊八：曰义和、曰平安、曰东里、曰如松、曰南北壁、曰东西壁、曰义和安国、曰同德安国。钱塘县坊十有一：曰南壁、曰西壁、曰太平、曰丰宁、曰馨如、曰斯如、曰保安、曰芝松、曰松盛、曰南良、曰北良。兹仁和县义和安国改曰义同，同德安国改曰卫所。钱塘县丰宁改曰丰上，馨如改曰丰下，南壁一坊且并入驻防，无是坊名，伏查太平坊为南巡行宫，翠华再幸，驻跸于斯，是以恭录太平弁冕于诸坊之上，微特见省方之勤，抑亦昭尊崇之义也。余仍依《府志》所编次第，而以驻防附其后焉。

书中对于所列之坊、巷、街道等名称来历及演变，大都能做到穷原竟委，水落石出。而对于无从考证的，也都在按语中加以说明。由于杭州曾是南宋的都城，故每个地名的记述一般也就以南宋作为时段上限，并且也都以乾道《临安志》、淳祐《临安志》、咸淳《临安志》三部志书所载作为依据而开始记述。当然，有些地名产生比较晚的则以后来的志书或其他有关文献为依据。而对于这些地方居住过的历史名人，除了引用方志以外，还大量引用正史、文集、私家宗谱和各类笔记等。全书所用各类书籍达2143种之多，我们说它是一部内容丰富、资料翔实的地方文献，绝不是一句虚夸之词。当然，各条记述的详略和征引资料的多寡都并不相同，甚至差别很大，这也说明作者在撰写过程中是从实际出发，没有史实根据则宁可阙如，而不作任何判断，足见作者治学之审慎。下面我们就举例说明：

首先来看水星阁。从该书记载来看，明清时期这一带地方是杭城一处很重要的风景名胜地，直至清光绪年间，这里还是一些文人雅士相聚品茶吟诗之处。因为这里在南宋时曾是当时名将张俊之孙张镃的私家花园，书中首引《咸淳志》："广寿慧云禅寺，在艮山门里白洋池。张循王之孙镃舍宅为寺，绍熙元年赐今额。"接着再引成化《府志》、嘉靖《仁和志》和万历《府志》，而《仁和志》所述最详："广寿慧云禅寺，即张家寺，在白洋池北。宋张循王俊宠盛时，其别宅富丽，内有千步廊，今为民居，故老犹口谈之。旧有花园，废久。惟存假山石一二。今寺中有留云亭、白莲池，皆其所遗。其前白洋池，号南湖，拟西湖为六桥，桥亦堙迹。宋淳熙十四年，王之孙名镃者，舍宅建寺，尚遗王像，寺僧至今崇奉。宋致仕魏国公史浩撰碑记。"又根据

《西湖游览志》记载,"元至正间毁,洪武十七年,僧文副重建。永乐九年永忠、宣德间广睿、弘治元年福海相继重建"。而在慧云寺内有玉照堂,在康熙《仁和志》有具体记载,这是南宋张镃在"淳熙乙巳(指淳熙十二年,1185),得曹氏荒圃于南湖之滨,有古梅数十,辟地十亩,移植成列。增取西湖北山别圃红梅,合三百余本,筑堂数间以临之。又夹以两室,东植千叶白梅,西植红梅,各一二十章。前为轩槛,如堂之数。花时,居宿其中,环洁辉映,夜如对月,因名曰玉照"。按《西湖游览志余》记载,张氏此园,"其园池声妓服玩之舶甲天下",一时名士大夫莫不与之交游。至于水星阁之建,则在明中叶以后。书中引《北隅掌录》所载:"水星阁在白洋池上,形六角,如浮图,凡三层,高七丈八尺(自注:自地至脊高六丈六尺,顶高一丈二尺,围环十四丈四尺),中供毗罗佛,此前人用以厌武林之火患也。似明中叶以后所建,各志未载。阁东偏有康熙时碑,记他事,只旁及水星阁一语,绝不言其缘起。乾隆甲寅、乙卯间(乾隆五十九、六十年)仁和徐吉峰司马(尧鉴)募金修葺。工竣,植梅百本于其下,并重构玉照堂,复张氏故迹。旧腊新春,梅开如雪,游人之盛与孤山埒。功甫(张镃号)玉照堂诗:'一棹径穿花十里,满城无此好风光。'当年胜概,犹可仿佛其一二焉。"据有关文献记载,水星阁一带直到清光绪年间,由于这里风景甚美,仍是文人雅士聚会之处。王景彝在《铁花吟社诗存》中就记载了他与高云麟等八人光绪五年(1879)五月二十一日到此相聚吟诗的情景,可见直到清末这里还是人们向往的地方。正因如此,清人沈映钤即使做官在外,还是念念不忘这里的景色。他在《退庵随笔》中写道:"吾杭北郭之南湖有慧云寺,乃南宋张功甫之故居,当时有十里南湖之目。今寺中补植梅数百本,开时烂漫,与城闉塔影参差掩映,别饶胜概。其前槛有句云:'六楹抱阁,三层香尘不断;一径穿花,十里风景犹新。'余少时最喜往游,领其萧闲之趣。今则宦海浮沉,欲归不得,每至岁除,不禁梦魂长触耳!"此人清同治年间做过知府,足见水星阁地区到了清末,还是风景依旧。由于这里一年四季花事不断,冬春梅花,春季桃、李、海棠,夏季荷花,三秋桂花、红叶,风景总是宜人,故而令人向往。为了反映出这里南宋至明清游人之盛,作者特从志乘、碑刻、笔记、各类诗文集中选录了许多文人在此游后所留下的众多诗句,确是非常好的见证。据《钱塘县志补》记载,大诗人陆游曾写过《饮张功父园戏题扇上》:"寒日清明数日中,西园春事又匆匆。梅花自避新桃李,不为高楼一笛风。"诗中所写到此欣赏的显然不是梅花,而是桃李,因为时值清明时节。又如《江湖后集》中亦有《游张园观海棠戏作》:"春色都将付海棠,群仙会处锦屏张。约斋妙出春风手,子美无情为发汤[扬]。"特别要指出的是,因为水星阁又是赏月的好去处,所以也留下了不少赏月诗。如清人陈裴之在其《澄怀堂诗集》中就有《水星阁玩月》诗:"月轮天近水星天,高阁来看夜月圆。山影隔云低似梦,江流归海远如烟。闻歌欲唤龙宫女,把酒应来鹤背仙。客与主人俱好事,诗成都供百花前。"而清嘉庆年间诗人陈文述在《颐道堂诗集》中也有《水星阁玩月》诗一首。可见当时每当天高云淡的时候,这里又成为文人雅士赏月吟诗的活动场所。总之,记述水星阁的文献资料非常丰富,作者在介绍中竟然动用了80余种各类著作,他对此书所下功夫之深于此可见。

对于每条街、巷等名称的来历,一般情况下,作者都尽可能地探明原委,而对每处历史上曾住过、产生过哪些名人,不仅做到一一列出,而且将其有关传记资料也都尽量加以辑录。我们就看曾被新闻媒体多次披露过的孩儿巷,《乾道志》、《淳祐志》均称保和坊,再注砖街巷。《咸淳志》仍曰保和坊,注安国坊相对,俗呼砖街巷。嘉靖《仁和志》则曰:"孙儿巷、保和坊,即砖街巷。"到了康熙《仁和志》,表述得就更加清楚了:"保和坊,即砖街巷,又名孩儿巷。宋时售泥孩儿者多在此,故名。又名永寿巷。"可见孩儿巷之称至迟在明嘉靖年间已经有了。这样一来,巷名的来历与演变过程自然也就清楚了。接着便对巷内的灵祐宫、报恩禅寺、关帝庙、永福寺作一一介绍。然后便对这条街巷中住过的名人加以介绍,而首先介绍的就是爱国诗人陆游。作者从《渭南文集》中录《跋松陵集》原文:"淳熙十六年四月二十六日,车驾幸景灵宫,予以礼部郎兼膳部校察赐公卿食,讫事作假,会陵阳韩籍寄此集来,云东都旧事也,欣然读之。时寓砖街巷街南小宅之南楼。山阴陆某务观手识。"这段跋文明确地记载了陆游住在砖街巷的时间和当时的任职。接着又从《剑南诗稿》中抄录了《夜归砖街巷书事》全文,随后作者又用按语形式列举《初到行在》、《还都》、《夜归》以及《己酉元日》诗数首,应当都在此寓所中所作,"放翁时年六十五岁";并用《陆放翁先生年谱》,印证"(陆游)淳熙十六年己酉,六十五岁,在都下寓砖街巷南小宅"。为了记述该巷的旧闻轶事,作者还特从《张玠老编年诗》中选录《康熙癸酉秋闱试毕归家解嘲》诗:"形貌虽衰心尚孩,喧喧一例选场回。三年消缴三场苦,三个胶泥蜡烛台。"小注:系孩儿巷泥人铺支应。紧接着作者又加了按语:"丙按:今孩儿巷已无泥人铺,秋闱仅有瓷盘碗暨中秋月饼放给,胶泥烛台久停给矣。此诗不特斯巷旧闻,抑亦秋闱故事也。"其后,又记述了住过此巷的其他名人的事迹与巷中发生过的奇闻轶事。

我们再看百井坊巷的来历。百井坊巷在义同坊二,书中先后引《乾道志》、《淳祐志》、《咸淳志》记载,南宋时这里属左二厢招贤坊,但在咸淳五年起则称登省坊。从成化《府志》起又称兴贤坊,因元时贡院而得名。康熙《仁和志》记载:"兴贤坊内自东而西抵四姑桥。"丁丙在此按曰:"百井坊巷正为兴贤坊。"至于百井坊巷之得名,黄士珣的《北隅掌录》记述最为完整:

　　《咸淳志·山川》十六:"祥符井,吴越王开,凡九百九十眼,后为军器湮塞,今仅存数井。"《寺观》二:"钱王井九百九十眼,今存者无几。"并云九百九十,《梦粱录》同。而《淳祐志》则云:"有井九十九眼。"《洪武杭州府志》(书今不传,见《永乐大典》):"有钱王所凿九十九眼井。"《成化志》同。按,此系《咸淳志》误,而《梦粱录》承其误,淳祐、洪武、成化三志是也。读楼宣献(指楼钥)《武林山》诗云"吴越大筑缁黄庐,为穿百井以厌之",尤为显证矣。今寺后有百井坊巷,当从此得名。《十国春秋》:"宝正六年,浚中兴寺戒坛院井,井九十九眼,号钱王井。"则九十九是眼数,非井数明矣。

黄氏除了征引宋、明、清三代志书外,更引楼钥诗和吴任臣的《十国春秋》作为旁证。特别是楼钥,乃是南宋高官,曾以吏部尚书、端明殿大学士、签书枢密院事,进同知枢密院事,后又除参知政事。诗中所言自属可信。丁丙为了说明问题,将这段文字全文照录,这就使读者能够更加全面地了解历代各种有关文献对这一名称记述的全过程。凡是杭州历史上出现过的地名,书中一般都专门列出条目,资料多的则多讲,资料少的则少讲,若是出于自己推测,也必然如实讲明。如豆腐巷,先指出"南出孩儿巷,西北出双陈巷",再引《咸淳志》卷19:"在城厢界,左三厢,东至三桥西堍,转北沿河直至结缚桥豆腐巷。"在引了这段文字后,自己按语曰:"连左二厢界。左二厢,北自观桥中心以北直至三桥子为界,又东自市西坊以北御街一带,直至观中心为界。今豆腐巷在结缚桥下观桥上,与左三、左二接连之语相合。虽委巷,居然犹沿南宋旧名。诸志之不载者,殆以巷陋忽之,反未尝细究《临安志》耳。"这里既讲清豆腐巷在历史上所处的位置,又讲明当今所在的地方;同时也批评了自《临安志》以后,因巷陋而诸志都不记载,这当然是很不应当的。

当发现前人记载中有不同情况时,作者一般也都作认真分析与考证。如永宁街,在指出"北对青云街,南出福清巷"后,先引《乾道志》卷2:"《坊市》:右二厢,祈祥坊(北桥巷),安国坊(仁和仓巷)。"对此记载,丁丙作了很长一段按语:"《淳祐志》安国坊下注云:旧祈祥坊。《咸淳志》安国坊下注:保和坊相对,俗呼北桥巷,所谓旧祈祥坊,注亦削去。因思《乾道志》既祈祥、安国两坊分列,必非一坊两名可知。疑祈祥坊专指北桥至仙林街直街一段,安国坊当在今之长庆街一段。故姚氏《西湖志》白莲花寺,亦谓在安国坊内也。《乾道志》既于安国坊下注仁和仓巷,今永宁街至青云街两名各志不列,仁和仓址即今之贡院永宁、青云两街,直通贡院,其为仁和仓巷方合。"从这段按语,人们可以看到,作者看问题和分析问题是相当仔细的。

笔者在翻阅了该书以后,深深感到这是一部不可多得的杭州地方文献,是研究杭州历史,特别是研究杭州地名的演变者不可不读之书。然而我感到遗憾的是,这部书的作用还没有得到充分发挥,试举一例说明。长庆街,丁丙在书中按语指出:"长庆街,西对仙林桥,东对白莲花寺巷,街内西南曰大福清巷,东南曰五老巷,西北曰永宁街,东北曰柳营巷。"接着引康熙《仁和志》:"安国坊,俗称北桥巷。"又引姚靖《西湖志》:"安国坊,俗称北桥巷。内有仙林寺、白莲寺(别见北桥巷)。"在引文之后,丁丙接着就发表了自己的看法:"按此所云,则长庆街、白莲花寺巷均属北桥巷矣。又考康熙《仁和志》,安国坊今名仙林寺巷,则此街隶安国,而随两桥为名。然长庆之名,终无可考。"丁丙在这里说得非常清楚,长庆街之长庆究竟起于何时,"终无可考"。可是,《杭州市地名志》则曰:"长庆街:东起林司后,西至仙林桥。宋称长庆坊,《梦粱录》卷7:'长庆坊入忠清庙路'。"当然,我不知道他们是没有阅读过《武林坊巷志》，还是已经阅读过而对丁丙的考证结论不信任。不外乎这两种可能。在这里我可以告知广大读者，他们的结论是错误的。其实这个问题在咸淳《临安志·坊巷》栏目中讲得很清楚，该目在右一厢所列诸坊名目中，在"长庆坊"下特别注明"朝天门里西入忠清庙路"。只要查看一下该志所载之《皇城图》，问题就可全部解决。况且该图在浙江人民出版社出版的《武林坊巷志》每册后面都有，真是只需花举手之劳。特别令人不解的是，《杭州市地名志》中，在《浙江省城图》之后就是这幅图，只要看一下也就可以解决。还要指出的是，咸淳《临安志·坊巷》右一厢所列各坊之后，还特地指出："已上并在御街东西。"只要有上述两条——"朝天门里"、"并在御街东西"——就完全可以确定其方位，绝对不可能在今天长庆街的位置。退一步讲，朝天门如果不知道，御街今天知道的人还是比较普遍的。再说《梦粱录》的记载也没有错，只是使用的人没有多做思考而错用，该书所载"长庆坊，入忠清庙路"，与《咸淳志》相比，少了一个"西"字。这里首先就应当考虑到"忠清庙"的所在位置。《咸淳志》卷71《祠祀一·土神》之下第三座庙宇便是"忠清庙"。此庙是为祭祀伍子胥而建。志书云庙在"吴山"，"唐元和十年刺史卢元辅修"，"国朝载在祀典，雍熙二年四月诏重建"，"大中祥符五年，朝廷以海潮大溢，冲激州城，诏本州每岁春秋醮祭，学士院写青词（见诏令门），其年赐忠清庙额，封英烈王"。这就是说，此庙虽然建于唐朝，但是名"忠清庙"还是自大中祥符五年（1012）开始。这里有必要附带说明一下为什么要为伍子胥立庙。伍子胥是春秋时期吴国的重臣，为吴国立下大功，但因为他屡谏吴王夫差拒绝接受越王勾践的投降而不成，被迫自杀。死后，吴王将其尸体装在鸱夷（当时是用作盛酒的皮袋子）里面，投入江中。后来传说他的精魂不泯，尸体随着波浪奔流，形成汹涌澎湃的怒涛。于是民间就逐渐将其视为水神，说他发怒时，就会兴起波涛汹涌的狂浪，祭祀他就可以免除为汹涌的波涛所冲击。可见忠清庙是在吴山，与今天的长庆街相距甚远，而与这里的忠清巷更是风马牛不相及。如今的忠清巷名称则始于明代中叶，它并不是因忠清庙而得名，这在明清时期所修杭州有关志书中都有明确记载。丁丙在"升平街"按语中说："今对肃仪巷，则称忠清里。"嘉靖《仁和志》："升平坊，即忠清里。旧名琼花街。"康熙《仁和志》则说："升平坊，今名忠清里，旧琼花街，入褚家堂。"至于忠清巷之得名，则起于明正德十五年（1520），时任浙江监察御史唐凤仪欲为胡世宁建坊，据万历《杭州府志》、康熙《杭州府志》，"世宁谢曰：'唐有仆射褚遂良者，里人也。当时谏易后，忠莫大焉。我明四川按察佥事王琦、兵部郎中项麒，皆与同里，清望重一时，世宁所愿为之执鞭者也。若移树坊之工，为三公表，世教民风，所益良厚。'凤仪遂为树'忠清里'坊于褚家堂南巷口云"。至于褚家堂，原名褚家塘，嘉靖《仁和志》有详细记载："褚家塘，在城内忠清里。乃是茅山河所经，今茅山河湮久，其塘名尚存。自褚遂良以上，世有显宦，咸居于此，因以名塘。"而如今的长庆街，又确实与忠清里相邻，于是《地名志》的作者，就采用了简单的对号入座方法，而忽略了"同名同姓"这一特有的社会现象。不要只以为人有同名同姓，却不知地名亦有此现象。大家知道湖南有个桃源县，而江苏泗阳历史上也曾称过桃源县，一座城市里曾经有过相同的地名的自然也不在少数。因此，参与编修方志同志与地名办同志，在处理这些问题时，必须持审慎态度，切不可掉以轻心，千万记住"文章千古事"这句至理名言。

　　阅读这部书以后，人们还会发现，如今杭州的地名，有许多在流传过程中慢慢地变了，乃至脱离原意。如"六克巷"，本当是"六客巷"，原指六位客人，有名有姓，有文献记载，变成"六克"，其意则不可解。"十五间园"，如今变作"十五家园"了，丁丙在书中解释了为什么叫"十五间园"，而未提及"十五家园"之名，可见这个名称的变化还在丁丙成书之后。"梅东高桥"，今天变成"梅登高桥"。书中引《西湖游览志》卷14："通济桥，俗称梅东高桥，其旁有胭脂桥。"康熙《杭州府志》及此后所修志书均称"梅东高桥"。丁丙还摘引了许多描写、吟诵梅东高桥的诗文，也不曾提及有"梅登高桥"之称，看来同样是成书以后方才演变的。最离奇的则是"御笔弄（街）"变成了"御跸弄（街）"。这个错误的始作俑者看来应当是《浙江省城坊巷图》作者。"御跸街"，丁丙在书中按语云："南出仓巷，东出新横河桥街，人物有沈初一人。"接着列出"《浙江省城坊巷图》：御跸街"。此下就抄录了周骏发的《卧陶轩集》中的《沈冢宰云椒初》诗："迎銮同献赋，倚马羡登瀛。启事山涛赠，澄怀卫玠清。生刍贻一束，御笔兆三卿。待唱归田乐，如何噩耗惊。"小字注："云椒召试入中书，能马上书奏片。癸巳，予丁内艰，自豫章回籍治丧，云椒寓杭之御笔街，应王抚军聘，修《南巡盛典》，过舍吊问，今秋卒于当涂里第。"周骏发在注中讲得非常清楚，沈初住在"杭之御笔街"，而不是"御跸街"，而诗中所云"御笔兆三卿"，那是讲沈初在京城所受到的荣宠。因为沈初中进士后，历任福建、顺天、江西等地学政，兵部、吏部、户部尚书等，以文学为乾隆帝所赏识，先后充任四库馆、实录馆、三通馆副总裁，还参与内廷续编《石渠宝笈》、《秘殿珠林》等书。据《清史稿·沈初传》记载，乾隆帝确实曾为他单独下过诏书对他予以表彰并给以升官，上引诗中所讲大约就是指的此事。御笔街是否即因此而得名，因无其他证据，也就无从下判断。但是，无论如何，我们可以这样讲，"御跸街"之名始见于《浙江省城坊巷图》，可惜的是此图是何时何人所绘，丁丙在书后未作说明（其他引书在书后都注明了作者和时代）。而生活在乾嘉时代的杭州人周骏发的文集中所讲的是叫"御笔街"。此图的绘制当然不会早于乾嘉时代。况且历史上也从未见到过记载有某皇帝到过此处。我们再从汉字的使用常规来说，史书上从未见到过"御""跸"两字连用的情况。这两个字本身都已经含有皇帝的特权在其中，如"御"就是在封建社会指与皇帝相关的事物及其所作所为，如御书、御题、御制、御医、御驾等等；"跸"本来就是指皇帝出行时，禁止行人通行而要进行清道，因此，有时亦有跸道、跸路，也引申为指皇帝的车驾，如驻跸、扈跸等。因而也就无须"御""跸"两字连用。综上所述，御跸街之称，肯定是流传中形成的一个错误名称，不应再让其误传下去，更不应当"将错就错"！

通过以上论述，我们完全有理由这样说，《武林坊巷志》确实是一部内容丰富、资料翔实、论述有据、可读性强、雅俗共赏的杭州地方文献，它可以告诉你杭州每一个重要地名的来龙去脉，每个地方的历史典故和许多历史文化内涵，诸如每条街巷历史上曾住过哪些历史人物，留下哪些相关遗迹乃至诗文，曾经有过哪些名园和风景名胜，产生过哪些风味小吃，等等。胡三省在评论司马光的《资治通鉴》时，认为《通鉴》内容丰富，如同一座文化宝库，因此"读《通鉴》者，如饮河之鼠，各充其量而已"。借用这句话来形容《武林坊巷志》的内容和价值也不为过分。我们可以这样讲，直至目前为止，还没有一部记述杭州地方文献的著作能够超过此书。上文列举的那个不应当产生的对号入座错误，显然与没有阅读或没有很好阅读此书有着直接关系。而《杭州市地名志》中其他地名是否还有这样离奇的错误，由于我不可能一一去查对，当然也就不可能表达看法。但由此而想到的是，地名志的编写，必须认真负责，来不得半点马虎，一旦出了差错，势必给子孙后代造成很大麻烦。上述错误，我们可以根据800年前留下的志书为你们指出错误，你们的书800年后还具有这样的价值吗？

最后还要谈一点关于杭州地名的问题。众所周知，每座城市的地名，总都有自己的个性和特色，而不应当是千篇一律。许多地名都是经过很长时间而逐渐形成的，因此，其中都蕴藏着深厚的历史文化内涵，不应当随便加以改变。而作为一座城市的主要街道，其名称同样有着自己的个性与特色。山东济南，他们主要街道是以经、纬来命名，经几路，纬几路，外地人到了这里以后，只要知道一条路名，就可以知道东西南北的方位。至于杭州，20世纪50年代初，笔者虽然初到杭州，但由于路名特点，就很少弄错方向。当时主要街道的名称，东西方向称街，如平海街、庆春街、解放街等；南北方向的则称路，如延龄路、湖滨路、建国路、东街路等。不仅很有特色，而且给外来人员以很大方便，只要知道一条路的名称，就可以很快确定自己所在的方位。解放初期，在街道命名上还是遵照这个特点来定的，如解放街肯定是解放后才定的。不知什么时候，杭州市地名办公室来了个统一大行动，杭州主要街道的名称，好像一律都称路了，杭州原有路名的个性从此就消失了。广大杭州市民朋友，难道你们就不觉得很惋惜吗？

（原载《浙江方志》2005年第3期。后收入《独乐斋文存》）

新修方志特色过眼录之一

新中国成立后第一届修志工程，目前已经取得了重大成绩，进入了后期阶段，特别是县市志的编修进展更快，非常可喜的是，还出版了一批村、乡、镇志，我在《对当前方志学界若干问题的看法》一文开头就已讲了："十多年来，不仅编写出了数量很大的各类志书，而且培养出一批修志人才，建设了一支修志队伍，已经出版的新县志全国已达五百种以上，这是一个相当大的数字，是十分可喜的成果，是广大修志工作者辛勤劳动的结晶。"当然，出版数字目前恐怕已近千种。

对于如此众多的新志书，至今我还没有单独写过一篇评论文章，自然不好与方志界有些同仁相比，有的写了几十篇，有的上百篇，更有的达两百篇，对此我只能表示敬意而已。我所以不单独写书评，原因是多方面的，而主要的则是不便于讲真话。因为凡是请你写书评的，总是希望多讲好话，否则人家就不会高兴，甚至还要得罪人。事实上书评就是对一部书说长道短，两者合起来才称得上评。众所周知，目前的情况是说长容易道短难，既然如此，我就只好不写了，因为"文章千古事"，写书评既要对作者负责，更要对广大读者负责，尤其要对子孙后代负责。书评写得言过其实，当前或者碍在情面上不会有人批评，但是子孙后代恐怕就不会那样客气了。况且写好一篇书评也不是那么容易的事，我上面引的那篇文章中已经讲了，只有做到"兼善"和"忘私"，才能对一部书作出较为公平合理的评论。"兼善"固然不太容易，因为要兼取众家之长，要在对众多新修志书有所了解的情况下才能下结论，而不是不管其他，只就一部书做文章。"忘私"自然就更难，它不允许专凭个人情感的好恶来评论一部书，既有"情面"，就不可能"忘私"，朋友之情，故乡之情，无疑都会影响着评论时的公平砝码；何况绝大多数新志的评论文章全是出自请托而作，出自所谓盛情难却而作，写这样的评论文章，恐怕就无法做到"忘私"了。所以我在给友人一封信中曾经讲过，必须真正能"超脱"，才有可能写好新修志书的评论。

当然，我不单独专门为某部志书写评论，并不是说我对新修志书就不作评论，不谈看法，只不过改变方式而已，对于这届修志中所产生的那些确有创见、确有特色的志书，我将通过各种不同形式加以评介，现在所写的《新修方志特色过眼录》就是其中之一种，既是"特色过眼录"，自然就只谈特色，谈成功。而所谈的仅限于一部志书的某几个方面乃至一个方面。因为我向来认为，一部志书如果能有三两篇写出特色，那么这部志书将会永远立于不败之地，永远立于方志著作之林！所谓"过眼录"，就是所谈的这些方志都是我亲自看过，我未见过的别人说得再好我也不能写。而我看过的自然都是朋友们给我送来或寄来的。既是"过眼录"，就不打算有部数的限制，凡有特色都将评介。由于个人见闻有限，自然也欢迎方志界同仁推荐。

千岛湖——新中国建设成就的见证
——录《淳安县志》

碧波荡漾的千岛湖，早已成为中外游人向往的地方，她其实是建造新安江水电站的产物。对于她的形成和淳安人民为她的产生所付出的巨大代价，以及由于她的产生，淳安人民生产生活所发生的巨大变化，新编《淳安县志》都作了详细的记述，并且围绕着这些内容而形成了这部新编志书十分鲜明的特色。众所周知，淳安原是个山区，地处新安江中上游，因而新安江畔肥沃的河谷平原，就决定了居民以农业生产为主。50年代末，我国第一座自行设计建造的大型水力发电站——新安江水电站建成，使该县产生了翻天覆地的变化，因水电站建设的需要，造大坝拦截新安江上游蓄水，即新安江水库，由于水域面积大，从而形成了人工湖。水库淹没海拔一百零八米以下的低山、河谷、盆地、村镇、农田等，地势较高的峰峦露出水面，成为屹立湖中的大小不等的岛屿，竟有一千零七十八个，故有"千岛湖"的美称。此湖的形成，使淳安县境内自然面貌和经济发展都产生了巨大变化，从地貌气候，到土壤水文。三十万亩良田沃土，全部沦为水域，昔日的"粮仓"，如今却成为"鱼仓"；淹没了五个城镇，一千三百多个村庄，近三十万人要背井离乡，迁往他乡。面对这样的巨变，新修县志该如何写法，自然就是具体而现实的问题。尤其是三十万人的移民，这是建国以来各地所罕见的，移民们所作出的舍己为公的贡献，更应当让子孙后代得知，为了这个美丽的千岛湖的落成，先辈们是承受了重大的损失，作出了惊人的牺牲。

《淳安县志》的编纂者们，为了达到这些目的，从篇目设置和内容安排都作了新的尝试，他们放弃了新志编修上篇目设置所形成的程式，而是从本县的实际情况出发，在《建置》、《自然环境》、《人口》之后，接着就安排了《移民》和《千岛湖》两篇，然后又安排了与此相关的《水利》、《水产》、《电力》、《林业》、《土特产》诸篇，从而将该县建造水电站后引起巨变所形成的特色如实地显示出来。这样安排，顺乎自然，合乎情理，篇章之间存在着一定相关联系。按常规安排，作为湖泊的千岛湖本当隶属于《自然环境》篇中，但是为了体现其在该县经济生活中所起的主导地位，因而独立成篇，使之与《自然环境》并列。之所以这样安排，是因为千岛湖的旅游业与水产品已成为该县两大经济支柱，她不仅已经成为著名的旅游胜地，而且已经成为浙江省四大淡水鱼基地之一，有八十三个鱼种，产品远销欧美十多个国家和地区。又由于先有三十万人的大移民，才有可能建造这样一个大水库，形成这样风光旖旎的"千岛湖"，所以在《千岛湖》前列《移民》篇。

新安江水电站建成后，年发电量为十八亿六千万度，早已并入华东电网，为祖国工农业生产发挥作用。尽管电站并未建在淳安而是在邻县建德，淳安却要淹掉三十万亩良田，迁移三十万居民来建造大水库，全县人民顾全大局，把国家利益放在首位，这种高尚的品德，新修县志义不容辞地应当记载。水库建成前后，淳安判若两县。淳安人民要在海拔一百零八米高程以上的山丘重建县城、集镇，老百姓也只能在一百零八米高程以上重建家园，重新安排河山。这自然是指留下者而言，他们如今自然可以享受着千岛湖的美丽风光及其所产生的经济效益，而迁居江西、安徽、福建等省和省内其他地方的三十万移民，对于他们所承受的损失，所作出的贡献，尤其应当大书特书，《淳安县志》编纂者正是这样做了，尤其是对移民过程中许多曲折、悲壮、感人的场面，都作了如实的记载。尽管这次移民是有组织的，但因当时经济力量有限，因而给广大移民生活上带来了许多"难以想象的困难"和痛苦，如当时规定迁移时，移民只带必要的农具、铺盖、碗筷，二百里以内的全部步行挑送。据统计，迁移高峰时每天移民三千多户一万余人，其中有近四千人步行，这个场面是何等壮观！这次举世罕见的悲壮的移民运动历时三十年（1956—1985）。60年代初，曾对迁往外地移民进行调查，发现只有24%的安置队口粮能自足，其余队均为口粮不足、经济条件差和严重缺粮缺钱，对于这些，《移民》篇中都作了如实的反映。为了说明问题，还特地绘制了《新安江水库淹没村落图》、《移民人数及淹没耕地房屋表》、《淹没城镇及工商业表》、《淹没公共设施表》、《移民主要去向表》等，特别是最后一表，详细记录了迁移的乡镇村和安置的省市县乡镇村。他们所以能够作如此真实的记载，主要是编写人员对此感受很深。主编孙平在该志出版座谈会上所作编纂情况汇报讲话中有一段话充分说明了这点："试想，没有解放了的人民群众当家做主人的精神，没有顾全大局、全国一盘棋的思想境界，这样史无前例的大迁徙的壮举能实现吗？谁不热爱自己的家乡？谁愿意离乡背井？为了建成水电站，支援社会主义建设，淳安的群众这样做了！当时只有一个口号，全民动员，全力支援水库建设，为早日发电贡献一切！淳安百姓贡献了一切，甚至整个家园。"可见只有了解深，才能写得真！我们可以毫不夸张地说，《淳安县志·移民》篇既是一部新安江水库建造的实录，又是一曲悲壮的赞歌！它记载了淳安人民为支援祖国的建设所作出的巨大贡献，它歌颂了淳安人民舍己为公的崇高精神。同时它也告诉人们，美丽千岛湖的落成来之不易，她是六十万淳安人民血汗的结晶，是全体淳安人民大公无私崇高精神的集中体现。

人类造地史上的奇迹
——录《萧山县志》

海塘建筑，是我们祖先在与海水为患的斗争中智慧的结晶。而我国又是世界上修筑海塘最早、规模最大的国家，浙江的杭州，在海塘修建方面又是最早作出巨大成绩的地方，所以很早以来，杭州有关志书，都有专卷记载这方面的内容，其他如嘉兴、海宁、温州等府州县志亦多有专门内容。修建海塘，虽是人类与大自然斗争的一种手段，但它毕竟只是被动的防范而已。解放以后，沿江沿海各地人民，在当地党和政府领导下，发动了向荒滩、江涂、海涂大进军，并且都取得了巨大成绩。在各地新修的志书中亦都作了不同程度的反映。单以浙江而言，《萧山县志》设立了《围垦》篇，《上虞县志》亦设立了《围垦》篇，《慈溪县志》则名《成陆围涂》篇。三部志书所记内容性质虽然相同，但撰写上却各具特色，因为在围垦对象上亦不尽相同，萧山是围垦江涂，慈溪是围垦海涂，上虞则既有江涂又有海涂。可贵的是三县修志同仁都认识到这个对本县自然环境、经济发展的重大变化有重大影响的工程不仅在新志中应当记载，而且要重点突出，单独成篇。这与那些对本县重点特点抓不住、记不好全然不同。这种篇章的设置，既有鲜明的时代特色，又有独特的地方特色。非常明显，只有解放了的人民，在党和政府领导下，才有可能进行这种改造地球、改造生存环境的重大工程。领导的作用，群众的创造，无须多说自然都会体现出来。三县之中，成效最大、影响最广的自然是萧山，加之《萧山县志》又是这个篇章设置的首创者，开创之功理应表彰，尽管它成书较早，后来居上者不少，但它仍不失为一部成功的志书。这就说明方志与其他学术著作一样，必须经得起时间的考验，时代越是久远，越是显示出它的独特价值，是其他著作不可取代的。《萧山县志》的《围垦》篇共设三章，第一章《南沙的成陆》，讲述江涂形成演变的历史，第二章《新涂形成和围垦》，着重记载了围垦的过程和广大群众与江潮搏斗的精神，第三章《垦区建设》，重点是反映效益。志书通过具体数字与事实展现了萧山人民在人类造地史上谱写的一首壮丽诗篇。从 1965 年至 1979 年的 14 年间，"先后共围涂 41.04 万亩（毛地），实际垦种 22.38 万亩（不包括部队农场部分），占萧山现有耕种地的四分之一"，"现已建起 6 个乡、8 个农林渔牧场，成为工业原料和副食品的重要基地，对萧山县国民经济的发展起了重大的作用。由于围垦在规模、速度、技术、效益等方面都较为显著，在国内和国际上具有一定的影响，从 1972 年以来，先后有丹麦、荷兰、朝鲜、匈牙利、美国、联邦德国等国以及联合国农业经济、环境开发等组织的专家、学者前来参观和考察"。不妨再看一看，为了使大家了解垦区在全县中经济比重在日益增大，该篇所记载的一些数字：1984 年，垦区生产粮食为 1.38 亿斤，占全县总产 14.88%；棉花为 11.89 万担，占全县总产 47%；络麻 50.12 万担，占全县总产 25%；油料 18.61 万担，占全县总产 56%；蚕茧为 10767.5 担，占全县总产 49.48%；鲜鱼 24380 担，占全县总产 37.4%。从这一组数字可以明显看出，垦区在全县经济生活中已起到举足轻重的作用了。时至今日，又是十年，这块围垦区已经改造荒滩涂 48 万亩，产量都是用万和吨连起来计算，年产粮食 8 万吨，油料 1 万吨，水产品 9000 吨，年产值达 20 多亿元，难怪 1993 年秋联合国粮农组织的官员考察此围垦，当他们看到萧山人民依靠自己力量奋斗 28 年改造的 48 万亩滩涂，如今已成"米粮川"、"聚宝盆"时，无不惊讶于一个县能取得如此成就，认为"这是人类造地史上的奇迹"，"在某种意义上已超过荷兰"。就是这个萧山，已经连续 6 年被评为全国"十大财神县"之一，连续 6 年保持浙江省县级财政收入第一名。所以能够如此，萧山人深深感到首功当归"围垦"。对于这样沧海变桑田的变化，作为新修县志，自然应当重点突出地大书特书，否则将是最大的失职，因为无论是突出重点，还是突出特色，都必须从本地实际出发，人为地去搞特色是不可能取得真正成功的。

平淡无奇之中见功力
—— 录《镇江市志》

我们现在编纂的是社会主义第一代新方志，它的内容应当包括解放前后两大部分内容，这是中国地方志指导小组在《新编地方志工作暂行规定》中明确规定的：新编方志内容要"着重记述现代历史和当前现状"。这一规定，不知什么原因，没有得到很好的执行，绝大多数新编方志，除个别篇章外，在民国时期的政治、经济、文化等方面基本上都是空白，对于旧中国的社会面貌全然不去反映。但是新编《镇江市志》却与众不同，我在翻阅过程中奇迹般发现，对于民国时期的内容，在绝大多数的篇章中都有比较多的篇幅作了具体的记载，我读后确实如获至宝。这部两百八十万字的新市志，若是单从篇目设置看可以说平淡无奇，文字上也朴实无华，可在内容上它却具有人无我有的重要特色。

就以政治部类方面来看，它将《参议会、人民代表大会》列为一卷，对镇江地方的议事会、参议会按历史顺序作了记载，尤其是对于当时的竞选丑闻，连每张选票价都作了记载，为研究当时选举提供了第一手资料。在《政府》卷中，分设民国时期镇江地方政府和镇江市人民政府两章，前者又按历史发展顺序分设丹徒县民政署·知事公署，丹徒、镇江县政府，抗日民主政府和日伪政权四节。在党派社团方面，单独设《中国国民党及其他党派》卷，卷中除了设国民党镇江市党部、国民党镇江县党部、三民主义青年团、青年党民社党等章外，特地设了国民党的特务组织等专章，记载了特务组织在镇江的建立过程及其罪恶活动，特务组织还有不同系统，一个由国民党中央组织部调查科直接领导，另一个则是属于国民党中央调查统计局系统，简称"中统"。特务组织为了破坏民主爱国运动，还建立了青年励志社、大江通讯社、朝华青年文艺社等特务外围组织。这样的设置与记载，我在新修地方志中还是第一次见到。尽管许多志书中都讲了，解放前当地党组织曾多次遭到国民党特务组织的破坏，可是对这样的罪恶组织就是不作介绍与揭露。在公安司法行政方面，许多新志都像是有过约定似的一刀切自1949年开始记载，似乎在此之前的内容已不属于编写范围；《镇江市志》则完全不同，他们在这个卷中许多方面内容都甚至延伸至清末。书中专为民国警察机构设置一节，对当时警察机构的组成、职能及其演变都作了记载。而在治安管理、户口管理、交通管理、消防诸章，无一例外地都记载了民国时期的内容，直至律师、公证、监狱等，都作了详尽的记载，为了解民国时期的公安司法提供了丰富的资料。这在有些人看来，似乎有些不可思议。在《民政》卷中，第一章便是基层政权建设，这是许多新志编修者所不曾想到的；而第一节则是解放前基层政权建设，介绍了民国时期所实行的保甲制度："10户为甲，设甲长，10甲为保（城区以15甲为保），设保长，保属乡镇，保甲长的任务是清查户口、制定保甲规约，进行国民党的党化教育；摊派苛捐，造具壮丁清册，检查出入境人口；为严查共产党及思想'异端'者，实行联保连坐……"这就告诉人们，民国时期国民党为了加强统治，实行了保甲制度，对劳动人民进行强制性的统治。如此重要的内容，在许多新修市县志中却很少见到。该卷社会福利章，还介绍了解放前的慈善机构、团体"举办义学、义渡、救生、恤嫠、育婴、收容残老，以及施放米粥、施棺收埋、施诊施药等事业"，还列表介绍每个团体创建时间、事业内容。

物价在任何时期都是人们最关心的问题，对于解放前的物价上涨，人们常用如同脱缰的野马来形容，具体究竟达到何等程度，《镇江市志》在《经济综合管理》卷物价管理章为我们提供了十分可贵的材料和数据："民国二十八年9月上旬各种物价猛涨，新米由每石6—7元（法币，下同），上涨到16—17元。翌年底，米店涨至每石70余元；民国三十年6月，涨到130多元。""民国三十五年10月，镇江上等米价每石限定价4.50元，12月涨到6万元以上，不到一个半月，每石涨至7万元。到民国三十六年底，已是每石180万元。民国三十七年底，上等米每石金圆券600元（折法币18亿元），比上年底涨1000倍。镇江解放前夕，每石涨到金圆券86000元。"民以食为天，粮价在所有物价中自然最具有代表性。为了说明问题，书中还特地列了《1946—1947年镇江零售物价指数表》，逐月记载了粮食、其他食品、衣着类、燃料类、杂项类上涨情况，这是一份非常宝贵的材料，它在任何时候都具有无可替代的价值。况且镇江的物价具有特殊意义，一则它是当时江苏省会，二则它离当时国都近在咫尺。

租界是帝国主义侵略中国强迫签订不平等条约的产物，也是中国沦为半殖民地的象征。它的存在，使中国人民饱受帝国主义的欺凌和侮辱。镇江是最早开为商埠的城市之一，还在咸丰十一年（1861），英国便在此建立租界。因此，《镇江市志》在《外事》卷专门立了商埠、租界、领事馆三节，记载了英帝国主义利用租界为所欲为，干尽坏事，杀害无辜镇江市民，多次激起群众公愤，数万群众涌入租界捣毁巡捕房，冲进领事馆，一举焚烧了领事馆及教堂，充分反映了官怕洋人，洋人怕群众的这一事实。镇江人民多次发起反租界斗争，迫使英国侵略者不得不于民国十八年11月15日交还了租界。这样的内容，新修方志不仅应当记载，而且应当大书特书，因为它长了中国人民的志气，灭了帝国主义侵略者的威风。这件事在中国人民反帝斗争史上都具有重要意义。

综上所述，我们可以这样说，新编《镇江市志》，对于解放前的内容，应当写的大体上都写了，这样的写法并没有丝毫削弱解放后的内容分量，相反，有了新旧对比，更加有利于体现新社会的优越性。当然，要做到这点是很不容易的，因为解放前的材料确实来之不易，它没有现成档案可查，没有现成数字可抄，而是要靠查阅大量的旧报刊，查找残留下来的旧档案，还有许多是要靠当事人、过来人去回忆，进行实地调查和访问，这个工作显然是复杂而繁重的，必须具有耐心和恒心才能办到，所以我说这是新修《镇江市志》所表现的最重要最大的特色。

古城新貌话广陵
——录《广陵区志》

年前，广陵区志办同志给我寄来一本新编《广陵区志》，请我为他们写篇书评。我给他们回信，说明由于种种原因，我对新修方志一律不写专篇评论，对于他们这部志书自然也不例外；但在信中我谈了他们这部志书的成功之处，也批评了不妥的地方。现将这封信的主要部分抄录如下：

我认为《广陵区志》修得的确成功，我很喜欢，因为它真正符合方志的体裁与内容，突出反映了古城的新貌。古城与新貌是统一的，首先要有古城的特色，然后才有发展的新貌。有些历史文化名城的志书，只注意抓发展新貌而忽略了如何反映历史名城的特色，无疑也就失去了地方特色。在这个问题上，《广陵区志》做得非常成功，现从下面几点分别谈点看法：

一、真正按照方志体裁的要求进行编写。要做到这点很不容易，《广陵区志》是真正做到了，因此我说它是真正符合方志的体裁与内容。当然，从形式上看，所有新修方志，无一部不是按记、志、传、图、表等所谓志书体编写，但在编写过程中大多出现"貌同而心异"的情况，又大多为方志学界一些人大谈"宏观"所影响，因而空话、理论连篇累牍，自然就不符合方志乃是资料性著作的特点。更有甚者，篇、章、节还要讲究平衡，少了就不能成章成节，这实际上是没有道理的。明明三五句话可以讲清的一件事，硬是写上洋洋数百言、上千言，难怪学术界许多人士有个共同感觉——新方志水分太多，寻找一条材料，如同大海捞针。《广陵区志》则不然，它是由材料实体所构成，章节篇幅的长短，全是根据所记内容多少而定，不作任何人为的平衡，如《人民防空》章第一节《人防机构》用字不到两行；《拥政爱民》章第二节《维护社会治安》仅用字三行半；《城池变迁》章第一节《邗城》用字三行半；《兵役》章第一节《志愿兵役制》两行半不到，第四节《招收飞行员》三行不到；《爱国卫生运动》章共五节，仅用两面篇幅，都足以讲清事件的内容了。类此情况，在有些方志学家看来，也许会提出，作为一节，内容太单薄了，有失平衡。其实这样写法，正符合自古以来方志记事的特点，即有话则长，无话则短，三言两语，照样立卷设节，没有那么多清规戒律，这也正是方志生命力强的重要因素之一。没有空话废话，后人查检材料也就方便。因此，《广陵区志》首先是符合方志是资料性著述的要求，每件事情记完了事，不发议论，不讲规律，这就是方志记事的本色。

二、篇目设置合理，完全从本地实际出发，没有受到"突出经济"、"突出工业"的风气的冲击和影响。80年代以来，修志工作在全国开展以后，就有不少人提出经济要成为一部志书的重点。加重志书中经济内容的占比是对的，但若是每部志书都以经济为重点，这个要求显然是不妥的，1985年我在《方志学通论》中就已指出："专业志是最容易反映方志特色的，能否做到这点，首先要看是否突出了重点还是平均分配，而所突出的重点是否该地的特色。若是部部方志的重点都是经济，而经济中的重点又是工业，这就成了千志一面，无所谓重点与特色了。"可是我这个建议并未引起人们重视，因而新修志书出现了经济类大膨胀的弊病，许多学术界人士已经纷纷指出。而《广陵区志》篇目设置能从本地实际出发，在二十五篇中经济部类仅占五篇，为总数的五分之一。尤其是作为城市志，工业比重适当大些是可以理解的，但此志也仅设《工业》一篇，同时也没有削弱工业生产应当记载的内容。相反，根据城市特点，不仅设有《城市建设》，而且设置了《街道》一篇，这显然是城市志编修中的一种独创精神，而所记内容有古有今，同样在反映古城新貌。

三、集中反映古城新貌的地方特色。这一点固然与扬州的历史与风景名胜有关，但重要的还在于如何体现，这就靠志办全体同志的主观能动性了。全书既有《园林名胜》、《文物古迹》、《扬州画派与扬州学派》、《民情风俗》四篇集中反映，又有《街道》篇中的"名街、名巷、会馆、名宅"，《城市建设》中的"城池变迁"，《商业》篇中的"三把刀"、"名店"、"名点"，《文化》篇中的"曲艺"、"古籍"、"工艺美术"等从各方面衬托，使人感到全书都充满着地方色彩。反之，条件虽好而不会发挥，同样无法反映地方特色，新修《××市志》便是如此。《××市志》虽然也有《风景名胜》与《文物》两篇，但两篇排列相距甚远，失去了内在联系；《××市志》中虽然有"××学派"，但却放在全志最后当作附录。这都是不知道篇目顺序的排列是大有文章的。《园林名胜》、《文物古迹》自然无须多说。《扬州画派与扬州学派》一篇写得也相当成功，不仅讲了起源、特点，而且介绍了研究状况，后面还附有研究论著索引，这就大大增加了在学术上的实用价值，自然也就增强了志书本身的学术价值。地方文献就应当为研究这一地方的学术文化发展创造条件，这一点许多方志编修者都忽略了。关于风俗民情，一直是旧方志的重要内容，因此我向来主张应当重视这方面内容，我在《方志学通论》中就已指出："我们必须清楚意识到，各地风味特产，风俗民情，是最容易反映出各地的风貌。而这些内容历来因其不登大雅之堂，历史著作很少记载，只有各地编修方志才把它们视为必不可少的内容，对这个传统，在今天修志当中，只能加强，不能削弱。"但是许多新编志书，往往只在《社会》篇中放上一章一节，未能引起足够重视。广陵的同志在《民情习俗》篇中，不仅介绍了本地五大方面风俗，而且记载具体、细致、生动，因为我是苏北人，故看了倍感亲切。扬州的饮食文化也很有名，这是因为长期以来，这里人们已建立起"淮扬菜系"，有自己的饮食特色，在《商业》篇中，专门介绍了这个菜系的形成和特点，从选料、配料到制作方法，特别对"三烤"、"一熘"、"三头"作了详细介绍，对名点中的"富春五色大包"、"三色汤包"亦作了详细介绍。这些不仅反映了扬州人的生活特色，同样在体现古城新貌，而且对于传播祖国的饮食文化有重要作用。

四、为旧社会下层人民树碑立传。旧方志中记载下层劳动人民的自然不会很多，新修方志中如何多对劳动人民的奉献精神、光荣事迹作必要反映，还是值得修志工作者好好研究的一个问题。《广陵区志》在这一方面作出了可喜的贡献，该志不仅在人物传、人物简介中为著名厨师、评书艺人、剪纸艺人等专门列传，而且通过《扬州三把刀》和其他有关章节介绍了这三个行业的师傅们的高超技艺，每个行业并配有代表人物照片一张，说明了他们的劳动不仅得到社会的充分肯定，而且普遍受到人们的尊敬，让他（她）们的事迹得以名扬千古，而在每一项工艺美术中也都将代表人物一一列出，充分发挥了志书的"以事系人"的作用。上述这些人物，在旧社会是毫无地位的，即使是著名评话艺人，也只能在茶楼饭馆演出，在新社会他们不仅地位提高，而且事迹得以入志，享受了一般人享受不到的殊荣。这些内容的记述，自然也反映古城新貌。

除了上述四点外，此志在编纂过程中，还利用了古代文人留下的大量诗篇，引用了其中的名篇佳句和楹联，使不少篇章的叙述富有诗情画意，这既增加了志书的可读性，又为古城新貌增添了浓郁气息。

以上就是那封信的主要内容，根据这些内容，我说这部志书的最大特色就是能够把一座历史悠久的文化古城和如今的巨大变化较好地反映出来。当然，信中对这部志书存在的问题也提出了严肃的批评，由于我的文章只谈特色，不谈缺点，对这部志书自然也不例外，当然就省略了。

（原载《中国地方志》1995年第3期）

新修方志特色过眼录之二

《新修方志特色过眼录》第一篇发表已整整一年了,许多朋友问我:第二篇为何拖这么久还不拿出来呢?原因当然是多方面的,而主要的则是想多听听来自各方面的反映,何况写文章不是赶任务。还有一个特殊情况,就是开始撰写时,发现原列入计划的四部志书中,有一部总体水平不太理想,尽管其中有两部分内容颇具特色,但是总体质量没有达到相当水平者还是不谈为好,免得今后引起误解。这里自然也就希望朋友们在向我推荐时首先要注意这点。

人才辈出的教授县和百工之乡
——录《东阳市志》

《东阳市志》出版后,主编给我寄来一本,希望我能写篇书评。书评我虽然没有写,却给他写了一封长信,肯定了这部志书修得相当成功:它不仅能够把东阳的历史和现状反映出来,而且有独创,有特色,体现了我国修志工作又上了一个新台阶。这封信《浙江方志》1994年第五期曾摘要刊登。信的第一点是这样说的:"篇目设置和编排比较合理,并具有自己的特色。如《政区》、《自然环境》、《灾异》之后,便是《居民》,有居民然后乃有方言、民俗。这种排列顺乎自然规律,富有逻辑性,这样排列是不多见的。"我所以讲这样排列是"顺乎自然规律",原因在于这个编排正体现了人类社会演变的过程,不是吗?《政区》、《自然环境》、《灾异》三篇,首先展示了这里居民长期赖以生存的地理环境和自然条件,而居民们长期共同生活在这一环境之中,久而久之,自然就产生了共同的方言和习俗,这完全是顺理成章之事,因而我说这样编排是"顺乎自然规律",讲穿了似乎并无多大奥妙,难能可贵的是人家想到了、做到了，难道说这不是创新精神的表现吗？当然，他们的独创精神并未到此停止，在《民俗》之后，接着就是《人物》，这就打破了新志编修以来《人物》总是殿后的固定格式，从而也就突出了以人为主体这一指导思想。因为有了人才有一切，这是谁也不会否认的。东汉著名学者应劭在其《风俗通义》一书中早已指出："万类之中，惟人为贵。"可见我们的先人早已知道，在世间万物之中，人是最可宝贵的。而人类一切的文明史又都是由人类自己所创造，要记载这些文明篇章，理所当然应以人为主体，这是十分简单的道理，可是就是这个简单道理，却往往被人们忽略，许多新修志书所出现的"见物不见人"现象，不正是说明这个问题吗？而《东阳市志》的编纂者们，确立了以人为主体的指导思想，全部志书的编写，都以人和人的创造活动为主线展开，从而就充分体现了在东阳这块土地上所产生的一切物质文明和精神文明，都是由东阳人所创造。其实，政区、自然环境、灾异、居民、方言、民俗、人物，这七个篇目几乎所有新修志书都有，但为什么大多没有想到作如此顺序的编排呢？记得我在上篇文中已经指出，每部志书篇目顺序的编排，内中还是有学问的。有些新志书的编纂者对此不大注意，其结果就大不一样。因此，每部志书都应根据本地不同特点，编排好篇章顺序，尽量做到不仅篇章整体结构合理，而且更能体现出本地的特色。当然，这中间既有编辑艺术，又反映修志者用功之深浅和学识水平的高低。每部志书间的差别谁也不能否认。自古以来志书编修水平就是不平衡的，甚至好坏差距很大。宋人周煇在《清波杂志》中就曾明确指出："近时州县皆修图志，志之详略，系夫编摩者用力之精粗。"在今天来说，要想尽可能缩小差距，以提高所修新志的整体水平，关键还是在于不断提高修志工作者的业务素质和文化知识水平。

《东阳市志》为了反映地方特色，突出人才之乡，不仅把《人物》篇提到《民俗》之前，而且作了精心设计和编排，采用了传记、简介、表录等多种形式编写，既反映了个人智慧，又突出了整体作用。尤其可贵的是，所有内容均按历史发展顺序排列，如进士题名、革命英烈、阵亡将士、全国和省劳动模范、高级知识分子、师（地）职以上干部、民国师（专）以上职官、旅台知名人士，而没有像有些志书那样搞形而上学，硬是把进士之类拉到后面。其实这样做才真正符合历史唯物主义的观点。还要指出的是，在《人物》篇前面，还介绍了"人才比较集中的姓氏和家庭"，如冯氏在唐代，冯宿、冯定皆为进士，并且宿为吏部尚书，定为工部尚书，其子孙亦多为进士，人称"兄弟两尚书，祖孙九进士"；赵氏，自南宋乾道二年赵师尹金榜题名始，至清末共二十九人登科；严济慈家，有"小科学院"美誉；诸葛棋家，一门八人七教授，被誉为"教授之家"；王惕吾家，本人为台湾报业巨子，子女皆兴报业，誉称"报业世家"；韦文贵家，数代名医，人称"医药世家"。如此介绍人才，在新修方志中还从未见过。也许有人对这样记载会不以为然，我却认为很有意义，值得推广。许多地方不是也有世代从教的教育世家吗？当然还有许许多多不同的世家，为什么不能用这种形式写一写呢？这对建设社会主义精神文明、形成好的社会风气是大有好处的。它可以告诉人们，家庭的环境与子女的教育有着很大关系。一个家庭，如果大人每天都忙于"方阵"，而想要子女长大后成为科学家，自然只能是天方夜谭。因此，家庭的熏陶，对于子女的成长，其作用是无可估量的。许多著名的学者，在他们成长过程中，其家学渊源往往都起着重要的作用。所以，集中介绍某些家族或家庭的做法，其意义绝不可被低估。

众所周知，东阳木雕、东阳竹编，不仅历史悠久，而且工艺精美，因此早已享誉海内外；与此相关的东阳建筑，也早已名闻遐迩，早就有了"建筑之乡"的美称。为了突出"百工之乡"、"人才之乡"的地方特点，《东阳市志》于《工业》篇以外，特地设置《工艺》和《建筑业》两篇，对木雕的发展历史、木雕品种和木雕技艺作了详尽的记载。单就文字叙述来看，就足以使人感到这种木雕艺术实在令人叫绝。世间还会有如此高超的工艺品，这不能不使人深深感受到，确实只有人最伟大，而东阳人呢，自然是更令人敬佩了！同样，从东阳竹编、东阳建筑的内容中，都可以看到东阳人勤劳、勇敢、聪明和智慧的结晶。

还要指出的是，在这届修志中被大多数人遗弃的经籍志或艺文志，《东阳市志》的编纂者们，不仅没有将这个内容忘记掉，而且把它单独成篇，这自然说明了他们的见识和素质确实比较高。经籍志或艺文志的内容，是反映本地人古往今来的各类著作，是东阳人对祖国学术文化上的贡献的具体体现，更是"人才之乡"又一重要表现。总之，《东阳市志》的成功，就在于突出了人的主导作用，处理好人与各方面的关系，使人们清楚地看到，东阳的历史和现状，都是由东阳人辛勤劳动所创造的。

东阳地处浙中丘陵，不仅山多地少，而且土地又很贫瘠，居民赖以生存的自然条件自然可想而知。《灾异》篇引民国年间的民谣，多少可以说明些问题："三年两头旱，一场大雨变汪洋，南北两条烂肚肠，穷苦百姓叫爹娘。"这样一个生存环境，怎么还会成为"百工之乡"、"人才之乡"、"教授之都"呢？看来这全靠东阳人的勤劳和智慧了。这部志书告诉人们："民国时期就称'东阳只有穷人，没有庸人'。"这就是说，东阳人心灵手巧，不怕吃苦。但是，这些也只能说明东阳人的性格，令人高兴的是，该志编纂者们在《总述》最后已作了令人十分信服的全面回答，指出："宋元以来逐步形成和发展的尊师重教、兴学养贤、尊重知识、尊重人才的社会风尚是东阳教育久盛不衰的历史渊源和社会基础。百工工艺与兴学重教相辅相成，百工工艺给教育以心理和财力的投入，兴学重教给百工工艺以智力的支持。"他们不仅总结出带有规律性的宝贵经验，而且找出了形成这种社会风尚的重要因素——东阳人的价值观的变化。《总述》中有段文字十分宝贵，现全录如下：

> 在"百工之乡"、"人才之乡"的形成和发展中，东阳人对自我环境的理解，明显地影响并制约着他们的观念形态和生产、生活方式的许多全局性变化。显著者有：
>
> 价值观的变化。长期生活在自然经济社会中的东阳人，一方面在靠天吃饭的农业生产中受到老天爷几乎是均等的惩罚；另一方面又在大自然赐予的均等的进取机会——家庭手工业中获取一些温饱的满足。这种反差现象在人们的心理和行为中产生巨大的驱动力，于是以工求生的意识社会化了。这种意识的社会化自然改变了人们的价值观。东阳人评价一个人有无出息的心理杠杆就是"肯读书"，就是"有手艺"。"有眼光"的父母，即使典物卖田也要让子女"出山"。

这段文字，具体而生动地告诉人们，东阳所以成为"百工之乡"、"人才之乡"，绝不是出于偶然，而是他们长期以来一直坚持"尊师重教、兴学养贤、尊重知识、尊重人才"的结果。这些举动，谁也不会说不重要，但是在许多地方就是得不到真正落实，而东阳人可以说真正认识到"尊师重教"的真实意义，因此在他们那里早已形成了社会风尚。众所周知，经济上的贫穷与文化上的落后往往是互为因果的共存体，经济贫穷要影响文化发展，文化落后又会制约经济发展，长期下去，必然形成恶性循环。目光短浅者只抓经济而不管文化。东阳人的高明，就在于还在经济贫困的时候，人家就认识到"尊师重教"的重要性，经过世世代代的努力，使一个贫穷落后的东阳，逐渐形成"百工之乡"、"人才之乡"的局面。改革开放以后，一个七十余万人的县级市，仅1977—1988年间，便向全国大中专院校输送新生达10754人，几乎每年千人；而目前在国内外的东阳籍高级知识分子已达1300人之多。这是两个很能说明问题的数字，"人才之乡"并不是任何人吹出来的，而是东阳人用劳动和智慧创造出来的。

英雄的东阳人在贫瘠的土地上创造了"人才之乡"、"百工之乡"以后，否定了长期以来流传的"人杰地灵"的说法，贫瘠的土地上照样产生了许许多多的杰出人物，就是在封建时代，自唐至清末，便出了进士305人，到了近代更是名家辈出。这么一来，有人便在文章中来研究"地瘠人杰"与"人杰地灵"的辩证关系和发展规律了。对此我想在这里多写几句。"人杰地灵"一词最早起源于何时，我未作考证，至迟唐初王勃的《滕王阁序》中已经出现。序中有"物华天宝，龙光射牛斗之墟，人杰地灵，徐孺下陈蕃之榻"。前人对"人杰地灵"注曰："人之英杰，由地之灵。"这一注释是符合文章原意的，意思是说，由于地有灵秀之气，因而产生英杰人物。其后在漫长的封建社会里，许多旧方志中，为了夸耀本地人才出众，往往在序中都沿用了此句，也有许多其实是出于附和，纯属官样文章，正像旧志书中沿用许多修志术语一样，并无多少实际意义。况且此说过于绝对，它与资产阶级学者在研究历史时所倡导的地理环境决定论相类似。只要回顾一下我国的历史，许多著名历史人物，其家乡地理环境并不优越，甚至非常一般。就如汉高祖刘邦而言，家乡沛县，既谈不上山青，更无水秀可言，就在这里不是出现了一大批军事家和政治家吗？明太祖朱元璋老家凤阳，"十年就有九年荒"。可见"人杰地灵"对这两处又不适用了。这里我可以明确告诉朋友，"人杰地灵"这一词汇、这种思想，并不是出于历代修志者所探寻出来的规律，而是门阀制度下，世家大族夸耀家乡优越所进行宣传的一种手段。东晋人虞预在其《会稽典录》中叙述会稽郡优越的地理位置时说："山有金木鸟兽之殷，水有鱼盐珠蚌之饶,海岳精液,善生俊异。是以忠臣系踵,孝子连间,下及贤女,靡不育焉。"这就是说,会稽所以会产生那么多杰出人物,忠臣、孝子、才士、贤女,就是因为有良好的地理环境,人物英杰是因为有地气灵秀。"海岳精液,善生俊异",人才多少,似乎与地理环境密不可分。又如东晋学者常璩在《华阳国志·序志》的《先贤士女总赞论序》中亦说:"华岳降精,江汉吐灵,济济多士,命世克生。德为世儁,干为时贞,略举士女,表诸贤明。世济其美,不陨其名。"意思非常明白,这一带地区所以会人才济济,远胜他处,原因就在于有"华岳降精,江汉吐灵"。唯其如此,刘知幾在《史通·杂述》篇便对为世家大族服务的地记提出了批评:"郡书者,矜其乡贤,美其邦族,施于本国(指本乡本土),颇得流行,置于他方,罕闻爱异。"可见"人杰地灵"的思想,最初即出于以夸耀本乡本土为著述宗旨的方志早期著作形式地记,当其定型以后,许多志书作者乃相沿袭而不改,时至今日,新志编修过程中,自然就不必再用它来作为表述本地人才是否出众的标识。某地是否产生名人,绝不单纯取决于地理环境的是否优越。因此,对于旧方志理论中某些术语或用词,都必须本着取其精华、弃其糟粕的精神,切勿全盘照搬。我们还是提一方水土,养育一方人士为好。

人类智慧的集散中心:藏书家和藏书楼
—— 录《常熟市志》

我国从汉代起已经出现私人藏书家,魏晋时期已有藏书至万余卷的学者任昉,唐代李泌已修建了大型藏书楼,积书三万余卷,到了宋代,文献记载,藏书家已达184人之多。曾著有《河南志》和《长安志》两部志书的方志学家宋敏求家有藏书三万卷。到了明清时期各种名目的私人藏书楼就更加多了,据不完全统计,明代有私人藏书家427人,清代有497人,并且出现了一批著名的藏书楼,这些藏书楼在保存文化典籍、传播文化知识方面都起到很大作用。还在1933年,著名学者吴晗先生便著成《江浙藏书家史略》一书,在《两浙藏书家史略·序言》中说,这些藏书家"其有裨于时代文化,乡邦征献,士大夫学者之博古笃学者至大且巨"。又在《江苏藏书家史略·序言》中说，私人藏书，"千数年来，愈接愈盛。智识之源泉虽被独持于士大夫阶级，而其精雠密勘，著者丹黄，秘册储钞，奇书互赏，往往能保存旧籍，是正舛伪，发潜德，表幽光，其有功于社会文化者亦至巨"。可见对这些藏书家和藏书楼在历史上所作出的贡献，我们今天千万不应忘记。如明末著名爱国主义思想家、历史学家谈迁所编著的四百余万字的明代编年体史书《国榷》，其主要资料来源，就是靠到各藏书家借读，所以，我们今天修志时，不要忘记对这一内容的记载。需要说明的是，藏书家和藏书楼并不是江浙两省才有，也不是江南诸省才有，而是全国许多地方都曾有过。如清朝末年山东聊城人杨以增家的"海源阁"，藏书竟达十万卷以上，珍本就有455部，其中宋本就有108部，元本83部。当时与江苏瞿氏"铁琴铜剑楼"并峙，号称"南瞿北杨"。可惜的是，近年修志中却是将这个内容大都丢了，十分遗憾。值得庆幸的是，去年阅读新修《常熟市志》，发现该志不仅有此内容，而且将它与著述一道独立成篇，当时我的确看作是一大发现。这显然足以说明该志编纂者们的眼光与水平。

《常熟市志》作者用两个章的篇幅，记载了该地藏书的详细历史。该志一大特点是，每篇正式内容之前，都有一篇简明的概述，备述该篇所记内容的历史渊源及其要点，起到让阅读者登堂入室的作用。当然，该志本身并无"概述"名称，这是笔者为了叙述方便所加的。"藏书、著述"篇概述开宗明义："常熟素称文学之邦，私家藏书代有相承。宋有郑时、钱俣。元有徐元震及虞子贤。明有陈察、杨仪、赵用贤与子琦美等二十多家。明清间，钱谦益及毛晋、毛扆父子所藏图籍誉满江南，继有冯舒、冯班与钱曾等四十多家。至清代中叶后，常熟不仅有很多中、小藏书家，还有被称为全国四大藏书楼之一的瞿氏'铁琴铜剑楼'，直至民国，盛名不衰。"短短数语，便将常熟的藏书历史作了概括的介绍。接着又用一些学术著作的统计，来说明常熟的藏书家在历史上是有较大影响的，清末叶昌炽在《藏书纪事诗》一书中收全国藏书家691人，常熟籍便有73人。民国十八年，杨立诚、金步瀛合编的《中国藏书家考略》收录741人，常熟籍有84人。民国二十二年，吴晗编《江浙藏书家史略》，收藏书家490人，常熟籍有84人。这些数字，就足以表明常熟的藏书家在全国来说，也是有着重要的地位的。这里有必要说明一点，该志作者在引吴晗先生《江浙藏书家史略》数字时，似乎有些疏忽，该书是由《两浙藏书家史略》与《江苏藏书家史略》两部分组成，前者收399人，后者收490人，两者若相加，应为889人。而《常熟市志》所引，仅为《江苏藏书家史略》数字。

该篇第一章采用列表方式，对北宋以来常熟藏书家作了全面记录，表分朝代、姓名、简况、室名四个栏目。如清代藏书家"席世臣，字邻哉，乾隆戊申进士。家富藏书，史部居多，手校善本，尝刻宋、辽、金、元别史行世"，藏书楼曰"扫叶山房"；又如清代藏书家"陈揆，字子准，嘉庆生员。藏书十万卷，有宋元旧刻及新旧抄一二万卷"，藏书楼曰"稽瑞楼"。若是作为一般的了解，这样介绍应当说已经足矣。而志书在第二章里对那些在学术上贡献大、地位高的藏书家和藏书楼又作了专门评介，诸如毛晋的"汲古阁"、钱曾的"述古堂"、张氏的"爱日精庐"、瞿氏的"铁琴铜剑楼"等。凡是老一辈从事文史研究的专家，大多对此非常了解，尤其是历史文献专家，可以说是无人不知，无人不晓，因为他们在我国古籍的保存、整理和传播方面，都作出过巨大贡献。尤其可喜的是，该志所作评介能根据每位藏书家本人特点和藏书特点而异，看了以后绝无雷同之感。毛晋是明末清初的藏书家和刻书家，他的藏书楼"汲古阁"，也因其刻书而蜚声海内外。志中是这样介绍的："毛晋通明好古，喜读书、抄书、编书和收藏、刻印图书。曾于家门口张榜：'有以宋椠本至者，门内主人计页酬钱，每页出二百；有以旧抄本至者，每页出四十；有以时下善本至者，别家出一千，主人出一千二百。'于是远近书贾上门卖书者不绝，里中流传谚语：'三百六十行生意，不如鬻书于毛氏。'毛晋藏书至八万四千册，遂构'汲古阁'、'目耕楼'庋之。"简短数语，便将毛晋其人爱书的性格活脱脱体现出来。值得提出的是，就这简短的几句话中，既引用了当日购书张贴的告示，又引了当日流传的谚语，这就无形中增强了真实感。接着又介绍了毛晋刻书的影响，"毛晋更以抄书、刻书名重天下。凡见人们所藏珍本，必请善手影抄，以保留原书面貌。故其后亡佚之宋元刻本，凡有毛抄本，则视同原版一样珍贵"。"他自明万历年间至清初的四十多年内，以'汲古阁'之名，刻有十万多块书板，其中有《十三经》、《十七史》、《六十种曲》等几百种书籍，数量、质量都为我国私家刻书之首。""汲古阁"的名字，所以能够久久留在许多读书人的记忆之中，其原因正是由于它的主人辛勤的劳动，为大家留下了许多值得信赖的善本古籍。看来它的名字将会随着这些善本古籍而一代一代地流传下去。

"也是园"和"述古堂"是明末清初著名藏书家钱曾的两大藏书楼。但是钱曾所以给我留下较为深刻的印象，并不是由于这两个藏书楼（尽管他家还有一个"莪匪楼"），而是他编的一本名叫《读书敏求记》的目录著作。这是一本什么样的书呢？还是看《常熟市志》的记述吧。作者引钱曾《遵王述古堂藏书自序》说："竭予二十余年之心力，食不重味，衣不完采，摒挡家资，悉藏典籍中。如虫之负版，鼠之搬姜。"这就是藏书家的志趣，也是他生活的自述。为了藏书事业，二十年来，可以"食不重味，衣不完采"，如何能不值得后人称道呢？他的藏书特点，"一是多，二是精"，"尤重宋本"。"他先后编有三种书目：《也是园书目》，收三千八百多种，书目多而著录简单；《述古堂书目》，收二千二百多种，间记册数、版本；《读书敏求记》，收六百三十四种。后一种收录量最少，是他收藏之精华，多为宋善本，分经、史、子、集四部，书名下注明卷册及版本，并有解题，详细记载该书版本、作者、书的源流及缮刻异同等情况，……书中引用的大量资料，对后人学术研究有极大参考价值。"从这简单记述中人们不难看到，他与毛晋相比，对后人最大的影响，不是藏书的本书，而是所编三种书目，尤其是最后一种，初稿题名为《述古堂藏书目录题词》，后改今名。由于它专记宋元精椠或旧抄，皆藏书之精萃，每书之下标明次第完阙，古今异同，并详加考订，兼及作者、作品之评论，实际上是一部重要的目录版本学专著。当然，作者钱曾，不仅是一位藏书家，而且是目录学家和版本学家。

藏书家陈揆，生活在清嘉道年间，他的藏书与张金吾（"爱日精庐"主人）"并甲吴中"。"其藏书之特点，一是唐代以前的著作略备；二是吴地乡邦文献自宋元至清代搜罗殆遍。其中，邑中著述的宋元刻本、抄本、校本达五百多种。"由于他重视对乡邦文献的搜集，故所藏方志达四百余种，而明以前的就有二百七十余种，可惜的是因晚年无子，死后藏书尽散。

号称全国四大藏书楼之一的"铁琴铜剑楼"，楼名十分怪，对其得名，志书作者在评述中也作了说明。主人瞿绍基，"乾隆贡生。他一生不吝重值，收集遗书，筑'恬裕斋'以藏"。其子镛，"道光贡生，继承先志，搜罗不懈，先后得到邑中'稽瑞楼'、'爱日精庐'及'艺芸书舍'等诸家藏书楼流散的宋元善本，积十万余卷。瞿镛又喜收金石文字和古器陶瓷等，曾收得铁琴和铜剑各一，尤为珍爱。清光绪载湉登基，为避皇帝讳，遂将'恬裕斋'扩建，改名'铁琴铜剑楼'"。这个藏书楼所以影响很大，并不在于它藏书数量多，规模大，而是在于它对学术界所作出的贡献。它后来的主人对先世之藏书不仅兢兢业业守护，而且大力提倡书籍的流通，对于珍本善本不是作"奇货可居"式的秘藏，而是编印了《铁琴铜剑楼宋元本书影》，把宋元善本全部公之于世，内有宋本161种，金本3种，元本105种，还编了《铁琴铜剑楼丛书》，让尽可能多的读者能够读到这些书籍。后来商务印书馆编印的《四部丛刊》和《续古逸丛书》，所收之书以"铁琴铜剑楼所出最多"。这种让书籍广为流传，使其大量发挥传播文化知识的功能的观点，在当时无疑是难能可贵的，而在当今市场经济冲击中，许多公共图书馆大量收费的情况下，我看更具有现实意义。私人藏书方且以传播知识为目的，而有些公共图书馆却以书谋利，这难道不值得深思吗？可见新修方志用一定篇幅记载当地的藏书家和藏书楼是非常必要的。不仅对他们为保存古籍、传播文化所作出的贡献应当加以表彰，而且对他们为了藏书而节衣缩食、倾力输财的高贵品质也同样应当歌颂。《常熟市志》的编纂者们，已经为记载本地藏书家而树立了榜样，希望各地凡是有藏书家的地方，在新修方志中也应为他们留下一席之地，因为对于这些，旧方志都有记载，不是吗？吴晗先生的《江浙藏书家史略》，其中许多内容正是来自各种旧方志。

三方面政权建于一县与"国画之乡"
——录《萧县志》

在这届修志中，我一共只担任过三部县志的顾问，《萧县志》是第一部。我在接受聘请以后，便下决心决不挂名，必须既顾又问，要真的给人家以指导和帮助。阅读了该志初稿以后，又听了主编的介绍，感到萧县在抗日战争期间，三方面政权非常典型，既有抗日民主政权的县政府，又有国民党的县政府，还有日伪建立的县政府，它们各行其政，展开军事、政治、经济、文化方面的斗争。在军事上各有数千人武装；在政治上，各有建制，各派官员，甚至还各有政党，连汪伪也设立汪伪国民党萧县县党部筹备委员会；在经济上各有封锁政策，也各有补给政策；在文化上各办各的学校，各出各的报刊。全县十个区，竟有三十个区公所。这些现象，在全国确实少见。为此，我在志稿评议会上，建议要将三方面政权集中来写，不仅写出同时存在，更要写出三方面政权的对立和斗争，因为这个内容很重要，对今后全国历史的编写都有重要价值。同时我还指出，不论是哪一部新修方志，对于日伪政权、日伪军队、日伪货币等，都应作为正式内容修入志中，让我们子孙后代知道日本侵略者所犯下的各种罪行，而不能作为"附录"。附录者，表示附带著录，非正式内容，可有可无。而上述内容，又都是当时社会所发生过的事实，就如汪伪货币"储备票"而言，既然当时是作为正式货币在流通，对这个历史事实如何能不承认呢？理所当然，在《金融货币》一节应加以记载，通过具体的叙述，揭露日本侵略者的罪行。至于政权、军队，亦应如此，而不能说"我们非常痛恨，故放入附录"。应当注意，修志工作千万不能感情用事，否则必将影响其科学性。这一建议在评稿会上引起了激烈争论，不少同志认为，这样去写，"势必违反'横排竖写'的修志规定"。

　　反对把三方面政权集中写，除了认为这样编写是违背"横排竖写"的方志特点外，还有些则是模糊看法，认为新修的方志，怎么能把国民党县政府、日伪政权与共产党政权并列呢？特别是日本侵略者，犯下了滔天罪行，怎么能与人民政府写在一道呢？甚至有同志提出：我们共产党修志，为什么要为国民党歌功颂德？我们修社会主义县志，为什么要为国民党人树碑立传？看来，这似乎已经不是单纯的学术问题了。

　　这次评稿会上，我发言的第二个内容，便是同意并积极支持萧县同志欲将"书画艺术"从《文化》篇中分出而独立成篇的要求。这本是正常的做法，可是评议会上却引起了"爆炸性"的意见，归纳起来有三点。一是当时所写语言不合志体；二是内容比较单薄，同时，也削弱了《文化》篇的内容分量。这两种意见我觉得都有其合理的成分，修改中应当努力改正。还有第三种认为根本不能独立成篇，因为萧县的国画乃是无源之水，找不到源流，并且也无派可寻，它与"新安画派"无法比拟。虽有当代著名国画大师李苦禅题写过"国画之乡"，但那只是当代的，不能说明它有什么渊源，也不能说明它已成派。此意见一出，影响较大，给志办同志带来较大压力。我所以会积极支持，自然是受到志稿内容的感染和影响，觉得如此丰富的内容应当可以独立成篇。人家有五位全国一流的画家作支柱，有全县一千八百名可施丹青之技的群众作基础，有散布在全国各地的数十名颇有成就的中青年画家。书画艺术在萧县人民中广为流传，成为萧县人民文化生活中不可缺少的组成部分，使萧县成为一个名副其实的"国画之乡"。这在全国各地显然是不多见的，故1981年《中国青年报》以"之乡"集锦为题，将它列为全国十大"之乡"之一，这绝非出于偶然，因为"萧县无处无书画"。对于萧县人民这一丰富的文化生活，这一突出的社会现象，我认为是可以单独成篇的。还有那全国赫赫有名的雕塑大师刘开渠也是萧县人。显然，后面这个意见比较片面、偏激，过分看重渊源，尤其是处处以"新安画派"来比拟就更不妥当，似乎凡是不如"新安画派"者均不能成派。萧县书画是否毫无渊源可寻？自然不是，人家在讨论稿中已经讲得很清楚，是受"扬州八怪"的影响。画派形成较晚这是事实，但不宜就此武断定论这一内容不能独立成篇。看来这里有两个问题必须搞清：第一，是否志书中凡独立成篇者皆得有渊源可溯才行？我看没有任何理由可以如此要求，否则好多新生事物、新发生的重大事件或社会现象就无法成篇入志了。第二，应当知道历史上许多学术流派（包括艺术流派），虽形成于当时，但其名称大多为后人所加，就以"浙东学派"而言，这是中国学术史上一个重要的学术流派，解放后有许多学者发表论著论述其形成、特点及学术贡献，但也有港台学者发表文章否定有这个学派。任何一个学派都是客观存在，当然不会因为有人否定而就不存在。因此，萧县的"龙城画派"形成虽晚，但它毕竟是一个艺术流派存在，有名家，有群众，又有自己独特的风格，况且也已经有两百年的发展历史了，为什么还不能成派？那么，众所周知的"乾嘉考据学派"又为什么大家都承认呢？形成于晚清的"常州学派"，至今不过近百年历史，国内外学术界都争相研究。可见考虑问题必须胸怀祖国五千年历史，面向全国学术界，而不能仅守着一个"新安画派"。更需要切合实际，不能脱离历史和现实，否则许多县志就很难编修了，创新更无从谈起。

　　志稿评议会毕竟不可能解决所有问题，争论的一些重大问题更是无法一时得到统一看法。因此，回到杭州的第二天，我便立即给萧县志办同志写了一封信，再次明确地谈了我的看法和对修改的意见。看来他们对这封信是相当重视的，收到后便打印给县志办每位同志并送给县里领导，也给我寄回一份，现将其中两段抄录如下：

您们所确定的重点，我基本同意。这里我还想提醒一下，在我看来，您们还应将军事、政权、书画艺术作为重点的重点来抓。军事虽然每部县志都有，但绝对没有您们这里丰富而多样；三方面政权写好，不单对这部县志有特色，而且对将来历史的编写都有重大价值；书画艺术既要反映名家，更应有群众性，这在全国是不多见的，只要写好，就是特色。如果能将这三篇写好，我们可以肯定，就此三篇内容，就会使这部县志永远立于方志著作之林！

林果虽说是重点，但其他地方也有此内容，当然各地特色不同，自然也应写好。望在修改中好好领会乔木同志的讲话精神，在"朴实"、"严谨"、"科学"方面狠下功夫。我多次讲了，材料真实与否是一部志书的生命线。

我认为，作为一名顾问，在关键时刻，就应当观点鲜明地站出来"顾问"，当好参谋，做好后盾，既不能闭口不言，更不能模棱两可。当然，我非常感谢萧县志办同志对我的信任，经过他们艰苦努力，认真修改，出版后的《萧县志》，时代精神与地方特色体现得都比较鲜明，得到了方志学界广大同仁一致好评。仅一年多时间，五千部志书便一销而光，这在图书市场非常不景气的情况下，自然也可以从一个侧面说明问题。现在看来，当日争论的两大问题，已成为了这部新志书的两大特色。在《政权》篇中，将《抗日战争时期三方面政权》列为一节，对三方面政权内容集中编写，正如有的评论文章讲："写得十分精彩。写了当时政治、军事、经济、文化上的三方面对峙，写了党的政治、武装、经济和文化斗争。"这样写丝毫没有削弱党和人民政权的作用。将三个政权集中编写，使人们可以看到抗日民主政权是在条件非常困难的情况下建立起来的。当时国民党控制区内有纳税田亩 180 万亩，日伪县政府控制区内有纳税田亩 100 万亩，抗日民主政府控制区内，只有 36 万亩，数字如此悬殊，加之区域分布是犬牙交错，致使斗争十分复杂而残酷。然而共产党人正是在这种困难条件下，领导萧县人民最终取得了伟大胜利。从中子孙后代可以知道，今天的胜利确实来之不易，无须说什么大道理，共产党之光荣、正确、伟大的结论自然会在读者脑海中形成。三方面政权复杂斗争的对比，更衬托出共产党人的英雄本色。这样编写有谁能说它是触犯"条规"呢？

我们再看看《书画艺术》，单独成篇后，共设三章：《龙城画派》、《国画之乡》、《艺术家简介》。第一章主要是讲这个县的书画历史渊源；第二章则是讲书画艺术的现状，书画活动在全县人民生活中的地位与作用；第三章则是对重要书画艺术家的主要贡献和艺术生涯的简介。全篇内容丰富充实，充分反映了萧县人民丰富多彩的文化生活，凡是看过该书的同志都深深感到"耳目一新"。可见修志者必须要有主见，只要是看准了，就一往无前地坚定做下去。任何一种创造性的事业，多少都要带有些风险，除非不要创新。

因事命篇话《专记》
——录《嘉善县志》

"因事命篇"是借用章学诚在评论"纪事本末"史书体裁的优越性时所讲的一句话。章学诚说："本末之为体也，因事命篇，不为常格，非深知古今大体，天下经纶，不能网罗隐括，无遗无滥，文省于纪传，事豁于编年，决断去取，体圆用神，斯真《尚书》之遗也。"（《文史通义新编》内篇一《书教下》）这就是说，这种史书体裁，它既不受纪传体以人为主的限制，也不受编年体按年月顺序编写的约束，而是以事为主体，每事一篇，自为起讫，故名"本末"。由于"纪事本末"史体其长处就在于"因事命篇"，比较灵活方便，所以后来被广泛采用。近来阅读《嘉善县志》，发现最后有《专记》一篇，内分三章，记载了并不相关的三项内容，而这三项内容，在其他许多篇章也的确无法容纳，于是编纂者们便将它们合在一道，设个《专记》。第一章记载明清时期嘉善赋税之重。第二章记载对该县一个生产队在1958年到1960年由于当时所吹"五风"使生产生活受到严重影响的调查，这个调查是毛泽东同志秘书田家英亲自带领的中央调查组所作。第三章则是记载嘉善砖瓦生产的历史。这三个内容都很重要，也都是方志所应当记载的，然而却无类可归——第一、三两章，或许还可以勉强归属到某些篇章，尤其是

第二章，可以说与任何一篇也搭不上边。遇到这种情况，设个专记、专篇之类加以记载，不失为解决问题的良策，总比那些动辄放入附录要名正言顺得多，因为这些毕竟都是方志应当记载的内容。这里也可想见该志全体编写同志当日用心之良苦。

江南赋重，在历史上是由来已久，这一现象不仅早已引起许多学者的注意，而且历来各地修志亦多有记载，对这一历史弊端，当前修志似乎已很少有人再去注意，新编《嘉善县志》却以一章的篇幅来记述这一问题，我认为在学术上是很有价值的，尤其是随着时间的流逝，旧时的方志越来越少，就越显出其重要。这一章开头先引唐代韩愈论述江南赋重的一段话，接着便叙述嘉善赋重的起源和原因，并且还列有《乾隆五年（1740）嘉善县与贵州省、顺天府及四邻六县赋额比较表》。不过需要指出的是，所引韩愈之话，并非都是韩愈所讲。这里出现了明显的差错，原文是这样："唐朝时韩愈曾说：'赋出天下，而江南居十九，以今观之，浙东西又居江南十九，而苏、松、常、嘉、湖五府又居两浙十九也。'"很明显，"赋出天下，而江南居十九"这两句是韩愈所讲，"以今观之"以后都不是韩愈之话。这段文字原出明末清初学者顾炎武《日知录》一书，该书卷10《苏松二府田赋之重》一文开头便说："丘濬《大学衍义补》曰：'韩愈谓赋出天下，而江南居十九。'以今观之，浙东西又居江南十九，而苏、松、常、嘉、湖五府又居两浙之十九也。"该志引文未注出处，也不知从何处转抄而来，若是直接引自原书，或许可以避免上述错误。当然，还有一个原因，那就是对江浙一带历史地名之变化不太熟悉。众所周知，两浙路之名起于北宋，南宋初年始分两浙路为两浙东路（简称浙东路）和两浙西路（简称浙西路），只要知道这个名称的起源，自然就不会把上述那段文字都说成是韩愈所讲了。这就说明，修志中各种引文，都应当尽量查对原书出处，否则不仅容易发生错误，而且会产生笑话。在这段引文之后，接着又引了顾炎武在《天下郡国利病书》中论述嘉善赋税之重的一段文字，顾炎武说："其田额视各县独重，盖全浙之税，莫重于嘉郡，而嘉郡之税，莫重于嘉善。"顾炎武的结论，是对比各地赋税数字后得出的，他为了研究天下的"利病"，查阅了全国各地方志一千余部，最后著成一百二十卷之多的学术巨著，所言自然可信。引文之后，作者便根据史料记载，作了综合性的叙述，指出："重赋源起于宋、元之官田，至嘉善县初建时，境内官田多，民田少。官田租重，亩税又按租额征收，于是全县平均赋率极高，县民负担极重。及嘉兴府知府赵瀛创立'扒平田则'法，嘉善县自扒平后亩税仍有 0.333 石，又为同府六县之首。加上不时的额外加派及明清两代漕运之苛，民入不敷出，无以为生，纷纷逃亡。"在综合叙述之后，便分《官田之害》、《借兑、加派、漕运》、《嵌田赔亏》三节，逐项详加记载。最后又将同治五年（1866）浙江巡抚马新贻的奏章《请豁嘉善县丈缺田地摊赔银米疏》作为附录收入，这个附录自然附得其所，因为奏疏中的内容非常具体，不仅与志书所载可以起到相互参证的作用，而且可补志书记载之不足。有了这个附录，志书有关内容的记载，自然就可以简略了。这么一来，嘉善明清时期重赋的来龙去脉就比较清楚了，这无疑对于研究明清时期江南经济史有重要价值。

在这篇《专记》中，我觉得第二章《和合生产队调查》意义更为重大，因为它把 1958 年以后由于全国上下大刮"五风"，造成地处"鱼米之乡"的一个生产队竟然发生饿死人的情况作了如实的反映，对于总结我们党在历史上的工作失误和教训，具有非常重要的现实价值。这里还是先引志书的两段文字，便于先对问题有个了解。

> 魏塘公社和合生产队地处杭嘉湖水网地区，历来是有名的产粮区，群众生活水平较高，素称"鱼米之乡"，1949 年 5 月嘉善解放以后，农业得到较快复苏，全县每年为国家提供商品粮亿斤以上。但是，1958 年秋起，全国从上而来"五风"（浮夸风、共产风、命令风、瞎指挥风和干部特殊风）骤起，而且越刮越烈，突出表现为"大兵团作战"。1960 年和合已经是一个队困民穷、集体负债、社员倒挂的落后生产队了。
>
> "五风"是从领导机关刮起来的，下面顶不住，动不动就扣"大帽子"，当作压服的手段。……它严重地危害了和合生产队。至 1960 年，耕牛从 108 头减到 68 头（大多数牛瘦、弱、老）。……猪从 486 头减到 180 头（大多为小猪、瘦猪）。粮食亩产 1956 年为 448 斤，……1960 年为 291 斤。由于粮食产量锐减，粮食征购上增，社员口粮年年下降。社员年终分配人均收入 1960 年降到 17.96 元，58.6% 社员辛苦一年还是一个"倒挂户"。生产队还出现"三瘦一漏现象"（人瘦、牛瘦、田瘦、船

漏），1959年就因吃不饱饭发生非正常死亡现象。

……1960年公社召开党员干部保证完成粮食包产任务誓师大会上，和合生产队亩产定到1471斤，争取指标为2416斤，而实际收获亩产仅291斤，比解放以前正常年景亩产350—380斤还少许多。虚报粮食产量，就增加粮食征购任务，1958年征购任务92万斤，实际征购111万斤，挖了社员口粮。1959年征购任务增至109.9万斤，入库又增至115.2万斤，完不成任务，连续4次召开会议"反瞒产"，进一步挖社员口粮。1960年粮食大减产，总产只有105.6万斤，下达征购任务为103万斤，实际无法完成，社员全年口粮减到人均353斤原粮。1959年至1961年和合生产队连续三年春天闹粮荒，甚至断粮达10余天之久。1961年春，每人每天只有半斤大米，三餐稀饭充饭。社员说"上面吹牛皮，社员饿肚皮"。

如此严重的情况，终于反映到了党中央。1961年1月24日，毛泽东同志派来的调查组在田家英率领下到达该地进行调查。2月6日，田家英等人在杭州刘庄向毛泽东同志汇报了调查情况。毛泽东同志十分注意地听取了汇报，当即就纠正"五风"改变面貌提了七条意见。3月间中央调查组便写成调查报告，名为《嘉兴县魏塘人民公社和合生产队调查》。志书第二章正是围绕着中央调查组的调查和调查报告而编写，第一节为《调查经过》，第二节为《中央调查组报告》。而毛泽东同志给田家英的信和听了汇报后的七条意见，都编在《调查经过》中，这都是非常重要的历史性文献，对于研究新中国的建设和建国后党的历次运动都具有十分重要的价值。调查报告分概况、1956年到1960年生产发展简述、落后面貌、"五风"、经营管理、粮食问题、组织状况和干部作风、恢复生产的关键等八个问题，还有社员的生活状况和思想动态、6个农民家庭经济情况调查两个附录和七个附表，把全生产队农民生产生活存在的严重问题及问题产生的原因、解决办法，都作了认真的、实事求是的调查记录，指出"'五风'是造成和合生产队出现农业危机的总根源"。"'五风'大大地伤了这个生产队的元气，严重地挫折了社员的积极性。因此社员把'五风'叫作'黑风'，说它吹得'昏天黑地'，把群众吹成'木人头'（不能自己做主），把基层干部吹得'睁开眼睛朝河里跑'

（明知有害也得干）。"调查报告引用了许多农民的原话，反映了广大农民的心声。"类似这样的瞎指挥、命令主义，在1960年有很多，正如老农民所说的：'1960年减产，不是什么旱灾，是因为上面乱指挥，种田的人不能自己做主。'"是天灾，还是人祸？哪一个为主，恐怕还是要听听千百万农民的说法。事实正是这样，当"五风"得到纠正以后，这个队农业生产很快得到恢复，农民生活也得到提高。该志记载了1965年12月田家英和逄先知重访嘉善县。"正如逄先知在《毛泽东和他的秘书田家英》一篇文章中记述的那样：'1965年12月，田家英和我又一次去了和合生产队。旧地重访，一种难以抑制的激情充满心田。今日的杭嘉湖农村，呈现一片欣欣向荣的景象。同1961年那衰败破落的情景，形成鲜明对比。农民家里，稻谷满仓，鸡鸭成群，全县农业实行电力排灌，看了实在令人高兴。'"如今的情况当然是大变了，为此该章第三节，专门写了1992年原和合生产队状况，这里只要摘录几个数字就足以说明问题，这年亩产粮626斤（1960年仅291斤），生猪全年饲养量达3099头（1960年仅180头），年人均收入1355元（1960年仅17.96元），至于耐用消费品，电视机324台、录像机2台、收录机115台、洗衣机53台、电冰箱44台、电风扇800台等，所有这些在1960年都还是零。这个正反的对比，比任何大道理都更加令人信服。其中说明什么问题，我想读者都会明白。

可是对于这样的重要内容志书是否要记载，尤其是对中央那份调查报告是否入志，却存在着严重的意见分歧。当日的省县某些领导人坚决认为不要记载，调查报告更不能入志，而该志注中则明确写着"1994年2月24日经中共中央文献研究室同意全文刊载"。可见中央文献研究室认为这个调查可以入志。该志的全体编纂者态度自然十分明确，他们顶住了方方面面的压力和阻力，把这一重要内容写入了志书。这些同志不仅看得出这一问题的重要性及记载的重要意义，而且具有魄力和勇气。众所周知，当时那种"五风"是吹遍全国的，当然各地受其害者程度不同，但是志书中对其影响是否都有记载呢，就很难说了。我所以讲"五风"是吹遍全国，自然是有根据，因为当时的新闻媒介还帮着在吹，不妨请看：

1958年7月13日，《人民日报》发表河南省西平县和平农业社放"小麦高产卫星"的消息，报道该社小麦亩产达到7320斤。

同年8月13日,《人民日报》报道湖北省麻城县麻溪河乡"早稻高产卫星",亩产竟达36900多斤。

同年9月18日,《人民日报》又报道广西环江县红旗人民公社放了"中稻高产卫星",亩产更高达13万多斤。

同年9月17日,《人民日报》发表了《祝河南大捷》的社论,宣传河南放"生铁卫星"的情况,据称9月15日,河南省土高炉日产生铁18694万吨,竟比老钢铁工业基地辽宁、吉林及黑龙江三省当时的生铁月产量还要高。

以上这些地方的志书是否作了如实记载呢?但愿能够和嘉善同志一样,将这些"放卫星"的经过和造成的后果都记载下来,不单是留给子孙后代教训,不要再放这种卫星,更重要的是为当前作借鉴,因为目前各行各业中说假话的都大有人在。正如一位全国老劳模所说:五八年干部搞浮夸,而今的许多干部直接说假话。无数事实说明,浮夸也好,说假话也好,不仅害人,到头来更要害己。这也许就是方志"资治"、"教化"功能的另一种体现吧!

(原分载《中国地方志》1996年第5期、《中国地方志》1997年第2期。后收入《史家·史籍·史学》;《仓修良探方志》)

新修方志特色过眼录之三

浓浓乡情绍兴人
——录《绍兴市志》

长期以来，绍兴人在人们的印象中乡情表现得特别浓，无论是戴着乌毡帽的忠厚农民，还是历代"名士"学者，无论是"绍兴师爷"，还是那些深受人们欢迎的戏曲演员，无不反映出绍兴人所特有的气息。故乡情虽然各地人都有，但似乎都没有绍兴人那么浓郁，新修《绍兴市志》，会给你加深这个感觉。为了突出反映绍兴人，该书作者从人口总体、人才群体、人物个体三方面进行记述。人口总体，人物个体，其他志书当然都有，而人才群体则是这部新修方志的重要特色。那么该志究竟是怎样反映人才群体，从而突出了绍兴人的呢？我想还是看看该志编纂者们的指导思想吧，会对大家产生十分有益的启发。

鲁迅曾经讲过，越是地方的东西，越具有世界性。因此，编纂者们坚定不移地深信，编修方志必须突出地方性，并且深信"地方特色写得越充分，志书的生命力也就越强"。话虽然很普通，道理也人人都懂，但却不是人人都能够认识到的，因此，这个看法是很有卓见的。特色是什么呢？他们说："特色是比较而言的，人无我有，人有我优，人优我特，都属于地方性特色。"绍兴的特色是什么呢？他们归纳为五个方面：一是地域历史悠久，二是历代人才辈出，三是文化积淀深厚，四是水乡风光秀丽，五是经济优势明显。"是否准确、系统、实事求是地反映这些特色，是衡量志书质量高低的一个重要反映"，这是全体编纂工作者的共识。但是，在这些特色之中，如何确定重点，无疑又是一大难题。就以他们所提出的"经济优势明显"来说，这个优势在全国都有重要地位。这里不妨列举几个数字来说明问题：第一，1966年，绍兴已成为全国第一个粮食亩产超千斤的地区；1984年再创纪录，实现全市粮食亩产超"双纲"（1600 市斤）；到 80 年代末，全市又有 25% 的农田亩产达到一吨。第二，在工业方面，1987 年绍兴已跻身于全国工业产值超百亿元的 25 个城市之列。1990 年工业总产值 190.26 亿元，其中乡镇企业工业总产值为 116 亿元。第三，该市所属绍兴县，被列为全国十大"财神县"之一，绍兴、诸暨、上虞三县进入中国农村综合实力百强县行列，分别名列第 8、第 64、第 85 位。单就这些而言，完全有理由将其作为特色重点而大书特书。可是该志的同志们没有这样做，而是采用了"详特略同"的编写原则，在详略安排上，突出志书的历史文化比重。因为在他们看来，作为历史文化名城，绍兴的最大特点是历史悠久和文化积累的深厚。加强对历史文化名城的记载，既是绍兴历代书的一个优良传统，也是绍兴实现两个文明建设的迫切需要，市志完全有理由详加记述。在他们看来，"历史文化名城"是"绍兴最根本、最重要，也是最本质的地情特征"，有必要加以突出。全志共设 45 卷，属于文化类的就有 15 卷，占卷目总数的 1/3；正文字数量为 472 万字，而文化类为 220 万字，占全志的 45%，这个比例，在全国新修方志中是不多见的。在整个篇目设置上，他们从绍兴地情出发，也颇多独创动作。一般志书大都要设置文化篇或文化卷，他们取消了这个篇卷，而分别设置了《文学·艺术·图书》卷、《文物古迹》卷、《戏曲曲艺》卷、《艺文》卷、《报刊·广播·电视》卷。他们认为这样做，"使有关文化内容，能够在较为广阔的范围之内和较为深入的层次上进行详细记述"。其实这还是在实施他们"详特略同"的编写原则，因为在这五卷中，有许多内容都是绍兴所特有的。

绍兴自古以来出了许多杰出的文化名人，真乃人才辈出、人文荟萃之地。要反映这一特有的文化现象，单靠人物传记是远远无法满足的。因为人物传的撰写总是相对独立的，既看不到相互的关联与影响，更看不出整体发展与趋势。学术文化在发展过程中，总是存在着相互渗透、互相影响的关系，尤其是在同一个地区，前辈的学术思想对后辈的启发和影响往往是很大的。绍兴之所以会人才辈出，这自然也是一个重要的因素，正像许多学者的成长得益于家学的影响，道理是一样的。何况许多杰出的名家，他们的思想和学术观点都是遗泽千秋。基于这一观点，《绍兴市志》的编纂者们特在新修志书中设立了《名家学术思想》卷，这无疑是一种前无古人的创举，也是他们为刻意表现绍兴人才群体所采用的一种方法。该卷按哲学、政治、经济、教育、历史、文学艺术、语言文字等学科，分门别类，从古至今，对主要人物的学术观点、学术著作及对后世的影响，如实进行记述。对于王充、王阳明等人的哲学思想，王叔文、陶成章等人的政治主张，计倪、马寅初等人的经济观点，蔡元培、陈鹤琴等人的教育思想，章学诚、范文澜等人的史学理论，王羲之、鲁迅等人的文学艺术表现，罗振玉、陈梦家等人在古文字学等方面的重大贡献，等等，都作了不同程度的介绍。通过这些朴实的记述，绍兴人在祖国文化发展上的贡献与地位，很自然地全都展现在读者面前。其作用自然是显而易见的。阅读过《史记·儒林列传》或《汉书·儒林传》的同志都会知道，此传之立，并非只是为几个儒生立传而已，而是要讲述当时几部儒家经典不同学派形成之来龙去脉。正如班固在该传赞中所说："自武帝立五经博士，开弟子员，设科射策，劝以官禄，讫于元始，百有余年，传业者寖盛，支叶蕃滋，一经说至百余万言，大师众至千余人，盖禄利之路然也。初，《书》惟有欧阳，《礼》后，《易》杨，《春秋》公羊而已。至孝宣世，复立大小夏侯《尚书》，大小戴《礼》，施、孟、梁丘《易》，谷梁《春秋》。至元帝世，复立京氏《易》。平帝时，又立左氏《春秋》、毛《诗》、逸《礼》、古文《尚书》，所以网罗遗失，兼而存之，是在其中矣。"这就是他作此传之宗旨。因为在汉代，研究儒家五部经典《诗》、《书》、《易》、《礼》、《春秋》，都形成了几个不同的流派，把这些不同流派放在一道介绍，人们就很容易了解到各个流派的产生、形成、对立和发展。当然，《绍兴市志》的编纂者们在设立《名家学术思想》卷时，未必是受到《儒林传》的启发。但是，他们这一独创，与《儒林传》一样都有着重要的价值，因此这一形式很值得在新修方志中广为推广。当然，现在的标题还不太理想，尚可进一步完善。

《戏曲曲艺》卷，是《绍兴市志》反映人才群体的又一措施。戏曲在新修方志中单独成卷成篇也不多见，此卷的设置也是从绍兴本地实际出发。在绍兴，不仅剧种、曲种多，而且历史悠久，声腔、唱调丰富而优美，剧作家、艺人更是人才辈出，在中国戏曲史上具有重要地位。就以越剧而言，已是全国第二大剧种，全国各地都有许多越剧迷。60年代，全国有二百六十多个专业越剧团，浙江省有七十多个专业越剧团，绍兴地区有五个。90年代，绍兴市尚有绍兴、诸暨、嵊县、上虞四个县级专业剧团。大家最早知道的剧目自然首推《梁山伯与祝英台》、《碧玉簪》等，后来的《红楼梦》更是唱遍全国。对于这样一个剧种，了解它历史的人显然是不多的。清同治年间，嵊县农村出现了"落地唱书"，后因在演唱时多用笃鼓、檀板按拍击节，的笃之声不断，故称"的笃班"或"小歌班"。后来逐渐形成一种地方戏曲，流行于绍兴、宁波、杭、嘉、湖一带。民国初年，开始流向上海，并以"绍兴文戏"为名，直到民国二十七年（1938），经过不断改革，方才改称"越剧"。这些内容对于研究戏剧发展史无疑具有重要价值。绍剧，即绍兴乱弹，俗称绍兴大班，兴起于清康熙、乾隆年间。30年代称"越剧"，1950年定名"绍剧"。《孙悟空三打白骨精》在全国一炮打响，于是该剧的知名度便大为提高。此外，还有"新昌调腔"、"诸暨乱弹"、"绍兴滩簧"等等。而在曲艺方面，"绍兴莲花落"自然影响最大，还有"绍兴平湖调"、"绍兴词调"等等。足见绍兴在戏剧、曲艺方面，确实是异彩纷呈，对其产生、发展及影响作较为全面的记载，显然非常必要，从而为戏曲史的研究创造十分有利的条件。特别是"新昌调腔"已有四百年悠久历史，被称为戏剧史上的"活化石"。

特别令人高兴的是，新编《绍兴市志》最后专设《丛录》一卷，记载了"绍兴师爷"和"堕民"两个问题。看得出他们为了全面反映绍兴的历史和现实，考虑是非常全面的。"绍兴师爷"，流传很广，影响很大，但是真正深知其意者并不多见。如大学者胡适在《章实斋先生年谱》中批评实斋是"绍兴师爷口吻"，其实是对绍兴师爷的一种误解。似乎绍兴师爷在处理议论问题时总是带有偏见，这显然与事实不合。绍兴师爷作为一个特殊的社会群体，曾影响了明清数百年地方政府的统治，对于这种历史社会现象，以前却很少有人作专门研究和记述。近日看到某刊物一篇关于"幕客"的文章，全文竟然只字未提作为幕客主体的"绍兴师爷"。我们虽不能说该文研究尚未入门，但起码是存在严重缺陷的。该志《绍兴师爷》一章，章首引言先简要介绍了在绍兴产生的这一特殊社会群体："绍兴师爷是明清时期封建官制与绍兴人文背景相结合的产物。这个地域性、专业性极强的幕僚群体，肇始于明，盛行于清，没落于辛亥革命前后。自始至终，在我国封建统治机构中活跃了三四百年，声名扬及国内外，成为中国封建官衙幕僚阶层的重要组成部分。""绍兴具有培养与造就师爷特有的历史、地理环境与经济、文化条件。从此业者，大抵为家道中落、无缘取仕之士。"接着分《渊源》、《兴衰》、《类别》、《学幕、幕学》、《游幕、幕道》、《作用、影响》六节进行记述。"师爷，为旧时官署幕友的尊称。古代将帅带兵出征，治无常处，以幕为府，故称'幕府'，以后相沿成习，幕府即成为各级军政官署代称。""军政大员所延揽帮办各类事务的文人学士，也就获得幕僚、幕实、幕友等相应称谓。民间，自清朝起一概称此类幕僚为'师爷'。"这就把师爷称呼的来历向读者作了简要交代。又因为从事这一职业者以绍兴人居多，所以有了"绍兴师爷"的说法。对此，志书明确指出："绍兴师爷的崛起，当然并非凭借个别绍籍师爷的功绩名望，而是反映了当时封建统治阶层出于政治目的网罗特殊人才的需要，以及从事师爷职业的绍兴人士的整体素质。绍兴向为文化之邦，绍兴人处世精明，治事审慎，工于心计，善于言辞，具有作为智囊的多方面能力，故清代以师爷为职业者多系绍兴人。诚如龚未斋在《雪鸿轩尺牍》中所云：'吾乡之业斯者，不啻万家。'"这里既讲了绍兴人从事此业者人数之多，又道出了绍兴人所以善于从事斯业的原因，这也进一步使读者更加深入地了解绍兴人的特点，"绍兴师爷"从此也就闻名于世。当然，对于"绍兴师爷"，人们以前大多只知其职主刑事诉讼，这自然是不全面的，他们要"为幕主或出谋划策，参与机要；或起草文告，代拟奏疏；或处理案卷，裁行批复；或奉命出使，联络官场"。其类别就分"刑名师爷"、"钱谷师爷"、"书启师爷"、"征比师爷"、"挂号师爷"等类。可见做师爷必须掌握相关的知识，并非人人可为。因此，要入幕还需通过好几年的专门学习，但无专门学校，多为随师学徒，子承父业，世代为幕。值得注意的是，当时学幕还有专门著作，如《入幕须知五种》、《秋水轩尺牍》、《佐治药言》、《续佐治药言》、《学治臆说》、《学治续说》等。后面四种是著名学者汪辉祖所作，他自己做过地方官，亦做过多年幕僚，历佐江浙州县牧令凡十六人，为乾嘉时期名幕，为人正直，这些著作可视作他的经验总结与升华。他在《病榻梦痕录》中说，幕友"所以效力于主人者，宜以公事为己事。留心地方，关切百姓，使邑人皆曰主人贤，庶几无愧宾师之任"；并主张幕友必须达到"立心要正"、"尽心"、"尽言"、"勤事"、"慎事"、"公事不宜迁就"六点要求，如果坐视官之虐民，那就违反幕道。可见做一个幕友，不仅需要相当的学识和相关的知识，而且必须具备高尚的品德，"才、识、品"三者之中，"品为尤要"。这就告诉人们，做一个"绍兴师爷"，自然并非易事。

"堕民"这个名词知道的人是很少的，该志单立一章，将堕民的起源、分布、称谓、信仰、服饰、职业、历史地位都作了简要叙述，最后并将有关文献资料全都附在后面，为研究这一问题提供了条件。

绍兴的经济在全国占优势地位，他们也并未忽略，共设十一卷，一百二十万字，并且将《乡镇企业》单独成卷，既不放在工业，也不放在农业，可见他们是有见地的。

这部志书还有两个特点有必要向读者说几句，一是《艺文》篇幅很大，占全书篇幅的十分之一强，其收录自古及今绍兴人各类著作八千余种，足见编纂者见解确实不凡。还有一点则是志书真正做到了图文并茂。全志共收录各种地图、照片966幅，大多随文穿插，做到图文相得益彰，不仅量多品种全，而且突出历史性内容，这在新修志书中也是不多见的。

综上所述，新修《绍兴市志》具有极为丰富的文化内涵，充分反映了历史文化名城的历史与现实，许多内容都具有很高的学术价值，自然也就体现了这部志书的学术品位。可见，提高新志书的学术品位，不能仅停留在理论上，还应当贯彻在实际修志过程之中，《绍兴市志》就是明证。

丝绸之路上的一颗明珠
——录《库车县志》

赵燕秋同志在评《库车县志》的文章中说："因为库车本身就是一个地域、历史和民族特色很显著的地方，而《库车县志》为了显示这些特色，又有不少特殊的举措"，因而其特色就更加明显了。由于特定的地理位置，因而在漫长的历史时期，库车很早就成为中原通往西域和波斯、大秦、阿拉伯等地区和国家的必经之路，从汉唐时期就有中原富商和来自大秦、波斯、阿拉伯的"胡商"在此定居，因而很早就成为著名的商埠。还在汉代已成为西域大国，有居民八万，胜兵二万，都城宏伟，物产丰富，居民能歌善舞，自然成为丝绸之路上的一颗明珠。这样一部县志，只要如实编修，就必然会富有特色,何况编修者们"又有不少的特殊举措",这就使这部新县志更加具有特色。

看起来是普通篇目,但其内容却与众不同。一篇普通的"概述",将库车二千年发展历史作了简明的叙述。起初,这里信奉佛教,但很难想象,到了唐代,域中佛塔寺庙竟有一千余座,并且装饰华美,因而留下了非常丰富的石窟文化。14世纪中叶,这里的宗教信奉发生了重大变化,伊斯兰教战胜佛教,带有阿拉伯色彩的文化艺术开始传播,佛塔、石窟艺术从而衰落。对于这种变化,知道的人显然不会太多。当然,"概述"还告诉人们,库车绿洲的开发,是长期以来多民族共同努力的结晶,而它所以能够成为丝绸之路上的一颗明珠,正是中外经济文化交流的产物。汉唐以来,中原富商与胡商来往于此,中原文化与西方文化也在此得以交流,这个事实向人们说明这样一个问题,在中国发展历史上,并不是向来就搞封闭政策的,库车的发展历史就是一个明证。又如《畜牧业》也是每部志书大体都有的,而在库车,牲畜品种和饲养方式却又与众不同。库车历史上有良种马,曾与骆驼一道,成为向中原王朝贡献的贡品,此马虽已绝迹,但现在仍饲养着伊犁、蒙古马种,90年代初已发展到1.26万匹,还有大牲畜骆驼、骡子等,有些是内地从未见过的。还有一个《园艺养殖》篇卷,自然也是其他新志书中不多见的。至于《民族宗教》、《文物名胜》等,尽管一般志书也都设置,但是这部县志由于它的特殊性而使这些专志的内容特色更为显著,限于篇幅,这里只好略而不谈。下面对于《龟兹乐》和《龟兹石窟艺术》两个特殊篇卷,谈谈自己的感受。

库车古属龟兹国,这里居住着"俗善歌乐"的民族。他们能歌善舞的风俗,对于中原的影响是非常深远的,无论是音乐还是舞蹈,很早就在中原得到流传。隋开皇初置"七部乐"时,"龟兹伎"已在其中;后定九部及唐之十部,"龟兹伎"都是其中之一。其影响之大,正如《旧唐书·音乐志二》所说:"自周、隋以来,管弦杂曲将数百曲,多用西凉乐,鼓舞曲多用龟兹乐,其曲度皆时俗所知也。"对其传入过程,《库车县志》中还说:"后魏有曹婆罗门,受龟兹琵琶于商人,世传其业,至孙妙达,尤为北齐高洋所重,常自击胡鼓以和之。周武帝聘虏女为后,西域诸国来媵,于是龟兹、疏勒、安国、康国之乐,大聚长安。"可见龟兹乐对中原的影响确实是相当大的，而对周边邻国的影响有的甚至延续至今，所以单独设立篇卷乃是必然之中。县志的《龟兹乐》共设置了《龟兹乐理》、《龟兹乐曲》、《乐器》、《龟兹舞》、《龟兹戏剧》、《龟兹乐在中原王朝》、《龟兹乐在国外传播》、《龟兹乐与维吾尔族乐舞》八大内容进行叙述，我很感兴趣的还是乐器部分。根据《隋书·音乐志》、《旧唐书·音乐志》和《新唐书·礼乐志》记载，该节共列出十五种乐器，每种都说明其形状构造及其发源地等，尤其是《龟兹乐器在主要石窟壁画中分期分布简表》，会给人提供一个直观感觉。这个简表告诉读者，某种乐器是在什么朝代流传，有哪几个石窟壁画反映，这比单纯文字叙述自然更具有优越性。在《龟兹舞》一节，更是充分利用了石窟壁画这一优势加以描绘，把它当作许多史籍记载的重要注脚。志中指出，唐代龟兹舞大致分为健舞、软舞、歌舞戏、习俗舞、模拟舞、执具舞、宗教舞等类，又列举了"胡旋舞"、"春莺啭"、"鸟舞"、"碗舞"四种代表。"胡旋舞"大家似乎比较熟悉，因为唐代大诗人白居易曾写过《胡旋女》一诗，赞誉了这种舞蹈的高超技艺。志中说："属健舞类。森姆塞木石窟五十二窟绘有一菩萨左手叉腰，右手擎起，敷身彩带飘逸，两脚半足尖交叉，裙摆旋为弧形，正是对此舞瞬间姿态的描绘。"接着引了唐段安节《乐府杂录》一书的记载："胡旋舞，俱于一小圆毯子上舞，纵横腾踏，两足终不离于毯子上，其妙如此也。"再如"鸟舞"："文献又称《鸟歌万岁乐》，属模拟舞，《隋书·音乐志》中载龟兹人白明达作有《万岁乐》、《教坊记》、《春莺啭》等，其中《春莺啭》中有鸟声。看来《鸟歌万岁乐》是出自白明达之作。舞蹈为三人，头戴鸟形画冠，模拟鸟的各种动作翩翩起舞。克孜尔石窟十七窟中绘有一女子裸上身着裙，两手舞动飘带模拟鸟飞翔动作，当是此舞的形象描绘。"有了石窟壁画的描绘，自然就显得更为形象生动，这就是就地取材的优越性。在该志最后，还附有三页《龟兹乐舞线插图》，与文字对照可起到相得益彰的作用。在《龟兹乐与维吾尔族乐舞》一节，谈了两者的关系，指出："龟兹乐与维吾尔族乐舞，从音乐结构，到乐器、舞伎都有着血缘的关系，可以说龟兹乐是维吾尔族乐舞的源，维吾尔族乐舞继承发展了龟兹乐。"诸如此类，对于一般读者（包括笔者在内）无疑都将起到长见识的作用。因为其他地方很少能看到这些内容，除非是专门研究论著。

　　谈到石窟艺术，人们首先想到的自然是敦煌、大同云冈、洛阳龙门等等，却很少知道今天库车县境还有非常丰富的石窟群。在这里，"有洞513个，石窟特殊的建造形式，精美的壁画丹青，残留的雕塑佛像，各种文字的题记，构成了独特的龟兹石窟艺术。它形成于魏晋，隋唐达鼎盛时期，宋朝末年逐渐衰落"。对于石窟建筑种类，志中列举具体石窟，一一作了详细介绍。石窟共有七种类型："支提窟"，是指僧尼礼拜、祈祷的石窟；"大像窟"，指"龛内塑有10米以上高大的佛像"的石窟；"讲经窟"，顾名思义，"用于高僧讲说佛教经典"的石窟；"毗诃罗窟"，"是居住僧尼的一种石窟"；"禅窟"，"是僧人修炼、省悟的一种石窟"；"罗汉窟"，"是埋葬得道高僧尸骨的石窟"；"仓库窟"，"是僧尼储藏物品的地方"。而这个石窟群又分壁画艺术、石窟雕塑和石窟题字三方面内容，壁画内容尤为丰富，有的专绘佛教故事，有的是叙事画，有的是佛教人物画，也有山水动物等画。雕塑大多为泥塑，特色不多。而使人容易产生兴趣的看来还有题字，因为题字中既有汉字，又有龟兹文和回鹘文，这对研究古文字有一定价值。这里要特别指出的是，在介绍壁画艺术时，该志编纂者说："在龟兹石窟壁画中存在着许多裸体人像，这是龟兹石窟壁画的一个重要特点。其数量之多在全国石窟寺中是首屈一指的。"可见编纂者对全国石窟壁画是作过比较研究的，否则就不可能这么具体。志中对这种裸体人像，还分类列举加以介绍，并记载了其中很重要的一幅被德国人"剥走了"。

  本世纪初，德国人雷库克从克孜尔石窟中剥走一幅壁画，也是有关女性裸体的内容。画的中间坐着一个男人，四周环绕着裸体的女人，正在跳舞，这幅画说的是释迦牟尼为净饭王太子时的情况。据说悉达多太子在青年的时候就受到婆罗门教思想的影响，产生过舍弃家庭、过无家生活的理想。他的父母对于他这种思想甚为忧虑，曾经试图改变他的意向，使他注意世间的兴趣和享乐，这就是《佛本行集经》中说的："复教官内，严加约敕。诸婇女等，昼夜莫停，奏诸音乐，显现一切娱乐之事，所有女人幻惑之能，悉皆显现。"雷库克从克孜尔石窟中剥走的那幅壁画，说的就是这一段事迹。

  这段文字尽管较长，笔者还是全文照录，目的是要使更多的人知道，为什么我们国家的文化宝藏，德国人竟随意便"剥走了"，这就说明帝国主义文化侵略是无孔不入的。看来我国凡是有石窟艺术的地方，这些文化侵略者总都要设法"光顾"，这也是由于当时国家贫穷落后，政府腐败无能，这是非常重要的教训。作为修志工作者来说，凡是有帝国主义侵略事迹，都要详细加以记载，让子孙后代永记国耻，永记帝国主义侵略罪行。

综上所述，龟兹音乐源远流长，石窟艺术内容丰富，单独成篇，其特色自然就更加突出，使得丝绸之路上的这颗明珠，更加是异彩纷呈，库车自然也就成为人们所向往的好地方。最后还要说几句的是，《龟兹乐》的撰写，征引了不少古籍和近人论著，说明资料确是翔实。我查对了所征引的《隋书》和新、旧《唐书》史料，也未发现有错误，这自然从一个侧面说明志书的可靠性。这一点非常重要，征引任何资料都必须准确可靠，因为资料的正确与否，乃是一部志书能否取信于人的生命线。但也有一点不足之处，那就是介绍乐器"笛"时，不够客观，介绍说："笛，又称横笛，起源于古代羌人居住区，故常被称为羌笛。龟兹乐中固有乐器之一。"这种说法显然过于肯定。东汉学者应劭在其代表作《风俗通义》一书《声音》类中说："笛：谨按《礼乐记》，武帝时丘仲之所作也。笛者，涤也，所以荡涤邪秽，纳之于雅正也。长一尺四寸，七孔，其后又有羌笛。"接着又引了马融的《长笛赋》。可见对于笛的产生，东汉已有两说。沈约所作《宋书·音乐志》，将马融《长笛赋》的意思与《风俗通义》所讲并存；《旧唐书·音乐志》亦说，"笛，汉武帝工丘仲所造也，其元出于羌中"，看来似乎矛盾，但起到两说并存的效果。我觉得应劭的说法应当引起重视，他是东汉人，又专门研究古代风俗，音乐乃是风俗中重要的组成部分，书中介绍乐器达二十三种之多，他既然讲"其后又有羌笛"，总是有所依据，因为对于二十三种乐器大多讲了产生或起源。在无确切可靠证据之前，应劭的说法是不能随意否定的。

独树一帜谱新篇
——录《文成县志》

本届修志在广大修志工作者的共同努力下，在继承修志传统基础上，创立了一套完整的新志书编修体例，这就是人们常说的新志书体，这种体例一般包含有图、表、述、纪、志、传等形式，志仍为主体，记载着各种不同的专业类目。无论篇章大小，总都离不开这些形式。可是，新修《文成县志》却在这些形式中作了尝试性的变动，正如该志凡例所说："体例：条目结构，以条目为专志内容的基本形式。全志用述、记、志、传、录"，"以文字记述为主，辅以图、表、照片。卷首概述；中为专志，设33卷，卷下置类目、条目、子目；卷末大事记"。从凡例来看，大的形式除"大事记"移至卷末外，更无其他大的变化。而专业志在形式上却有了较大变化。一般说来，专业志总都是采用卷（篇）、章、节、目几个层次进行编写，而该志在卷以下，取消了章、节、目，而是"以条目为专业志内容的基本形式"，卷下设置类目、条目和子目。当然，从层次来看，也并无多少变化，但在形式上确实是变了。为了便于大家了解，现举《军事》卷为例，将类目、条目、子目列出：

地方武装
〔明清时期地方武装〕
〔民国时期地方武装〕
保卫团
国民抗敌自卫团
国民兵团
〔建国前人民武装〕
农民赤卫队
瑞青泰县游击队
青景丽县武工队
浙南第二县队
青景丽县委机关警卫队
青景丽中心县委警卫大队
〔建国后人民武装〕
独立第七营
县人民武装部
县人武部（兵役局）部（局）长名录

县人武部（兵役局）政委名录

县人民武装委员会

文成县中队

驻军

〔土地革命时期人民军队〕

〔民国时期政府军队〕

〔中美合作所第八训练班〕

〔建国后驻军〕

军事设施

〔靶场训练场〕

〔碉堡〕

〔监视哨与瞭望所〕

〔防空洞〕

兵役

〔征兵制〕

〔志愿兵和志愿兵役制〕

〔义务兵役制〕

〔预备役登记〕

民兵

〔组建队伍〕

〔参战〕

〔训练〕

〔社会活动与授奖〕

战事

〔元明农民起义〕

吴成七起义

吴达三、叶丁香起义

〔红军战事〕

南田、玉壶战斗

吴地山阻击战

杜山突围战
东家寮战斗
割草坳战斗
江坑源头遭遇战
深坑岭头遭遇战
〔解放战争战事〕
金山岭脚截击战
麦屿伏击战
南向截击战
穹岭头战斗
赤矿岗头战斗
河背岭头伏击战
夜袭黄坦碉堡
解放珊溪镇
解放大峃
截击李延年兵团溃军
〔剿匪〕
智歼王碎雅股匪
剿灭朱铁民股匪
剿灭柳志昌股匪

  凡例讲了,"以条目为专志内容的基本形式",如"明清时期地方武装"、"剿匪"等就是"条目",而"地方武装"、"驻军"等就是"类目",至于"保卫团"、"国民抗敌自卫团"则都属于"子目",因为在好多情况下并无"子目",所以"条目"就成为基本形式。"类目"相当于章的地位,当然数量也就不会太大。由于绝大多数新编方志的专业志都是采用编(卷)、章、节、目的形式,而教科书和许多学术论著亦多采用章、节、目形式,因此也许人们免不了产生老面孔感觉,而该志这么一变,似乎便有一种清新之感,尽管只是形式上的变化,但毕竟在走自己的路。我想,为了方志事业的繁荣与发展,应当欢迎广大修志工作者的改革和创新,积少成多,集思广益。当然，或许有人会说这种形式"似曾相识"，这也无妨，以前好的东西拿来为我所用，合理地继承，这与创新本是相辅相成，况且编纂者们未必知道这是"古已有之"，因为学术见解往往有不谋而合者，就像章学诚在校雠学上有一个观点与祁承㸁相同，而祁承㸁在先，有人便说章学诚是抄袭祁氏观点，我们通过研究否定了这一说法。因此，我认为这是一种创新的举措，作者们想通过自己的努力，在专业志编修形式上探索一条新途径，况且这种形式今后在新志编修上还可以进一步推广。

在这部新志书中还有一个显著特点，那就是在篇目编排上亦有不同于众的做法，它与《东阳市志》有些相似，但又不完全一样。《人物》一般都是放在最后，而该志提前到《民俗》之后，具体是：《建置》、《自然环境》、《名胜》、《居民》、《华侨》、《方言》、《民俗》、《人物》。这与《东阳市志》的编排可以说是大同而小异，异者就在《自然环境》之后，《东阳市志》是《自然灾害》，而该志全书不设《自然灾害》卷，也许是因新建县的关系，自然灾害的资料不易搜集，从实际出发而省略。对于这样的编排我觉得同样是比较合理的，因此，我仍旧可用"顺乎自然规律"这句话来作评论。《建置》、《自然环境》是讲这里居民所赖以生存的地理环境和自然条件，由于共同生活在同一环境之中，从而就产生了共同语言和风俗。这是顺理成章之事，问题是在《居民》之后、《方言》之前插进一个《华侨》卷，似乎不太好理解。只要我们看了该卷内容，问题也就解决了。这里的侨民大都是迫于生活的贫困，背井离乡，远渡重洋，到海外谋生，他们本应属这里居民，当然这样安排也就具有它的合理性了。而在《民俗》之后，接着就是《人物》卷，这也打破了新志编修以来《人物》总是殿后的固定格式，当然也就突出了以人为主体的思想，因为有了人才有一切，人类一切文明史都是由人类自己所创造，志书中所记的篇章，几乎无不如此。《东阳市志》出书在前，他们这样的编排是否受到东阳的启示就不得而知了。不过，自己独创固然是很可贵的，而能及时吸取别人的宝贵经验，其精神同样是十分可贵，因为只要有了这种精神，修志中各种先进经验，就可以迅速得到交流和推广，可以想见新志书的质量就可不断提高。

文成县是新中国成立之初刚设置的一个小县，至 1990 年全县仅有人口三十六万多人。因此，对这里的修志工作者来说，困难是可想而知的，他们既无属于自己县的旧志可依据，又无专属本县的旧的档案资料，就此而言，"一穷二白"用来形容他们的修志是最恰当不过了。一切都得从头做起，样样都要白手起家。以前常说，一张白纸，好画最好最美的图画，道理自然是对的，但有一点应当清楚，必须具备相当艺术文化修养素质的人方能做到，否则也是枉然。他们经过三年的资料搜集工作，为首部县志的编纂打下了坚实基础，并从本县实际出发，确定了篇目和重点。为了表现出地方特色，他们将《革命根据地斗争》、《华侨》和《名胜》定为重点，因为这里是浙南革命根据地重要基地，而在外华侨遍布在世界二十九个国家和地区。谈起文成县或许知道的人并不很多，而提起明代开国元勋刘伯温（刘基），知道的人自然就多了，志书将著名的风景区与刘基故里景区连成了重要的人文景观。十年寒暑不寻常，经过修志工作者的辛勤劳动，终于出版了别具一格的首部《文成县志》。

风吹草低见牛羊
——录《伊克昭盟志》

"天苍苍，野茫茫，风吹草低见牛羊"，这首描写内蒙古大草原自然风光的民歌，自从会唱之日起，五十多年来一直吸引着我向往着这美丽富饶的大草原。90年代初，一次学术会议，组织参观成吉思汗陵和大草原，后因时间关系，仅参观了成吉思汗陵，大草原还是落空了。时至今日，"风吹草低见牛羊"的情景，仍旧只能停留在想象之中。不过近年来陆续收到《伊克昭盟志》各卷，翻阅之后，增加了许多感性认识。因为这部志书用较大的篇幅介绍了这里的自然资源、自然环境、民族、历史，特别是草原、畜牧业、大牧场等等。在介绍该盟王府一带草原时说："遍生'雉草'，草高及丈，漫漫遍野。被风吹动，绿波翻腾，成为奇观。"这自然与上述民歌起到遥相呼应的作用，无疑将更增加对人们的诱惑作用。由于该志的篇章结构及编排顺序，皆从本地实际出发，显然它就与众不同。这只要看到它前面的篇目顺序也就可想而知：卷1《区域建置》，卷2《辖区简介》，卷3《历史纪要》，卷4《民族》，卷5《人口》，卷6《自然环境要素》，卷7《自然资源》，卷8《自然灾害》、卷9《自然环境质量》、卷10《畜牧业》、卷11《垦务》、卷12《农业》、卷13《林业》、卷14《水利环保》，以下则为《工业》、《交通运输》等篇卷。这样编排，自然是从本地实际出发，突出了这个地方的特点，同时又是顺乎自然。由于这个地方以前没有修过志书，加之这里历史发展变化有其一定的特殊性，因而设置了《历史纪要》，可以帮助人们了解这块大草原的发展概况；这里是个多民族聚居的地方，理所当然要设《民族》卷，来反映各民族共居友好生活的情况，它与内地各志书撰写的民族志显然有着不同的特点，对于民族源流作了十分可喜的探索。尤其可贵的是，许多地方敢于不受当前某些学术上论点的约束，这自然就具有学术价值。特别应当注意的是，《畜牧业》虽列在第10卷，但从实质性的专业志而言，它是列在首位，而紧跟着的则是《垦务》，这就体现了大草原的本色。

《畜牧业》尽管每部市县志都不可缺少，但毕竟都是作为副业来处理，而在伊克昭盟来说，则是主业，因此它就成为这部书的重头戏，全志分《畜牧业沿革》、《畜牧业生产关系变革》、《畜牧品种》、《牧事活动》、《牲畜改良》、《疫病防治》、《畜产品》、《国有农牧场、站》、《投资、效益》、《管理机构》共十章，用这样大的篇幅来写畜牧业在新修志书中不多见。对于本卷，我很感兴趣的是《畜牧业沿革》与《畜牧品种》两章。前者溯源至商周时期，历秦汉而下，每个朝代从不中断，直至民国时期，而每个朝代的畜牧发展又都确实有内容记载，而绝非空论，真可谓内容丰富，资料翔实，称得上是一篇我国北部边疆游牧简史，所以该章开头便说："伊盟地区自古以来就是众多游牧部落和游牧民族活动的历史舞台。"由于这个地区有"草木茂盛，多禽兽"的良好自然条件，自然就成为游牧民族发展畜牧业的广阔天地。《畜牧品种》章，对我来说，读起来就像是参观了一次良马品种大展览，第一节讲"当地品种"，介绍了牛、马、骆驼、羊、猪五类。

蒙古牛："体质结实，头形粗重，背腰平直，四肢短粗，耐劳耐役，耐粗饲，适应性强，繁殖性能较强，是伊盟农牧民乐于饲养的古老品种。"

蒙古马："体质结实，体格不大，躯体粗壮，四肢短粗坚实有力，能适应恶劣的气候条件和粗放饲养条件。"

乌审马："蒙古马的一个地方品系，经过长期驯化和选育而成……属乘挽兼用型蒙古马的地方优良品种。"

阿拉善双峰驼："属于沙漠型驼，体质细致紧凑，毛色以杏黄色为主，绒毛细密，头颈清秀。阿拉善双峰驼是一个古老的品种，经过长期自然选择，适应干旱沙漠区的自然条件，忍饥耐渴，抵逆性强，对各种粗糙带刺木质化程度很高的灌木和半灌木均能采食，不仅耐风沙，而且也能耐空气稀薄。"曾发展到十万峰。

另外还有滩羊、伊盟大耳猪。而引进品种那就更多了，牛三种，马五种，驴一种，羊六种，猪两种，其中"卡巴金马"产于苏联卡巴金自治共和国，1962年引进，"苏纯血马"产于英国，1952年引进，"奥尔洛夫马"产于苏联，1954年引进。对于每一个品种都作了详细介绍，诸如原产地、引进后改良适应繁殖情况、形状体态、适应功能、经济价值等。如"卡拉库尔羊"："是一个古老而珍贵的羔羊皮品种，原产于苏联中亚细亚，伊盟于1972年引入，在鄂托克旗、杭锦旗、准格尔旗开展杂交改良蒙古羊，到1978年拥有七万只。卡拉库尔羊头稍长，四肢结实，毛色以黑色为主，有部分灰色、彩色、棕色，主要产品为羔皮，分娩后1—3天屠宰的羔皮，具有美丽的花圈毛花纹，毛圈结实，光泽好，可制作高级皮大衣、皮帽子等贵重衣物。卡拉库尔羊适应于干燥的大陆性气候，对饲养条件有较强的适应性，遗传性牢固。"在这一章中，还有一节专门介绍"地方名种"，对本地产的名贵的细毛羊和白山羊作了详细介绍。我们阅读上述两章概述后，对于这里畜牧业的悠久历史和丰富品种，都会感到惊叹，而在"牧事活动"一章，则对马、牛、羊、骆驼等的放牧要求作了叙述，而春夏秋冬，一年四季要求又各不相同，这使我深深感到，单是"放牧"就有着非常高深的学问，并非任何人都能胜任。当然，本卷共十章，其内容之丰富就可想而知，与一般志书讲畜牧业相比自然不可同日而语了。

《垦务》一卷在该志中十分重要，但却很少为人所注意，它是反映该志地方特色的重要内容，因为这是众多志书所没有的。南方许多地方，靠近江、河、湖、海者，多利用滩涂进行围垦，这在许多新修志书中已有反映，而在北方，早有垦荒屯田的历史，不同地区，情况自然也不一样。历代统治者为了节省国家开支，在北部边境人烟稀少之处，往往实施垦荒屯田的办法，但史书记载大多比较简略，《伊克昭盟志》的编纂者们，单立《垦务》卷，来记载这里开垦始末，应当说是有远见的，因为开垦在伊盟历史上毕竟是件大事，它涉及千百万人的生活和国家的财政收入，绵延时间近半个世纪，光绪年间的国子监司业黄恩永已经指出："内蒙乌伊两盟，牧地纵横数千里，河套东西，土质更为肥沃，伊盟北部的缠金地，民众已经私自开垦，不如国家经营垦殖，以利国家财政收入。"河套乃是黄河流域富庶之区，伊盟境内黄河干流就达七百六十公里，正如该志《综述》所云："她吞噬过苍茫无际的优良牧场，也沉积出无数良田沃壤。她给人们带来过沉重的灾难，也给这块土地，造就过'伊甸园'。'河套凌汛'，更是类似于'钱塘潮'的独特景观。"这就告诉大家，尽管伊盟在经济上以畜牧业为主，但是农业仍占有重要地位，《综述》也已指出："伊盟农业生产有巨大的潜在能力，有大量耕地尚未被开发，七百多公里的黄河沿岸，采取适当的电力机械措施，均不同程度地使沿黄土地得到灌溉之利，农业生产有着广阔的发展前途。"当然，我们也不会忘记，清代以来的大规模开垦，为后来的农业生产发展奠定了基础。因此，《垦务》一卷，无论是从研究该盟农业经济发展来看，还是从研究我国北部边境屯垦历史来看，都具有不可忽视的重要价值。

这部志书我觉得还有一卷需要向大家推荐的，那就是《自然资源》，因为以此内容单独设立篇卷，在新修志书中也是不多见的，而这个内容实际上是在讲"家底"，它告诉人们，这里究竟有哪些资源可以利用，突出体现了志书在资政方面的重要作用，它无疑为当前和今后的当权者制定方针政策治理好伊盟提供了可靠的依据。全卷分矿产、土地、生物三章叙述。矿产方面有煤炭、石油、天然气、油页岩、化工原料和冶金原料等方面矿产。"煤为伊盟能源矿产中的优势产品，1986年底累计探明总储量996.58亿吨，占内蒙古自治区煤炭总储量的46%，约占全国煤炭总储量的1/8。预测总储量7675.78亿吨，占内蒙古自治区总储量的77%。全国优质动力煤大部分都集中在这里，占全国优质动力煤80%。"还有其他稀有矿产，在全国也都占重要地位。

土地资源：农业用地占总土地面积8.53%，牧业用地占总面积53.3%，林业用地占总面积17.26%，其他用地占总面积2.22%，未利用土地占总面积21.83%。这个比数明显地表明伊盟是以畜牧业为主体的地区，而土地资源还存在有很大的潜力。

生物资源做得很细。这里野生动物兽类有6目，13科，34属，41种；

鸟类有 15 目，30 科，90 种；昆虫类有 14 目，138 科，1331 种。野生植物中有饲用植物 496 种，分属 46 科，178 属；观赏、园林绿化植物 50 种，分属 14 科，26 属；芳香化工原料植物 53 种，分属 22 科，35 属；淀粉及酿造原料植物 32 种，分属 9 科，14 属；油料植物 15 种，分属 9 种，12 属；野果类植物 7 种，分属 5 科，5 属；纤维植物 29 种，分属 8 科，16 属；蜜源植物 65 种，分属 8 种，15 属；珍稀植物 10 种，分属 5 科，8 属。这里盛产中药材，可入药品种 378 种，采集收购的有 112 种。甘草、麻黄草、远志、冬花都为重要中药材，1979 年以来，年挖甘草 400 万公斤，麻黄草年产 1000 万公斤。对于如此众多的动植物品名，分别作了《植物名录》和《动物名录》，并一一标明产地、属性及价值等。这显然要在普查基础上才有可能编成，其工程之艰巨及它今后所起的作用和价值可想而知。

对于这部特色显著的志书，最后我还想讲几句，他们没有旧志可以依据，一切白手起家，全靠修志人员想方设法搜集资料，他们充分利用了二十四史和其他史籍，这个工作做得很出色，很有成绩，因而志中许多篇章学术价值很高，不仅为广大读者了解伊盟历史和现状提供系统而翔实的内容，为当政者借鉴历史，把握现实，治理好伊盟提供了不可多得的教本，而且在历史研究中亦起到了拾遗补阙的作用。

（原分载《中国地方志》1999 年第 6 期、《中国地方志》2000 年第 2 期。后收入《仓修良探方志》）

新修方志特色过眼录之四

锦上添花话外篇
——录《宁波市志》

古代许多重要学术著作往往分内篇、外篇，如刘知幾的《史通》、章学诚的《文史通义》这两部重要的史学评论就是如此。一般说来，内篇多为学者学术宗旨之所在，外篇则是余论性质，旨在补内篇论述之不足。黄宗羲曾经指出，每个学者治学都有自己的学术宗旨，而这些宗旨正是"其人之得力处，亦是学者们之入门处"，章学诚的"六经皆史"、"史德"、"文德"等重要论点都出自《文史通义》内篇。但是，作为地方志这种著作，设内外篇者却不多见。因此，接到《宁波市志》主编俞福海先生寄赠的《宁波市志外编》，感到特别新鲜，在看了所收内容以后，禁不住为之拍手叫好。《宁波市志》已经是得到大家公认的上乘志书，这个外编更起到了"锦上添花"的作用。当然，不是每个人都这样看，对同一件事情产生不同看法，这乃是正常现象。

宁波市的特点是什么呢？我很同意傅璇琮先生在为《宁波市志》所写的序中提出的，一是沿海城市，向外开放的历史很早。这就是说，宁波这个沿海城市与众不同，很早就成为我国对外贸易的重要港口，由于地位的重要，历经宋、元、明、清，直至民国而不衰。早在唐代，日本遣唐使船舶就由此出入境。北宋淳化三年（992），明州开始设置市舶司，至今已逾千年。元至元十四年（1277），当时的庆元设市舶提举司，是全国四个提举司之一。温州市舶司、上海和澉浦的市舶司先后于至元三十年（1293）、大德二年（1298）并入庆元，可见当时庆元地位的重要性。明洪武三年（1370），在广州、泉州、明州等处设置市舶司。入清以后，又成为全国四个海关之一。鸦片战争后，宁波被辟为"五口通商"之一，1844年正式开埠，延续到民国。新中国成立以后,特别是70年代到90年代初,宁波已经发展成为具有五千万吨吞吐能力的现代化港口。值得注意的是,由于通商和贸易,商业贸易尤其是海上贸易很早就十分发达,造就了一大批宁波商人,并形成了享誉世界的"宁波帮",宁波商人不仅一度遍布全国各大商埠,而且其势力曾影响到全球,而这些似乎还不太引人注意。

傅先生序中所讲宁波第二个特点是"历史文化名城,不仅古迹遍布,文物众多,全国重点文物保护单位就有五个,有七千年河姆渡文化,而且人文荟萃,文风鼎盛,有良好的学术传统"。以宁波为中心,历史上曾产生过许多学派和著名的学者。自宋以来,先后产生了四明学派、姚江学派(亦称阳明学派),直至后来的浙东学派,这些学派的学术思想和学术观点直接影响着我国封建社会后期的学术文化的发展。所以我说傅先生对宁波两大特点概括得非常确当。

《宁波市志》为了反映其特点,将海港口岸、文物古迹、学派与著述都单列成卷,"正是为了反映宁波港口城市和历史文化名城的性质和地位"。可见该志的编纂者在篇目设置方面是经过精心的策划和研究的。将学派与著述放在同一卷之中,不是简单的凑合,而是有意识的安排,可以起到相辅相成的作用,更足以反映人文荟萃的历史。有学者然后才有学派,而学者、学派的主张、观点、学说又要通过其著作才能得以反映和流传。因此,著作实际上就成为反映某个地方文化是否发达的重要标志,历代许多著名学者强调必须修好艺文志,这自然是个重要原因。值得注意的是,该志"著述"章对于所著录之书,不仅注明作者、卷数,而且注明稿本、钞本、刻本等不同版本,稀有版本还尽可能指出藏于何处,为读者提供了很大的方便。如"《读易钞》十卷,《易广》四卷,(明)董守谕撰稿本(湖北省图);《明史稿》四百六十卷,(清)万斯同撰,旧钞本作四百十六卷(国图);《修订晋书》,(清)全祖望撰稿本(约园旧藏);《近代欧洲革命史》,陈叔谅撰,民国十九年《万有文库》本,二十二年《新时代史地丛书》本,叔谅名训慈,另著有《五洲事件》、《五洲通史》等(宁波市图)"。众所周知,万斯同奉其师黄宗羲之命,以布衣参修《明史》,这是清代学术史上一件大事,其《明史稿》还曾引出一大公案。因此,这部史稿必然引起人们的注意。全祖望亦是清代一位学术大家,我虽然对他作过研究,但却不知他的《修订晋书》藏在何处。陈训慈先生则是当代学者，是国民党要人陈布雷的弟弟，这里从著录他的一部书，又附带指出其另外两种著作。所有这些都给读者带来了方便，也吸引着广大读者查阅和使用。

至于《宁波市志外编》所收内容，则皆为宁波旧时地方文献，正如《编辑说明》所言，其目的是"使更多的读者能较为方便地阅读并使用这些地方文献"。全书共分《古志选辑》、《碑记选》、《文选》、《诗·竹枝词·校歌选》、《姓氏·现存宗谱目录》五大部类，而以前两类内容为主（约占全书的3/4）。宁波历来有修志的优良传统，自宋至清共编纂二十八部志书，其中不少还是出自名家之手，这是其他地方所无法比拟的，是当之无愧的方志之乡。对这众多的志书，选择其中影响大、价值高的加以选辑汇编，既可以起到保存古籍的作用，更为广大读者查阅和研究创造了有利条件，因为许多志书散处各地，一般读者得之不易。况且许多内容不仅对研究宁波地方历史文献很重要，而且对研究整个方志发展史和我国古代史有关方面也有重要价值。宋代在方志发展史上具有承前启后、继往开来的重要作用，在这一时期，志书内容日益充实，体例不断完善。从各方面来看，方志发展到了宋代已基本趋于定型，名称亦基本确定。这种易名的交替过程，在宋代所修的几部宁波方志中同样得到了反映。北宋所修大多称图经，其实当时所记内容已经相当丰富，与后来的方志并无实质区别，这从黄鼎所作乾道《四明图经序》中足以得到说明："自大观元年，朝廷设置九域图志局，命所在州郡编纂图经，于是明委郡从事李茂诚等撰述。故地理之远近，户口之主客，与夫物产之异宜，贡赋之所出，上而至于人物、古迹、释氏、道流，下而至于山林、江湖、桥梁、坊陌，微而至于羽毛、鳞介、花木、果蓏、药茗、器用之类，靡不毕备。"这个序告诉人们，北宋时期，中央政府不仅要各地州郡普遍编纂图经，而且所载内容似乎亦有要求。从所列内容来看，与后来的方志并无明显的不同，只不过名称还叫图经。再看宝庆《四明志序》，作者在其中提出了易名的原因，"四明旧有图经，成于乾道五年"，开宗明义，说明四明早已修过图经，还在大观初已修过，不过未能流传下来，而这次编修则以乾道所修为底本，"成二十一卷，图少而志繁，故独揭志名，而以图冠其首"。可见在编修之初还称图经，成书后为了使名实相符，"故独揭志名"，改称某志，因而就有了《四明志》而不是《四明图经》。这与陆游等人所修之嘉泰《会稽志》情况一样，陆游在序中直言：书"虽本之图经，图经出于先朝，非藩郡所可附益。乃用长安、河南、成都、相台之比，名《会稽志》"。这里连改名的原因也不讲了。因为北宋著名学者宋敏求早就修过《长安志》、《河南志》，司马光还曾为之作序，所以便直接称志了。可见到了南宋，图经易名方志已是大势所趋，这从当时所修的方志序跋中可以得到说明，而宝庆《四明志序》则更为明确。又如研究唐宋以来对外贸易及设置市舶司等问题，除了乾道《临安志》外，要推宝庆《四明志》最为重要了。该志《市舶》详细记载了浙江一带设置市舶司的始末，并说明对高丽、日本贸易商船抽税的规定。两国贸易商品名称也都一一开列，这些商品种类繁多，既有高档商品，也有低档商品，并分粗色、细色两大类，有香料、药材、木材，还有条铁、生铁、金子、沙金等。有许多商品显然是面向宫廷、贵戚、显宦的，也有许多是面向社会各阶层。尤其可贵的是，其中对道里的远近、往返的船期都有记载。所有这些，对于研究南宋时期对外贸易和海上交通有非常重要的价值。

我们再看《碑记选》，下分学校碑类、水利碑类、桥梁和建筑器物碑类、城垣和建筑物碑类、军事碑类、寺观碑类、祠庙碑类、官府行业民间规约和会馆碑类、墓志铭碑类、善举和其他碑类共十类。这些碑记大都具有存史和教育的价值，一般只需看了标题，便知其大概。海塘建筑是我们祖先在与海患的斗争中智慧的结晶。我国是世界上修筑海塘最早、规模最大的国家，而浙江又是最早取得巨大成就的，作为海港城市的宁波，其地位自然也就可想而知了。我们看到，水利碑类中有很大一部分都是关于修海塘、海堤等的碑记，这些碑文不仅记载了每次海塘修造的经过、所费银两等，而且还记录了许多经验和教训，这是一笔十分宝贵的财富。为了保护这些堤塘建筑不受损坏，有些地方还曾立过"示禁"、"永禁"等碑文。军事碑类所选大多为记载我军民抗击外来侵略的英勇事迹，如《平倭碑记》、《武显朱将军（贵）庙碑记》、《镇海防夷图记》等。官府行业民间规约和会馆碑类涉及社会的方方面面，内容非常广泛，特别是对社会许多不良行为都立碑永禁，如《禁赌碑》、《严禁溺女恶俗告示碑》、《鄞县知事永禁药鱼碑》等。这些碑文也有不少是从正面提倡的，如《鄞县章水乡茅镬村护树碑记》、《民以食为天食以米为本碑》等就是如此。善举和其他碑类大多是关于社会公益方面的，内容也非常重要。

　　《文选》的选文确实做到了少而精，总共五十一篇，且多为名家手笔，如王安石、王应麟、方孝孺、王守仁、徐霞客、黄宗羲、全祖望、俞樾等。令人高兴的是，这些选文大多具有很高的学术价值。两篇《天一阁藏书记》，一为黄宗羲所作，一为全祖望所作。黄氏所作不单记载了范氏天一阁藏书概况，更叙述了江南一些藏书家书籍聚散兴衰的情况，同时还反映他平生阅读书籍的习惯，此文可视为黄宗羲求学精神的真实写照。黄宗羲既喜欢读书，又喜欢藏书，逛书肆成为他生活中的一种乐趣。在五十七岁那年，听说祁氏旷园之书因乱后欲出售，他即"与书贾入山翻阅三昼夜，余载十捆而出，经学近百种，稗官百十册，而宋元文集已无存者"。年近花甲之人，选购书籍还如此精神饱满，足见其对书籍之重视。全氏之记重点叙述天一阁藏书来之不易，并述其聚书之过程。全祖望的《甬上证人书院记》主要讲述黄宗羲在此讲学，不仅使学风为之大变，而且为本地造就许多人才，"吾乡自隆、万以后，人物稍衰，自先生之陶冶，遂大振，至今居乡后辈，其知从事于有本之学，盖自先生导之"。这些文章，应当说是选得其所。

　　最后，对于《姓氏·现存宗谱目录》我想再说几句，该志对每一姓大多注出祖籍或从何处迁入，这对于研究历史上人口流动情况具有重要价值。宗谱目录则为谱牒学研究创造了条件，因为家谱、宗谱是很重要的地方文献，其中许多重要内容是其他史料所无法替代的，况且中国的宗谱一直受到国外学界的重视。

　　综上所说，《宁波市志外编》所选编之内容，对于保存地方文献、提供学术研究有着重要的作用，所以我说它对《宁波市志》来说，是真正起到了"锦上添花"的作用。

苏州园林甲江南
——录《苏州市志》

　　苏州是著名的历史文化名城，又是著名的风景名胜城市，她与杭州一道，早就享有"上有天堂，下有苏杭"的美誉。这两个城市虽然都有"天堂"的美称，但在历史文化、风景名胜的内涵诸方面则又各不相同。单以风景而言，杭州多为天然景色；苏州则多出自人工，以园林而著称于世，并成为江南园林的典型代表，因而素有"江南园林甲天下，苏州园林甲江南"之说。可见同为"人间天堂"，各自特色大不一样。

为了充分反映出苏州市这一城市的地方特色，《苏州市志》的编纂者们不仅自己深入研究讨论，而且鼓励参加评审的人员献计献策，在采纳多方面意见后，他们从三个方面作了处理："一是发挥地方优势，从'文化'中分出《文物》卷、《刻书·藏书·著述》卷，从'城市建设'中分出《城巷河桥》卷，保留了地方色彩的《饮食服务》卷；二是注意从全方位反映各自的特色，或加大章节的处理，《工艺》卷中生产与特色并重，《物资》卷中计划内物资与计划外协作并举，《商业》卷中着力记述苏州的传统商业街区；三是将《经济综述》、《城巷河桥》、《丝绸工业》、《工艺美术》、《园林名胜》、《文化艺术》、《文物》、《商业》等8卷列为重点志稿，求深求特。"[①]应当说，《苏州市志》的编纂者们对自己所写的对象认识是比较深刻的，而不是一知半解的，所抓的特色是比较准确的，而不是随意拼凑的。因此，他们所确定的重点确确实实反映了苏州城市的性质和特点，甚至连苏州人的性格也都反映了出来。

江南水乡的城市内外大多是水网纵横交错，桥梁星罗棋布，苏州更是典型的代表。在这里，"街道依河而建，民居临水而筑"，"河街相邻，前街后河"。对此特有的水乡城市景色，唐宋以来早有诗人作诗称颂，"处处楼台飘管吹，家家门前泊舟航"，"绿浪东西南北水，红栏三百九十桥"。我们用星罗棋布来形容苏州河桥之多一点也不过分。据记载，最盛时平均每平方公里就有桥二十五座，故有"一步两桥"之说。直至1985年末，市区尚有桥三百六十一座，小桥之多，可想而知。为了能够全面反映这一特色，该志单独设置《城巷河桥》卷，下设《城垣》、《街巷》、《河道》、《桥梁》四章。在新修县市志中，单就这个内容而设篇卷者，可以说尚不多见。苏州城市建筑自古以来还有一个特点，"河巷相依"、"河街相邻"，因此，街巷河桥又产生了密不可分的关系，于是，《街巷》、《河道》、《桥梁》便成了并列的章

[①] 陈维新：《〈苏州市志〉评审的有益尝试》，《中国地方志》1994年第1期。

节。由于都是单独成章，所以记述大都较为详细。就以《街巷》而言，共分路、街、巷、里、弄、坊、浜、塘、园、头等十九类进行介绍。每类之中，对于那些重要的、影响较大的都作专门介绍，诸如起讫、长度、经过、路面结构、名称来历与变化；一般的则列表说明，包括名称、方位（起讫）、路面结构、长、宽。有许多名称，初见到时很难确定这是街巷弄堂之类，如市桥头、大树头、石塔头、旧学前、范庄前、天库前、朱家园、豆粉园、九坛园、长船湾、七道湾、读书湾等等，都是历史上形成的里巷弄堂名称，更是苏州人长期生活习惯凝聚而成的与其他地方不同的称呼。从某种意义上来说，它是研究吴文化中某些内容的重要见证。至于对桥梁的介绍，则与街巷不同，除分城内、城外两节外，每座桥都同样介绍，不再作表，而在后面附了一幅《1985年苏州市城区河道桥梁示意图》。对于"已废桥梁"，则单列一节，用表的形式，列《明代拆除》、《清代拆除》、《民国时期拆除》、《解放后拆除》四表，桥名后面都标明所在地点方位，而民国时期和解放后拆除者，还标出拆除年份。这既是对苏州历史以来所建之桥梁作一次清理性的总结，也是对当代和后代苏州人所作的圆满交代。

众所周知，苏州园林建筑不仅有着悠久的历史，而且居全国之冠。据旧志记载，在明清鼎盛时期，在原吴县、长洲、元和境内，各式园林和精致庭园多达三百余处。为了向世人反映这一精美的内容，编纂者们除了单独设置《园林名胜》卷外，又在《建筑》卷中设立《园林建筑》章，可见他们对此是相当重视的。什么是园林？其实就是古代富豪人家的私家庭园（院），功能上是住宅的延伸，是园主游憩、观赏、斗奇、比富之所，因此，它的建筑具有实用和观赏双重功能，大都是"移山水之胜于咫尺，融诗、画、景于一体的杰出构筑"。也许有人会问，苏州园林为什么如此之盛？编纂者们在《园林》章给我们作了令人信服的回答："明清两朝宅第园林兴建最多，尤以明正德至清乾隆、嘉庆共300年间为苏州古典园林造园艺术的顶峰时期。除短暂战乱外，此时经济发展，物资充盈，尧峰西山盛产佳石，吴门画派大师辈出。省会所在，名流云集；科第之盛，甲于全国。豪富以丽园奇石相炫，士宦以逍遥林泉为乐，造园之风遍于吴中。园主与宾客多谙诗文，能书画，模山范水，栽花植木，或仿自然，或采画意。文徵明、仇十洲为紫芝园布画藻绘，一栋一石俱秀绝精丽。加以手工业技艺居国内前列，建筑、家具、装裱、叠石等巧匠迭出。……由此种种,苏州古典园林以文人写意山水园为主流。"看来苏州园林建筑所以发达,原因显然是多方面的,其中最重要的一个因素乃是附近盛产太湖石,此石高者三五丈,低的也有尺余,有青、白、黑三色,是专门用来在园林中叠造假山的天然材料。因此,苏州建造园林,无疑是近水楼台,得天独厚。据云白居易罢苏州刺史时,曾得太湖石五以归,可见在唐代此石已经很名贵。另一个重要原因,自然就是这里经济繁荣、风景秀丽,于是引来了许多达官贵族在此营造府第,建园斗富也就在情理之中,这就大大地促进了园林建筑的发展。再加上其他因素,苏州园林建筑遂居全国之冠。著名的古典建筑学家陈从周先生在评述苏州园林艺术风格时指出:"首重境界,就是要有诗情画意,无形之诗,无声之画,而以立体的园林来代替,达到叠石流泉,虽由人作,宛自天开。因此是综合的科学,也是综合的艺术,包含了高深的哲理,在世界文化中独树一帜。"[①]该志还设《古典园林》一节,对著名的园林沧浪亭、狮子林、拙政园、留园等二十七座名园分别作了介绍。而对建于民国时期的,则另立《民国宅园》一节。只要观此两节,苏州园林建筑艺术便可尽收眼底。河桥、园林,本是江南水乡城市普遍存在的现象,但是新修方志能用单独篇卷来加以记述的还不多见。这种江南水乡所特具的景色,将随着时间的推移而逐渐从人们记忆中消失,新修方志不作及时记载,实在太可惜了,《苏州市志》的这一记载将会越来越显现其可贵的价值。

苏州的手工艺品,无论是品种之多,还是美观精良程度之高,都称得上是盖世无双。为了向世人推荐家乡的高超手工艺品,该志特设《工艺美术》卷,将苏绣、缂丝、宋锦、剧装戏具、织毯、红木家具、漆器、玉雕、雕刻、扇子、桃花坞木刻年画、民间工艺、苏裱、姜思序堂国画颜料、笔墨纸砚、金银器、仿古铜器、乐器等都分列专章加以介绍。这些手工艺品大多需要精工细雕,看来这与苏州人的性格有着很大关系,苏州人讲起话来也总是细声细语,民间曾有"宁愿与苏州人吵架,不愿和宁波人讲话"一说。因此,我们可以这样说,是苏州人的性格造就了苏州这些精美的手工艺品,有

---

① 陈从周:《苏州园林·序》,《苏州市志》第11卷《园林名胜》第一章《园林》引,第一册,第651—652页。

许多品种直至今日仍为他们独家经营。同时我们也应当看到，这些手工艺品绝非成于一朝一夕，而是在长期的历史过程中磨炼而成。就以漆器而言，已有四五千年的历史，在吴江梅堰遗址出土的距今四五千年的陶樽和陶杯上，先民们已利用原始"漆"料，"手绘棕色图案，不仅描绘生动，线条流畅，而且还是迄今所知中国最早的漆画陶艺品，它对中国漆饰工艺的起源具有特殊的意义"。还在隋唐时期，苏州的琢玉、漆器、制瓷、泥塑、刻版工艺、金银器等，均已达到很高的工艺水平。宋元时期，苏州工艺美术品种类更是丰富多彩，刺绣、缂丝、宋锦、灯彩、泥人、扇子、苏裱、笔砚等，受到统治者和文人阶层的重视和青睐。到了明清时期，苏州工艺美术达到封建时代的鼎盛，特别是"宫廷通过在苏州设置的织造局，生产各种工艺美术品，征役各种工艺美术名匠，加上大批文人学士的倡导和崇扬物质的文化内涵，使明代的苏州工艺美术无不出类拔萃，积淀成民族意识的象征。最具代表性的有琢玉工艺、缂丝工艺、苏裱、桃花坞木刻画、顾绣、民族乐器、剧装戏具等"。总之，正如《工艺美术》卷的概述所言："自古以来，地处江南的苏州工艺美术，在其特定的历史条件和人文风物的影响下，始终表现出自己的特征和特性。"这不仅使她有别于其他地方的工艺美术品，而且更优越于其他地方的工艺美术品，这绝非夸大其词。正因如此，概述的开端便以十分自豪的口气说："在中国璀璨的工艺美术史上，苏州的工艺美术一直闪烁着奇光异彩。"

苏州自古以来就是文人荟萃之地，著书、刻书、藏书在我国学术文化发展史上也一直占有着重要的地位。还在唐代文宗太和九年（835），苏州一带已有民间刻印的历书在市上出售。"宋元以后，苏州各级地方官府、郡学、书院以及寺庙相继刻书，坊刻、私刻也不断增多。"到了明代，"苏州成为全国刻印书的中心地区之一，从事刻书业的书坊多达四五十家。就官刻而言，在府州中苏州刻书也最多"。明代中叶，正德、嘉靖年间，曾出现过翻刻、仿刻宋版书热，也发端于苏州私刻，延及坊刻、官刻，其中仿刻之精者，几可乱真。万历以后，又有许多湖州、歙县刻工移居苏州，进一步推动了苏州刻书业发展。明代后期学者胡应麟在论述全国刻书事业时，认为吴地所刻之书质量最好。清代，设在苏州的江苏官书局以其刻书时间长、所刻品种多，为全国各大书局之冠。直到民国时期，还有文学山房、扫叶山房等仍用刻板印刷书籍，笔者在少年时代所接触到的许多启蒙读本还是出自扫叶山房。苏州的刻书事业称得上是源远流长，客观原因是藏书家创造了有利条件，宋元两代苏州有史可查的藏书家已达十三人之多，其中叶梦得藏书逾十万卷。明代苏州藏书家已达六十六家。到了清代，许多藏书家不仅追求数量多，更追求版本好，特别崇尚宋本，著名学者黄丕烈就曾搜集宋版书百种之多。许多藏书家对于书籍不仅都编有书目，而且还进行仔细的校勘工作，许多藏书家也都因此而成为目录学家、版本学家。有关这些内容的记载，新方志往往阙略。《苏州市志》的编纂者们特设《图书》卷，将刻书、藏书、图书馆、著述合在一道编写，可谓合得其所，顺理成章。因为许多藏书家本身就是刻书家，他们具有渊博的知识，对祖国的学术文化发展作出了重大贡献。诚如吴晗先生在《两浙藏书家史略·序言》中所说："自板刻兴而私人藏书乃盛，其中风流儒雅，代有闻人，宿史枕经，笃成绝学。甚或连椟充栋，富夸琳琅，部次标签，搜穷二酉，导源溯流，蔚成目录之学。其有裨于时代文化，乡邦征献，士夫学者之博古笃学者至大且巨。"其重要意义于此可见。尽管如此，时至今日，也并不是大家都已知道其重要价值，历史上刻书业非常发达的并不只是苏州一地，其他许多地方号称全国刻书中心者多处，今日修志中却很少有人问津，有的也仅在文化卷中放上一章一节，单独设置篇卷者至今尚不多见，这自然与编纂者们的价值观有着密切的关系。

　　《苏州市志》还有两个篇卷的内容我是很感兴趣的，一则是《政事纪略》，再则是《杂记》，这两卷可以起到拾遗补阙的作用。方志有别于其他著作的重要表现就在于"全"，对于一个地方的方方面面，特别是奇闻轶事，大都有所记载。然而这届修志中，有的地方过分强调整齐划一，对于许多无类可归的内容弃而不载，这无疑损害了方志记载的一个重要特点。《苏州市志》的编纂者们正是为了保住这个特点，特地设置了这样两个篇卷。只要看过这两类内容，就会感到所记内容确实都是无类可归。如《政事纪略》中的《太平天国及苏福省》、《戊戌变法时期的苏学会》、《苏路风潮》等，对于研究这一时期的历史具有重要价值。再看《杂记》卷，所记内容更多更杂，如《为封建婚丧礼仪服务的苏州"六局"》、《章氏国学讲习会》、《陈云和苏州评弹》、《范烟桥与"拷红歌"》、《刘海粟三写司徒柏》、《〈枫桥夜泊〉诗异文》、《柴德赓与〈永禁机匠叫歇碑〉》、《林彪在苏州的所作所为》等，对于保存地方文献、研究有关方面历史也都有着无可替代的重要价值。可以想见，百年以后，人们对这些内容会更感兴趣，因为其他书中都没有记载。因此，更希望方志界同仁在修志过程中，多为后人保留一些诸如此类的内容。

阿佤人民唱新歌
——录《耿马傣族佤族自治县志》

村村寨寨，打起鼓，敲起锣，阿佤唱新歌。毛主席光辉照边疆，山笑水笑人欢乐，茶园绿油油，梯田翻清波，道路越走越宽阔。

这是云南耿马傣族佤族自治县的佤族人民从奴隶翻身做主人以后，从心坎里唱出的欢乐歌声和感激之情，实际上也是该县所有少数民族翻身做主人以后发自内心的欢乐歌声和激情。耿马地区于1950年11月得到解放，1955年建立自治县。民国时期，虽然实行过"改土归流"，废除土司制度，但仅仅是一纸空文，土司统治下的奴隶制度直到解放后才真正废除。而在此之前，这里既无一部地方史，当然更无地方志，这部《耿马傣族佤族自治县志》可以说是这里有史以来第一次撰史修志。正如南天文在所写的《序》中说："耿马的地方史，土司时期乃至目前台湾也曾有记载和出版，但都是支离破碎，不成完整体系，其内容多为谱牒式的寥寥数语，且伴以神话佛经，难以征信。本次编志，坚持唯物史观，去芜存菁，还历史的本来面目。""如此卷帙浩繁，史无前例。"（李启运《序》）这部志书是居住在这里的十个民族有史以来第一次编修的地方志，志书记载了六百多年来居住在耿马的各族人民在封建土司制度下的痛苦的农奴生活，更记载了解放以后这些昔日的农奴翻身当家做主人的甜蜜美好生活，记载了每一发展阶段的重要变化：1950年11月耿马各族人民获得解放；1955年10月实行了民族区域自治，成立了以傣族、佤族为主体的十个民族的自治县；1956年又采取和平协商方式进行了土地改革，废除封建领主制度，变封建领主的土地所有制为农民的土地所有制，使各民族由封建领主社会的母体脱胎直接进入社会主义社会。可见真正翻身做主彻底摆脱封建农奴制的剥削还是从1956年土地改革以后才开始。

这部志书给人最大的印象是非常朴实，用朴实的篇目、朴实的语言，编写了内容丰富、资料翔实的一部新方志。篇目设置完全是从本地的实际情况出发，除了为记载这里的少数民族源流、习俗、文化、历法等内容而专门设了《民族》和《历法》两篇外，再没有其他奇特的篇目。但是，内容的记载照样反映出民族区域自治的特点和民族的特色。在《政务》篇，第一章《沿革》，设有《土司政权》、《设治局》、《参议会》三节；在《政法》篇，设有《土司司法》、《民国司法》；《军事》篇还特设有《土司武装》等等。通过这些内容，人们就可以了解到生活在这里的广大少数民族长期以来被剥削受奴役的痛苦生活。谈起农奴生活，人们往往只想到西藏农奴的痛苦生活。其实边疆地区许多少数民族在解放前大多都还在封建农奴制统治之下，耿马地区就是如此。这里的农奴生活如何呢？该志的《概述》为我们作了简明的叙述："土司制度与封建王朝如出一辙。土司自命天子，罕氏以皇族自居，为所欲为，广大各族人民被固定在层层分封的头目统治之下，脸朝黄土背朝天，为土司当农奴，天上飞的鸟、地上长的草都属土司所有。农奴百姓无立锥之地，就连死后入葬盖脸的土都需向土司乞讨。田租课税年年有增无减，贡赋贡品的项目多如牛毛，从高贵的金银到当地生产的农副产品，都属上贡范围，乃至大的鹞鹰，小的画眉，也须年年进贡，据土司署《贡赋底簿》规定有八十四种之多。土司摊派的徭役夫差名目繁多，从织布、盖房、当兵、守城到烧茶、煮饭、扛旗、放炮、抬轿、哭丧等等，甚至揩屁股用的竹木棍棒都列为人民负担的徭役之一。封建土司的礼仪制度，似缩小了的封建朝廷，又具有地方'土'的特征，奴役着人民，是套在各族农奴百姓头上的枷锁。"这段文字将解放前生活在这里的各族人民所遭受的痛苦的农奴生活作了概括的叙述，对于土司制度自然也就有了进一步认识。在这土司制度下所实行的刑罚刑具不仅种类很多，多达二十三种，而且有许多十分残忍。土司审案时，犯人不招供，就用兽皮制鞋底式刑具打嘴巴；对不认罪者用木棍拷打两腿，或用铜铁器烧红烫脊背，或扎脑箍、坐软轿、跪瓷瓦片、蚂蚁上树、捆绑悬吊等；妇女犯法用刺条、皮鞭抽打周身，称"打背花条"，或用老牛拔桩（用针、竹签刺入指甲）、割耳朵等刑。有些刑罚单从字面还看不出残忍，细说以后就会使人心惊肉跳。如"坐软轿：两条板凳上放一横木，将犯人两腿抬上横木，麻线拴脚拇指吊大石，上手捧"；"踩杆子：命犯人俯卧，用木杆压住弯筋，两端由一人或多人重踩"；"扎耳箭：用大针或铁锥钉耳于木柱上"；"老牛拔桩：细麻线扎紧两手拇指，用竹签穿过拇指钉入地下，再用细针插入指甲"。这些残忍无比的刑罚，在解放前的耿马地区，确实都在实行。对于这些，至今恐怕许多人都还不知道，笔者也是阅读了这部志书以后方才了解。

"改土归流"在历史教本中早有记载，讲的是清朝初年在云南、贵州、四川、广西等边境少数民族地区曾经实行了废除土司制度，由政府派官治理。这部志书告诉我们，当时的这一改革实际上是流于形式。据该志《概述》云："民国元年（1912），国民政府下令废府置县，耿马宣抚司仍隶顺宁县，孟定土司府由永昌府改属镇康县辖，所推行的乡（镇）保甲建制，均由土司署官员和大小头人充任乡保长，土司制度与保甲制度双轨运行。1939年冬，云南省政府决定强化政体统一，废除土司制度，改土官为流官。1940年耿马脱离顺宁县，成立设治局，由省委派来的设治局官员施行新政。但由于土司制度根深蒂固，设治局难以施政，乃至站不住脚跟，一切政令均须通过土司署才能施行，改土归流，成为形式，土司制度仍旧正常运转……1948年省政府派不出设治局长，只好由土司罕宫廷任设治局长，土流并举维护治理到1950年。"可见土司制度的真正废除要到解放以后。可是历史教本乃至各种辞书在记载"改土归流"时，往往都是根据文献记载，说明在明清时期，封建王朝中央政府对西南边境少数民族的土司制度进行改革，把世袭的土官改为由国家任命的流官。特别是清朝初年继续了这种做法，雍正四年（1726）起曾用了五年时间推行"改土归流"政策，由土司改成流官的地区达三百多处。事实上这种改革一直遭到身为农奴主（有的还是奴隶主）的土司们的抵制而未能很好实行，大多数地区直到解放后才真正废除了土司统治下的农奴制度。关于这个问题，《耿马傣族佤族自治县志》给我们介绍了较为详细的情况，因此，我们可以这样讲，这部志书对于研究我国明清以来在西南边疆少数民族地区实行"改土归流"政策具有重要的学术价值。如果所有西南地区少数民族自治州、县所有志书都已经作如此记载，那么人们可以根据这一内容写一部明清以来在西南地区实行"改土归流"的历史。建议史学界同仁如果有兴趣的话，不妨翻阅一下这一带所有自治州、县新修之志书。

这个地区居住着傣族、佤族、拉祜族、布朗族、德昂族、景颇族、傈僳族、彝族、回族和汉族共十个民族。《民族》篇分别列出专章，对各民族的源流、经济、习俗、文化各方面作了详尽的介绍，诸如族称、分布、服饰、丧葬、禁忌、信仰、婚娶等。但是，每个民族之间还是存在着一定的区别，该志作者尽量都加以反映。如《傣族》这一章中，第四节的《文化》，列有文字、历法、方言等目。而在《佤族》章的《文化》一节，则列有记数、干支纪年纪日、方位、村规习惯等目，并且还多了第五节专讲村寨关系，下列村寨、头人、土地三目。在《拉祜族》章的《文化》一节中，列有语言文字、响篾和芦笙、打歌、唱调、讲故事等目。这些篇目，人们一看就会感到这是讲少数民族的内容。在我国五十六个民族当中，具有自己的文字和历法的并不多见，而居住在这里的傣族却有自己的文字和历法。该志记载："佛寺里使用傣泐文，民间通用傣那文。字形为棱形，17个字母，10个单韵母，8个韵尾音，64个韵母，6个声调。语法上一般是主语在后，傣文傣语中借用汉语较多，汉语书写的傣文，均用'1'号标明。"至于历法，限于篇幅，这里就省略了。

据该志记载，佤族更具有自己的独立性，因为他们的村寨在山区、半山区，既受内地先进民族的影响，又离土司衙门较远，所以佤族头人有了较多的政治和经济特权。佤语称寨为羊，并按建寨先后、户数多少或居住地形而取名为大寨、小寨、新寨、老寨、上寨、下寨、梁子寨、丫口寨等，也有根据某种动植物或其他民族语命名的。一般都有十几户、几十户人家居住，大的有几百户。佤族村寨早已属于地域性组织，每个村寨由不同姓氏若干家族组成，因此各个家族并非全是出于一个祖先，而是从不同地方迁来。有的村寨还是汉、傣、拉祜等族杂居，也早已发生婚姻关系。村寨之间都划有地界，一个寨子是一个经济单位，办理宗教活动、公共建设、对外交涉等，费用和劳动全寨按户分担。虽然内部有贫富矛盾，但对外却团结一致，寨内有人受到外人污辱或伤害，全寨人必须群起报仇。村寨都置有寨墙和寨门，设二至四道寨门，早开晚关，守门由头人指定寨门附近居住的人家负责。每个村寨都有若干头人，处理全寨事务。头人多少视寨子大小而定，似乎每个姓都得有个头人。头人是家族世袭，老子死了由儿子继任，无子或儿子不胜任者可以在本姓中选择，经群众选举或头人会议决定，上报土司府批准。村寨头人都直接受傣族土司设置的圈官、朗爷、宣爷的管辖。民国时期的保甲制度虽也普及到佤族地区，只是流于形式，起作用的还是村寨头人制度。可见佤族的村寨制度是少数民族中比较典型的，对研究少数民族的村寨制度和民族风情都具有重要价值。

芦笙是西南地区许多少数民族所喜爱的一种乐器，而对拉祜族来说，似乎更为重要，它和响篾一样，是该族祖传的娱乐乐器。相传很早以前，拉祜人被人用响篾换走弩机而失去土地，用吹芦笙营救出被俘的拉祜妇女，所以芦笙这种乐器有恩于该民族，因而这个传说便代代相传。拉祜族男子尤为喜爱芦笙，无论是干活还是赶街，都要带着芦笙，人到哪里，芦笙就响到哪里。据说响篾和芦笙的调门都有喜怒哀乐，抑扬顿挫，不同的声调可表达人们的不同感情。

以上我们从三个侧面介绍了三个民族所具有的特点。这个自治县共有十个民族定居，这里自然就无须一个个作介绍。但已经足以说明，这个《民族》篇内容非常丰富，它对每个民族的历史、文化、风俗习惯都作了必要的记载，对研究边疆少数民族的历史和风情具有重要价值。因为这部志书是本地人所修，掌握的资料不仅丰富，而且多为第一手资料，比外地人去调查的资料更为可靠，况且有些内容外地人去也未必能够调查得到，甚至根本就不可能知道。

这部志书还向人们展示了耿马自治县是一个美丽富饶的地方，不仅风光秀丽，而且物产非常丰富。有十多种矿产，丰富的天然气和稀有元素；境内野生动物六十多种；鸟类三百四十多种，爬行动物五十余种；植物种类约四千余种，林地面积占52.52%；药用植物尤为丰富，已查明的即有128科265种，民间有"一屁股坐三棵药"的谣谚，有十多种都上了国家药典。然而尽管有着如此优越的自然条件，但解放前耿马除了几家小手工作坊外，并无像样的工业生产，而如今电力、制糖、橡胶、建材、煤炭等现代工业都在这里兴起。昔日的奴隶、农奴，都已成了国家的主人，以前那种物物交换的现象也早已一去不复返了。对这种翻天覆地的变化，志书都作了如实的记载。可以这样说，《耿马傣族佤族自治县志》既记载了各民族昔日身为奴隶、农奴的悲惨历史，更记载了各族人民当家做主以后的欢乐情景和富裕生活，成为研究这里各民族历史和现状的唯一的、可靠的历史文献著作。

敢为天下先的温州人
——录《温州市志》

  精明的温州人以敢想、敢说、敢干、敢闯而著称于世，样样事情都"敢为天下先"，这一精神在新修的《温州市志》中得到了充分的反映。而这许多"敢"字又都是建立在勤劳勇敢和吃苦耐劳之上，并且这种精神自古及今可以说是一以贯之。如今谈到改革开放以后的经济发展，大家都知道在这中间有个"温州模式"。这个模式正是温州人乘改革开放之东风，闯出的一条自身发展的独特道路。这种特有的经济发展过程，被世人称之为"温州模式"。而温州人自己在谈论"温州模式"产生的思想渊源时，总是念念不忘"永嘉学派"的重要影响，如当时任温州市委书记的张友余在为新修《温州市志》所写的《序》中说："温州人民勤劳勇敢和吃苦耐劳的优良传统，特别是永嘉学派'经世致用、义利双行'的积极主张，在新的历史时期被赋予了改革开放和市场经济的新内涵，得到了继承、发扬和升华，温州人秉承传统而又超越传统，重视传统而不被传统所束缚，创造了一个又一个辉煌。"正因如此，该志还专门设了《永嘉学派》卷，并在该卷"概述"中说："永嘉学派事功之学对于明清时期浙东学术有一定影响，对于它的发祥地温州更有广泛而深入的影响，今天人们探究改革开放后'温州模式'产生的思想渊源时，仍然可以从永嘉学派事功思想中找到某种联系。"众所周知，永嘉学派是我国历史上一个重要的学术流派，兴起于南宋，主要代表人物有陈傅良、叶适等。他们举起"事功"的旗帜，提倡经世致用之学，对于占统治地位的程朱理学进行批判，批判理学家们的空谈义理、"重本轻末"、"贵义贱利"的观点。理学家宣扬天下之害是由人欲所引起的，因而主张"损人欲以复天理"。朱熹则公开宣称："人之一心，天理存则人欲亡；人欲胜则天理灭。未有天理人欲夹杂者。"于是提出："学者须是革尽人欲，复尽天理，方始是学。"（《朱子语类》卷13）概括起来，就是"存天理，去人欲"，这是十足的统治者哲学。而永嘉学派的学者则提出"崇义以养利"的义利统一观，认为义与利应该是一致的。统治者必须"为上有节"，剥削要有限度，不可与民争利。而"为下敦本"，百姓务农经商，生产致富。如果能做到这点，则"财不可胜用"，这就是"义利之和"。朱熹强调"正其义不谋其利"，叶适则主张"以利和义，不以义抑利"，两者可谓针锋相对。这种敢于直接对准理学进行批判的精神在当时整个学术界是不多见的，因为理学毕竟是当时的官方哲学。永嘉学派不仅对以朱熹为代表的理学进行批判，对以陆九渊为代表的心学亦加以批判，从而在当时学术界形成了鼎足而三的局面，在当时和后世都产生了重大影响。这就足以说明温州人自古以来就有既不怕势又不信邪的勇敢精神。这个学派的代表人物，面对商品经济形势，认识到手工业生产和商品流通对国家和社会都有重要作用。在承认农业生产重要的前提下，反对政府限制工商业发展，批评"重本轻末"政策，主张"通商惠工"。叶适就曾提出，政府应该"以国家之力扶持商贾，流通货币"。发展工商业，然后才能达到"治化兴"。这些思想在当时都居于领先地位。

又如在农村实行包产到户的联产承包责任制，最早也是发生在温州的永嘉县，这里在1956年春已经搞起来了。但是现在新闻媒体每每以安徽小岗村为最早而报道，这是不确切的，因为小岗村是在1978年党的十一届三中全会后才搞起来的，时间相差二十多年，只不过永嘉农民的创造是被压下去了。著名经济学家、党史专家廖盖隆同志在为《中国农村改革的源头——浙江永嘉县包产到户的实践》一书所写的序中就曾明确指出：

  人们通常都说，农业家庭联产承包责任制即包产到户是1978年12月党的十一届三中全会以后，由安徽、四川等省的农民首先搞起来的。其实远在1956年和1957年，以后又在三年暂时困难时期，许多省区的农民就搞起包产到户这种农业合作的责任制形式了。农民的这种创造，总是搞起来，就被压下去，又搞起来，又被压下去。这样几起几落，直到党的十一届三中全会后，由于中共中央实行对内搞活经济、对外开放的政策，农民的这种创造得到邓小平和中共中央的支持，才在大约三年的时间内取得了全国范围的胜利。根据搜集到的材料，包产到户这种责任制形式，最早是1956年春，由中共永嘉县委选派得力干部深入农村，帮助农民搞起的。

在1957年10月13日《人民日报》批判包产到户的文章中早就讲了：

"永嘉是全国试行包产到户最早的一个县，李云河（引者注：当时永嘉县委副书记）是包产到户错误做法的首创者。"①这都说明包产到户确实是永嘉农民最早搞起来的。我们所以强调这一点，一则是必须尊重历史事实，这是实事求是最起码的要求，再则是以此说明"敢为天下先"的温州人的敢闯精神。廖盖隆同志在那篇《序》中还特地指出："永嘉伟大农村改革先驱者的经验，同生气勃勃的'温州模式'的经验一起，将有力地推动中国社会主义市场经济的更迅速发展和中国社会主义现代化的实现。"

改革开放以后，温州人在发展经济的过程中，从现实出发走出一条道路，创立了著名的"温州模式"。为了反映温州人的创业精神，介绍他们在发展经济过程中所走的特殊道路和创立的"温州模式"，新修《温州市志》特地设立了《区域特色经济》栏目，下设《温州模式》、《市场》、《乡镇企业》、《鹿城区街工业》和《经济技术开发区》五卷篇幅来加以叙述。温州经济发展的特殊形式——以生产小商品为主的家庭工业，曾引起了国内外人士的关注。特别是1985年5月12日上海《解放日报》刊登了题为《温州三十万人从事家庭工业》的报道，针对温州农村家庭工业蓬勃兴起和发展，并在短短几年间就创造出令人瞩目的经济效益现象，首次提出了"温州模式"的新概念。这就更使人们对其发展过程及其性质产生了浓厚的兴趣，很想探寻其兴起的原因和发展的奥秘。当然，同时也就引起了一场不小的争论，这全是农村家庭工业，并且一下子冒出了许多小老板，能说它是社会主义性质吗？于是这个模式究竟是姓"资"还是姓"社"，便成为争论的大问题。不仅是经济学家，几乎社会的方方面面都在关注这场争论。之所以会有很多人投去怀疑的目光，是因为这种农村家庭工业很明显是以私有经济为基础，能够是社会主义性质吗？曾几何时，自留地、家里养鸡生蛋都是资本主义尾巴，如今人们怀疑自然也就不足为怪。直到1992年初，邓小平同志南方讲话发表后，争论才告一段落。从此"温州模式"也就正式成为改革开放以后温州经济发展的代名词了。许多著名经济学家都为"温州模式"发表了文章，并指出"温州模式"有别于以发展乡镇企业为主要特征的"苏南模

---

① 转引自中共永嘉县委党史研究室、永嘉县农业局、永嘉县档案馆合编：《中国农村改革的源头——浙江永嘉县包产到户的实践》，当代中国出版社1994年版，第589页。

式",也不同于以发展中外合资企业为主要特征的"珠江三角洲模式"。由于争论,这个模式竟很快蜚声海内外。记得1998年浙江大学召开东南区域文化研讨会,美国一位学者报来的论文题目就是《论温州模式》。当时我真想看看这位美国学者是如何看待"温州模式"的,特别是如何评价这一经济发展模式的,可惜这位学者因故未能到会。

"温州模式"究竟是一种什么样的经济发展模式?从《温州市志》中就可以知道,其实就是家庭工业、专业市场和小城镇的形成和发展。对于这种经济发展模式,他们还概括出"小商品,大市场"两句话。意思是说,千家万户办家庭工业,生产出各类小商品,打进了全国各地的大城市。据《温州市志》记载,正是党的十一届三中全会所制定的路线、方针、政策,给温州的国民经济发展注入了强大的生机和活力,温州人民从实际出发,"在国家投资少、集体经济又极其薄弱的条件下,发扬自主改革、自担风险、自强不息、自求发展的精神,走出了一条以民营经济为基础,以市场机制为动力,以小城镇建设为支撑的,具有温州区域特色的经济发展路子"(《总述》)。这段叙述告诉我们,温州经济的发展完全是建立在自力更生、艰苦奋斗之上,同时这种思想正反映了温州人"敢为天下先"的大无畏精神。1956年农业合作化以后,家庭工业就一直受到限制;"人民公社化"以后,家庭工业就已经被看作是"资本主义尾巴",必须割除;况且1956年在农村兴起的联产承包的包产到户又被压了下去。尽管有这么多的"前车之鉴",但并没有影响到温州人的敢闯精神。在党的十一届三中全会以后,他们立即预感到春天已经到来,在没有任何上级指示精神的情况下,竟又将早已被批判过的并且被强制性割除掉的"资本主义尾巴"家庭工业轰轰烈烈地搞了起来。正如该志《总述》所云:"在农业上推行家庭联产承包责任制,温州广大农民率先从旧体制束缚中解脱出来,一往无前地闯进商品经济的汪洋大海。他们自筹资金,自找门路,自负盈亏,创办家庭工业,大力发展工业小商品生产,很快形成'一村一品'、'一乡一品'的特色经济。1985年全市从事家庭工业的有13多万家,30多万人。"这种气势很少见,就是1958年号召全国各地要"大办工业"、"大办农业"、"大炼钢铁"等各种全民性的"大办"也无法与之相比。因为他们都是出自内心的愿望,而各种"大办"全是迫于号召,后来事实证明,全是貌合神离。值得指出的是,当他们这种做法名声在外,引起社会的各种议论，甚至被指责为走资本主义道路以后，他们也丝毫没有动摇创业的信心，仍旧是勇往直前地走自己的路。如果没有勇气、信心和胆量，能够做得到吗？直到1992年邓小平南方讲话的发表，他们所走的创业之路方才得到正名和肯定。可见他们的整个创业过程，都贯穿着极大的冒险精神。

到了80年代中期，温州农村在家庭工业基础上，涌现出大批股份制合作企业。这种企业"具有产权明晰、利益直接、风险共担、机制灵活的特点"，适应市场经济发展的需要，取代家庭企业而成为温州民营企业的主要形式。股份合作制是一种新的集体经济组织，是公有制经济的重要实现形式，这是温州农民对企业制度的一种创新，并被国务院列为乡镇企业制度改革试点。

民营企业与市场存在着天然的联系，两者相互依存，互相促进。民营企业的原料、资金、劳动力、技术等都直接依赖市场供应，而产品更依赖市场销售，因而民营企业的发展自然也就促进市场的繁荣。温州从家庭工业起步，就伴随着市场的发展。从该志记载人们可以看到，通过十多年的发展，温州已形成一个完整的市场体系。不仅具有数量多，且富特色的消费品市场，而且还有功能齐全、遍及城乡的生产资料市场。据统计，到1995年，全市拥有各类商品市场528个，其中生产资料市场就占120个。灵活的市场机制，使温州经济始终保持着快速健康的发展。

温州经济发展过程中，在千家万户兴办家庭工业的同时，出现了数以十万计的温州农民购销员。他们长年累月奔波于全国各地，传播信息，促进搞活流通，把温州的产品推向全国各地，又在全国各地采购温州企业所需要的各种原料以及各种设备物资。他们为温州的经济发展而开拓市场，为温州"小商品，大市场"格局的形成立下了汗马功劳。到了80年代后期，全国各地竟有上百万温州人在经商办企业，创办各种专业市场。人们在各地城市中都可以看到"温州村"、"温州街"、"温州城"的出现。至于温州市场，真可以说是遍地开花。这种现象在其他各地人群中是很少见到的。

在温州经济发展过程中还有一个特殊现象需要指出，这就是小城镇不断涌现，这看来也许正是经济发展的结果。由于市场的发展繁荣，农村的劳动力、资金、生产资料等都迅速向小城镇聚集和转移，从而推动了小城镇的建设和发展。据该志统计，1983年，全市建置镇仅24个，到1995年发展到140个，并出现了许多名扬海内外的经济强镇。1995年，小城镇人口已占全市的40%以上，工业总产值占全市的80%以上，社会消费品零售总额占全市的70%以上，财政税收占全市的50%以上。这几个数字充分说明了民营企业在温州经济发展中起到了主导性的决定作用，民营企业在温州国民经济生产中的地位自然显而易见，而这些民营企业又都是从最初的农村家庭工业发展而来。

以上便是温州改革开放以后经济发展的全过程。这样一条发展道路，便被经济学家们称为"温州模式"。对此，《温州市志》在《温州模式》卷的"概述"最后有一段非常精彩的论述，很值得我们注意：

> 温州模式的产生与发展，有其特殊的历史与现实条件和经济、政治、文化等方面的深层原因。温州模式的形成与发展更不能忽视人的因素。温州人不仅勤劳刻苦，更富有开拓意识，"敢为天下先"，在改革开放的大环境中，温州人创造了种种"全国第一"：兴建全国第一座农民城龙港镇，"东方第一纽扣市场"桥头镇，全国最大的电器城柳市镇，创建第一家私人跨国农业公司（康龙农业有限开发公司），第一家私人"包机"公司（温州民航天龙包机业务公司）等。温州人开创了温州模式，而温州这种经济运行方式更能培育与增长温州人的聪明才干，昔日是"面向黄土背朝天"的农民，而今已成为走向全国、开拓市场、到处创办商场企业的风流人物。

这个结论看起来并无多大惊人之处，但却很值得人们深思。它向人们提出了一个重要的问题，在改革开放的大环境中，温州人为什么能够创造出那么多全国第一？为什么在未见到任何相关政策的情况下，就会有几十万人兴办家庭工业？这都是"温州模式"能够产生的关键问题。至于"温州模式"的产生对全国产生哪些影响，有的无须介绍也都很容易了解。温州人生产的各种商品早已远销到全国各地，上百万人到全国各地乃至世界许多国家经商办企业，这都是容易看到的。而他们经营的特色专业市场所产生的影响就很少有人知道，也很少有人作专门介绍。特别是桥头镇纽扣市场和柳市镇的电器市场打响以后，可以说对全国各地兴办专业市场影响很大。在他们的启示和影响之下，浙江就先后产生了义乌小商品市场和绍兴柯桥的轻纺市场等。

如今这些市场都已享誉海内外，其首倡之功自然要归于温州人了。限于篇幅，其他就从略了。

总之，我们可以告诉大家，若要了解"温州模式"，只需阅读一下新修的《温州市志》，就可以得到比较满意的答复。因为该志不仅对此模式产生和发展的全过程作了较为详细的记述，而且还对其特点作了简明的概括，只需用较少的时间就可以窥探到该模式发展的奥秘。

（原分载《中国地方志》2001 年第 1—2 期合刊、《中国地方志》2002 年第 2 期。后收入《仓修良探方志》）

新修方志特色过眼录之五

百年沧桑上海县
——录《上海县志》

到目前为止，我所见到的新修方志中内容最全面的恐怕要数《上海县志》了。从其记载的内容来看，确实是在按照中国地方志指导小组所制订的《新编地方志工作暂行规定》办事。该规定曾明确要求：新编方志内容要"着重记述现代历史和当前现状"。这个要求应当说是从我国实际情况出发而提出的，因为这一段历史和现状，正是中国共产党领导中国人民推翻三座大山，实现民族的彻底解放和独立和建设新中国，实现民族振兴的一百年，作为第一轮新中国的志书，如实地反映这样一个伟大的历史变革，完全是理所当然的；况且这是国务院办公厅正式批发的〔1985〕33号文件，是中华人民共和国成立以来中央政府关于修志工作的第一个正式文件，按理说是修志工作者都必须执行的。令人遗憾的是，第一轮所修的不少新方志，在内容上打了折扣，一百年的伟大变革史，实际上只写了一半还不到，前一半的伟大变革留给谁去修呢？看了《上海县志》后，稍稍感到欣慰，因为这部志书可以自豪地说真正完成了第一轮的修志任务，从其记述中，人们不仅可以看到这里人民幸福美好的生活，而且也让人们了解到他们在旧社会所遭受的苦难血泪历史。翻开他们的各专业志就可以发现，他们并不像一些志书那样，一刀切地始于1949年，而一般都始于清朝末年或民国初年。为了能让人们集中地了解旧上海的概况，志书还专门设《特记》，对1843年以前的上海县和1843—1928年的上海县作了集中的记述，而所记内容也都是具体的、丰富的，而不是空洞的、抽象的。这可以说是这部新志书的最大特色。

农业是各地都有的，也是市县志书必须设置的篇目，因此，我们首先举此为例。该志在《农村生产关系农业经营体制》篇的第一个目是《土地改革》，而在此目之下，先后列了《上海县土地改革前各阶层土地占有》和《新泾区、龙华区土地改革前各阶层土地占有》两子目，将当地自耕农、佃农、雇农、富农、地主占有土地数和占有比例都作了详细记载，最早从民国十七年（1928）算起。由于上海县与上海市相接，因此，近市郊区的土地占有情况又有所不同，这里的田主多为工商业资本家，所以他们又作了单独的统计。更为特殊的是，这里还有大片土地被外国人占有。可见这里的土地占有情况是相当复杂的，这也从一个侧面反映了旧中国是半封建半殖民地的社会。为了能够说明这种复杂的土地占有情况，编纂者特地编制了六种土地占有情况表。至于地租，这里有实物租、货币租、劳役租等形式，而以实物租居多，货币租在40年代多以货币折算成米等实物缴纳。租额向无统一标准，民国二十年（1931）国民政府虽迫令全国按全年每亩收成37.5%征收，但因各地区经济状况不同，年岁丰歉不一，租额也各不相同。志书以解放前夕为例，列了定租、分租、预租、押租四种情况。定租：一般亩收白米7—8斗，约占亩产之半，个别远郊农村，高至1石以上者。分租：以收获分成，有四六分、对半分和倒四六分等。预租：一般预付1—3年，近郊有预付5年以上者。押租：又称顶首、订手、召价、垫价，订立租约，由佃农向田主预付押金，金额相当于一年地租，押金不付息，退租时收回，欠田主米，则于押租金中扣除。此外还有所谓劳役租、礼租等名目。而在收租时，田主一般都采用大斗小秤——大斗进，小斗出；大秤进，小秤出。可见在旧社会农民想租种土地都是那么困难。志书还编制了《1931—1948年召楼奚姓地主收租租额》表，逐年记载每亩租价、交租日期、逾期涨价等项目。像这样连续18年不间断的收租记录还是少见的。另外，还有《顾聚德堂、顾怀德堂若干土地出租租额、召价情况》表，所记亦很难得，记载了光绪十二年（1886）至民国三十年（1941）间的共16个年头出租情况，记载佃产、租田数、租额、召价等项目，除一年外，其他年份租额每亩均在1石以上，最高的一年每2.5亩竟达4石以上。其剥削程度之重可以想见。志书中还有清朝末年民国初年土地买卖价格表，也很有价值，这里就不再列举。特别要指出的是，志书还刊有乾隆十九年和咸丰五年"田单"照片各一张，同治八年和民国十一年、民国二十五年土地绝卖契照各一张，其文献价值都是显而易见。以上这些宝贵的资料，均非举手可得之物，自然都是志书编修者们花了大量的精力和时间寻求而取得。你不去查找，当然也不会有人送上门来，有一份认真负责的精神，就必然会收到一份丰硕的成果，这就是事在人为。

旧上海是外国侵略者的乐园，因此，旧上海的人民，同时还受到外国侵略者的压迫和剥削，他们在我国领土上为所欲为。为了反映这一段历史，志书在《特记》下专门设了《上海开埠·租界设立》一目，记述了上海被迫开埠和租界设立始末。美、英、法侵略者利用《南京条约》、《虎门条约》、《望厦条约》等不平等条约的签订，纷纷到上海居住贸易并设立租界，成为中国沦为殖民地社会的象征。首先进入上海者乃是老牌侵略者英国。清道光二十三年（1843），英国首任驻上海领事巴富尔抵达上海，并很快与上海道台宫慕久商定，于同年 11 月 17 日上海正式开埠。两年后，宫慕久公布巴富尔与其经两年交涉而"商定"的《上海土地章程》，章程凡 23 款，划上海县城外洋泾浜（今延安东路）以北、李家庄（又称李家场，在今北京东路）以南、黄浦江以西（次年 9 月又定汉界路——今河南中路以西）约 830 亩地为英租界。道光二十六年（1846），美国首任驻沪代理领事华尔考脱以《望厦条约》为据，迫使上海道同意淞江北岸虹口一带为美侨居留区。此后他们一再寻找借口，不断扩大租界面积，到光绪二十五年（1899），英美租界面积已扩大到 33503 亩，并立名为上海国际公共租界，他们在租界内自行设立董事会，下设财政、税务、上诉、工务、警务委员会。法租界始设于道光二十九年（1849），到民国三年（1914），面积已扩大到 15150 亩。特别是到了 19 世纪 60 年代后，英法租界内竟然设立了侵犯中国司法主权的司法审判机关。中国主权已经丧失殆尽！从此上海县就变成列强倾销商品、搜刮原料的主要口岸，掠夺中国财富，控制中国金融的基地，侵略中国的桥头堡。这些事实都说明一个道理，那就是落后就要挨打，由于当时的中国政府软弱无能，被迫签订了一个个丧权辱国的不平等条约，使得帝国主义侵略者能够在中国领土上横行霸道，为所欲为地欺压中国人民。这段历史的记载，自然要让中国人民永远勿忘国耻！

也许有人会说，这种特殊内容，如果在我们那里，我们也会记的，我说那也未必如此，各地的特殊内容又记载了多少呢？我们再看看公检法吧，一般新修方志，大多是自 1949 年写起，《上海县志》照样从清末写起，在《公检司法》篇,《公安》之下,立有《清末、民国时期警察机构》,《审判》之下,立有《清末、民国时期司法机构》,内容尽管不太详细,但对这些机构的设置、演变、性质、功能已经讲得一清二楚。特别是《监所》一目,记载了该县始设监狱的情况,共有两处:一为"江苏第二监狱",一为"国民政府司法行政部直辖第二监狱"。前者为民国八年(1919)5月"建于漕河泾弼教路(今漕宝路40号)有男监5幢,女监及病监、工场、看守室、机电室、炊场、浴室等。1933年全监收纳人犯定额为1400人。1927年'四一二'反革命政变后,大批共产党人和仁人志士在此被关押、杀害"。而1930—1935年各年年末在监人犯数都有记载。1935年收纳人犯3500人左右,人满为患。后者始建于1936年,次年7月第一期工程完工,收纳上海特区法院判处的人犯。两者均在1937年抗日战争爆发后,被日本侵略军飞机炸毁。这些内容的记载,让子孙后代知道,民国时期的警察局和法院是用来管制老百姓的,监狱是关押共产党员和人民大众的。志书还将"淞沪警备司令部"和"龙华烈士陵园"单独列入《特记》撰写。民国十六年(1927),国民党淞沪警备司令部(初为上海警备司令部)在龙华镇设立后,杀害和囚禁无数共产党人和革命志士。"四一二"反革命政变后,1927年被杀害的有中共早期重要领导人和优秀共产党员宣中华、汪寿华等人;1928年有陈延年、赵世炎、罗亦农等人;1929年有彭湃、杨殷等人;1931年林音南等共产党员和"左联"五作家也在此被集体杀害,其中大家比较熟悉的如柔石、胡也频、殷夫等。可见淞沪警备司令部的职能是专门镇压共产党人和革命志士的。1985年经中共中央办公厅、国务院办公厅批复,在龙华建造了一座规模宏伟的烈士陵园。

对于政权、政党的撰写,志书编写者完全本着历史唯物主义观点,按照历史发展的顺序如实记载,在《政府》一目之下,列有《元、明、清代上海县署》、《上海县政府》、《日伪政府》、《上海县人民政府》、《县人民政府机构》等子目;而在《政党团体》篇下,设《中国共产党》、《中国国民党》、《民主党派》、《群众团体》。在《中国国民党》之下,除了列《国民党上海县党部》之外,还列有《汪伪国民党上海县党部》子目。这都是历史的存在,不应当被任意抹掉。以上这样排列,丝毫没有贬损共产党和人民政府的地位，更没有影响共产党的光辉形象，倒是真实地反映了历史事实。那种认为将民国县政府、日伪政府、县人民政府并列就是抬高了国民党政权和日本侵略者的观点，实际上是对历史的无知，写史和修志者都不能对这种思想迁就。无论是写史还是修志，都应当这样写，把真实的地情、历史如实反映出来，而不能凭感情用事。

《上海县志》写了七百年上海的历史，而重点则写近百年史，写近百年上海的伟大变革，写了旧上海的方方面面，让人们看到了上海的昨天。但是，他们这么写了，并没有削弱和减少对新上海当前状况的记述，其重点照样还是在写新中国成立后上海县在各方面所取得的伟大成就。志书所列举的事实和数字足以说明这一问题。国民经济迅速发展，国民生产总值1949—1984年年均增长8.58%；社会总产值，1949—1984年年均递增12.2%；县财政收入，1949—1984年年均递增15.2%，到1988年，在全国各县中已经位居第八。工农业结构发生根本变化，大批农村劳力向工业转移。70年代以前，全县经济还是以农业经济为主，1949年工农业分别占总产值6.9%和93.1%；到1970年，工农业分别占总产值45.5%和54.5%；1971年工业产值首次超过农业，占总产值51.9%；到了1988年，则为92.3%和7.7%。乡村工业吸收了大批的农村劳力，而农业生产本身，经济结构亦作了重大调整，以蔬菜、生猪、家禽、鲜蛋为主的副食品生产，取代了传统的粮、棉、油为重点的格局，使该县成为上海最主要的农副产品生产基地之一。除此之外，还有经济作物，重要的有两项：一是花卉生产，切花常年上市量占全市80%，二是中药材生产，80年代种植面积占全市三分之二。近年成功引进西红花，常年上市量占全国70%以上。外向型经济发展迅速，成为全国十大县级出口产品基地之一。人民生活有了根本改善，经济收入不断提高。1949年农村人均收入不足50元，1998年上升为1948元，特别是在经济收入中农业所占比重大为下降，因而收入来源比较稳定，农户普遍翻建楼房，城镇居民也都住进了新工房。1988年人均居住面积已在20平方米以上。诸如此类的巨大成就，与旧上海相比，简直是翻天覆地的变化。面对伟大变革所带来的巨大变化，有谁能不从内心发出社会主义好、共产党英明伟大的称赞呢！我们可以这样讲，百年沧桑上海县，可以视作新旧中国百年变化的缩影。可见记述旧时代的苦难，可以更加显示出新社会的幸福和美好，我们毫不夸张地说，新修《上海县志》正是这样做的。

（原载《中国地方志》2003年第2期。后收入《仓修良探方志》）

桂林山水甲天下
——读新修《桂林市志》

"桂林山水甲天下",这是南宋一位学者对桂林山水之美而作的概括性的评语,凡是去过桂林的人,都会深深感到这句评语并不过分,不但丝毫没有夸大之意,而且讲得恰到好处。正如明人王士性在《广志绎》中所说:"桂林无地非山,无山而不雁荡;无山非石,无石而不太湖;无处非水,无水而非严陵。"这就是说,她是具备了全国各地山水名石之优点,雁荡山,太湖石,富春水(严子陵钓台位于富春江上),其长处都兼而有之,所以南宋李纲早有诗句"雁荡武夷何足道,千岩无是小玲珑"来赞美。面对这样一座美丽的历史文化名城,志书该如何编写,这部新志书的编纂者们,确实经过深思熟虑,付出了辛勤的劳动,《编后记》中的一段话,就足以说明这点:

> 篇目框架是志书的设计蓝图,它既要涵盖桂林市从自然到社会的历史和现状,又要反映地方特色、时代特色、行业特色,与志书的科学性关系极大。市志办会同各承编部门,按照科学分类与社会分工相结合,以科学分类为主,既考虑古今的统合,又突出桂林市特点的原则,设计篇目框架。经过上上下下几番讨论、修改、调整,最后确定为现稿的75个分志,外加总述和附录,共77个门类的格局。其中专设了《山水志》、《旅游志》、《经济体制改革志》和《社会科学志》,以突出地方特色和时代特色。

从这段文字中,我们可以看出这样两点,一是专业志的分类方法,是"按照科学分类与社会分工相结合,以科学分类为主"。应当说,这样提法是很科学的,而所作的分类显然也是很合理的,他们并没有多谈什么"横排竖写,横竖结合"等莫名其妙的所谓方志编修理论。按照科学分类,自然就是按照科学门类进行区分，本来并不存在多少奥妙，况且前人也曾提出"以类相从"，按类编修，可是，有些地方硬是将其讲得复杂化了，似乎只有这样才能显示出修志理论的高深莫测。二是在篇目设置进行科学分类时，非常注意"既要涵盖桂林市从自然到社会的历史和现状，又要反映地方特色、时代特色、行业特色"。这就是要求对自然和社会两大方面的历史、现状都要做到全面反映。这里提出了需要反映的三个方面特色，即地方、时代和行业，无疑是更加全面了，以前大都只提地方特色和时代特色。尽管许多志书也都这么做了，但从理论上加以概括提出还是不多见的。事实上各行各业，各地都有自己的特色，不可能都是千篇一律，同样是农业、商业、乡镇企业，各地的内容也不可能是一样的，苏州有《工艺美术志》，桂林也有《工艺美术工业志》，其内容就是不一样。《苏州市志》的《工艺美术》卷共分《苏绣》、《缂丝》、《宋锦》、《剧装戏具》、《织毯》、《红木家具和小件》、《漆器》、《玉雕》、《雕刻》、《扇子》、《桃花坞木刻年画》、《民间工艺》、《苏裱》、《姜思序堂国画颜料》、《笔墨纸砚》、《金银器》、《仿古铜器》、《乐器》等章，而《桂林市志》的《工艺美术工业志》只有《金属工艺》、《美术陶瓷工艺》、《桂绣及编织工艺》、《雕刻及竹木工艺》等章，尽管后者每章中包含有多种内容，但是无论从品种还是数量上，两者都并不相同。所以强调写好行业的特色还是相当重要的。虽然这也可以说是属于地方特色，但是每个行业的专业志却未必就能全面体现或代表这一地方的特色。正因如此，所以该志的编修者们又"专设了《山水志》、《旅游志》"以突出地方特色，因为桂林是以山水而甲天下，势必吸引着大量的中外游人，设置这样两个专业志自然就是顺理成章之事了，何况这两个志又确确实实能够反映出桂林的特点，事实上也只有这两个志才能真正体现出"桂林山水甲天下"这个特点。下面就这部新志书的特色谈些粗浅的看法，当然这里所谈的并不仅限于地方特色，还有编纂上的特点。

首先，关于反映地方特点，《编后记》谈了专设了《山水志》、《旅游志》，实际上我觉得《园林志》也足以反映桂林地方的特点，它与《山水志》、《旅游志》共同组成集中反映桂林地方特色的一组，是相当突出的。虽然全国许多城市志也都有可能会设置园林志或者类似园林志篇目，但是除了《苏州市志》的《园林志》外，恐怕很少再有能够与之相提并论的了，况且这两者自身又都具有极不相同的明显特点，当然，用它们来反映各自所在城市的地方特点,看来也是再确当不过的了。

在全国而言,作为风景旅游城市而著称的城市数量还是不少,然而能够以山水之美与桂林相匹敌的却并不多见,否则"桂林山水甲天下"之美誉也就不可能长期保持了。

《山水志》写得很好,而一篇《概述》写得更加精彩,不仅文字精美,而且把桂林山水的特点浓缩得如同一幅画面展现在读者面前。"桂林是世界岩溶地形分布典型、集中、丰富的地区,'奇山、秀水、异洞、美石',如诗如画,素有'桂林山水甲天下'的美誉。"开宗明义就告知世人,桂林山水所以会如此之美,是因为这里是世界岩溶地形分布典型、集中、丰富的地区,因而就形成了"奇山、秀水、异洞、美石"等特有景色,这是天生的自然美景。简洁精炼,仅仅两句而已。接着便对山、水、洞、石分别作了描述:

> 桂林的山以灰岩石峰为主,皆平地峭拔,巍峨多姿,林立四野,森列无际,叠嶂有序,高者不过九百米,低者仅数十米。似朵朵含苞待放的碧莲,棵棵破土而出的玉笋,丛丛大小各异的玉簪罗髻;似饱经风霜的慈祥老人,普度众生的观音,埋头豪饮的巨象,苦旅跋涉的骆驼,昂首怒吼的雄狮或卧伏蛟龙,其貌千姿百态,奇异生动,更兼山体植被和色彩衬托,尤为青翠秀美,婀娜多姿。

> 桂林的水,清澈明净,秀丽晶莹,有蜿蜒千曲的河溪,有碧波荡漾的湖塘,有幽深汩流的地下河,有清冽不绝的泉池……

> 桂林无山不洞,无洞不奇。已探明的岩洞多达2000余处,或洞底宽广能容万人,或层层相叠如高天楼阁,或勾连曲畅似八阵布将,或幽邃迷离如迷宫……

> 在山峰和谷间,无论是风雨侵蚀而犬牙交错的石林,还是竖于山麓水滨孑然独存的孤石,无不形态万千,尤其是那洞中众多的石乳、石笋、石柱、石幔、石花、石枝、石管等,更为绚丽多姿。

具有如此特色的山、水、洞、石,在其他地方若是存在其中一二或许尚有可能,要是四者俱备,世间恐怕难以寻找,因此,对于桂林山水,就如同花中之牡丹,同样是国色天香,加之作者如此描述,其秀丽景色之优美自然更加迷人。尤其令人叫绝的是，"桂林的山水又与城市交融……山在城中，城在山中，千峰环城而立；水绕着山转，山绕着水立。它们相互交织，构成了桂林——这座画般的美丽的山水城市"。所以我们说，这篇《概述》为读者简明地介绍了桂林山水的主要特征，实际上给读者入室前起一登堂的作用。附带指出的是，这部新志书，每一专业志之前，都有这样《概述》一篇，当然每篇长短不一。《概述》之后，分设《奇山》、《异洞》、《秀水》、《山水诗文题咏》四章进行叙述。对于那些重要的山和水，大多还附有照片。我们可以这样说，《桂林市志》的《山水志》，只要你去翻阅，桂林山水的秀色便可以尽收眼底，无论你去过桂林与否，都会使你有所收获。未去过的，不仅可以帮你选择景点，而且可以帮你事先了解人文景观的重要出典；对于已经去过的人来说，可以帮你弥补不足，因为外地人去桂林，不可能游遍每个景点。这里笔者还想多说几句的是《山水诗文题咏》，这一章是将从南北朝以来，直至20世纪80年代末，许多学者名人对桂林山水所作的赞美诗文或言论加以选录，从中可以让人们了解到，古往今来，无论是诗人，还是政治家，他们对桂林山水都是那么爱慕，那么赞美。请看"文起八代之衰"的大文豪韩愈在《送桂州严大夫》诗中是这样称颂的：

苍苍森八桂，兹地在湘南。
江作青罗带，山如碧玉簪。
户多输翠羽，家自种黄柑。
远胜登仙去，飞鸾不暇骖。

而北宋诗人陶弼则在《桂林诗》中说："青罗江水碧莲山，城在山光水色间。"明代曾任广西提刑按察司按察使的江勋则有题咏："仙岩高与白云齐，一览能令万象低。石洞孤峰天竺境，桃花流水武陵溪……乘兴不知归路晚，淡烟芳草望中迷。"由于风景秀丽太迷人，游兴十足居然到天色已晚还不知回归。时至今日，1987年美国总统卡特访问桂林时发出这样的赞叹："在还是孩提时就听说过桂林这个地方，曾见过桂林山水画，可认为这不过是艺术家的想象而已。来到桂林后，我明白了以前所见所闻都是真的。"所有这些都说明，这些诗文和言论的选录，无疑将会更衬托出桂林山水的确秀丽，有了这些更加使桂林山水增色。尽管笔者向来反对新修方志滥选诗文，但对《山水志》下设置《山水诗文题咏》却非常赞同，这一做法是非常确当的，它与有些方志漫无目的地滥登诗文，自不可相提并论。

为了使读者对桂林山水有个较为全面完整的认识，该志之后还附了桂林市区周边六个县的各景区，行政区划是人为所设置，山脉河流走向不会因行政区划而改变，周边六个县却有四个不属于桂林市所管辖，所以用《附录》形式出现，否则将有越俎代庖之嫌，可见志书的作者考虑得相当仔细。这么一附，给读者了解周边各景区山水景色提供了很大的方便。

桂林的园林实际上都是以桂林某些山水为基础而建的公园，因此，这个园林的概念与传统的私家花园式的园林大不相同，特别是江南一带的园林大多出自私家花园，而园内的山水大都为人工所建造，苏州的园林就是其中典型的代表。目前全国许多城市公园，自然更是出于人工之建造，能够像桂林园林这样得天独厚，全是自然景观，恐怕在全国还是少见的。如"七星公园"，园内荟集了山、水、洞、石、庭院、林木、文物的精萃，由月牙山、普陀山、骆驼山、七星岩、曾公岩、元风洞、龙隐洞、普陀石林等风景点组建而成。又如"桂湖公园"，是以桂湖为主体而建之公园。该湖位于桂林城西侧的骝马山、螺蛳山、老人山东麓与宝积山西麓之间，湖水与榕杉湖相通，是桂林市区面积最大的以水为主体的公园。再如"叠彩公园"，是以叠彩山为主体而建成之公园。叠彩山由越山、四望山、仙鹤峰、明月峰组成，因山石层层横断，犹如一匹匹锦缎堆叠而成，故名叠彩山。山腰有个南北贯通的山洞，空气流畅，夏季凉风不断，因而有"清凉世界"之美誉，也因此又被称作"风洞山"。当然，在众多的公园之中，亦有一处原为私家花园，这就是"雁山公园"，雁山公园原为雁山别墅，是清代桂林地方官唐岳所建，但建成不久即为两广总督岑春煊所购，更名为"西林花园"。民国十八年（1929），主人将此园捐给当时省政府，辟为"雁山公园"。该园位于桂林南郊雁山镇，园内有真山真水，天然岩洞，繁茂林木，古雅建筑，是一座具有私家花园风格的公园。但是，这种情况在桂林公园中毕竟是个别的。基于上述公园的现状，人们只要游览了桂林的各大公园，实际上也就饱览了桂林的山水景色。唯其如此，故笔者指出，《桂林市志》的《园林志》，实际上是反映桂林地方特色的重要组成部分。总之，以上二志，已经从总体上反映了桂林市的地方特色，于是接着而来的《旅游志》，也就顺理成章地加入了反映总体特色的主要篇卷。当然，《工艺美术工业志》、《文化志》、《民族志》、《风俗志》等也都从不同角度反映了地方特点，这就使新修《桂林市志》从各个方面透露出浓浓的地方性气息。

这部新方志除了出色地反映地方特色外，我觉得在编纂上还有两大特点要向大家推荐。一个是为社会科学单独立志，这在新修方志中并不多见；还有一个则是许多专业志对民国时期的内容也都尽量作了记载，虽然记得还很不够，但总比一点不记要好，因为这些内容，在这届修志中不作记载，以后续志中自然就更加不会记了。从现在来看，对于科学技术，许多新修志书，大多专门立了志，也许是因为邓小平同志已经提出"科学技术是第一生产力"的缘故，同时其他中央领导也多次提出"科教兴国"的号召，这自然就提醒了大家对科学技术的重要性不能忘记。科学技术专门立志，这自然是可喜的现象，可是，社会科学不立志，却又令人不可思议，看来还是与对社会科学的重要性认识不足有关。值得注意的是，广大修志工作者本身都是社会科学工作者，不知大家是否意识到这点：我们编修新方志，就是要为地方政府部门直接提供地情资料，就是要为建设社会主义精神文明服务。社会科学研究也是客观存在，为什么不在方志中加以反映呢？关于社会科学的重要性，1999年9月23日，胡锦涛同志在国家社会科学基金项目优秀成果颁奖大会上的讲话中，作了非常精确的论述，指出："广大哲学社会科学工作者，坚持以马克思列宁主义、毛泽东思想和邓小平理论为指导，坚持为建设有中国特色社会主义事业服务、为党和政府决策服务的方向，努力研究改革开放和社会主义现代化建设提出的理论和实践问题，在社会主义初级阶段理论、社会主义改革开放理论、社会主义市场经济理论、社会主义民主法制建设理论和社会主义精神文明建设理论等的确立和发展，在新时期党的基本路线和各项重大方针政策的形成和宣传等方面，都作出了重要贡献。"这些内容都是涉及国家重大决策和国计民生的方方面面，有谁能说不重要呢？胡锦涛同志的讲话还特别指出："哲学社会科学的发展水平和繁荣程度，是一个民族的综合素质和文化力量的重要体现和标志。"社会科学的重要性自然是无须多争论了。《桂林市志》的编纂者们，在新志中特地设立了《社会科学志》，无疑是有见地的，当然也可以说是创见吧，因为本该编写而大多都忽略了，他们在没有得到别人的指点或启发的情况下做了，难道能说不是独创吗？该志下设三章，一为《机构》，二为《活动》，三为《成果》。《活动》一章又分《研究》、《普及》、《交流》、《评奖》四节。全部内容还是相当丰富的，可见《社会科学志》不是无内容好写，而是大有可为。至于如何写得更好，自然还可以各显神通。

在编纂中另一个特点，也是很难得的一个特点，就是对旧时代的内容，大都作了回顾性的记述，这就说明，在这些方面他们都作了不同程度的努力。就以大家忌讳最深的《审判志》、《检察志》、《公安志》等而言，大都是"一刀切"，一律自1949年开始编写。而这部志书则全然不同，在《审判志》的《机构沿革》章，列有《清末审判机构》、《民国审判机构》各一节；在《检察志》的《机构沿革》章，列有《清末检察机构》、《民国检察机构》各一节；在《公安志》的《机构》，列有《清末警察机构》、《民国警察机构》各一节。而在《司法行政志》虽未设章节，但在《概述》第一句便说："民国时期，桂林司法行政与审判合为一体。"在第一章第一节《机构》的首句又说："民国时期，桂林没有专门的司法行政机关，实行审判与司法行政合一的体制。"民国时期，虽然桂林没有这种机关，编纂者们还是在此交代了两句，这实际上是对读者和子孙后代非常负责的表现，它可以免除今后再为此事查询之苦，既然没有，当然就没有必要再去查找了。

课堂上、书本上、闲谈中，经常听到、看到，国民党统治时期，特别是临将垮台的几年中，"物价飞涨"、"货币贬值"，人民生活处在水深火热之中。可是，这都仅仅是概念性的，具体情况如何，目前来看，谁也说不清楚，何况这种"物价飞涨"、"货币贬值"，各地也不可能一致，因此，各地修志时若能将这些内容较为具体地加以记载，对于研究国民党统治时期的经济状况和人民生活都将有非常重要的作用。《桂林市志》在这些方面为我们提供了不少具体的资料，如在讲到"粮油价格"时，有这样一段记载："民国二十六年（1937），大米每斤0.065元（法币，下同），花生油每斤0.285元。三十一年大米每斤7.5元，花生油每斤30元。三十四年大米每斤52.5元，花生油每斤313元。三十七年改用金圆券后，当年9月大米每斤0.16元（金圆券，下同），花生油0.75元。三十八年2月，大米每斤59.17元，油每斤284元；4月份，大米每斤32520元，油每斤171092元。"根据这些价格，我们作一简单的计算，可以发现民国二十六年到三十一年的5年时间,米价上涨115倍,油价上涨105倍;三十一年到三十四年3年时间,米价上涨7倍,油价上涨10倍还多;三十七年9月到三十八年2月,5个月时间,米价上涨369.8倍,油价上涨378.7倍;三十八年2月到4月,仅仅2个月时间,米价上涨549.6倍,油价上涨602倍。这种物价飞涨,当然是非常惊人的。有些青年人对此可能会产生怀疑,我可以证实这是千真万确的事实。因为我是从旧社会过来的,有过亲身的经历,记得有一次拿了十斤米钱去买米,到了街上看到米店都关了门,曰"盘账",可是,两个小时后,店门都开了,而米的价格全部变了,十斤米钱只能买三斤半了。其实只要再看一下"货币贬值"的情况,问题就很清楚了,因为这两者是相关联的。该志在《金融志》的《货币》章第二节《纸币》中将民国时期在广西流通过的纸币一一作了介绍,计有"广西银行钞票"、"民国银行钞票"、"军用券"、"兑换券"、"法币和关金券"、"中储券"、"金圆券"、"银元兑换券"。在"金圆券"条是这样记载:"民国三十七年上半年法币崩溃。同年在中山中路中国农民银行旧址,由中央银行联合各银行设立金圆券联合兑换处,无限制收兑法币,发行金圆券。以法币300万元兑给金圆券1元。三十八年1月淮海战役结束,金圆券急剧贬值。4月,桂林发生严重钞荒,应拨广西省政府经费金圆券201.3亿元,无款可拨。中央银行桂林分行职工薪俸也无券发放。5月,市面交易自发以白米和银元计价,拒用金圆券。6月中央银行挂牌银元每元兑换金圆券5亿元。"从这段记载可以看出,当时的货币贬值更是十分惊人。这些材料对于研究了解国民党统治时期的通货膨胀、货币贬值等,无疑都是第一手材料。又如人们常说"国民党税多",国民党统治时期,苛捐杂税之多确实是尽人皆知,但是,究竟有哪些捐税,现在谁也说不出来,恐再过几十年,历史学家又得进行考证了。现在新志编修中,若是下番功夫作些调查和访问,应当说是完全可以搞清楚的,因为除了旧档案可以查找外,从旧社会过来的老人还很多,甚至当年有些当事人还健在。因此,不管怎么样,现在调查访问总比以后考证要容易得多。《桂林市志》在这方面做得是相当不错,在《税务志》的《机构》一章,单列了《民国时期税捐机构》一节,将民国时期桂林所有税捐机构一一作了介绍;而在《税收》章,《民国时期的税捐》亦单列一节,将当时的主要税种及其征收办法都作了叙述;而在《概述》中,对民国时期税收的变化还作了介绍,因为初期和后期变化较大，加之这里又有"新桂系"统治，又加上一层特殊性。到了民国三十五年，"税收分为中央税、省税、市税三级，各项税收机构也分别组成。中央税有关税、所得税、遗产税、印花税、货物税、盐税、矿税；省税有营业税、特种营业税、土烟土酒烟叶税、土产外运暨入境货物运销证费、房屋自卫特捐；市税有屠宰税、契税、房捐、营业牌照税、筵席及娱乐税、牲畜买卖营业税、警捐、花捐、特产税等。此外，桂林市政府还有塘租、地租、屠宰场费、登记规费、经济事业费等收入"。从所列税种来看，称得上是五花八门，而所有这些捐税，最后自然都落到人民大众头上，难怪当年老百姓痛恨起来，把国民党称之为"刮民党"，却也十分形象。

  以上所引数种，无不与人民生活息息相关，又是其他许多新志书所不记载的，所以特地作为示例在此论述。记得早在1994年笔者在《中国地方志》上发表的《对当前方志学界若干问题的看法》一文中，鉴于许多新修方志中对民国时期内容记载多被忽视，就已特地写了《对子孙后代负责　写好民国时期内容》一目。也许有人要问，我为什么对民国时期的内容如此重视？我可坦诚地回答，我是一个历史研究工作者，因此对历史和现状都很重视，况且方志本身就有"存史"的功能，这是众所周知的事，你不记载民国时期的内容，自然就没有很好地完成这一届修志任务。中国地方志指导小组在《新编地方志工作暂行规定》中曾有明确规定：新编方志内容要"着重记述现代历史和当前现状"。民国时期的内容，显然就是属于"现代历史"，不仅要记，而且要"着重记述"。需要指出的是，"存史"并不是最终目的，而是要留给后人借鉴，绝不是可有可无之事。1999年4月25日，江泽民总书记为白寿彝先生主编的二十二卷本《中国通史》出版特地写了贺信（载《史学史研究》1999年第3期），信中有这样一段话很值得大家注意：

    以史为鉴，可以知兴替。中华民族历来重视治史。世界几大古代文明，只有中华文明没有中断地延续下来，这同我们这个民族始终注意治史有着直接的关系。几千年来，中华文明得以不断传承和光大，一个重要原因就是我们的先人懂得从总结历史中不断开拓前进。我国的历史，浩瀚博大，蕴含着丰富的治国安邦的历史经验，也记载了先人们在追求社会进步中遭遇的种种曲折和痛苦。对这个历史宝库，我们应该运用历史唯物主义的观点不断加以发掘，在前人研究的基础上不断作出新的总结。这对我们推进今天祖国的建设事业，更好地迈向未来，具有重要的意义。

可见对历史的记载绝不是可有可无的事情。试问民国时期的历史，我们这代修志工作者不记载，难道要子孙后代再来记载吗？

总之，《桂林市志》是一部修得很有自己特色的新型市志，是一部很成功的新方志，我虽然没有作全面的评述，但即以上述几个方面特点，再加上翔实丰富的内容、篇目完备的体例，也就足以藏之名山，传之后世，可以永远立于方志之林。

当然，最后我也要谈几点不足之处。第一，这部志书编成于1997年，这时许多新修志书都先后编了索引，而该志不知是何原因却没有做，这不能不说是美中之一大不足，对于这部志书走向世界必将产生一定的影响，用当今一句时髦话来说，这一点就未能与世界学术接轨。第二，这部志书从篇目设置来看，是相当齐全的，该有的大都有了，唯独把艺文志丢了，不管你们有多少条理由，这个志没有，不能不说是又一个美中之不足，因为桂林是座历史文化名城，这个志尤其不应缺少。关于艺文志的重要性，笔者已在多篇文章中有过论述。第三，不确当地运用《附录》，在《中国国民党志》中将《三民主义青年团》、《其他政党》放入《附录》，在《政府志》中，将《日伪政权》、《侵桂日军罪行》放入《附录》，都是不妥当的，因为这些都是真实的历史，而不是可记可不记的内容，应当将其分别写入相关的篇章之中。对此，我在《对当前方志学界若干问题的看法》一文中早已有过论述。众所周知，一部历史，总是由善与恶、美与丑斗争所构成，缺哪一方面都称不上是完整的历史，唐代杰出的史学评论家刘知幾早就在其代表作《史通》一书中指出，编写历史，就是要"彰善瘅恶"，"善恶必书，斯为实录"。因此，如实编写历史，从来就是既写正面的，又写反面的，因为"存善"是信史，"书恶"亦是信史，只有善恶皆书，才称得上是真正的"实录"。这本是显而易见的道理，古往今来的史书从来就是这样做的，而所流传的旧志自然也不例外，所以也就无须多作论述。以上三点供编纂者们参考。

（原载《广西地方志》2000年第1期。后收入《仓修良探方志》）

留得真情在人间
——读《通渭县志》

在中共十一届三中全会以后，1980年春天，新华社四位记者受命去西北黄土高原四省区、三十九个县进行实地调查，他们除写了内参供中央高层领导阅读外，还写成《告别饥饿》一书。他们说，书中所写"在当时，以至后来的十多年中，都是'禁区'，写这样的话，要冒极大的政治风险，但是我们坚信一条：对中央一定要说真话"。正因如此，书稿直到十八年后的1999年方由人民出版社出版。《南方周末》2000年11月9日以《为了告别饥饿》为题，对该书作了介绍和评论。书中对甘肃省通渭县记载比较突出，称通渭县是这个地区第一号"困难户"："新中国成立的1949年，全县粮食总产是一亿六千四百二十万斤，三十年来，有二十二年总产低于1949年，以人均产粮计，更是大倒退。1949年人均产粮七百二十三斤，1979年仅有三百二十七斤。生产水平如此低下，人民生活自然不如新中国成立之前。据统计，1971年至1979年的九年中，人均收入超过四十元的仅四年，1979年仅二十四元；人均口粮连续十年在三百斤以下，1979年仅一百八十二斤。这还是全县平均数，相当一部分队人均口粮只有几十斤，收入仅几元。""1959年后期开始的三年困难时期，这个县的人口减少三分之一多，全县人口总数和群众生活现在还没有恢复到50年代中期的水平。"这些触目惊心的记载，引起了我查阅新编《通渭县志》的想法，看看《通渭县志》是怎样记载这些内容的。当我看了这部县志以后，发现许多内容记载，竟与《告别饥饿》一书所写基本上是一致的，面对这个事实，我对这部志书的编纂者们的敬意油然而生。他们的责任感、使命感、认真负责的精神，使他们能够如实地记下在通渭这片土地上所发生的各种变化和重要事件。所以能够如此，看来也并非偶然，由于他们的目的性很明确，正如志书的《后记》所讲："有些重大历史事件，特别是解放后的历次政治运动和1960年通渭饥荒问题，除在《政党·社团》编中集中记述外，其他各编有关章节也有记述。其目的是从'值得注意'的历史教训中鉴古知今，把未来的事业办得更好。"道理很简单，就是总结历史教训，避免以后再犯，以便把未来的事业办得更好。看来他们对方志的"存史、资治、教化"六字功能理解是很深刻的。大家经常在说，经验是宝贵的财富，教训也是宝贵的财富。有些人往往只是重视前者，而忽略了后者。他们是两者并重，而强调了后者，这就是难能可贵之处。因为在三年困难时期，这里曾发生过惊动中央的"通渭事件"，中共中央西北局为此在兰州召开会议，"认为通渭县发生如此严重的饥荒问题，省、地、县委都有责任"。认真总结教训也就成为理所当然之事。

近几年党中央提出西部大开发的英明举措，本身就说明我国西部地区，由于种种因素，经济上一直比较落后，这是客观事实，而通渭又是西部地区最为落后的穷县之一。只有了解这个情况，对于这部县志的记载才不至于大惊小怪。正因为穷，所以才需要去扶贫；因为落后，所以才需要去大开发。能够带着这种心态来阅读这部志书，就会感到编纂者们确实不简单。通渭是完全以农业生产为主的县，而农业中又以粮食作物为主，"因受旱农耕作条件和生产关系变革的制约，长期呈起伏状况。从1945年到1985年的40年间，有7次大的起伏"。1945年全县粮食亩产仅45市斤，人均244市斤，新中国成立后，1952年全县粮食亩产100市斤，人均738市斤。到1956年，全县亩产115市斤，人均802市斤。"1957年后，由于频繁的政治运动，加之自然灾害较多，严重破坏了农业生产，粮食产量逐年下降，到1960年，全县亩产仅21市斤……人均173市斤，还低于1945年53.3%。1961年至1974年的14年内全县粮食亩产未突破百市斤，总产在1亿市斤上下徘徊，人均产粮400市斤左右。"直到1985年，全县平均亩产153市斤，人均产粮528市斤。从这些数字自然就会看到这个地方的生产水平确实低下。由于长期以来所形成的思维方式，免不了会有人提出责问，解放后的产量低于解放前的产量，这怎么可能呢？我们只能回答，这确实是事实。因为这也难怪，对于此类情况，新修方志确实很少记载，免得引起不必要的麻烦，如果这类问题写得多了，不晓得哪一天就会有一顶帽子给你戴上，因此修志同志的境遇、心情也是完全可以理解的。也只有能够理解到这一点，才不至于老是责备修志工作者为什么对这些问题不愿意记载。当然这部志书的编纂者们，他们所想到的就是要把真实的历史记载下来，以供后来者"以史为鉴"。对于如此低下的产量是如何造成的，他们在《农村生产关系》章之下《人民公社化》一目中和《中国共产党》章《历次政治运动》节下的《大跃进》一目中都作了具体的回答。在《人民公社化》一目中是这样记载：

> 这时，以高举"总路线"、"大跃进"、"人民公社"三面红旗，迅速实现共产主义为口号，全县高指标、瞎指挥、浮夸风、"共产风"和强迫命令为主要标志的"左"倾错误严重泛滥开来。农村管理实行组织军事化、行动战斗化、生活集体化。全县组建为一个民兵师，各公社为战斗团，大队为战斗营，生产队为战斗连，连下设排，排下设班，行动听号令，"出工一条龙，干活一窝蜂"……一个月之内，全县办起集体食堂2759个，男女老少都得进食堂吃饭。

据该志记载，当时抽调近20%的劳动力去大炼钢铁、采矿炼铁。时正值秋收大忙季节，再加上50%劳力抽去搞"园林化"建设，于是庄稼被毁，土地荒芜，1959年底全县耕地荒芜11万多亩，加之自然灾害，粮食总产比1956年下降61.3%，再加上干部的虚报和种种错误措施，造成人口的大量外流和大量的死亡。书中是这样记载的：

> 人民生活十分困难，出现人口大量外流、浮肿和非正常死亡现象。但县委继续"反右倾，鼓干劲"，挖"反党反社会主义分子"，坚持大计划、高指标、高估产、高征购，上面逼，下面吹，将是年粮食产量虚报为1.8亿市斤，超报1.17倍。据此，定西专署下达征购任务5400万市斤，县上实际入库3958万市斤，占任务的73.3%，占实产的47.2%。这时县委又错误地提出"动员群众卖陈粮、吃陈粮"……并挨门逐户，翻箱倒柜，掘地三尺，大搜大查所谓"陈粮"。虽然全县共搜出粮食1100多万市斤，但大多数被"大兵团战斗队"挥霍吃尽。11月，农村集体食堂陆续停火关门，有些地方农民缺粮断炊达40余天，强壮者外逃，妇老少幼则以树皮、荛壳等充饥，人口持续大量外流和死亡，有些地方出现了绝户，尸体也无人掩埋。但县委主要领导人却认为下面反映实际情

况是"攻击县委","右倾机会主义分子""放炸弹","动摇人心"……提出"要来个双倍打击",于是在1960年元月初,全县组织200名干部,在农村开展"全民整社"工作,违法乱纪现象严重,使农业生产处于停顿状态,酿成悲惨的"通渭问题"。至1961年底,全县农业人口比1958年底减少7.8万多人,先后死亡耕畜3.2万多头,杀吃羊只4万余只,猪、鸡、猫、狗等畜禽几乎绝了种,拆烧房屋5万余间,伐烧树木27万余棵,劳动力减少31%,耕地荒芜36万余亩,严重破坏了生产关系,阻碍了生产力的发展。

以上记载说明,正是人民公社、"大跃进"、大炼钢铁等大办,加上一些干部的违法乱纪,给这里人民带来了可怕的灾难,大量的逃荒,死亡,甚至"出现人相食现象"。据《人口》篇记载,该县1958年共有284000人,"至1960年初,共外流19081人,死亡42024人。至年底,共死亡60210人,外流11940人","至1961年底,全县人口比1958年减少78432人,绝户2168户"。在这种情况下,要想发展生产,增加粮食产量当然是不可能的。所以该志在《概述》中将"大跃进和经济困难时期"连在一道是很有道理的。而这段内容的概括,也确实反映了当年的真实情况:

> 1957年,极"左"思想开始抬头,1958年达到空前泛滥的程度,出现了严重违背实情的"一平二调"及工作上的大浮夸、瞎指挥和分配上的平均主义,加之自然灾害,导致了这一时期国民经济和人民生活的严重困难,生产关系遭到破坏,人民群众生产热情被挫伤。1958年盲目大办工业,农业增产不增收。1959年,粮食产量陡然下降,亩产只有47市斤,1960年再跌为21市斤,总产仅3632万市斤,人均173市斤,农民人均纯收入18.25元。人民以草根、树皮为食,以致出现人口大量外流、浮肿和死亡现象……教育受损更为严重,仅小学就关闭73.6%,在校中、小学生还不到1957年的七分之一。这一时期极"左"错误造成的损失是惨重的,教训是极其深刻的,值得永远记取。

这段简要的叙述,就将1958年的"大跃进"与三年困难产生的原因揭示了出来，放在人们面前的事实说明，在这三年当中实际上很少有重大自然灾害，而造成如此重大灾难的根源，实在是人为。所以志书编纂者们十分痛心地说："这一时期极'左'错误造成的损失是惨重的，教训是极其深刻的，值得永远记取。"这就说明，他们记载这些内容的目的性非常明确，一则要说明三年中生产遭到严重破坏，人民无辜死亡了那么多，其损失自然是惨重的；再则说明，这个极其深刻的教训，要"永远记取"！对于这些内容，该志在历次运动的《大跃进》一目中还有详细记载。从这些记载中，人们可以看到，当时遭到破坏的不仅是农业生产，畜牧业、林业同样遭到严重的破坏。为了大炼钢铁，许多山上的树木都被砍光，要"割资本主义尾巴"，私人不准饲养家禽家畜，于是就杀光吃光，免得被"一平二调"，这些情况，实际上当时是全国性的，只不过由于各地的经济发展不平衡，因而各地所造成的危害程度也不一样。如河南信阳地区，据《百年潮》刊登文章反映，那里当时就曾饿死了数十万人之多。遗憾的是许多新修方志对这些问题大都略而不记，即使有的记载了，也很少讲到所造成的负面后果，因而当年的"大跃进"、人民公社、大办钢铁的具体情况，特别是那个场面，后人也就无从知道，不仅子孙后代无从了解这些名词的内容，即使是当前的青年们听老一辈讲起当年的情景，也如同在听"天方夜谭"。正因如此，所以我特地向大家推荐和介绍这部志书，同时也希望能够引起修志界同仁的重视。

当然，我们也应当看到，通渭是西部贫困县之一，经济发展本来就很落后，底子很薄，经不起折腾，所以损失惨重，即使没有这些折腾，经济发展也不快，农民收入很低。从1960年以后，国家每年都要返销粮食补充农民的口粮，发放救济款予以补贴，直到1975年，人均口粮才上升到445斤，全县仍有260多个生产队的农民口粮在360市斤以下，每年都要靠返销粮来补充口粮。对于这些，志书的《农业·气象》篇《农业》章的《经济地位》节和《民政》篇的有关部分都作了详细的记载。"1983年至1985年，全县有60％左右的农户基本解决了温饱，15％左右的储有可食一年的余粮，25％左右的生活仍很困难，每年吃返销粮3至5个月。"可以想见，这个县很可能至今尚未脱贫，通过西部大开发，希望他们能够早日真正解决温饱问题，尽快过上小康生活。

开头我们引了四位记者所写的《告别饥饿》一书，由于所写内容当时都还是"禁区",所以十八年后方才出版。而《通渭县志》的编修,差不多就在此时已经开始,他们是1982年就已启动,1984年底已经编写初稿,1988年初稿完成,这段时间,许多内容都尚属"禁区",就连新华社记者还"要冒极大的政治风险",我们这些修志工作者却也敢于"实话实说",这当然既要有胆,又要有识,对于他们这种敢于坚持讲真话的精神,自然值得人们尊敬!是他们的敬业精神和作为修志工作者的责任感,驱使他们要把通渭的历史和现状如实地书写出来,要把真情留在人间!我们也要感谢为这部志书审稿的各级领导同志,由于他们的开明,没有用"左"的眼光将这部志稿扼杀在摇篮之中,他们的放行之功也不可抹杀。前不久我在和该志主编张尚质同志通电话时,他还告诉我这样一件事情,当时县委书记在审读志稿时,曾把他找去,问及三年困难时期所发生的事件是否有志稿中记载那么严重。他就将当年有关档案搬给书记查看,看到志稿所记都是有根有据,于是书记就签了字。看来这位县委书记既认真负责,又通情达理,希望志书编写必须实事求是。正如他和县长共同写的《序》中所讲,志书的编写,要"使之能够客观全面地反映通渭各方面的历史和现状,恰当地总结前人的经验教训,有效地激励后人奋进创新,真正起到弘扬民族精神,继承革命传统的巨大作用"。主编张尚质也由于修志工作表现突出,被评为甘肃省修志先进个人而在全省进行表扬,可见当时甘肃省修志领导对于他们的修志工作已经予以充分的肯定。如今上述所讲的那些内容,都早就解禁了,许多书籍、报刊都时有登载,然而,向以"存史"、"资治"为己任而著称的地方志,本该理所当然地加以记载,因为这些都是非常重要的地情资料,然而从不少新修志书看,这些内容都很少记载,这不能不说是个缺陷。而《通渭县志》能够作如实反映,自然是难能可贵。他们这种敢于讲真话的精神,希望今后在方志编修中能够得到大力发扬。

《通渭县志》是一部记载通渭近百年历史变迁的新修志书,重点记载了通渭解放以后的发展与变化,与经济发达地区相比,它虽然还是贫穷和落后,但是毕竟有了很大的变化,正如《概述》中所说,在党的十一届三中全会以来,"将工作重心转移到经济建设上来,使社会进入了一个新的历史时期。农业方面,由于实行了一系列适合农村情况的政策","特别是家庭联产承包责任制的普遍推行,极大地调动了农民的积极性,加之天时好,1983年至 1985 年连续三年获得丰收。1985 年粮食平均亩产 154 市斤，总产达 1.9 亿市斤"。这对他们来说，亩产已经创造了最高纪录。1985 年的工业生产总值相当于 1950 年至 1970 年 21 年的总和，特别是毛纺织厂和毛毯厂的产品已经远销日本和西欧许多国家。而在教育方面的发展尤其显著。1949 年全县有小学 120 所，在校学生 3792 人；1985 年全县有小学 752 所，在校学生 53455 人。1949 年全县仅有中学一所，在校学生高中 96 人，初中 228 人；1985 年全县有中学 21 所，在校学生高中 2874 人，初中 14661 人。其发展速度称得上是惊人的。书中记载有"成人教育"、"专业教育"等各类性质的教育和学校。并编有中小学校数、学生增长、教师人数增长、教职工工资变化、教育经费增长等统计表和学校分布示意图，使人一目了然。另外，此时"社员纯收入增长到 198 元，是 70 年代的 3 倍左右"。这些数字对于发达地区来说，真是微不足道，但是对于通渭人来说，可就是很大变化。我列举了这么一些情况的变化，目的在于说明这部志书的编纂者们，正是按照他们的县委书记和县长在《序》中所指出的"客观全面地反映通渭各方面的历史和现状，恰当地总结前人的经验教训"的要求在做，他们忠于职守，将人家很少记载或不记载的内容，都尽可能地作了反映。他们在《政党·社团》编中，特地列了《历次政治运动》一节，将"大跃进"、"文化大革命"等政治运动的情况都如实地作了概括的记载，这样就力争保持志书记载的完整性。他们通过这部志书的编修，还在《概述》中写出了一条重要体会："总览解放后各个时期的不平衡发展状况，使我们深刻认识到，自然环境虽对一地之经济建设和社会发展起着重要作用，但并非决定作用，起决定作用的是社会制度；在社会主义制度建立之后，起决定作用的是党的路线、方针、政策和我们的工作作风。凡是党的方针政策正确地、科学地揭示各种社会矛盾和经济发展规律、凡是以科学态度办事，各项事业就兴旺发达，人民的日子就好过，相反，就必须遭受挫折，甚至破坏。这在通渭表现得尤为突出，教训也更深刻，务必引起人们，特别是居于领导地位者的足够重视。"这些朴实的语言，正是来自经验教训的概括，尤其可贵的是，编纂者们敢于大胆地提醒"居领导地位者"更应当"足够重视"！这不就是修志的目的之一吗？整部志书寄托着通渭人的美好愿望——早日过上温饱的生活，再奔小康！

总之，这部志书产生在经济、文化都很落后的地区，而成书时间又相当早，能够做到篇目完整，内容齐全，已经是相当不错了。特别是他们写了人家所不写，记了别人很少记的内容，使这部方志的价值无形中就突出出来，我想这是客观事实，我们在评论时必须看到这一点。另外，这部志书从篇章设置到文字的表述都体现了朴实无华，没有丝毫的浮夸做作。当然，由于志书成书较早，文化水平所限，书中也存在着一些不足、不妥之处，如《艺文》虽然单独成编，而所载全是各类选文，而本地人的历代著作却只字未提，可见作者对传统的"艺文"要求并不了解。还有一些内容归类尚欠妥当，今后续修中都应当注意修正。

（原载《广西地方志》2003年第4期。后收入《仓修良探方志》）

十里秦淮谱新章

——读《秦淮区志》

秦淮河是南京第一大河，南京的历史文明都与此河息息相关，因此，她便成了南京的"母亲河"，从某种意义上来说，她可与南京齐名。就是这样一条河流，经过两千多年的历史演变，特别是六朝定都，竟使她流淌出一条十里文化长廊。沿河两岸，先后出现了许多人文景观和名胜，这些景观和名胜，如镶嵌在秦淮河上的一串明珠，使这条河流充满着浓郁的文化气氛。只要提到"十里秦淮"，人们不由自主地就会联想到六朝文化余韵，可见秦淮河丰厚的文化积淀与深远的影响。正因如此，作为秦淮区的最大特点，就是历史悠久和文化积累深厚，编修《秦淮区志》，理所当然要把它作为重点而加以突出。我想即使是南京市志的编修，这一内容同样应当受到重视，并且在设置的篇目中应当占有相当重要的地位，因为南京所以能够成为历史文化名城、全国六大古都之一，都与这些内容有着密切的关系，况且民国时期南京又是国民政府所在地。这就是秦淮区"最根本、最重要，也是最本质的地情特征"，当然有必要作为重点加以突出。

《秦淮区志》的编纂者们认识到这一内容的重要性。因而在第四编就设立了《秦淮风光带》，并且作为重点篇目加以编写。下设《十里秦淮》、《名胜古迹》、《夫子庙》、《秦淮风味饮食》、《名人与秦淮》五章。在《十里秦淮》章，分设《灯船画舫》、《古渡名桥》、《河房河厅》三节。作者们搜集、征引了大量记载秦淮风光的前人著作，以使历史上的秦淮繁华景象和风光尽可能展现在读者面前。在《十里秦淮》一章的小序中，作者这样告诉读者："'十里秦淮'在南京城市的发展史上具有独特的作用，曾是漕运要道，也曾是古城南部的主要屏障。六朝时期，此区是江南经济文化中心。唐代至近代，仍是处于金陵城市的主导地位。这里的河流、山岗、古渡、名桥、河房、水阁等传统的景观内容大部分方位依旧、遗迹犹存。"这就把"十里秦淮"与南京城市自古以来的密切关系,向读者作了简要的说明,并特别指出是"江南经济文化中心"。至于"十里秦淮"的历史文化状况,则在《概述》中作了概括性的叙述,使读者在阅读该编之前,对其历史与文化已经有了初步的轮廓,起到了导读作用。而在本章的《灯船画舫》节,开头首先告诉读者:"六朝时,以淮为天险,总设二十四浮航。战时,有警则断舟栅流;平时则是高门鼎族,魁岸豪杰经常渡舟出游、欣赏风光的场所。"可见,较早的时候,这里还是十分重要的军事设防要地,到了平时则成为高门大族欣赏风景的游乐场所。当然,到了后来,便完全变成了世家大族、文人雅士的休闲娱乐场所。他们不仅日里流连于此,许多人更是热衷于夜游秦淮。文献记载:"自明以来,灯船之盛,甲于天下。"对当时的夜游场面,《板桥杂记》曾作了生动的记载:"薄暮须臾,灯船毕集,火龙蜿蜒,光耀天地,扬槌击鼓,踏顿波心,自聚宝门外水关至通济门水关,喧阗达旦。桃叶渡口,争渡者喧声不绝。""两岸河房,雕栏画槛。绮窗绉障,十里珠帘。"短短数语,就将秦淮夜市的喧闹情景,展现在读者面前。这是当年"十里秦淮"繁荣的一个缩影。为了帮助读者进一步理解,作者还概括指出:"十里秦淮融船景、水景、街景、市景于一体,是为秦淮灯船之游盛期。"游秦淮必须乘船,《秦淮广记》就已指出:"游秦淮者,必资画舫。"因此志书中特列《画舫类型》一目,将曾经流行过的十五种船只分别作了介绍,从形状大小,到各类船只的功能,特别是某类船适合于某类人群的使用,都有较为详细的记载。为了全面反映往日秦淮的余韵,志书还特地将《古渡名桥》与《河房》都单独列节,对古渡名桥名称的来历和所在位置都分别作了记载。如"桃叶渡":"遗址在东水关西面,青溪与秦淮交汇处。桃叶渡,系六朝古渡,渡名因东晋书法家王献之曾在此迎送爱妾桃叶而得名。"又如"麾扇渡":"遗址在镇淮桥附近。据《晋书》记载:'陈敏,踞建业,出军临大航,顾荣以扇麾之,其军逐溃。'西晋后期的这场著名战役发生在大航,即朱崔航,今日的镇淮桥。"诸如此类的简明介绍,既让读者知道了名称的来龙去脉,又使人们增长了历史知识。因此,作为志书来说,这样的内容非常必要。当然,秦淮河两岸的建筑和风光景点,随着时代的变迁也不断在发生变化,对此,志书的相关部分也都作了相应的记载,说明秦淮河两岸的文物景点大多存在着陈陈相因的情况,自然也就体现了文化积淀之确实深厚。

秦淮河两岸名胜古迹之多，实属情理之中，单独成章加以记载，也就非常必要。在这众多的内容中，我最感兴趣的首推园林和名人故居两个内容。因为江南许多城市都有园林建筑，而这些园林建筑，原来都是私家花园，而秦淮河两岸的私家花园，有名可考者志书竟列出四十多处。数量之多，称得上江南之最。可惜的是，能够像苏州园林那样比较完好地保存下来的却实在太少，唯瞻园经过多次维修尚能保留明清园林风格，据称它与上海豫园、无锡寄畅园、苏州拙政园与留园，并称为"江南五大名园"。可见这里的园林，若是不被毁坏而多保存几座下来，着实可与苏州的园林相抗衡。至于名人故居，在秦淮河一带那就更多了，因为自东吴以来，一千多年间，这里一直是王公贵族、商贾名流聚居之处，虽经历史变迁，有的早已不存在了，如今根据文献记载，指出其位置之所在还是很有意义的，这一做法很值得提倡，因为这些名人故居，本身就体现了历史文化的内涵，何况像王谢故居影响深远，吴敬梓等故居，也一直为人们所敬仰。

夫子庙，历史悠久，地位独特，尽管它也是秦淮河畔一个人文景观，但因其地位与影响而单独成章，亦是顺理成章之事。从历史来说，仅明清时期的江南贡院，其影响就可想而知，民国以来，其作用与地位变了，同样又产生了巨大影响，成为每年庙会、灯会集散场地，与北京的天桥、上海的城隍庙并列为全国著名的三大庙会市场，理所当然升格列章。

特别要指出的是，编纂者们在该编还设置《秦淮风味饮食》一章，我觉得很有必要。饮食文化在我国不仅有着悠久的历史，而且有着深厚的优良文化传统，这是世界各国所公认的。由于各地的饮食风味不一样，所以各地的饮食文化最容易反映这个地方的特色。各地新修方志都应当写好这一内容。以各地食用鸭子为例，据我所知，就有北京的烤鸭、南京桂花盐水鸭、南京板鸭、嘉兴的文武酱鸭、江南的板鸭、宁波的卤鸭等等。单是鸭子，就有那么多食用方法。遗憾的是，许多新修方志对此不太重视。1959年初夏，国家副主席董必武在湖北视察时，曾谈起各地要修县志之事，并指出应增加方言志、风俗志和食品志，如红安的绿豆丸子、黄州的豆腐、麻城的肉糕、蕲春的油姜、浠水的鱼片、广济的酥糖、黄梅的蓑衣丸子和乌鱼片、罗田的板栗等。20世纪50年代，董老就已提出新修方志中应当增加食品志，因为这些内容，地方志如果不及时记载，其他著作就更加不可能记载了。

秦淮河的独特风光，加上千百年来陈陈相因的深厚文化层，曾吸引大量的文人墨客前来游览或怀古凭吊，并留下大量的吟咏秦淮风光的诗篇，其中如刘禹锡的《乌衣巷》、杜牧的《夜泊秦淮》等，都成了千古绝唱。还有许多人在此留下遗闻逸事。志书编纂者们，为了较全面反映秦淮风光带的历史和现状，又因地制宜地设置了《名人与秦淮》一章，不仅增加了本编的文化气氛，给读者以较多的有益的历史文化知识，而且还填补了本编见物不见人的空白，让读者们领略到历史上许多名人都曾与秦淮结下了不解之缘。只可惜这样的内容实在太少，按照想象这类内容肯定相当丰富。总之，《秦淮风光带》的内容是很丰富的，特别是五章的内容能够起到互补作用，协调一致，使人感觉到互相间有着内在联系，而不是随意的拼凑，从而将两千年来秦淮河兴衰的历史和内在的文化内涵，全面展现在读者面前，这对于提高本志书的文化品位和可读性都将起着重要的作用。还要指出的是，志书在《概述》中十分自豪地告诉读者："秦淮河经过多年的治理，河水变清，十里秦淮，碧波荡漾，再现桨声灯影的秦淮河的优美意境。夫子庙和秦淮风光带已成为集中展示南京古都风貌和改革开放的重要窗口，成为来宁游客必到之处。"

对于人物传的编写，志书《凡例》有规定："对东晋设侨县安置'南渡'移民史实，特突破'以本籍为主'框框，本籍、客籍兼收。"这充分体现了该志编纂者们的灵活机动原则，因为东晋南渡建立政权以后，北方的世家大族纷纷南逃，并且将他们在北方的"郡望"亦带到南方，因为这些"郡望"都是他们高贵的标识，如琅玡王氏、陈郡谢氏等等。而东晋政权为了取得这些世家大族支持，对他们自然言听计从，于是在南方纷纷设置了"侨置州郡"。晋成帝咸康元年（335）在江乘县境内设置了第一个侨郡——南琅玡郡①。此后又在京口（今镇江）界内设置南徐州和南兖州，在广陵（今扬州）界内侨置南青州。而在今常州一地便设置十五六个郡级和六十多个县级的流寓郡县。这些世家大族到了南方后，便广占良田，建立庄园。单是王、谢两大家族，在江浙一带就占据大量良田。王导仅在建康附近，赐田就达八十顷，到了刘宋时期，其后代"广营田业"，不计其数。谢安一家的田地，遍

---

① 为了和北方的琅玡郡区别，故加"南"字。

布江苏句容，浙江吴兴、绍兴一带。他们的祖籍虽然都在北方，南下后不仅定居下来，而且生了根，在当地社会地位显赫，因此，为这些人立传自属情理之中。在这些人物传略中，还有一个特点值得指出，志书将在旧社会不登大雅之堂的一些说书艺人、名妓如马守贞、柳敬亭、陈圆圆、柳如是、董小宛、李香君等也都分别立了传。这些人在当时都生活在社会下层，而他们的活动毕竟丰富了秦淮文化的内容，应当与那些文人学士一样予以立传。

两千多年来，秦淮河畔曾孕育出一批又一批文人学士，他们不仅留下了许多名篇佳句，更留下了许多内容丰富的各类著作，这些著作既丰富了地方文化的内涵，也为祖国文化宝库增添光辉。因此，志书编纂者们将艺文单独成编是非常必要的。令人遗憾的是，许多新修方志不知什么原因都将这一内容丢了。我觉得在20世纪80年代初期修志时，由于没有经验将这内容丢了还情有可原，但是到了后期修成的志书，还不记载这一内容就太不应该了。从1992年开始，我曾多次发表文章，指出新修方志内容中艺文志绝对不可缺少，不是可有可无的内容。因为它具体反映了一个地方人民对祖国文化创造和积累上所作的贡献，如《秦淮区志·艺文志》就体现了秦淮人两千多年来对祖国文化的繁荣和发展所作出的贡献。同时，方志艺文志的设立，还在于保存一方之文献，此志不设，这一地方文献就很难查找。况且上一届修志进入中后期时，方志学界许多同仁纷纷提出，新修方志应当提高学术文化品位。大家一致公认新编《绍兴市志》是一部学术文化品位很高的新方志。该志的《艺文志》篇幅很大，占全志书篇幅的1/10强，收录自古及今绍兴人各类著作八千余种，足见编纂者们见解确实不凡。《秦淮区志》的编纂者们，花了不少精力，将产生于秦淮河畔的诗文和各类著作，成艺文一编，共收古今著作1454种，可见他们是很有魄力的，这在区志编修中是很少见的。很显然，这正是他们为提高《秦淮区志》的学术文化品位所作的努力。

这里还要向大家特别推荐的是，《秦淮区志》将人们记忆中早已消失的"票证"写入志书，这可以说是20世纪80年代修志以来一大创举。众所周知，新中国是在战争的废墟上建立起来的，建立之初，满目疮痍，百废待兴，经济恢复工作的艰巨是尽人皆知的。待经济稍有恢复发展，又出现了三年困难时期，这期间，所有物资都奇缺，为了渡过难关，全国不得不实行所有物资计划凭证、凭票供应。以粮食而言，国家工作人员每人每月定量27市斤，城市居民每人每月 24 斤，小孩按年龄档次定出不同标准，大中学生每月 32 斤。肉每人每月 0.5 斤，食油 4 两，老酒、盐、肥皂、棉花、布等等一律都凭票供应。当时外出必须带有粮票，出省还要有全国通用粮票。到饭店吃饭、到食品店买糕点等都要粮票。因此，在那些日子里，各类票证真是五花八门，手表有表票，自行车、缝纫机等等无不有票。全国人民就是靠这些票证渡过了难关。如今青年们听到当年凭票供应的情况，就如同天方夜谭。这段困难的日子早已过去了，当年多余的票证恐怕也很少有人再保存了。按理讲新修方志应当将这些内容记载下来，可是很少见到这样的记载。《秦淮区志》的编纂者经过多方努力，搜集到 355 张票样。这些票证，有江苏地方的，有全国通用的，还有军用的。全部票证分成九类，对于每种票证都分别作了简要说明，如"购煤证"："1962—1975 年发放使用，每户一本。南京市印刷。1976 年改用煤票证，即在一册之装订年度内 12 个月的分月煤票，购买时撕下该月之票，当年 11—12 月发放次年新票。1994 年停止使用。"要知道这些内容对于研究新中国成立之初经济发展这一情况有着十分重要的价值，现在不抓紧搜集记载，再过十年二十年，再想记载那就晚了。地方志既然被称为地情书，那么这些曾经发生在秦淮地区的事情，理所当然应加以记载。可以肯定，这一编内容的记载，随着时间的不断推移，时间愈久，就会更觉出这一内容的重要性。元朝徐硕的至元《嘉禾志》，共 32 卷，而其中碑碣一门多至 17 卷，由于这些石刻都很有价值，也就成为这部志书得以流传的重要因素。这里还要附带说明一点，由于房地产业近年来在各地兴起，该志在城市建设编特地设立《房地产》一章，可以说是非常及时。可见编纂者很注意在志书中及时反映新生事物，这自然也是值得称道的。

志书亦有可商榷之处，如引用文献典籍，最好能注明卷数，尤其是部头比较大的著作。尽管有些瑕疵，这还是一部内容丰富，编纂亦别具匠心的志书，她能够紧紧围绕着秦淮文化、秦淮风情的中心而展开，叙述两千多年来秦淮文化的发展与变化，体现这条文化长廊的几经沧桑变迁，尽量突出地方特色，写出古老文化的新生，作为区志来说，做到了别具特色。

（原载《江苏地方志》2003 年第 5 期。后收入《仓修良探方志》）

满山红叶似彩霞
——读《栖霞区志》

读了《栖霞区志》以后，有三点感受最深。首先是这部志书的地方特色可以说是"锋芒毕露"，也许正是因为这个区的得名来自于栖霞山和栖霞寺，正像上海的静安区是得名于静安寺，因此，志书的编纂者们在篇目设置上，就来个开门见山，在《建置·地理》、《人口》之后，就推出了《风景名胜·文物古迹》。这虽说是出于因地制宜，但难得的是编纂者们不仅看到了、想到了，而且作出了如此安排。这就说明人家是经过深思熟虑的，这与那些对明摆着的自身优势视而不见的显然不同。这样编排在我看来起码有这样一个好处：它能够让读者早些知道栖霞山和栖霞寺的来历。栖霞山的名气很大，用今天时髦话来说，知名度很高，凡是知道南京的人大多知道这里还有一座游览胜地栖霞山，然而真的能够知道其名称来历的人恐怕并不多。如很简单的一个问题，即先有栖霞山还是先有栖霞寺？恐怕回答者大多会说自然是先有栖霞山，因为按照一般常规，山是早就存在，而寺庙总是依山而建。我在未看这部志书之前，就是这样的想法。对于栖霞山来说，事实恰恰相反，该志在《栖霞山风景名胜区》这一章的第一节《栖霞山》里这样写道：此山"主峰形状如伞，古称'繖山'（繖，同伞），因山上'金药举，可以摄生'，又名摄山。南朝齐永明七年（489，一说永明元年），明僧绍舍宅礼佛，创建'栖霞精舍'（栖霞寺）后，始名栖霞山"。可见是先有栖霞寺，山乃改今名，仅仅几句话，就讲清了山名、寺名的来历与关系。读者看了志书，自然也就长了知识。同时，看了这一篇后，再加上对《建置》的阅读，于是对栖霞区的古往今来的概况自然就有了个底。因此，我觉得这一篇这样编排，突出了栖霞的特点，也就突出了栖霞的方方面面。

栖霞山所以早就已享誉国内外，据说是因为漫山遍野的红叶，一直吸引着众多的国内外旅游者，使这里成为人们向往的地方。当然，我也早就向往着这个地方，我青少年是在镇江读书，所以从那个时候开始，我就知道这是一个引人入胜的美丽的地方，这个向往一直保持至今。据朋友说，栖霞山的红叶与北京香山红叶齐名。1974年下半年，我被借调去北京《历史研究》编辑部工作了半年多，一个深秋的日子，我们三位家都不在北京的同志去香山玩了一天，欣赏红叶自然是主要内容之一，因为我们都是历史研究工作者，自然还参观了一些历史遗迹。记得当时大家在观赏红叶时，却很少有议论，观赏回来以后，更是绝口不谈红叶之事，因为在那个年代，观赏和谈论这个内容，都是属于"资产阶级生活方式"，是"资产阶级情调"，谁还敢去谈论呢？看后大家只好心照不宣。如今三十年过去了，在看《栖霞区志》关于栖霞山红叶的记载时，当年在香山观赏红叶的情景免不了又会在脑海中出现。该志在《栖霞山风景名胜区》里有四个地方记载了关于枫叶之事，一是在《栖霞山》这节里，讲"栖霞山，春则花木青葱，秋则枫叶流丹"，点出了春秋两季景色同样宜人。另外两处则是在《景点胜迹》节里，在"栖霞丹枫"条曰："在南京，古来就有'春牛首、秋栖霞'之说。每当秋高气爽，万里霜天，层林尽染，游人登山赏枫趋之若鹜，红叶种类有枫香、乌桕、槭木等。1984年，'栖霞丹枫'被列为新'金陵四十景'之一。1999年，在龙山南麓辟红景园，占地29.97万平方米，植红枫万株。"又在"霜红苑"条曰："坐落在虎山脚下。1985年，依其自然地形地貌而建，占地面积约2万平方米，得名于杜牧诗句'停车坐爱枫林晚，霜叶红于二月花'。园内有草坪600平方米，红叶、红果类树种十多种共几十个品种，一年四季都能观赏到各类红叶、红果。其中以红叶类葡萄绿品种最为珍贵，在南京为稀存树种。"文字非常简洁，无任何形容、渲染和夸张的描写，充分体现了志书文字的表达述而不论、叙而不染的书写本色，对于"霜红苑"的命名，也仅引用了杜牧的两句诗来说明，做得恰到好处，作者没有再作任何的"添油加醋"，加以毫无意义的形容和描绘，而读者已经可以一目了然，这才是修志工作者的真功夫。因为志书的文字表述是由志书的性质与功能所决定，必须做到朴实而可信，它既不同于政论、史论作品，也不同于文学艺术著作。还在1986年，胡乔木同志在全国地方志第一次工作会议的闭幕式讲话中就已经指出："地方志应该是一部朴实的、严谨的、科学的资料汇集"，"是一部科学文献"，因此，在文字上"应当要求地方志做到一句也不多，一句也不少。一定要在编辑的地方志中，杜绝任何空话"。他还进一步解释说："地方志应当做到详细，同时应当做到简略，所谓详细，指它所应讲到的方面都讲到了；所谓简略，就是指每个方面的说明要像打电报、编辞书那样精炼，要惜墨如金。"可见胡乔木同志对方志编修中文字的表述是相当重视的，要求也是相当高的，我在拙著《方志学通论》（修订本）中引了此话以后，曾有这样几句话："这些要求自然是比较高的，如果按照这个标准来衡量，恐怕在第一轮编修过程中所编修的志书，很可能有一批是不符合要求的。"实际上文字的表述也正是地方志与其他著作区别的重要标志之一，所以胡乔木同志才作如此反复强调。然而长期以来，在方志的编修和评论中，很少有专门谈论志书的文体要求，特别是在评论中，更是很少见到，因而在看了《栖霞区志》以后，深感这部志书的文字功底深厚，写得精炼而朴实，自然有必要在这里向广大修志工作者推荐。尽管栖霞山是以红叶而出名，而且志书中也有四处记载了枫叶，但全都是纪实的写法。除上面已经指出的三处外，在《园林风光》节的"栖霞山公园"条还有这样一段记载：

  1978年后，每年继续造林。1979年、1980年，从青岛、北京、庐山购进黄栌、火炬槭树种，并自繁苗本以增加红叶树的品种和数量。虎山南坡叠浪岩，水土难保持，连年植树不见树，职工采取黑松小苗带土球带水移栽的办法，以提高存活率。从1988年开始，改造平山头矿区13.3万平方米刺槐林，栽植枫香、火炬槭等红叶树3万余株。1989年，桃花涧、霜红苑、景致岗植红枫、鸡爪槭1.4万株。1990年，建成红叶林，经精心养护，保持了原有栖霞丹枫满山岗胜景。

这段引文比较长，但它与上面三处引文一样，没有空话、废话、套话，更没有大话。所记载的都是具体事实。它告诉读者，园林工人为了养护好"栖霞丹枫满山岗"的胜景，他们不仅多方努力引进优良的品种，而且每年都要付出难以估计的劳动和智慧。

至于栖霞寺，志书为之单独立节，自然很有必要。志书对于寺庙的位置以及建寺始末，都作了较详细的记述，指出"栖霞寺位于栖霞山主峰凤翔峰西麓，坐东朝西，南有龙山，北有虎山，远离市区，环境幽静，且交通便利,香客游人络绎不绝。明焦竑《栖霞寺修造记》谓:'金陵名蓝三,牛首以山名,弘济以水名,兼山水之胜者,莫如栖霞,古高人胜流,率栖迹于此。'"简短的引文,道出了栖霞所以受高人垂青之所在。可见征引文字亦有技巧,引文内容不在长短,而在于是否做到与叙述的事实贴切,焦竑的这几句话用在这里显然胜于自己的叙述,因为它给人带入的乃是更高的意境。志书还告诉人们,"自唐至明初,约700年间,寺名先后更换8次",并引朱洁轩《栖霞山志》记载,一一列出8次更改的时间,"至明太祖洪武二十五年(1392),得以重建并恢复栖霞寺名称,沿用至今"。对于该寺历经千年沧桑,常遭毁坏的原因,志书的编纂者们还从地理位置和历史发展过程中找出了重要的因素,那就是"由于栖霞寺所在栖霞山临江屏立,地势奇险,成为金陵防卫要冲,历来为兵家必争之地,自建寺以来,屡遭兵燹",并且还列举了几次重大的军事战役,最后还记载了一次特殊的破坏:"1966年,'文化大革命'开始,栖霞寺经书法器亦多遭破坏,寺内佛像无一幸免,寺僧散于四方。所幸后有解放军进驻,寺内建筑方得以保存。"这样的记载,自然就是向广大读者讲述历史事实,而无丝毫的空洞说教或议论,这就叫作实事求是的从实而书。看起来很平常,也无什么特殊,志书的撰写都应作如此写法,但未必都能做到,这就是"看看容易做做难"吧,对于人家的长处往往都是不太容易看到。

作为地方志来说,教育这个内容总是少不了的,但是,从新修方志来说,教育篇能够写出特色的尚未见到过。然而,《栖霞区志》的《教育》篇,必然会引起人们的重视。因为在这个地方,曾产生过在中国现代教育史上轰动一时的人民教育家陶行知和晓庄师范。为了反映这一事实,该志特设《乡村师范教育》一节,下面又专设了《晓庄师范》和《陶行知教育思想》两个目。志书首先介绍了在民国初年,军阀混战,民不聊生,许多爱国志士纷纷提出各种救国主张,而以陶行知等人为代表的知识分子,在国外留学期间,"从美国重视乡村教育,丹麦等国通过教育深入农村,振兴乡村教育而使国家复兴的经验中受到启示,怀爱国之心,抱强国之志,投身农村,从事乡村教育,乡村师范遂应运而生。时江苏省就先后办起界首、栖霞、洛社、吴江、黄渡等多所乡村师范学校。以办学理念、规模与成效衡量,当首推民国十六年(1927)陶行知所创办的南京实验乡村师范学校即晓庄师范。陶行知熔中西教育精华于一炉，结合中国农村实际，从办学模式、管理体制、课程设置等方面实行一系列改革创新，倡导劳心与劳力相结合，教、学、做相结合，学校与社会相结合，形成独特的陶行知乡村教育思想"。从这简单的介绍中，人们可以了解到陶行知的教育思想并不是凭空产生的，而是受到国外的先进教育思想影响和启发，结合我国农村实际情况而创造发展起来的。晓庄师范，"校址在小庄村后的老山，原名南京实验乡村师范学校。陶行知后改老山为劳山，小庄为晓庄，寓'劳力上劳心'、前途光明之意，通称为'晓庄学校'或'晓庄师范'"。学校设董事会，袁观澜为董事长，王云五为司库，陶行知任校长兼秘书。改组后，蔡元培任董事长，王云五为副董事长。校内设两院，第一院为小学师范院，赵叔愚任院长，第二院为幼稚师范院，陈鹤琴任院长。这些人都是中国现代著名的教育家，竟能够聚集在一所乡村师范，这所学校的地位与影响也就可想而知。正因如此，所以学生来自北京、上海、安徽、湖北、江西、浙江，以及苏州、镇江等地。这些学生中，有的是清华大学在校学生，也有收入优厚的高级职员，"他们怀着救国救民、献身教育的宏愿，不畏艰险，冒着炮火"，不远千里而来，为了一个共同的目标。书中对这所特殊学校的入学考试科目、教学活动和教学方式方法都作了较为详细的记述，为研究中国现代教育史积累了重要的资料。如五门入学考试科目为：农事或土木工操作、智慧测验、常识测验、作国文一篇及三分钟演讲。这样的考试科目与内容自然是少见的。更加新鲜的是，学校没有大门，只有"象征性的大门，没有围墙，附近二三十里，尽属学校活动范围。全校师生脱下长衫，穿短褂草鞋，不仅在课堂上课，也到周围村庄交朋友，帮助创办小学和幼儿园，学生分批前往任教"。由于学校办学的宗旨在于救国救民，因此，除了教学活动外，还投入社会政治活动，如参加南京市大中学校师生反帝爱国大游行，支持下关工人罢工斗争等。正因如此，该校竟成为国民党当局迫害和镇压的对象。民国十九年（1930）4月12日，南京国民党当局以莫须有的罪名，查封了晓庄师范，三十余名师生遭到逮捕，其中十位青年在雨花台被杀害，陶行知遭通缉。国民党当局这一蛮横做法，引起了国内外进步舆论的谴责。民国廿一年夏，国民党当局迫于全国舆论的压力，不得不同意该校复校。志书还记载了晓庄师范以其独特的办学模式，在社会上产生了重大的影响。在建校一周年时，周围农民就自发送匾嘉许；

二周年时，两三千农民前来参加祝贺。国内许多地方都派人前来考察学习，有的还要求协助建校。民国十九年（1930），陶行知应浙江省教育行政部门之请，协助其创办了湘湖师范，先后推荐学生操震球、方与严担任校长，王琳、董纯才等任指导员，这所学校后来还成为浙江省著名的一所中等师范学校，可见陶行知的教育思想在当时影响之大。在《陶行知教育思想研究》一目中，志书作者将陶行知的教育思想归纳为六大部分，在这六个部分中，我觉得二、三两个部分内容最为重要。第二部分是讲他的教育理论，陶行知认为"生活即教育"，"社会即学校"，应当做到"教、学、做合一"。因为在他看来，"生活和教育是一个东西"，"教育就是生活的改造，社会就是大学校"。要把整个村庄、城市、国家乃至世界都变成学校，并且"教、学、做三位一体"，"一面做、一面学、一面教"，以做为中心，做的内容无穷无尽，教与学的内容也就无穷无尽。从晓庄师范的办学历程来看，陶行知是这样讲的，也是这样做的，说明他的教育理论与实践是完全一致的。书中归纳的第三部分是关于德育的要求，陶行知认为，"道德是做人的根本"，因此，"千教万教教人求真，千学万学学做真人"，教育就是要把青年培养成"追求真理的真人"。这个要求我想在任何时候都是正确的，也都是非常必要的。无数事实证明，有许多人才华出众，可是到了关键时刻，却背叛了国家、背叛了民族利益而沦为民族的罪人。所以我在教学过程中，要求每个研究生首先要学会做人，如果人都做不好，还谈什么做学问呢？总之，对于陶行知的丰富的教育思想，我是看了《栖霞区志》后才得以了解到。如此丰富而系统的教育理论和实践场面，在全国也是不多见的，也许志书的编纂者们已经意识到其重要意义，因此，他们在志书中这样写道："陶行知与黄质夫的乡村教育事业都发轫并植根于栖霞大地，是栖霞人民心中巍峨的丰碑。"其实何止于栖霞，即使在中国现代教育史上，这也是一件应当大书而特书的大事。我们可以这样讲，晓庄师范在当时的社会条件下，在社会上所处的地位、价值及其重要影响，远远超过一所名牌大学。所以我说这一内容自然就成为这部志书的亮点、特色。特色是什么？就是人无我有的重要内容。可以想见，将来研究陶行知的教育理论和实践，《栖霞区志》将成为必读之书。

对于《栖霞区志》，我要向大家推荐的第三个内容，就是编纂者们时时不忘国耻，做到警钟长鸣，以史为鉴，警策世人。众所周知，南京大屠杀是日本军国主义在侵略中国时所犯下的最惨无人道的法西斯暴行，它给中国人民特别是南京市民留下了刻骨铭心的伤痛。因此，在新方志编修过程中，凡是遭受过日本侵略者烧、杀、抢掠的地方，都应当认真负责地作调查访问，搜集资料，如实地加以记载，让子孙后代不忘国耻。《栖霞区志》在《军事》篇中专门设有《侵华日军暴行》和《难民营纪实》两节，对日本侵略者在栖霞地区对中国人民进行疯狂的屠杀，对妇女任意奸淫和杀害的法西斯暴行，都作了具体的揭露和记述。其残暴行为令人发指，在《草鞋峡惨案》一目中，具体记录了在此一处，日本法西斯军队就杀害了我国军民五万多人。"民国廿六年（1937）12月18日，入侵南京城的日本法西斯军队在燕子矶草鞋峡江边，将渡江难民和解除武装的中国士兵共五万多人，围禁在沙滩上，架起数十挺机枪，疯狂扫射，中国军民惨遭杀戮，尸横遍野，部分尸体漂浮河流江面。"书中还记载了许多无辜百姓惨遭杀害、妇女遭受轮奸而死的事实，都是有名有姓，有明确时间和地点的，尤其可贵的还有《目击侵华日军幕府山大屠杀》和《日军眼中的幕府山大屠杀》两段原始资料，前者为"目睹了侵华日军在燕子矶大屠杀的惨况，参与了掩埋同胞尸体的过程"的钮先铭事后所写的"还俗记"，后者则为参与幕府山大屠杀的日军十三师团六十五联队分队长栗原得一的证词，他以加害者身份记述了屠杀情况，并绘制了现场示意图。这两段史料自然都是非常重要、非常宝贵的，它们铁证如山地记下了日本侵略者当年屠杀中国人民的滔天罪行。而在《难民营纪实》中，除了记述了"栖霞山难民营"和"江南水泥厂难民营"里五万多难民的悲惨情况外，还记载了难民营由于有德国人京特和丹麦人辛德贝格的主持，才有可能使难民营得以存在，也才使数万难民免遭日本法西斯的杀戮。每当难民们处于危难时刻，他们总是挺身而出，与侵略者周旋，以保护难民。为了让中国人民永远记住在那灾难的日子里，这两位国际友人为保护中国人民免遭日本侵略者的屠杀而不辞辛劳四处奔走的动人事迹，志书编纂者除了在《难民营纪实》中详加记述外，还在《人物》篇为他们立了传，记载了许多鲜为人知的历史事实，如他们向南京安全区国际委员会秘书拉贝先生和德国使馆等先后送去揭露日军暴行和难民们求助的信件，有些内容在后来审判日本战犯时都起到了重要的作用。也就是在这一节里，志书编纂者们还辑录了《拉贝日记》中相关内容、京特当年所拍的41张照片中反映的内容和南京安全区国际委员马吉当年所拍的日本侵略军在南京暴行的电影中的相关内容——马吉当时带着电影摄影机在栖霞住了两天,将侵略者在栖霞所犯下的罪行都摄入了镜头。所有这些内容,都非常珍贵,非常重要,我们必须重视它!再过数十年,知道的人就很少了,再想了解当年日本法西斯在南京、在栖霞所犯下的屠杀南京人的罪行,只有从相关书籍记载中查找了,《栖霞区志》必然将成为首选之书,因为志书不仅有这方面内容的记载,而且还可以从中得到许多重要的线索。因此,我一直认为这些内容至关重要,各地修志工作者都必须给以高度的重视,这绝不是可有可无的内容。我们不能够身居太平盛世就不重视当年日本军国主义侵略中国时给中国人民带来的灾难。我们中国有句老话,"树欲静而风不止",要知道日本右翼势力从来就不承认当年日本法西斯侵略中国屠杀中国人民的事实,他们胡说什么南京大屠杀是我们中国编造的,更有甚者,日本首相小泉不顾中国和亚洲人民的反对,年年都执意去参拜靖国神社。靖国神社是怎样内容的建筑呢?这里不妨向我们善良的同胞介绍叶扬在《海外星云》第5期上发表的《历史就这样被涂鸦——一个中国人看到的靖国神社》一文中的几个片段:

靖国神社坐落在东京千代田区九段,面积10万平方米。内有三殿一馆:御本殿、拜殿、奉安殿和游就馆。御本殿供奉着246万"军神",其中有210万是二战亡魂,千名甲乙丙级战犯;奉安殿则供奉写有亡灵姓名的灵玺簿2000多册……

"支那事变"在一楼10号展厅,进门一张中国地图,画满各种军事行动标记。整个大厅内陈列了大量阵亡日军出征前写的必胜誓言、祝辞和遗书,还有军服、望远镜、饭盒……关于战争的介绍,其英文解释说道:"1937年7月1日晚,我军正在北京郊外卢沟桥一带演习,突然遭到中国军队射击,宛平县城的中国军队进入作战状态……日本政府本想不扩大战局,遂很快与中方达成协议……上海的中国军队更包围日本租界进行攻击,日军紧急派遣军队前往上海救援,和中国军队苦苦地打阵地战……中国军队退却。使中国的战争意志受挫的是对首都南京的作战……南京的军队溃败,而日军专门在城内划出非战区,让居民能和平地生活。"

馆内还展出一张《东京朝日新闻》，报道南京恢复和平，居民欢迎皇军。这哪里是日军侵华。历史，就这样被残酷地涂鸦……

我憎恨靖国神社对历史的篡改，却不得不对他们推广历史观所用的手法叹为观止。数管齐下，刚柔并济，注重姓名、照片、数据、随身物品等细节，既宏观又微观。不知这些被纪念的刽子手所杀死的中国人，又有多少能留下如此全面的资料，能给后人留下如此清晰的记忆？①

我们看了这些内容以后，还能说些什么呢？我想为了上对得起在那八年中遭受日本侵略者残酷杀害的广大同胞，下对得起子孙后代，让他们能够了解当年事实的真相，我们是经过八年艰苦的抗战，才将凶残的日本侵略者赶出国门，各地修志同志，应当拿出自己的良心，认真负责地写好这一段历史！

以上这些就是我看了这部志书所得到的感受，在有些问题上，感受还特别深刻。当然，就这些内容来说，也可以讲就是这部志书所表现的地方特色，是否如此，广大读者也可提出看法。而在阅读过程中，我也曾一直在考虑，如果当初在篇目设置和内容归类上，能够稍作适当的调整，地方特色或许还会更加突出一些。如可将栖霞寺、佛教和佛学院三者合在一道，设《佛教圣地栖霞山》一篇，单此标题而言，就相当醒目，内容也相当集中，特色也自然更为显著。又如《教育》篇的《乡村师范教育》一节应当升格为章，这样《晓庄师范》就可单独立节，在篇目中也就可以出现了。要知道晓庄师范在当时的社会上影响是很大的，同时影响也是深远的，在全国来说，毕竟是"只此一家"，加之陶行知的教育理论，理所当然要大书而特书。再就是《侵华日军暴行》，就其内容来说，即使不能单独成篇，也应当单独成章，将其放在《历代战事》之下实为不妥，尤其是将《难民营纪实》与其并列，就更为不妥，因为先有日本侵略军的暴行，然后才产生无家可归的难民。因此，我觉得可设《侵华日军暴行》一章，其下设《侵华日军暴行》、《难民营纪实》两节，再将《拉贝日记》节录、历史照片和影片印证那段悲惨历史等内容作为第三节，标题就是《国际友人目睹侵华日军暴行》，同时也应当将

---

① 摘自2004年2月18日《报刊文摘》。

京特保存的当年 41 张照片适当选登，可以更好地揭露当年侵华日军所犯的罪行。以上设想是否妥当，这里提出与该志编纂者和广大读者共同讨论，以便在新一轮修志中更上一层楼。

（原载《江苏地方志》2004 年第 3 期，当时因字数限制，编辑部作了删节，现在据原稿收录。原稿收入《仓修良探方志》）

一部高品位的新型山水志
—— 读《洪泽湖志》

我虽然出生在洪泽湖边，却从未见过洪泽湖，因为我很早就离开了那时多灾多难的家乡。对于洪泽湖，除了知道是我国五大淡水湖之一和革命根据地之外，其他我就一无所知了。正是这部《洪泽湖志》，帮助我认识了洪泽湖。我可以毫不夸张地讲，这是我至今所看到的山水志中，内容最丰富、记载最完善、资料最翔实、学术价值最高的一部。非常感谢志书的编纂者们，是他们使我真正知道了洪泽湖，了解了洪泽湖，从而也向往洪泽湖。我相信凡是阅读过这部志书的朋友们，都会与我产生同感。

全志除序、凡例、综述、大事记外，共设19篇，其中讲湖本身的有《自然环境》、《自然资源》、《洪泽湖大堤》、《水利》、《水产》、《风景名胜》、《文物》共7篇；为湖的开发利用和服务的机构等而设的有《环境保护》、《管理机构和周边县》、《环湖乡镇场圃》、《交通邮电供电》、《旅游》、《湖区社会》、《洪泽湖综合开发专记》共7篇；另外，因湖而派生出的内容有《洪泽湖革命根据地专记》、《洪泽湖方言岛》、《艺文》、《人物》、《汇考》共5篇。从这些篇目来看，这部志书可说是内容丰富，记载完善了。仅以风俗而言，他们就有许多不同于陆地上居民的风俗言行，例如平日言行，忌讳的语言颇多，外地人去了以后，若不注意，很容易引起误会。如大家熟悉的"帆船"，"因其方言'帆'与'翻'字音近，因为翻船与沉船一样是船家最大的不幸，所以把帆叫作'篷'，如扯帆叫'起篷'或'打篷'，落帆叫'收篷'等等。凡是用到'翻'字音的都尽可能以别的字代替。睡觉时翻身就说转个身或换个肩。把某个物体翻过来叫转过来或调过来。翻书画页叫揭起来、折过去。吃碗盘中的鱼时，上半边吃完了需要翻过吃那半边，不许说翻个身，而用船家的术语'调个楦'"。又如"吃饭用的筷子，本来叫箸，传说是驶船人改的，因为船家航运中忌讳这些'住'字的音，因为'住'意味着航运事故，搁浅或驻风，希望顺风顺溜，一帆到港的船员，就将'箸'字改成了'筷'（快）字。后来为了吉星高照，又将筷子叫作'篙子'，不仅取篙在航船中的功能，而且谐其音，有水涨船高、步步登高之意。而进餐中也不兴把筷子担在碗碟上，意味篙都不起作用耽搁了，只有在船触礁或遇险时，才耽误航程"。诸如此类，都是船民们在长期生活中所形成的共同风俗习惯，尽管是旧的习俗，作为志书还是应当记载。当然，作为山水志，不一定每部志书都有风俗、方言可记，因为并非每座山、每条水都有固定居民长期居住，因此绝不可机械行事。

　　这部志书的人物篇记载也很有特色。在未读之前，我还在想，洪泽湖能有哪些人物好记载呢？看了以后才恍然大悟，所记人物中，既有治水专家，又有封建皇帝，有普通劳动人民，也有国际友人，足见志书的编纂者们思路非常开阔，很富有创新意识。治水专家从东汉的陈登、明代的潘季驯、清代的陈潢，直至当代的方福均等，都为之立传，而在传中着重记述他们各自的治水方略与主张。如潘季驯在处理水沙方面，提出"以河治河，以水攻沙"的方略，为实现这一方略所采取的措施有二：一是"筑堤束水"，主要采用缕堤，塞支强干，固定河槽，加大水流的冲刷力……；二是加筑洪泽湖东的高家堰，充分利用洪泽湖，蓄淮河之水以清刷黄，黄、淮二水相汇，河不旁决则槽固定，冲刷力强，有利排沙入海。潘季驯治水对堤防修守非常重视，他说："防河如防虏，防虏则曰边防，防河则曰堤防。"志书作者在潘氏传中，除了将其治水方略与主张的要点加以叙述外，还将其所著治河论一一著录。又如在《爱新觉罗·玄烨传》中，指出康熙皇帝在位期间，认为黄、淮交汇处的清口是治理黄、淮、运的关键。因此，从康熙二十三年（1684）至四十六年的23年间，曾亲自六次南巡河工。"主要把宿迁至淮安上下黄河河道、洪泽湖、高家堰及高邮上下的运河作为重点，进行多次调查研究，随时给河臣指授治河方略……"传中最后指出："玄烨是历史上很重视河工的一代帝王，对治理黄河、淮河、运河有一定的贡献。"志书对苏联水利专家布可夫为治理淮河所作的重要贡献，同样立了一个大传，对其在治淮中的事迹作了详细的记述。人物篇中，尤其引人注目的是《李长源水文世家》，普通劳动人民李长源一家四代人，长年累月辛勤观察水位历程，"为国家、为水利事业搜集、保存了系统的水文资料，为淮河大中型工程规划提供了依据"，然而他们的事迹却鲜为人知。志书的编纂者们非常细心，将他们的辛勤劳动作了详细的记载。总之，编纂者们能够不为旧的观念所囿，将封建帝王、水利专家、普通劳动人民和外国友人写于一篇，而对于封建帝王在传中同样是直书其名，这在许多新志中往往被忽略了，这些细微之处，更足以体现出编纂者们的用心和细心。

山水志中设立艺文志也是不多见的。该志的《古今诗文选》，可以给读者传递一个信息，即自唐代以来许多著名的文学家、诗人都曾先后光临过洪泽湖及周边地区，其中许多都是"重量级"的人物，如唐代的骆宾王、李白、白居易、元稹、韩愈、刘长卿、韦应物、刘禹锡等，宋代的梅尧臣、林逋、王安石、苏舜钦、苏轼、黄庭坚、米芾、秦观、陆游、杨万里、真德秀、戴复古等，明清时期的郑真、王士祯、爱新觉罗·弘历（乾隆）等，他们留下了许多名篇佳章，为洪泽湖增添了浓浓的文化气氛，自然也就无形中提高了洪泽湖的文化品位和知名度，这是可想而知的。

还要特别指出的是，洪泽湖还是重要的革命老根据地之一，毛泽东在《抗日游击战争的战略问题》一文中就曾指出："江北洪泽湖，应该好好地组织游击战争，并在河湖港汊之中及其旁边建立持久的根据地。"遵照中共中央、毛泽东的指示，中共江苏省委、安徽省工委和中共中央山东分局，派遣党员、干部进入洪泽湖区，组建各种抗日团体，建立了巩固的抗日民主根据地，开展轰轰烈烈的抗日救亡运动。"同时，这里还成为淮北、淮南、苏北、苏中四大抗日根据地的结合部。刘少奇、陈毅、邓子恢、黄克诚、彭雪枫、张云逸、罗炳辉等老一辈无产阶级革命家在这里留下了光辉的战斗足迹。解放战争时期，主力部队北撤后，洪泽湖地区的党政领导和地方武装面对国民党军队的猖狂进攻，仍就地坚持艰苦卓绝的斗争，为人民解放军主力部队重返淮北铺平道路。"由此可见，湖区人民为中国革命的胜利曾作出了重要贡献，作为洪泽湖来说，其功劳自然也是可想而知。因此，这一篇目的设置，无疑使这部志书的内容更加丰富而多彩。

我还认为，这是一部学术价值很高的知识型的山水志。书中解决了许多学术界长期争论的问题，如洪泽湖的成湖年代、汉代泗水入淮处的演变、洪水淹没泗州城的年代等等，主编都曾专门写过考证文章，全都收在《汇考》篇，而在各相关篇目中又分别作了简明的叙述，这就增强了志书所记内容的可靠性。志书明确告诉大家，今天意义上的洪泽湖，形成时间是比较晚的，此前这一带地方分布着许多互不相连的小湖沼。清康熙十九年，因黄河夺淮，造成淮、湖汇一，才形成了如今的洪泽湖。对此，志书在《综述》里作了概括性的叙述："由于洪泽湖大堤的修筑，洪泽湖水位迅速上升，淮河与原洪泽洼地的诸湖塘合而为一，汪洋巨浸，使数万顷良田成为泽国，千百座村落化为蛟宫。康熙十九年（1680）夏秋，淮、黄持续并涨，黄河大决归仁堤，汹涌的洪水直泻洪泽湖，使有着悠久历史的古运河沿线咽喉重镇之一的淮上名城泗州城被淹没。这之前，临淮镇、溃头镇、洪泽镇等不少沿淮著名的古城镇因之湮没，特大型水库亦随之形成。"这里既讲述了洪泽湖成湖的时间和简单的过程，同时也体现了泗州城的淹没时间。当然，实际的经历过程要曲折复杂得多，对此，志书在相关部分都有详细的论述。这部志书可以给人们以丰富的知识。我就是在读了以后，获得了许多有益的知识，如洪泽湖大堤早于洪泽湖成湖之前、洪泽湖是著名的悬湖、今天淮河南下入江之路何时确定等等，对这些情况的了解，都是得益于这部志书。需要指出的是，泗水原是一条两岸风光宜人的河流，南宋著名学者朱熹所写绝句《春日》就是明证："胜日寻芳泗水滨，无边光景一时新，等闲识得东风面，万紫千红总是春。"我的家乡泗阳就是因泗水而得名。可是由于泗水早被黄河夺道而湮没，如今知道的人已经不多了。志书《综述》中对黄河夺泗时间亦有讲述："公元12世纪末，黄河夺泗、夺淮以后，淮阴码头镇的清口（泗水入淮口，亦称泗口）以上泗水河床和清口以下淮河河床逐渐受到黄河泥沙淤垫。明中叶黄河全流夺淮以后，淮河泄流日益不畅，遂在洪泽洼地大量潴积，使洼地内的诸小湖泊水位增高，湖面逐渐扩大。到明隆庆（1567—1572）年间，黄河洪水经常由清口附近倒灌洪泽湖，使洪泽湖频繁决溢，给里下河地区造成严重灾患。万历六年（1578），潘季驯出任总理河漕后，实行了'束水攻沙'、'蓄清刷黄'的治河治运方针，即在洪泽洼地的东侧，大体以历代修筑的塘堰为基础，加筑土坝石堤，拦蓄淮河之水，用高水位的淮河水冲刷清口以下黄、淮共用的河床泥沙，并不使清口以上河床淤垫，同时，以淮河水及时被给运河水，确保漕运畅通。"这个方针实施以后，在一段时间内，确实收到了效果。"然而随着清口上下河床的逐渐淤垫，加之汛期黄、淮并涨，'黄强淮弱'，黄河的浊流往往由清口等处倒灌或决溢入洪泽湖，使洪泽湖底不断淤高。为继续'蓄清刷黄'，洪泽湖大堤也随之不断加高，洪泽湖遂成为著名的'悬湖'。进入19世纪以后，从1806年到1855年的50年间，平均每年的最高洪水位竟高达15米，高家堰不堪承受，频繁决溢，并每每冲决里运河堤，使里下河地区成为一片泽国。'倒了高家堰，淮、扬二府不见面。'这一民谚的背后，是一次次的浮尸如草芥，聚落藏蛟龙。"我们所以不厌其烦地大段征引，因为在这两段文字中，讲了洪泽湖在成湖过程中许多关键的事件和问题，诸如洪泽湖大堤先成于洪泽湖，也就是说因为历代筑了洪泽湖大堤，最后而形成了洪泽湖。从文字叙述中，人们还可以清楚地看到，一切根源又都产生于黄河的夺泗、夺淮，而历代的治水方略与政策，特别是明代潘季驯的治水方略，从某种意义上说，似乎又起到了促进作用。文中也告诉大家，由于洪泽湖大堤的不断加高，造成洪泽湖成为著名的"悬湖"，这比我自己介绍，更加简洁而明了。志书还告诉大家，由于"黄强淮弱"，每到汛期，淮河与洪泽湖水宣泄不及，往往又出现破堤夺路入江的现象。清咸丰元年（1851）秋，黄、淮再次并涨，造成洪泽湖出现有史记载以来的最高水位——16.9米，空前高位的强势洪水冲决高家堰南端礼字坝，由高宝湖直接奔泻入江。从此，"作为'古四渎'之一的淮河确定了南下入江之路。其后仅四年，即咸丰五年秋，黄河就北徙了"。在这里，志书的编纂者们，无疑又向大家传递了两条知识信息：一则是淮河南下入江之路的确定，再则是长期为害苏北的黄河，咸丰五年才离开了苏北。这些都是历史上称得上是重要的事件了，因为这两条河流，在全国也处于重要的地位，对其发生的重要变迁，理所当然要引起重视。

由于洪泽湖大堤在洪泽湖的成湖过程中，曾起过关键的作用，而开始修建的时间又早，如今已有"水上长城"之誉，不仅是世界著名的水利建筑，而且已经成为世界性的文化遗产，是苏北人民长期和洪水作斗争的胜利见证，故志书编纂者们将其单独成篇是很有道理的。正如该篇小序所说："洪泽湖是著名的'悬湖'，又是特大的湖泊型水库。它的存在，完全依赖于湖东侧的洪泽湖大堤，也就是说，没有洪泽湖大堤就没有洪泽湖。"又说："洪泽湖大堤作为人工修筑的堤防，有着悠久的历史和漫长的形成过程。相传东汉建安五年（200），广陵太守陈登筑高家堰三十里，以束淮水，亦称捍淮堰，即今洪泽湖大堤北段，是为洪泽湖大堤修筑之始。后曹魏邓艾修白水塘，唐武则天证圣元年（695），在白水塘北开置羡塘，其堤坝大致都在今洪泽湖大堤堤身的南段和中段。元代筑塘屯垦规模扩大，洪泽湖区总面积达353万亩。洪泽湖大堤的大规模修筑、加固是在明、清两朝和中华人民共和国成立以后。"在这一篇中，不仅有专门章节记述明清时期防洪大堤的修筑情况，而且专设一章《堤工技术》，讲述明清两代修筑大堤所采用的材料和技术措施。尤其是编纂者们煞费苦心，还绘制了一幅幅堤坝建筑结构图，如《万历石工与天启石工结构比较图》、《旧直立式条石墙结构图》、《减水坝侧面图》、《头坝截水墙断面图》等等，每幅图内不同位置并注说明，这样人们看了自然就会产生直观感觉，可以起到更好的效果。

  昔日长期为患的洪泽湖，曾给周边人民带来过数不清道不完的痛苦灾难，如今已经变成造福人类的聚宝盆。由于此湖水产资源非常丰富，因此，即使在过去，只要无洪水泛滥，历史上就曾有"日进斗金"的传说，从新中国成立后的调查证实，这个说法并非出于虚夸。为此，志书特设立《自然资源》、《水利》、《水产》、《洪泽湖综合开发》四篇，对洪泽湖的资源及其开发作了十分详尽的论述，洪泽湖实际上"是发展水产业的宝地，这里水生植物繁茂，水草在浅水域的覆盖率达70%以上，素有'百里芦荡，万顷草滩'之称，以芦苇、蒲草、莲、芜菜、芡实、菱角、萑草、轮叶黑藻等为主的水生植物有80余种，分属2门36科61属。洪泽湖有鱼类16科84种，虾5种，蟹2种，浮游生物167种，底栖动物总生物量达33.7万吨"（《综述》）。这是一系列宝贵的资源财富。除原有资源外，志书还介绍了特种水产养殖，其中有河蚌育珠、水貂养殖、河蟹养殖、甲鱼养殖、牛蛙养殖。又多方面引进良种鱼虾，这就大大丰富了洪泽湖重要水产的品种。特别是蟹，近年来和龙虾的养殖已成为这里新的"宠儿"。

  随着经济的大开发，昔日经常洪水泛滥的洪泽湖，如今已变得风光宜人，成为旅游休闲的好地方。这里不仅有得天独厚的湖光山色，而且有着非常深厚而独特的文化内涵，是自然景观与人文景观融为一体的不可多得的非常理想旅游胜地。正如该志的《综述》所说："洪泽湖区有着丰富的旅游资源。这里历史文化积淀深厚，山水相依，湖光优美，自然和人文景观融为一体，独具特色。湖区有气势恢宏的三河闸，有极富神话和宗教色彩的老子山，有大禹王镇锁淮涡水怪无支祁的龟山，有摩崖石刻遍山崖的淮上文化名山——盱眙第一山，有极具神秘色彩的东方水下庞贝城——古泗州城，有全国重点文物保护单位明祖陵，有水上森林公园和多处湖边湿地自然保护区，还有多处秦汉古城遗址和现代革命遗址、纪念地。有'水上长城'之誉的世界著名高坝洪泽湖大堤，正在积极申报世界文化遗产……"如此等等，确实丰富多彩。为此，志书特作《风景名胜》、《文物》、《旅游》三篇，对各个风景名胜区作了非常详尽的介绍，各种景色尽收书中。

综上所述，可见这是一部内容丰富、特色鲜明、编写规范的新型山水志，诚如主编在序中所说，他们在编写过程中，"力图使该书成为资料性、学术性、权威性、可读性均较强的具有地区特色的山水志"。作为一名普通读者，在阅读以后，深深感到他们的美好愿望通过自己的努力奋斗，确实是实现了。究其原因，我看这与该志专家与修志工作者相结合的做法是分不开的。这是真正的专家与修志工作者相结合的典型，由于主编本人就是一位学识渊博、功底深厚的学者，事前对于许多重大而有争议的问题都分别作了研究和考订，因而在具体编修过程中，就比较容易地解决了许多悬而未决的问题。该志《汇考》篇所收的十三篇论文，已为修好这部山水志打下了坚实的基础。可以想见，将这些原来都具有争议，如今都有研究成果的问题，分别编入志书的相关篇章，自然就增强了志书的学术内容和文化气氛，使得这部志书富有学术性、权威性、知识性和可读性，说它是一部文化品位很高的山水志，当然也就一点也不过分。

这里我还要再说一点的是，这部志书仅有一篇序，并且此序又是主编自己所写，这在 20 世纪 80 年代修志以来，也称得上是第一人了。因为 80 年代以来所修志书，多序之风一直盛行不衰，一部新志两序、三序已经不足为奇。这些序又大多出于主编一人之手，而排名的则为当地的官员。因此，这些序就成为地方官员登台亮相、排列座次的一种手段。为此，我曾先后在《对当前方志学界若干问题的看法》和《序跋琐议》中作了严肃的批评，但收效甚微。希望这部志书将成为新修方志写序的楷模！

最后，读了这部志书也有两点不同的想法。其一，建议在修订再版时，将艺文与最后的附录合并，设立《文献辑存》篇，设《古今诗文》、《歌谣神话传说》、《政府文告》等章，而将洪泽湖及有关黄淮运治理论著单独成篇，放在《文献辑存》之上。所以要作如此处理，是因为志书中的艺文篇不符合传统艺文志的要求，艺文志要按照《汉书·艺文志》、《隋书·经籍志》体例编写，单篇奏章、论文、诗文都不应入艺文志，清代章学诚、谢启昆等对艺文志滥收诗文都早已提出了批评。这样调整后，所有内容都照样保存。当然，洪泽湖及有关黄淮运治理论著也可以并入《文献辑存》作为第一章。其二，建议将《洪泽湖革命根据地专记》和《洪泽湖联合开发专记》两篇中的"专记"两字去掉，已经都独立成篇了，何必还要挂"专记"字样？"专记"形式并不是方志编修中的正式体例。在上一轮修志过程中，由于习惯于用经济部类、政治部类、文化部类等形式来确定和设置篇目，而不是从社会现实需要出发，从而无形中限制了许多应当记载的内容反而无法单独设置篇目，于是许多地方修志同志便想方设法设立"专记"、"特记"等形式予以记载，这乃是不得已而为之。对此，我在拙著《方志学通论》（修订本）第六章第四节第四目《凡入志者皆应当作为正式篇章节目》中已作了详细论述，这里就不再多讲了。以上意见，仅供参考。

（原载《江苏地方志》2004年第5期。后收入《仓修良探方志》）

尊重历史　体现特色
——读《厦门市志》

经过上千名修志工作者的参与，历二十年的辛勤操作而成的《厦门市志》，内容"纵贯古今，涵盖百科"，创下了修志历史上参与人数最多，经历时间最长的纪录。自20世纪80年代开始修志以来，"十年磨一剑"的情况还是比较多的，但是有上千人参加，历二十年之久修成一部志书确实还未见过。从志书前面历届编纂委员会名单可以知道，编纂委员会至出书时已是第四届了。这就使我想到，厦门市历届政府领导，大约都是以平常心态对待修志工作，而没有把它作为形象工程、政绩工程来要求，因而修志工作者才有可能安心对志书"精雕细刻"。我国古代有句老话，"慢工出细活"，"欲速则不达"，何况修志工作就是在著书立说，就是在做学问。胡乔木同志早就讲过："修地方志，应当是做学问的地方"，"它本身是一项学术性的工作"，"本来不是行政性的事"。做学问就不能追求速度。当前有些地方提出所谓"方志年鉴化"，实际上早把胡乔木同志的讲话精神丢得一干二净，并且是在唱对台戏。最近我才慢慢悟出个道理来，为什么有些地方修志同志要提出"编修方志年鉴化"？实际上是在迎合当地政府有些领导人的"政绩工程"的要求，最好在每届政府任期满时都能出一部志书，这就要求修志年限越短越好，实际上是对那些政府官员们投其所好。但对方志事业来说，这无疑是非常危险的信号，若是真的如此下去，必将促使方志的消亡，修志界同仁千万不可掉以轻心！我们也希望各地政府领导，认真负责地担当起对修志工作的领导，不要给修志同志提出任何附加条件，以便使修志工作正常运转。

这部650万字的《厦门市志》，正像《序言》中所说："它浓缩了厦门从海岛渔村到通商口岸，从海防前线到经济特区的沧桑岁月和历史跨越。"全志的编修，门类齐全，资料翔实，内容丰富，特色鲜明，反映了厦门五千年发展的方方面面，是一部不可多得的翔实可信的厦门地方文献，在新修方志领域称得上是后来居上。阅读了全志内容以后，我深深感到这部志书最大的特点表现在尊重历史、体现特色两大方面，下面就从这两大方面谈谈自己的看法。

尊重历史

尊重历史，本来是每部地方志都必须做到的一个最起码的要求，每一部地方志，都应当全面地、如实地记载和反映一个地方的历史和现实，否则如何能称得上是"一方之全史"呢？可是在第一届新修方志当中，有许多新修志书，实际上是在人为地割断历史：民国时期的内容很少记载，许多重要篇章大多从1949年开始写起，有许多即使写了，也是篇幅很少，内容记载空洞，正如有的批评文章将其概括为"一短二空三戴帽"；而对于"大跃进"、人民公社的副作用和历时十年造成严重灾难的"文化大革命"则都有意识地加以回避。严格地说来，这些志书实际上并未完成修志任务，关于这些我在拙著《方志学通论》（修订本）和另外有些论文中已经作了论述。而新修《厦门市志》的情况则大不相同。我们先从远的谈起，在《政府》卷中，共分三章，第一章《明清官府》，第二章《民国政府》，第三章《人民政府》，按时代发展顺序三章并列，充分反映了尊重历史发展的唯物史观。这样排列也丝毫无损于人民政府的形象，丝毫没有降低人民政府的地位，因为这是在撰写历史，而不是在排座位。曾经看到，有不少新修志书，对于这样内容，硬是要将《人民政府》放在第一章。我想，这样编排除了说明他是革命的、进步的以外，只能说明他对历史的无知，是唯心史观的表现。应当知道，历史发展的规律和顺序是任何人也改变不了的，希望要吸取教训，不要再把类似的笑柄留给子孙后代。还要指出的是，人家在《民国政府》和《人民政府》各章之下，都设置有《施政纪略》一节。而在《民国政府》的《施政纪略》之下，列有《市政建设》、《慈善事业》、《教育事业》、《抗日救亡》、《反共活动》五目，从这五个标题就可以看出，作者对那段历史，采取了实事求是的态度，让人们可以知道在民国时期厦门的地方政府大体上做了哪些事情，并不是说他们天天都在做反人民的坏事。我们再看《国民党厦门地方组织》卷，用两章的篇幅讲述了国民党在厦门组织的沿革和主要活动，特别是对他们早期的革命活动都作了较为详细的记载。即使到后期，对其协办公益事业、查禁烟毒、革陋俗破迷信等社会公益活动，也都如实加以记述和肯定。而对其后来反共灭共、破坏群众运动等罪行也毫不留情地加以揭露。这种如实反映当时社会的各种现实的记载，使人看了自然就会信服。也就在这一卷中，对于当年活跃在政治舞台上的三民主义青年团、青年党和民主社会党等党派在厦门的地方组织及其活动也都作了记载。特别是对于国民党中统组织和军统局、保密局在厦门的地方组织和活动情况亦都有专门记载。总之，这一卷所记载的内容是相当具体、相当详细的，而该卷的篇幅竟然约五万字之多，如此详细，这是我在新修方志中从未见过的。将其所记内容与上述那种"一短二空三戴帽"相比，自然是不可同日而语了。

我们再看其他篇卷。公安、司法，一般新修志书，大多是从1949年写起，在这之前的内容则一律不管了。《厦门市志》则全然不同，一般都从清末讲起。在《公安·司法》卷，于《公安》章的《机构》一节，首先列了《清末、民国时期警察机构》一目，指出"中国近代警察制度始于清末。厦门在实行近代警察制度以前，行政与司法不分，军事与行政合一，长期军警不分，政警不分。直至清光绪三十二年（1906）十二月，清廷在厦门设立兴泉水道巡警局，下设东、西局，官警共220人"，接着就较详细地记述了民国时期警察局的设置及其活动情况。而在《检察》和《审判》两章，亦都分别设置了《清末、民国时期检察机构》、《清末、民国时期审判机构》，对这些内容都作了介绍。

《金融》卷的内容就更加丰富了。如在《机构》章的《民间机构》一节，记述了典当、钱庄、票号、民信局四项内容。前三项知道的人还多一些，后一项知道的人就不多了，这是厦门等侨乡所特有的一种汇兑业务，志书告诉人们："民信局初期也称批馆、批局、批信局、汇兑庄、汇兑信局。抗战胜利后，改称银信局，到1950年以后又改称侨业或侨批业，是经营华侨附有信件汇款的汇兑业。""1975年1月起，厦门地区侨汇业务一律由中国银行接办。""至此，侨汇业结束。"而记载"银行"，也是从"大清银行厦门分号"讲起，对于民国时期各家银行，包括外国银行都一一予以介绍。尤其令人感兴趣的还是《货币》，在这一章又分《金属货币》和《纸币》两节。《金属货币》之下，分列铜币（铸钱、铜元）、银币（银两、银元）、镍币、合金币四类，每一类都将最早出现在厦门市场上的品种加以介绍。《纸币》之下分列官票、外商银行纸币、国内银行兑换券、法币、金圆券、银圆券、人民币，最后还附带记载了厦门沦陷时期的日伪货币。金圆券和银圆券两种，都是国民政府在逃离大陆之前所发行的。当时连年通货恶性膨胀，物价像脱缰的野马那样一日三涨，民不聊生，于是就想通过发行新的货币来加以挽救。民国三十七年（1948）八月，便发行了金圆券，然而新货币发行并未抑制住物价的飞涨，不到一年就垮了。接着又于民国三十八年七月二日发行银圆券，"5日后就在厦门发行，但仅一个月，因市民拒用即消失。不久随国民政府政权在大陆的崩溃声中消失"。这两种货币的记载，实际上就反映了当时全国人民都生活在水深火热之中。尤其是日伪货币的记载，要让子孙后代永远记住日本侵略者在中国所犯下的罪行。如果大家都不记载，五十年后还有多少人能知道日本军国主义的侵略罪行呢？这里有必要再次指出，诸如此类的内容，必须认真负责地记载，否则就是失职行为。

　　在阅读这部志书过程中，笔者发现志书作者记载了许多令人意想不到的内容，而这些内容却又都是志书应当记的内容，自然又都属于情理之中。如果真的没有记载，又不会有人批评指责你漏记，这也就是意料之外。如《粮油经营》卷，就有三个内容的记载值得称赞。"军粮供应"作为一章撰写，这在新修志书中已是不多见的，而作者在该章之下，共列了《明代兵糈》、《郑师军粮》、《清代军给》、《民国军粮》、《当代军供》五节，每一节都有较详细的内容。而在《储运》章的《仓储》节里，首先列了《历代仓储》一目，指出："厦门粮储，始于明初。"明洪武二十年（1387）始设常平仓。在常平仓条目之下，分别叙述了明、清两代在厦门设置常平的地点、仓库间数乃至储粮数量等内容。接着又列了"社仓"、"义仓"、"营仓"、"赋仓"、"堆栈"五个条目，每个条目都有多少不等的介绍，说明每种仓储粮食的来源及开支情况。《当代仓储》讲的是中华人民共和国成立以后的厦门储粮情况，所记内容之具体与详细自然可想而知，这里就无须多言。在这一卷中我还要谈的第三个问题，就是"粮油证票"。对此，我觉得有必要多作些论述，以引起广大修志界同仁的重视。因为我看到许多新修方志对这一内容不是略而不载，就是记而不详，轻描淡写地几句话带过。也许在有些人看来，这是小事一件，没有必要占过多篇幅。这种看法，显然是错误的。应当知道，全国人民的吃饭穿衣，乃是全国头等重要大事，如果全国人民的吃饭穿衣问题都没有着落，所有一切都会落空的。众所周知，新中国是在战争的废墟上建立起来的，当时真是满目疮痍，百废待兴，经济恢复工作之艰巨真是令人难以想象的，加之又遭遇了三年困难时期，当时物资之奇缺已经到了极点。为了渡过难关，全国不得不实行所有物资计划凭证、凭票供应，在全国范围使用各类票证。在那个年代，没有这类票证，几乎寸步难行。票证的使用，一直延续了三十年之久，这与千家万户都有着密切关系。中国共产党正是用这个办法，在那十分艰难的岁月里，让全国所有各族人民都能有饭吃，有衣穿。尽管当时吃得还不够饱，穿得还很不好，但是，正是靠了这个办法，党和政府带领全国人民渡过了难关，谁还能说它的政治意义不重大呢？就连当时一些不怀好意的外国政治家也不得不承认中国共产党此举的成功，请问还有什么能够超过这一重大政治措施？所以我曾经讲过，无论是谁，如果忘记了这段历史，无疑就是背叛！《厦门市志》的编纂者们，对这个问题非常重视，在《粮油经营》卷的《市镇统销》节中，作了很大篇幅的论述，十分详细地记载了当时的供应方法：定量标准、定量水平、定量人口。1955年制定的《厦门市粮食工种定量标准》共分10等、32级、100多个工种，1957年扩至200多个工种，至1963年达427个工种，至此，全市粮食定量工种基本稳定下来，可见这种计划供应工作的复杂性与细致性。为了让读者更清楚地了解定量标准和定量水平，志书还特地绘制了《1956年厦门市市镇居民口粮分等定量标准表》。至于定量的水平，从志书记载来看，标准曾多次作过变动："1955年第四季度，全市平均发证定量水平11.81公斤。1958年'大跃进'后，市区工人骤增，至1959年人均定量达13.72公斤。在国家经济困难时期，3次调低定量标准：1960年为12.03公斤；1961年为11.99公斤；1962年为11.77公斤。其中1962年的人均定量水平是实行粮食统销以来厦门发证定量水平最低的一年。1963年以后，对部分降低幅度较大的工种逐渐恢复原定量，水平有所回升。至1979年底，人均定量水平为13.21公斤，基本恢复正常。厦门辟为经济特区以后，平均水平都在14公斤左右。"至于"城镇居民食油供应，一向不分工种和大小口，每人每月0.25公斤。1960—1962年改为每人每月0.2公斤"。对于工商行业用粮和华侨用粮的供应，当时都有专门规定，书中也都作了记载。对于各项特殊照顾供应，也作了必要记载，如："在国家经济困难时期，对老年人和儿童增发糕点饼干票凭票购买。在春节、国庆等重大节日，还按人口增供平价粮油。""高级知识分子每人每月定量外增供食油 0.5—1 公斤。"而具体的粮油票证，书中也单列一目，说明厦门从实行粮油统购统销后至 1992 年，粮食部门印发的各种粮油票证有 30 余种，并刊登壹市斤、贰市斤、贰拾市斤、半市两、壹市两粮票样张和油票壹市两样张照一幅。从介绍中大家可以知道，在那段岁月里，普通居民每月口粮定量仅有 24 斤，水产、肉类、禽蛋也都定量供应，城市每人每月仅有半斤肉，农村更少。由于副食品同样紧缺，24 斤粮食吃一个月根本不够，于是只好"瓜菜代"，寻找各种野菜充饥，当年的艰苦情况可想而知。请问，这段牵涉到千家万户吃饭穿衣问题的历史，难道就想不到要记载吗？厦门的修志同仁就想到了。当然，对于布票，书中没有记载，因为这是《粮油经营》卷。当年每人每年仅发布票四尺，当然，大人连一件衣服的布料也不够。其实当时使用过的票证种类是相当多的，除上述以外，还有棉花、棉线、烟、糖、酒、盐、肥皂、豆制品、糕点等票，对此，去年出版的南京市《秦淮区志》曾单独设立《票证》一章，搜集到各种票证的样张 355 种。可以肯定，这些内容对于研究建国初期经济发展历史将有重要价值。随着时间的不断推移，时间愈久，就会更显出这一内容的重要。

当然，对于志书所记载的军事、教育等内容这里就不作介绍了，因为其他新修志书在记载这两种内容时，也都是从古代写起。下面再对这部志书关于建国后两大敏感问题的记载谈些个人看法。如何记载"大跃进"、人民公社所产生的副作用，以及如何记载"文化大革命"这十年内乱的历史，一直是方志界谈论的两大问题，因为在第一轮修志当中，许多新修志书，对这两个问题不是避而不谈，就是简单应付，空洞地、抽象地讲上几句了事。当然，也有少数志书认真负责地记载了这两大问题，《厦门市志》就是其中表现得比较典型的一部。志书对这两大敏感问题，首先在《总述》中就用了比较多的文字分别予以记载。关于 1958 年的"大跃进"，有这样一段叙述：

> 由于对客观经济规律认识不足，在所有制改造方面过分强调"一大二公"（即规模大和公有制），急于过渡；在经济建设方面，过分强调

速度，急于求成，高指标、瞎指挥、浮夸风和"共产风"盛行一时。在农业方面，"共产风"使农业生产力受到严重破坏，"高产田"、"卫星田"造成"粮食吃不完"的假象；工业方面，"全民炼钢"和过快、过大的投资导致国民经济比例严重失调，投资效益降低。1961—1962年出现经济滑坡，全市基本建设投资每年递减63.6%，工业总产值每年递减29.4%，财政收入每年递减21%。由于政策失误再加上严重的自然灾害，1961—1962年，粮食和农副产品供应极为紧张。1961年集市贸易价格总指数达375.9%，粮食类物价指数高达1471.2%，肉禽蛋类高达509.5%，蔬菜、水产品、水果类也在320%—465%之间。

1958—1962年是厦门解放后经济增长速度最慢的时期，农业总产值、港口货物吞吐量和外贸出口甚至出现负增长。

这段文字尽管不太长，但已经把1958年那场错误产生的原因、现象和后果都作了说明。首先是政策失误，再加上自然灾害，这也就是人们常说的三分天灾，七分人祸。本来物资就比较紧张，这么一来自然就更加是雪上加霜。而在《农林业》卷的《集体所有制》节里，列了《人民公社》一目，讲述厦门市1958年夏季开始的人民公社化过程："生活上大办集体食堂，组织上实行军事化，大队改编为营，中队改编为连；人、财、物方面大搞'一平二调'，在'全民大炼钢'中，大批调用人力上山砍树木、烧木炭，建炉炼铁。""社员因怕'充公'，而纷纷宰杀私养的猪、羊、鸡、鸭。"这也是造成副食品供应短缺的重要因素之一，因为在当时，个人喂养的家禽家畜，一律被看作是资本主义尾巴，这个尾巴必须割除。而在农业生产方面"搞瞎指挥，下达高指标，盲目提出'措施无限，亩产十万'的浮夸口号"，并且列举了晚稻、甘薯亩产指标的要求，生产技术上又大搞深挖密植。"农村干部和社员对此稍有不满，轻者受批评，作检讨，重者受大会批斗或撤销干部职务。"应当说1958年所出现的主要弊端大体都揭示了出来。

我们再看对"文化大革命"的记载，《总述》是这样概括的：

1966年，厦门进入长达十年的"文化大革命"时期。"文化大革命"初期，由于造反派冲击市党政领导机构，"群众组织"之间频频发生武斗，正常的生产和生活秩序被打乱，社会极不安定，工农业生产受到严重干扰。1967年全市工业总产值比上年下降15.9%；1968年，又比1967年下降50.4%，农业生产也出现三年徘徊不前的状况。1969年后，社会秩序稍趋稳定，生产有所恢复，但由于继续贯彻执行"以阶级斗争为纲"的方针，政治运动连年不断，经济建设步伐难以迈开。在1966—1975年的第三、第四个五年计划期间，工业总产值的年平均增长率分别在9%和8%以下。人民生活必需品和主要消费品供应不足，大部分是凭票证或限量供应，十年中社会商品零售总额年平均递增仅4.1%，为历史最低水平……

"文化大革命"使全市经济建设遭受重大损失，严重影响社会主义现代化建设的进程。十年中，教育和科研机构遭到严重摧残，留下严重的后遗症。

志书除了《总述》作如此记述外，又在《人民政府》章的《施政纪略》节里单列《"文化大革命"时期》一目，将"文化大革命"期间所发生的一些重大事件作了如实的记载，诸如拉开厦门市"文化大革命"序幕的第一张大字报、大搞"破四旧"、发生在厦门"文化大革命"中第一起流血事件、"造反派"向中共厦门市委"夺权"、解放军对厦门实行军管以制止"两大派"不断武斗、厦门市革命委员会成立等等，都作了较为具体的记述。为了反映"文化大革命"初期"破四旧"时破坏文物、焚烧书籍的情况，志书还选登了一幅当时焚烧书籍、文物的照片，并配以说明："'造反派'以'破四旧'为名，将历史文物文献付之一炬！"应当说，这是一幅非常珍贵的照片。在"文化大革命"中，全国被毁的文物，被焚烧的书籍、文献真是难以统计。这幅照片正是最好的见证。志书在《革委会主要政治活动》一目之下，将当年那些不可思议的各类活动都浓缩地记了下来，特别是那些早已被遗忘的荒唐的口号和做法。现将有关内容抄录如下：

市革委会在"无产阶级专政下继续革命"、"以阶级斗争为纲"的"左"倾错误理论指导下，领导开展"清理阶级队伍"和"斗、批、改"，举办"清队"学习班，揪斗"叛徒"、"特务"、"反革命"、"假党员"等，打击一大片。并于 1969 年 6 月 16 日和 10 月 9 日，先后召开"宣判大会"和"公审大会"，造成了一大批冤假错案，错误地处理了许多干部。

1969 年 11 月 26 日至 12 月 22 日，举行"活学活用毛泽东思想积极分子代表大会"。在学习宣传中，推行"个人崇拜"，大搞"无限忠于毛主席、无限忠于毛泽东思想、无限忠于毛主席的无产阶级革命路线"的"三忠于"活动，部署各机关企业单位天天向毛泽东像"早请示"、"晚汇报"，唱"忠"字歌，跳"忠"字舞，大写毛泽东语录，搞"红海洋"。

以上这不长的两段文字中，有些名词若不解释，广大青年根本就不知道讲的是什么事，而所有内容看了以后肯定会觉得荒唐可笑。可是，在当时却是千真万确的事实。如果不作记载，再过五十年后，谁也不会知道在中国的历史上还曾发生过如此可笑的悲剧。在当时，举国上下，人人都得一本正经地去做，否则你就可能一下子变成"反革命分子"。想当年，我住在学校外面，每天骑自行车上下班，单程需半小时。自从宣布人人必须"早请示"、"晚汇报"以后，每天早上起身后立刻赶到学校，参加由工宣队师傅主持的"早请示"，结束后再回家吃早饭，早饭后再赶去学校上班。而每天下午下班后，急忙赶回家吃晚饭，晚饭后再到学校参加"晚汇报"。每天多花在路上的时间就是两个小时。在一段时间里，各个单位都是天天如此，谁也不敢有半点怨言。"红宝书"(《毛主席语录》)天天随身带，"老三篇"(指毛泽东的《为人民服务》、《愚公移山》、《纪念白求恩》三篇文章)男女老少都得会背。所有这些在今天看来，简直是不可想象。志书将它全部记下来有什么不好呢？那十年的历史事实就是如此。令人疑惑不解的是，直到目前为止，据我所知，有些正在编修的志书，对这些内容还是不敢记载，恐怕就太不应当了。

通过以上的介绍，人们可以看到，《厦门市志》的编修，对于许多重要内容，但凡人家是避而不写，或者是写而不详的，他们都尽自己的努力予以记载，为修出一部内容齐全的新志书作出了贡献。所以我们说这部志书的编修最大特点之一就是尊重历史，这绝不是一句虚夸之词。什么叫尊重历史？就是对应当记载的历史能够给予应有的适当地位。对于这点，毛泽东同志早在《新民主主义论》中就已经指出："我们必须尊重自己的历史，决不能割断历史。但是这种尊重，是给历史以一定的科学地位，是尊重历史的辩证法的发展，而不是颂古非今，不是赞扬任何封建的毒素。"可见那些对历史内容作任意删节的行为，都是极端不负责任的表现。方志编修不能够随心所欲，该写的内容就应当尽最大努力去完成，以保证所修志书在内容上的完整性。

体现特色

我们认为《厦门市志》第二大特点，就是全面体现了厦门地方特色和时代特色。在第一轮修志进入后期阶段时，修志界同仁普遍发现早期成书的许多新志书，尽管内容篇目都很齐全，资料也很丰富翔实，就是没有重点，也反映不出特色，所有篇目都是平分秋色。于是大家就不约而同地提出更高的要求：一部新修地方志，不仅要内容丰富，篇目齐全，而且在篇目设置上要能够做到突出内容重点，反映地方特色。我们以此来衡量《厦门市志》，做得确实令人满意。厦门作为我国东南沿海城市，本身地方特色就比较多。由于地域关系，首先有着得天独厚的海岛风光，也因此与台湾、香港两地相近，三地居民间长期以来就有着频繁的交往；又由于历史因素，厦门劳动人民中很早以前就有许多人远渡重洋，到东南亚一带谋生，因而这里的华侨也就比较多；也由于有上述这些因素，所以在 20 世纪 80 年代初就被开辟为经济特区。如何在新修志书中突出反映这些重点和特色，这就是摆在厦门修志同仁面前重要的课题。他们在研究和分析了厦门的历史和地情以后，在志书中特设立了《华侨》卷、《厦台关系》卷、《厦港关系》卷，并且三卷相连，因为三者内容相近，更加容易显示其重点和特色；专设《招商引资》卷，以反映经济特区的地位和作用；又设《旅游》卷，反映厦门独有的旅游风光带。通过以上篇卷，从不同角度来体现厦门的特色。

众所周知，福建是华侨最多的省份之一，志书告诉我们，厦门"是福建籍华侨出入国的门户，也是福建的主要侨乡"。所以会如此，主要是因为厦门的地理位置。由于地近南洋群岛，厦门很早就成为中国东南沿海对外贸易的重要口岸。当地居民乘帆船远渡吕宋、苏禄等三十多个国家和地区经商贸易，有的因经商需要，久居不返，从而产生了厦门籍早期华侨。志书介绍了自明末清初以来，厦门及闽南人民曾出现过三次出国高潮，而第三次高潮则是民国初年，特别是日本侵略者发动全面侵华战争后，厦门沦陷，大批老百姓逃往海外。至1995年，移居东南亚和欧美等43个国家和地区的厦门籍华侨、华人有45万人，居住在厦门的归侨和华侨、华人眷属达25万人。为了能够较全面地反映出华侨活动的全过程，志书在《华侨》卷分别设置了《移居海外》、《海外创业》、《归侨与侨眷》和《报效祖国》四章。特别是最后这一章，又从"参加政治斗争"、"参加经济活动"、"参加文化与社会公益活动"三大方面，深刻、生动地反映出广大华侨虽然身居异国他乡，却一直念念不忘报效祖国的宝贵爱国热情。参加政治斗争方面，列了"支持辛亥革命"、"投身反袁护国运动"、"声援'五卅'爱国运动"、"奋起抗日救亡"等十一项。至于后两个方面，内容自然也非常丰富，这里就只好从略了。

厦门与台湾，由于相距很近，一衣带水，自古以来就很密切，正如《台湾府志》所云："台郡与厦门，如鸟之两翼，土俗谓：厦即台，台即厦。"志书明确地告诉大家："明万历二十年（1592），明政府在澎湖增设游兵，调铜山（今东山岛）、浯屿（今金门岛，原来属于同安县）等水寨官兵驻守。由厦门的'南路参将'兼辖。""清统一台湾以后，厦门成为清政府联系台湾和台湾联系大陆的重要口岸。康熙二十三年（1684），清政府确定厦门与台湾鹿耳门为两岸通航的惟一口岸。'两门对渡'时间长达100年之久。大陆的戍台官兵、贸易商人以及平民百姓都经厦门转入台湾，台湾的商人也通过这一航线开展两地贸易活动。同年，清政府设台厦兵备道，将厦门和台湾合为一道，受福建巡抚节制，辖厦门、台湾两个行政区，一切台厦事务、渡台事宜以及人员往来等都由台厦兵备道统一管理。"作为地方文献的《厦门市志》，这些记载是用铁的事实再次向全世界宣告，台湾自古以来就是中国不可分割的神圣领土，"台独"分子无论如何胡编乱造，永远也改变不了这一历史事实。"厦台两地在长期的密切交往中，共同反抗清朝统治者和外来侵略者，涌现出许多可歌可泣的事迹。"为了全面深入地反映两地在各方面的交往与支援，《厦台关系》卷特设立了《两地迁徙》、《反侵略反封建斗争》、《经贸往来》、《文化交流》、《涉台机构与两岸事务》五章。特别是第一章《两地迁徙》，不仅较为详细地记述厦门人民历代向台湾迁徙的过程及其对开发台湾所作出的贡献，而且记载了光绪二十一年（1895）日本侵略者侵占台湾以后，台湾人民迁到厦门定居的情况。志书根据元代汪大渊《岛夷志略》记载，推断厦门先民在宋代已经开始向台湾移民。到了明代，迁往台湾的厦门人已经是有名有姓可考了。至清末，厦门人在台湾已有约55.31万人，占当时台湾总人口的14.7%。抗战胜利至1949年，厦门赴台人员就达4955人，他们在台湾党、政、军、工商、文化教育等部门任职。尤其可贵的是，本章所制作的8种表格，如《已知清代厦门人在台任职情况表》、《民国十五年（1926）厦门籍台胞分布情况表》、《早期厦门人开发台湾情况表》等，都是根据可靠的资料制作而成，有着重要的文献价值。不仅如此，本章还专门设立《台湾向厦门移民》一节。"台湾向厦门移民，主要有回乡定居、投资创业、避祸逃难等。"特别是台湾被日本侵略者占领后，台胞在厦门人口最多时达3万多人，他们在厦门组织多个以台胞为主体的地缘组织或爱国团体，以厦门为中心展开各种反侵略斗争。为了说明问题，志书作者也制作了《清末至抗战胜利后在厦台胞人数情况表》、《民国二十五年（1936）厦门台民行业（职业）构成情况表》等。以上事实都足以说明厦台关系自有史以来就一直非常密切，两地人民在长期的反对封建统治压迫和反抗外国侵略者的斗争中，总是相互支援，共同战斗，早就结成了血肉相连的关系。尤其是厦门人民在早期开发台湾中作出了重大的贡献，而大陆改革开放以后，厦门又成台商投资的重要场所，两地的各种交流活动，与其他地方相比，仍旧占有各种优势。所有这些，志书在相关的篇章中都作了必要的记述。

至于《厦港关系》卷，由于篇幅所限，这里不详细介绍了。

从1980年开始，厦门设立经济特区，使厦门经济得到突飞猛进的发展。为了及时反映这一社会现象，志书专门设立了《招商引资》卷，以记载特区发展的全过程。值得注意的是，志书在正式记述招商引资之前，照样先回顾了外国人在厦门投资的历史。"鸦片战争之后，厦门被辟为通商口岸，外商接踵而来，办厂谋利。据可靠史料记载，最早在厦门投资的外商为英商，清咸丰八年（1858）英商在厦门投资设立厦门造船厂，主要是修理船舶，有船坞三座；随后德国商人于光绪七年（1881）也在厦门投资设立一个钢铁厂。以后，到厦门投资设厂的仍以英商居多，主要与造船业有关。然而更多的是东南亚国家的华人、华侨回国回乡投资兴办企业……"而在中华人民共和国成立后的30年中，"厦门因地处海防前线，不能开展大规模经济建设，招商引资也无从谈起"。可见地理位置的优越与否，也是有时间性的。当台湾国民党还在天天叫嚣要反攻大陆的情况下，这里自然就不适合大规模经济建设了。志书向人们展示，厦门开办经济特区以后，经济发展出现了腾飞的形势。截至1995年底，厦门市累计批准外商投资企业合同有3487项，投资总额131.64亿美元。其中独资企业1923项，合资企业1107项，合作企业457项。仅仅15年时间，厦门经济确实是日新月异地在变化，志书《总述》告诉我们："从1980年设立厦门经济特区到1995年，是厦门有史以来经济总量增加最多、发展速度最快、城市面貌变化最大、人民得到实惠最多的时期。"接着就列举了一系列数字来说明全市经济总量快速增长，经济综合实力显著增强。1995年，全市预算内财政收入达34.51亿元，比1980年增加18.17倍，比1990年增加2.35倍。特区建设15年来，累计上缴上级财政金额超过65亿元，为国家经济发展作出贡献。1992年，厦门市在全国大中城市综合经济实力50强中名列第十位，1994年在全国19个人均国内生产总值超万元的城市中居第二位。这些数据自然是最能说明问题的，它们比任何最美妙的理论还要更加令人信服。15年时间，在这里"社会主义市场经济体制初步形成"。经济特区的所有制有全民所有制、集体所有制、私营、个体、外资、港资、台资、中外合资、厦港（台）合资等多种形式，"三资"企业迅速发展为特区经济的主导成分，成为特区经济的一大特色。这个特区自设立以来，就实行全方位对外开放，而在工业发展方向上又立足于外向型工业的发展，由创办初期的出口加工区迅速发展成为具有较高科技含量、较大规模的外向型工业生产基地。"三资"工业企业为经济特区的发展注入新的活力，成为新的经济增长点。经济特区的快速发展，自然也就带动全市各个行业的发展，服务型、创汇型农业得到稳步发展，各项社会事业自然也得到全面发展，从而全市的社会主义精神文明建设也不断取得显著成就。这也就进一步创造了非常良好的人居条件，正像张昌平市长在志书的《序言》中所说："20年来，厦门的科技、教育、文化、卫生、社会保障等社会事业协调发展，环境保护、城市建设与管理、精神文明建设同步提高，先后荣获国家卫生城市、国家园林城市、国家环境保护模范城市、中国优秀旅游城市、全国双拥模范城市和国际花园城市等称号,被广大的海内外朋友誉为'最温馨的城市'和'中国最适宜投资和居住的城市'。"以上事实说明,特区的设立,使厦门经济得到快速的发展,同样也带动了厦门各行各业的大变化,变成了更加良好的、最适宜居住的花园城市,随之而来的也就成为最适宜投资的一座城市,这无形中就形成了非常优越的良性循环。对于这些,志书中都作了充分的反映,特别是记载了厦门经济特区不同于其他特区的特色之所在。因为在我国,每个特区都必然有着自己的个性,而不可能都是同一个模式。

厦门所以能够成为"中国优秀的旅游城市",首先在于它有着丰富的旅游资源、得天独厚的海岛风光。志书作者在《旅游》卷无题序中曾作了概括性的介绍:"厦门是中国东南沿海一座风景秀丽的海港风景城市,是闻名遐迩的旅游口岸和旅游胜地。旅游资源十分丰富。自然景观与人文景观相互交融,具有山、海、岛、礁、寺、园、花、木诸神秀,兼备民族风格、侨乡风情、闽台特色与异国情调。"鼓浪屿,早就享誉海内外,而以它为主体所组成的众多景点,更是美不胜收。鼓浪屿沙滩,乃是天然的大浴场,"每逢盛夏,泳者云集"。"奇特的蛋形花岗岩地貌,构成万石山的独特风格。奇岩异石,层出不穷,拟人拟物,惟妙惟肖",山石叠成的众多溶洞,都是人们探幽揽胜避暑的好去处。著名古刹南普陀寺,始建于唐朝,重建于清康熙年间,更是历代文人墨客涉足之处,留下了许多诗词碑记和摩崖石刻,为这里增添了浓浓的文化韵味。民族英雄郑成功,在厦门期间,修筑了集美寨、高崎寨、嘉兴寨、水操台,还留下国姓泉、演武场等诸多史迹。抗倭名将俞大猷、戚继光及其他将领,在万寿岩、醉仙岩都留有各自的诗篇。"攻剿红夷"诸将士在鸿山寺、白鹿洞等处也有多处石刻。而明代学者陈献章,为了比喻厦门为文化之邦,特在金榜山题了"海滨邹鲁"四个大字。如此等等,都成为不可多得的重要人文景观。书中集中介绍了厦门五大游览景区,这在《旅游景区》引言中也已作了扼要说明:"厦门旅游资源以城建海上,海在城中,山海环抱,城景交融,岩奇石怪,宜居宜游为特色。经过多年来的开发建设,现已初步形成鼓浪屿、万石山、集美、南普陀、同安五个游览区和一条海上观光线。1988年经国务院批准,鼓浪屿-万石山确定为国家级风景名胜区。"事实上,厦门的风景名胜,不仅在全国占有重要的地位,就是在全世界也有重大影响。特别是鼓浪屿,是一个含金量相当高的品牌,就像杭州与西湖,人家到杭州来，多半是慕西湖而来，而去厦门，无疑则多半是冲着鼓浪屿而去。志书对厦门风景名胜区的全面介绍，自然会使更多的人向往厦门。

我从以上几个方面对《厦门市志》的重点与特色谈了自己粗浅的看法，当然并不是说这部志书的特色就是这么几个方面，只不过是说上面这几个方面表现得比较集中、比较突出而已。事实上，这部志书的每一篇卷，都不同程度地记载了许多厦门所特有的内容，散发出时代的气息。就以《民俗》卷而言，在《生活习俗》章，还专列了《服饰禁忌》、《饮食禁忌》、《语言禁忌》，列举了许多厦门在长期生活过程中所形成的禁忌习俗；在《岁时习俗》中则列有"半年节"、"尾牙"等节日，这是其他地方所没有的；而在《民间信仰》章的《人物祀奉》节中，列有"妈祖"、"保生大帝"、"吕祖"、"王爷"等神，也是其他地方不多见的。诸如此类，许多都是厦门地区所特有的。作为地方志来说，理所当然应把各个地方所特有的内容详加记载，因为其他地方很少见到，就更显示出重要性。鲁迅先生曾经说过，越是地方的东西，越具有世界性。因此，大家必须懂得，编修地方志必须尽一切努力突出地方性，多记一些具有地方个性的东西。为此，绍兴修志同仁还总结出一条经验："地方特色写得越好，志书的生命力也就越强。"我觉得此话讲得是很有道理的。

综上所述，我从尊重历史、体现特色两大方面对《厦门市志》进行了评述。按理讲所有新修方志的内容记载，都应当符合这两大方面的要求。然而事实并非如此，对这简单而又起码的要求，许多新修志书，不是没有这样去做，就是做得还很不理想。《厦门市志》在这两大方面都做得比较理想，比较令人满意，称得上是"厦门一方之全史"，因此，我也就不惜用较大的篇幅，向全国广大修志界同仁推荐，向全国广大读者推荐。希望在新一轮修志中能够创造出更多高质量、高品位的新志书。

当然，我认为这部志书修得很好，长处很多，还有许多长处因限于篇幅而不能讲了，但是我也并不认为这已经是一部十全十美的志书了，还可以再作进一步要求，为此，提出以下三点建议：第一，将艺文志丢了，是一个不可原谅的错误。众所周知，艺文志一直是传统修志中不可缺少的重要篇目之一。在上一轮修志初期，许多新修方志将这一内容砍掉了，为此笔者于1992年在《志苑》、《中国地方志》上先后发表了两篇关于艺文志重要性的文章，后来在1994年发表的《对当前方志学界若干问题的看法》一文中列为十大问题之一。遗憾的是竟然还未引起厦门市修志同仁的注意，而把这一重要内容放在《文化》卷《图书馆藏》节的最后《附录》之中，连一个正式的目也排不上。这种做法简直是不可思议了，尤其是已经到了这个时候还是这样处理，自然就更加不应当了。我们一直认为，艺文志对于地方志来说，绝不是可有可无的内容，因为它汇集了一个地方有史以来文人学者所留下的各类著作，反映了这个地方的人民对祖国学术文化所作的贡献。志书有关篇章不也是在宣传厦门是"文化名邦"吗？既然如此，表现在什么地方呢？实际上连文化气氛都很难让人感受到。不妨作个对比，《绍兴市志》的艺文志篇幅很大，占全书篇幅的十分之一强，其收录自古及今绍兴人各类著作八千余种，该志正文字数为472万字。《厦门市志》全文650万字，而这一内容却连正式篇目都没有列入，我们不能不再问一句，这部志书用什么内容来反映"文化名邦"？第二，鼓浪屿被誉为"东海明珠"、"海上花园"，为了更加突出厦门的地方特色，应当将鼓浪屿这响亮的品牌与其他景点合在一道，单独立卷，与《旅游》卷并列，这样做效果会更加好。正如《苏州市志》将《园林名胜》、《淳安县志》将《千岛湖》、南京《秦淮区志》将《秦淮风光带》都单独立卷，效果反映都很好。因为上一轮修志进入后期阶段，大家都提出了更高的要求，所修志书要尽可能突出重点，反映特色。第三，全书篇目设置还有可以讨论之处，如经济特区在篇目中未能得到显著的体现。虽然设了《招商引资》卷，但这并不是特区的特有标志。因为如今全国各地，大中小城市乃至乡镇，无不在招商引资，而经济特区在全国却是为数不多的；况且招商引资仅是特区中的一项政策措施而已，并不代表特区的所有政策措施。此外，全书归类亦不尽合理，如第三、四、五册在篇目编排顺序上就存在着不尽合理之处，如能作适当的调整，每卷之间的内在联系就会更加融洽。所以我早就讲过，篇目编排的顺序也同样是有学问、有讲究的。以上意见，谨供该志作者参考。希望在新一轮修志中，能够做到更上一层楼。

（原载福建省地方志学会、厦门市地方志办公室编：《〈厦门市志〉评论文集》，方志出版社2006年版。后收入《仓修良探方志》）

一部全面反映台湾方志发展的学术专著
——读台湾学者陈捷先《清代台湾方志研究》

八十年代初,中华书局影印出版了《台湾府志》三种,笔者当时购得一部,打算阅后写篇文章,说明台湾自古以来就是我国不可分割的神圣领土。因为近百年来,一些帝国主义野心家一直是处心积虑地在打它的主意,而在台湾岛内近年来也有一小股分离主义分子在搞"台湾独立",居然还列举所谓"台湾意识"、"台湾文化"。我们可以明确地告诉大家,所有这些只不过都是中华民族传统意识和传统文化所具有的一些地方特色而已。这正如国内近年来掀起的研究区域文化热一样,诸如吴越文化、楚文化、中原文化、三秦文化、三晋文化、燕赵文化、齐鲁文化等等,都有一定的地方色彩和特点,但又都是整个统一的中华民族文化的组成部分,这是谁也无法否认的事实。特别是我们要说的地方志编修,这种传统文化的统一性就更加突出了。众所周知,编修地方志是我们中华民族文化中一个优良的传统,也是我们中华民族所特有的文化传统。这个优良的文化传统,自产生之日起,至今已经具有两千余年的发展历史。需要指出的是,到了隋唐时代,方志发展进入了第二阶段——图经阶段,此时的中央政府规定,各地行政区划府、州、县都必须按时编修图经送到中央,即使边远地区也不例外,敦煌发现的唐代图经残卷中,有《沙州都督府图经》、《西州图经》等就是明证。中唐著名诗人张籍《送郑尚书赴广州》诗中有这样四句:

圣朝选将持符节,内制宣时百辟听。
海北蛮夷来舞蹈,岭南封管送图经。

这就说明凡是版图范围之内的,不论远近,都必须按时向中央政府进送图经。到了五代,尽管分裂与动乱,这个制度仍然坚持。《五代会要》卷

15"职方"条就记载了长兴三年（932）五月二十三日尚书吏部侍郎王权的奏章，其中关于图经的内容要求非常具体："宜令诸道州府，据所管州县，先各进图经一本，并须点勘文字，无令差误。所有装写工价，并以州县杂罚钱充，不得配率人户。其间或有古今事迹、地理山川、土地所宜、风俗所尚，皆需备载，不得漏略，限制年终进纳。"对经费、时间和内容都有具体规定。到了宋代，方志逐步定型进入了第三阶段以后，各个朝代除了政府规定编修外，社会上还形成了一种不成文法，即为官一任，除了治理好地方外，走后还要留下一部好的志书，因此，作为州县官吏，编修本地志书，已经变成职责范围之内的事情，倘若一个地方志书年久失修，便被批评为失职。这种社会舆论，往往还胜过国家法令，因为国家法令，还可以用旧的过录一本加以搪塞。一旦社会上认为这是各地不可缺少的东西，那不仅身价提高，生命力也就加强了。综观有清一代台湾所修的四十多种方志，有的是出于奉命而修，有的则并非如此，而是受长期以来所形成的一种社会风气所影响。可是，我这早就计划要写的文章，却一直拖延而排不上号，不料年前收到台湾友人陈捷先教授寄赠《清代台湾方志研究》一书，真是喜出望外。在阅读该书后，深深感到我原先想写的内容，该书全都写了，况且我当日计划评述的毕竟仅三部府志，而陈先生这部专著则是将台湾方志编修的历史全都写了，堪称是一部系统而全面的台湾方志发展史。陈先生曾任台湾大学历史系主任、研究所所长，美国麻州大学客座教授；1995年自台大退休，现任台湾大学名誉教授、《历史月刊》总编辑等职。陈先生学术研究上专攻清代、满洲学、方志学、族谱学，中英文著作甚丰，在学术界享有盛誉。现从以下三个方面谈谈读了该书后的一些感想。

全面系统的论述

《清代台湾方志研究》一书，对有清一代台湾方志编修事业作了全面系统的研究和论述，实际上就是对台湾方志发展的历史作了系统的叙述，既论述了台湾修志事业的最早开拓，指出了台湾修志各个阶段的不同特点，更叙述了每部志书所采用的体例及其与传统方志理论的承传关系，特别是每部志书的体例，大多指出其与宋、元、明、清以来某部志书的渊源关系。因为大多数府县厅志的编纂者，都为清政府委派去的现任官吏，他们大都是科班出身，对于修志都很熟悉，有的在大陆任官期间，已经主持纂修过志书，修志对于这些人来说，显然是轻车熟路，所以在台湾所修之志书中，宋、元、明、清以来所流行的几种主要方志体例可以说大都具备，正如该书《结论》所言："综合以上所述台湾地区二十一种方志，其内容虽有各地情事与文字篇幅多少的不同，其义例也有或多或少的差异，不过归结说来，都是由宋、元、明、清各朝方志一脉演进下来的。"全书共分六章：一、《引论》；二、《台湾古方志的拓荒者》；三、《台湾方志文化的茁壮》；四、《多元方志义例的移入》；五、《清季台湾方志的发展》；六、《结论——兼论清代台湾方志的史料价值》。二、三、四、五这四章，实际上是将有清一代台湾方志的发展分成四个阶段进行论述，第六章从标题亦可知其所述之内容概要，唯独《引论》不作介绍显然是无法了解究竟讲些什么。看来该书作者考虑问题相当周全，在叙述台湾修志之前，先在《引论》中将我国方志发展的历史作一概括性的叙述，诸如历代修志的特点、编修体例、修志宗旨以及各个朝代还流传下来的一些志书，都作了简明的论述，正如《引论》开宗明义便说："现在的台湾地区，在清代早期原是我国福建省内的一府，清末才成为一省。台湾的居民则绝大多数来自闽、粤等地，因而不少大陆当时的文化也随着移民而俱来，方志就是明显的一例。台湾方志既与传统中国方志有着传承的渊源与密切的关系，当然在对清代台湾地区方志作研究之先，应该对我国传统方志的发展历史先作一番考察。"至于这本书著作的目的，作者在《结论》中有明确的说明："清代台湾地区先后成书的地方志为数不少，加上清末完成的采访册，总数约有四十多种。本书仅就具备方志内容并有义例可言的二十一种作研究对象，考查其编纂经过，分析其义法源流，好让读者易于了解清代台湾地区方志学发展的大概，及其与传统中国方志学的渊源关系。"

我们说该书全面系统地论述了台湾方志的发展历史，就是说它并没有停留在仅仅对一部部方志的评介而已，作者在评介每部方志的过程中，将志书编纂的来龙去脉讲清以后，总是要指出这部方志的编纂在台湾地区方志发展史上所起的作用，这就使读者深深感到自己所看到的乃是有互相关联的方志发展史，而不是一部部孤立的方志。尤其要指出的是，作者非常注意从每部志书中寻求出方志理论，因为这是构成方志学不可缺少的重要组成部分。在有清一代台湾地区方志发展中，尽管没有产生过专门的方志理论著作，但是在许多方志的序和凡例中却蕴藏着许多宝贵的方志理论，当时的许多序言，大多是有所为而作，因而是言之有物，并非无病呻吟，这与当前许多官样文章的一篇篇序相比，真不可同日而语。正因如此，这些序言就为研究当时台湾方志的发展提供了许多不可多得的宝贵资料，诸如修志的宗旨、编纂的经过、修志的要求、修志的难度、成书的时间、刊刻的过程、版本的流传等等，可以说应有尽有。特别是关于修志的难度，首部府志、首部县志和首部厅志，一切都是开创，资料工作一切都得从头来起，并无前人的积累，所以比他处修志难度显然就大得多。至于修志的内容，亦大多从实际出发，很注意现实问题，正如该书在评介高拱乾编修《台湾府志》时有这样一段叙述：

> 由于早期台湾的环境特殊，高拱乾在纂修府志时似乎不太重视方志的学理与本旨。从他订出的十二条《凡例》中，我们不难看出他当时注意的只是如何安抚本地的居民，注意各地的防务，提高文教水准，移易民"番"风俗以及加强伦常教化等等，可以说他的重点是放在实际施政的若干问题上。对新辟不久的台湾地区而言，这些问题当然是极为重要的。高氏在府志的自序中就说得很明白：
> "余自辛未（按指康熙三十年）春出守温陵，越明年，谬叨两台荐剡，蒙圣恩特用，分巡兹土，浮海驻节，甚惧其难也。目击一方之凋残，利何以兴？弊何以除？学校何以振？兵政何以肃？军实何以备？勤勤焉日进文武寮寀，求所以生遂安集之道；又何暇及于志乘？……于是者二年，幸托朝廷无外之威德，两台渐被之深澳。风雨以时，番黎向化；文武和洽，庶吏协恭。政事之余，益得与父老子弟咨询采揽；凡山川之险易，水土之美恶，物产之有无，风气之异同，习俗之淳薄，远自生番殊俗，下及闾阎纤悉，每闻见有得，辄心识而手编之。溯始明季，台所自有，迄归我朝，台以肇造；纲举目张，巨细必载，有功必录，有美必书，公诸众心，以观厥成……"

这篇序言很具有代表性，它不仅透露了当时政治、经济、文化等方面的状况，而且也表明了这部志书是在怎么样的前提下编修的，这种序言自然值得称道。凡例是阐述一部书的著作宗旨、所用体例、材料取舍，诸多有关原则性的问题都在其中表达，因此亦往往反映了一部书作者的观点和方法。该书作者采用多种方法，有的全部照录，有的节取其中某些条文，有的更在附注中评述。仍以高拱乾《台湾府志》为例，注中将其精华之点按顺序一一摘录："高志《凡例》常见关心实际事务的文字，如：'山川形胜所以设险固圉'；'城池虽载志目，尚未肇建，盖域民御暴，藉百雉而益安'；'名宦乡贤原以酬庸尚德'；'人材之兴，由于学校，科名者，学校之光，忠孝者，科名之所由立也'；'作风土志以畀夫转移风化之人'；'租庸调者，贡助彻之别名也'；'有奇行可书，大节难泯者，得之传闻，务为采入，亦表扬幽隐，风励来兹之意'；'有文事者，必有武备，所以消反侧靖人心也'；等等。"利用注释继续进行评论或叙述，看来可以说是这部书的一个特色，有些内容在正文中余意未完，又不便于过多的议论，否则有害于行文的气势，因而将其移至注中，显然收到两便的效果，虽不是首创，但因使用非常广，有考证，有议论，有叙述，也有一般的注释，因而就显得十分突出。至于将凡例全部援引的共有三部，一是乾隆初范咸主持编修的《重修台湾府志》凡例14条，二是嘉庆十二年（1807）由谢金銮、郑兼才编纂的《续修台湾县志》凡例18条，三是光绪四年（1878）林豪所修《澎湖厅志》凡例28条。三部志书凡例，确实都各有特色，对于总结方志理论都具有重要意义。尤其是第三部现仅存抄本，对其凡例全文照录，实际上还起到了保存文献的重要作用，并且使其公之于众，便于大家研究，正如陈先生在书中所说："由于这些凡例关系着林氏制作方志的理念，尤其与清末台湾方志学的发展有关，理应抄录全文，以利研究者参考。"又说："这篇凡例洋洋四千余言，在清代台湾方志中实为绝无仅有之作品，值得关心此一学问人士的重视。林豪自识这些凡例作成于光绪十九年上元节，当时他在澎湖文石书院。我们现在阅读其内容，平心而论，这二十八条例言，小疵处虽未能尽免，然论其大体，毕竟是有用的言论为多。例如他说修志要'因时因地以立说'、'分野之说，聚讼纷纷，即考据至精，何裨实用？'又以'区区小岛，有何天文可谈？'乃'汰天文一门'。以及他认为台湾建置沿革，不可删明郑史事。对于明代遗臣不可加以'伪'字。又论风俗，不分善恶，'宜据实直书'。还有说到方志之写作，不可'全录案牍如册档'等等,都是宝贵的经验之谈,且为高明之论。"一部志书凡例有 28 条之多,确实可观。因为在我国方志发展史上,这种凡例在明代修志中比较流行,一般都在七八条左右,《光山县志》多达 23 条,拙著《方志学通论》中援引最长的为《新昌县志》,也仅 19 条。当然,这部 28 条的凡例,许多内容都是在谈论如何编好方志的理论问题,诚如陈先生所言,"都是宝贵的经验之谈"。为了使读者进一步了解此凡例内容之丰富,现再举数端以见其长。

　　载笔所以传信,非一人一时之文,天下后世共之……况地志,官书也,以存一方掌故,以示千秋鉴戒。
　　公则书法可以不隐,至更代易官,美恶亦在所不讳。
　　《纪略》(指《澎湖纪略》)于历代科目,官制赋役等类,繁称博引,然皆陈言,于此地掌故无涉,自不得不删。
　　纪兵一门,为志乘所不可略,况此地自施侯一战成功,全台始入版图,所关甚重,当叙其缘起。而《纪略》谓恐与郡乘同,缺焉弗载。不知掌故之书,此属公共语,为通志所以载者,则方隅载笔,可无烦更赘,赘焉则为雷同。若系一方事实,正宜征文考献,使阅者晓然于一方治乱之迹,所谓前事不忘,后事之师也。
　　《纪略》不载祥异,谓偏灾小眚,郡邑所同。抑知暴风咸雨,终岁之丰歉攸关,实与各郡迥别。况澎湖屡行赈恤,为他处所无,朝廷之旷典,列宪之爱民,厚泽深爱,岂容不载?
　　前书《艺文志》所录诗文甚夥,就中率尔之作,略汰一二。至新增杂暨,必事因文见,始敢录入,其古今诗体,则增入甚少者,非有他见也。志以纪事,非为选诗而作。

诸如此类,确实都很有见地,许多都涉及志书内容记载范围问题,哪些该记,哪些不该记,因为有不少方志本该记的内容却缺焉不载,而不该记载的反而是连篇累牍。凡例肯定地方志是"官书",所以要编纂,"以存一方掌故,以示千秋鉴戒"。就以志书所载诗文一事,还提出一个选录标准,"必事因文见,始敢录入",这与章学诚所提出的诗文"合于证史"的要求显然是一致的，其理由也非常充分，"志以纪事，非为选诗而作"。这个见解可以说比我们今天有些修志工作者似乎还要高明一些。因为我们看到已经出版的不少新市县志中大量选录了并无实际意义的诗文，既不是用来"证史"，也不是"名笔佳章"，究其原因与目的，则大都仅在炫耀而已。对此，笔者于1992年先后在《中国地方志》、《志苑》上分别发表的《新修方志中艺文志必不可少》等文中均已提出了批评。由此可见，总结、研究前人的方志理论，借鉴其仍有价值的宝贵内容，绝不是可有可无之事。

《清代台湾方志研究》一书还有一个明显的特点，即作者在评论每一部台湾方志编纂过程时，总都细心地指出他们在编修时所采用的宋元以来方志编修的方法与体裁，同时也将台湾本地前后所修书的因袭发展关系一一点出，这就将台湾方志编修发展连成一个整体，既看出台湾方志发展的连贯性，又体现出它对传统方志的承传性。如对蒋毓英编纂的《台湾府志》这样说："这部台湾第一方志沿袭了宋明传统方志的古风，体式简明，条理井然，而且以发扬儒家伦理和致用世教为目标，有着'辅治'与'资治'的作用。蒋氏等人当时的这一倡议，实为日后台湾方志奠定了坚实的基础。"《诸罗县志》在台湾是编纂得最好的一部方志，但是按照陈先生的看法，该志的编纂人员受到《吴兴备志》的作者董斯张等家的影响，"应该是可信的"。至于讲到乾隆年间刘良璧编纂的《重修福建台湾府志》所用体例，"这种体例很像南宋嘉定卢宪的《镇江志》一样，因此刘书也是传统中国方志体例的一种，不是他的发明"。而范咸的《重修台湾府志》，自然就更加明显，因为范氏在乾隆二十二年（1757）曾修过《湖南通志》，"他对修志的兴趣是很高的，称他为方志专家也不为过"。而在修此志时，"似乎又略仿南宋范成大的《吴郡志》体例"。"又《续修台湾县志》的体例乍看起来，有些特别，而且与此前台湾地区所出版的方志都不相似，其实谢、郑二氏只是仿照了另一种古代的方志书体而已。明清两代有一些方志学家用'三宝体'编志书，即采取《孟子·尽心》中'诸侯有三宝：土地、人民、政事'的说法，分全志为'土地、人民、政事'三大项叙述。"如此等等，无不做到穷原竟委，足见陈先生对祖国方志发展史之纯熟，不愧为当代方志学家。

实事求是的评论

　　评论一部著作是否实事求是，是足以反映出一个人治学作风是否严谨的重要标志之一。近年来学术界，尤其是方志学界无论是评论旧志还是新志，随意性很大，许多评论者不是从方志本身出发，而是随评论者主观感情来定其是非。此类现象，前人也有，因此早在唐代史学评论家就已经提出了批评，我们今天要发展新的方志理论，就应当树立起好的评论风气。《清代台湾方志研究》一书作者对台湾每部方志实事求是的评论精神，就很值得我们借鉴。我们可以看到，作者在对每部方志评论时，缺点真是一个不漏，而对其优点长处，即使仅有一条，也总是要给予肯定，尽可能做到是非分明，尤其对几部被长期埋没无闻的志书，更加注意评介和表彰。蒋毓英主修的《台湾府志》是其康熙初年任职台湾时所修，据有关资料记载，还在康熙二十四年（1685）已经写成初稿，后不断增补，但未能及时刊刻，四年后蒋升迁离台，以致在台湾绝少有人知道这部志书，正如陈先生在书中所说："甚至直到今天，究竟谁的书是台湾最早的方志，多年来一直还有着争论。康熙三十四年（1695），台湾知府高拱乾说'台郡无志，余甫编辑'，显然是说他编的府志是最早的。"为了搞清这一事实和蒋氏后人出版这部志书的情况，书中作了详尽的考证，并且写出了令人信服的结论："蒋毓英在离台前虽然有订补康熙二十四年完成的初稿部分内容，但是直到他离任时该书始终没有刊行，他留下了一部'草稿'给后任的官员，因此康熙三十四年高拱乾修《台湾府志》时曾说过'郡守蒋公毓英所存草稿'的事。高拱乾后来却把这部'草稿''消化'到他的府志里了。难怪陈梦林等人在康熙末年谈台地早年方志修纂事时，不再提到蒋毓英其人其事了。"这里的"消化"二字用得不仅贴切，而且近乎传神，让读者知道，高志是在蒋志基础上编修的，并且将蒋志内容等亦全部溶解于其中，因此，在评论高志时，理应不能忘记蒋志的贡献。至于对蒋志的评论，则是先列"缺失"四条，然后再指出其三大贡献，这个评论方法也是别具风格。按照所谓常例，总是先讲成绩，后讲缺点，并且优点肯定都多于缺点，否则这部书就大成问题了。可是书中对蒋志中评价却是这样："蒋志虽然有一些缺失，但是它确是台湾方志中的空前作品，对台湾日后方志的修纂也有着深远而重大的影响。……蒋毓英等初履斯土，即著于修纂台湾方志，并且费时无多即能成功，实非易事。更难得的是这部台湾第一方志沿袭了宋明传统方志的古风，体式简明，条理井然。……蒋氏等人当时的这一倡议，实为日后台湾方志奠定了基础。他们的成就是肯定的，他们的贡献是不能抹杀的。"其次，"蒋志中普遍记述明郑旧事，也是蒋志的一大特色，……确有保存明郑史料的用心，也表现了传统中国史家的风范"。另外，"蒋志中也蕴藏了不少台湾开发早期的珍贵文献，足以反映康熙初领台湾时兵防民政的一般实情，如屯田、议饷、防塞、理'番'等等的建议与措施，即使到若干年后还是被认为是肯切而必需的。蒋志中还有一些特别可贵的资料，如当时台湾人口共30229人，其中男性为16274人，女性为13955人，这是他书不见的记载。物产一门中也开列418种地区产品，并记述了它们的生产条件、物产形状、用途以及部分物产的产地等等。至于'土番'、地震等记叙则更是台地特有的方志内容，也是蒋志的优长可贵之处。康熙末年陈梦林修《诸罗县志》时，赞扬季麒光'文才丰艳，首创郡志稿，以发全台之聋聩'，这句话虽是对季氏'郡志稿'发的，实际上就是对蒋志而发的，因为蒋、季二氏的志书在倡导风气、树立规制以及保存史料、弘扬儒术等等方面，都是功不可灭的"。如此评价不为不高，但是，这个结论都是从具体事实中概括出来的，而不是空洞的、抽象的泛泛而论。评论既从大处着眼，也很注意细枝末节，足见作者对志书的研究都是相当深透的。至于高拱乾的《台湾府志》，虽是在蒋志基础上仅用四个月时间便修成，缺点和问题不少，但其篇目设置比蒋志还是有所变化，因而它所形成的体例，"实际上一直被后世多位台湾方志学者所仿行"。何况蒋志在台湾方志界的贡献，又是通过高志来体现的，因为蒋志刻本毕竟早年在台湾没有流传，所以书中既肯定"蒋志与高志早年在台湾为方志学奠定了优良基础，二书的体例特别成了后世台湾方志的主要规范，这应该是毋庸置疑的"，又指出高志"不失为一部在当时与对后世都发生过好作用的志书，尤其对后来台湾方志学的发展，有着绝对的好影响"。这个评论可以使人们清楚看到这部志书在台湾方志发展史上是起过举足轻重的作用。

被誉为台湾方志中第一佳志的《诸罗县志》，书中在评论之前，首先向人们揭示，这部志书所以能修得非常成功，绝非偶然，是有着值得大家重视的主客观原因的。主笔陈梦林，"博学多识，又负经济长才，曾经参与编修

'漳州及漳浦郡县两志'。陈梦林来台时已是台湾附清后的三十多年，文物日盛，著述渐多，他除了可参考府志以外，又利用了沈光文的杂记，海澄陈小厓的外记等书，在资料方面可以说比以前丰富多了，而县令周钟瑄又特别信任他，并和他互相配合地工作，以至宾主尽欢"。这三点原因都很重要，尤其是一、三两点似乎更起主导作用，因为后来的资料肯定更加丰富，但是并未能再产生超过该志的一部志书，可见修志人员的知识素质较高及其与长官配合得良好，乃是修成一部好志书的决定因素。这个经验对无论是当前还是今后修志都是必不可少的。这部方志的过人之处，陈先生也在书中作了多方面的论述，就以编纂体例而言，他们将自南宋以来"周应合就正史义例作方志"的方法与风气用到了编纂《诸罗县志》上来，并且也吸取了蒋、高所修府志之经验，因此，其"纲目确实比高志清楚有层次，以门统总目，以总目统子目，精简而无琐碎之弊"。而志书的内容有明显的两大特点，其一是由于作者有"认真严谨的修志态度"，因而纠正了早年府志的错误，补充了前人记载的缺漏。对于许多事实作了认真的考订，有些问题"主修人作实地勘查，并'三复考订'"。其认真负责精神确实令人敬佩。另一个特点则是图"数量不但很多，内容极为近实"，有"山川图十一幅，学宫图一幅，番俗图十幅"。当然，"番俗"图明显是配合《番俗》目而作，此目内容很丰富，分状貌、服饰、饮食、庐舍、器物、杂俗、方言七类，所记已经逸出前人陈套，"显系得自调查新创"。可见这部志书所以能够获得众人一致的好评，完全是作者辛勤劳动所得。

  以上我们对三部志书评论的介绍，可以看出《清代台湾方志研究》作者在评论每一部志书时实事求是的精神，尤其可贵的是，书中对于凡是为台湾方志发展作过贡献的，总是尽一切努力使他们的功绩能够得以发扬。如对乾隆初年刘良璧的《重修福建台湾府志》，尽管其问题很多，但仍指出优于他书的长处，说明"刘书并非一无是处"。而范咸的《重修台湾府志》，由于"当时流传的很少，而且后出的余文仪府志，又全抄范志，致使后人只知有余志而不知有范志，范志的所有优点也被误认为是余志的优点了。范咸等人的《重修台湾府志》被埋没，实在是台湾方志学史上的一件憾事"。唯其如此，作者在书中用了相当篇幅对范志作了介绍和评论，指出"这部志书不是潦草随便之作，确是有其'意匠心裁'的独到之处。不'随流附会'，'使后人失其所考',更是作史撰志的必要条件"。有位名叫林豪的方志学家,其父道光中曾手撰《金门志》,书未成而逝世,林豪续成其书,后来自己先后又修了《淡水厅志续稿》与《澎湖厅志》两书,不幸的是竟都被人删改而占有。为此,作者将林豪撰写两部志稿的过程、所用体例、内容价值等都作了较为详尽的论述,使人们知道这位方志学家在台湾方志发展史上的功绩不可抹杀。作者并深有感触地说:"林豪在台湾的修志生涯是极为不顺适的,两部厅志都遭到删改,甚至被人剽窃,可谓不幸。"

通读全书,人们可以发现,陈捷先先生在评论每一部志书时,总是用三把尺子进行衡量:体例是否完备,内容是否翔实,文体是否统一。三者俱备,方能称得上是一部合格的方志。对于体例不完备的,甚至就不承认是一部方志,如林谦光的《台湾志略》,尽管《四库全书存目》收录,但是由于它"不列职官、传记、艺文等目,可以说不符合明清时代一般方志内容与体例的"。李元春的《台湾志略》,"因李书不备方志体例,本书也不予收入作进一步研究"。可见尽管书名称志,体例不合者自然不该归入方志家族,这个严格要求显然很有必要。内容翔实与否,也许大家都会注意,而文体是否统一,却往往被人们忽视。故作者于书中明确提出:"一部好书,应该有统一的文体,方志也应该有合乎方志标准的文体才能算是好方志。"由此可见陈先生对志书评论的认真严肃的态度,当然也从一个侧面体现了他治学的严谨作风。正因如此,对于每部志书的问题、缺点是从不放过,有些批评真是做到不留情面。如对刘良璧的《重修福建台湾府志》的批评:"这部志书似乎没有认真地作一番实际的调查工作,如山川溪港,都多半照旧志抄写。尤其卷六《土番风俗》一目,完全抄录旧书,全无意义","由于时代相隔很多年了,风俗不能完全没有变化,如只一味照抄,难免有误。这样敷衍了事,当然不能算是好志书了"。又如对《噶玛兰志略》的批评,就更加严厉了:"《人物志》记陈奠邦及吴沙事,抄《噶玛兰厅志》,文句不改,间有易动,也属画蛇添足,掩饰抄袭痕迹而已。书中增《文学志》一门,以萧竹来滥竽充数,尤为不智,因为萧竹来与文学根本无关。另外又增加一些无根的臆想之说","记林升(按为林陞)事,实系荒诞,不辨可明。荷兰人弃蛤仔难一节,亦系无中生有。尤其郑克塽派人采金矿与番人互战事,更是不知何据。作者虽称由'《台湾外纪》采入',但绝非信史。像这样一类记载,书中仍有不少,不拟赘举。总之,这是一部很不可取的志书"。对于那些荒唐不经的宣扬鬼神一类的记载,不仅一一斥之为"谬误",而且指出这些其实是在"欺人"。诸如此类,显然都是实实在在的批评,与那种不痛不痒的罗列自不可同日而语。还要指出的是,书中在对每部志书评论时,总是广征博引,评论中亦不单纯就志论志,还用历史学家的标准和要求进行评论,而在论证过程中,并运用文献学中多种分支学科,诸如版本学、目录学、校勘学乃至避讳学等等,因而就有可能评论出令人信服的结论,就此而言,也值得我们方志界的同仁写书评时很好借鉴。

"台湾方志堪称中国方志学发展的缩影"

从学术交往过程中,深深感到陈捷先教授对于我们中华民族的传统文化有着深厚的感情,对作为传统文化的重要组成部分的方志文化,可以说更是一往情深,因此,他在这本书中曾不无自豪地说:"中国方志文化自宋元以后,不但影响全国各地修方志,也影响我们亚洲邻邦修方志。""成为全世界文化史中的一项特有瑰宝",能不值得自豪吗?书中反复说明,台湾方志的发展,"堪称中国方志史发展的缩影",特别是在该书最后一章《结论》中作了概括性的论述,指出台湾地区的方志,不论是其内容文字篇幅多少,还是义例上的有所差异,"不过归结说来,都是由宋、元、明、清各朝方志一脉演进下来的……不论他们是师法宋元周应合、张铉的也好,明代的张鸣凤、董斯张也好,或是清代初年的陆陇其、朱彝尊也好,基本上都是要存真考实,有利辅治,以发扬光大儒家的伦理和致用世教为鹄的,这是传统方志学中的一道主流,也是一股经世的伟大力量。清代台湾地区的方志,由蒋、高、陈、范等学者与循吏,将此一传统优良文化引进来,再由后世学者,循此法度而行,因此各地方志虽有好坏优劣之处,但因奠基坚实,以至都能有相当的水平"。非常有趣的是,作者在综合论述台湾修志中存在的一些问题时,却用方志学大师章学诚在《修志十议》中所提出的"八忌"为例,这个"八忌"是章氏在总结前人修志经验时所提出。诚如陈先生所言:"正如其他各省、各地的方志一样,清代台湾地区的地方志书也是各有其缺陷与问题的。"我们不妨对照一下，章氏的"八忌"是：

忌条理混杂，忌详略失体，
忌偏尚文辞，忌妆点名胜，
忌擅翻旧案，忌浮记功绩，
忌泥古不变，忌贪载传奇。

而该书所列八目为：

纲目组织，时有混乱；记载详略，漫无标准；引录诗文，多有偏好；古迹名胜，着意强调；翻案攻讦，常不能免；浮夸事功，不顾事实；旧记错误，沿用不改；传说神话，载录过多。

在每目之下，并列举数种志书为例进行分析和评论，足见作者对这些志书研究之深透，绝非浮光掠影者所能做到。单就这种研究精神，在我们方志学界也该大力提倡。尤其是所列八目，即使在当前或今后修志过程中，都具有重要的参考价值。还要向广大读者介绍的是，该书的最后几点"结语"写得非常精彩，由于书是台湾出版，能够看到原书的人不可能很多，为了让广大读者都能看到，特将"结语"全文抄录如后：

第一，中国传统方志之学，源流悠久，几乎可与有文字的历史相比美。特别经宋元明清诸朝，不断进步发展，成为全世界文化中的一项特有瑰宝。台湾地区，开辟虽为时较晚，但就方志学一端而言，无论在志书的内容、体例方面，或是性质、作用方面，都是正常而前进发展，两百多年的清领台湾期间，方志学堪称中国方志史发展的缩影，大陆方志的精华，在台湾地区当时编纂与出版的方志中，可以一览无遗，尽窥全貌。

第二，清代台湾地区的方志，由于继承了宋明以来大陆方志学术的优良传统，加以当时在本地参与修志的循吏与专家们，都能认真从事，因而成书的方志几乎都有着存真考实的优长，也具备资治与辅治的功能作用，终于使得在宝岛成书的方志为清代台湾学术文化中的最佳产品，我们应该珍惜这批先人留下的文化产业才是。

第三，由于地方志书有其不可避免的缺点，如人情的影响、乡土的观念、资料的不足等等，各地方志的内容常会有偏颇，甚至失真之处，尤其上举的"八忌"，几乎是所有方志常见的缺点。严格地说，连二十五史中也是各有其缺陷的，因此，我们利用清代台湾方志来研究台湾地区早年开辟史实时，就应该特别注意小心，例如古时疆界的不实，早期悬案的处理，若干人事是非的剖定等等问题，都是不能人云亦云的。

总之，清代台湾地区成就的几十种方志，既是台湾早年开辟历史的文献宝库，也是中华文化中的一部分珍藏。我们应该贵重这批文物；若是利用它们，则更需用严格的史学方法，客观的分析精神，披沙拣金，鉴别真伪，求取可信材料，写出可信历史才好。

在这短短的数百字中，既讲了我国的传统方志文化在世界文化中的地位，又讲了台湾方志乃是中国传统方志的缩影，"是中华文化中的一部分珍藏"。更加意味深长地指出，"我们应该珍惜这批先人留下的文化产业才是"，"我们应该贵重这批文物"。这些带有深厚感情的语言，不仅充分反映了陈捷先教授对祖国传统文化的热爱，而且也是对"台独"分子谎言的揭穿和批驳。所以读了这部书后，笔者确实收获很多，感想不少。当然，书中对于方志学的个别提法和结论，笔者并不完全同意，对于这些学术问题，限于篇幅，这里就不作论述，今后在学术交往中再作进一步讨论。

（原载《中国地方志》1997年第3期。后收入田嘉、李富强主编：《中国地方志优秀论文选编（1981—2011）》；《史家·史籍·史学》；《仓修良探方志》）

又一部实实在在的方志学术论著
——喜读《中国地方志流播日本研究》

2008年上半年,我收到巴兆祥同志寄赠的《中国地方志流播日本研究》一书,阅读以后,收益颇丰。著名历史地理学家复旦大学邹逸麟先生在为该书所作的序中曾给予高度的评价,指出此书的出版,"嘉惠学林,功德无量"。这个评价自然是相当高的,但是,这个评价又是实事求是的。只要你阅读了这部书,就一定会认同这个评价。作者做了方志学界早该做而一直无人去做的工作,因此,实实在在填补了方志学界研究的一个大空白。作者为这部书所花费的时间和精力,是一般人所想象不到的。为了掌握第一手资料,他曾两次东渡日本,先后长达15个月之久,跑遍日本各主要图书馆作细心的搜索,其认真研究的毅力和精神也是值得大家学习的。诚如邹先生在序的最后所说:"当今做这类实证性的课题,没有静心坐冷板凳的精神是做不到的。我想读者在阅读这本专著时,当能体会到潜心学术的可贵和不易。希望今后学术著作少一些泡沫,多一些这类厚重的砖头,学术大厦才能建立在扎实的基础上。"真正在做学问的学者们,对于那些具有学术价值的各类专著,总是满腔热情地加以扶持和肯定,目的就是一个——发展祖国的文化事业,繁荣祖国的学术文化,为建好学术大厦打下扎实的基础。《中国地方志流播日本研究》一书,共80余万字,分上、下两编。上编为方志流播日本的过程和轨迹,下编为方志东传日本的总目录。全书所记内容都是实实在在的,全是用具体资料编纂而成,并无抽象的长篇理论,并且书中所提供的多为作者亲自搜集调查到的第一手资料,其价值自然就尤为可贵,下面就从两个方面向大家作些介绍。

中国地方志的编修有着悠久的历史,而历代统治者又大多非常重视,因此,所编修的地方志大多内容非常丰富,实用价值和学术价值都相当高。因此，长期以来国际上一些有识之士不断将中国的方志通过各种途径引向国外，世界上许多国家图书馆都不同程度地收藏有中国地方志，其中日本是收藏中国地方志数量最多、质量最好的国家。据《中国地方志流播日本研究》一书统计，日本各图书馆共收藏有中国地方志4028种，其中有些在国内是早已绝版的孤本和善本。这样大又准确的数字，我们也是第一次从该书中得知。以前尽管大家在研究论著中说，日本收藏中国地方志很多，但从来没有人讲出个具体数字来，因为谁也没有花那么多的时间和精力作过深入准确的调查研究，这就叫作有一分耕耘，才有一分收获。从历史文献记载来看，日本输入中国地方志的时间是很早的。远在唐代，日本就已经掀起了学习中国文化的高潮。从贞观四年（630）日本第一次遣唐使开始，到乾宁元年（894）停派遣唐使为止，共有13次遣唐使来华，而且规模很大，最多的一次651人，最少的也有120人。其中除了大小使臣、翻译外，还有学问僧、留学生和科技人员，他们来的主要任务就是学习中国文化、典章制度、科学技术。因此回国时，总会带回许多中国文化典籍，其中就有地理书、图经和地记之类著作。到了明末清初，方志流往日本，已经超越了一般文化物品的内涵，更作为一种重要的贸易商品，以走出国门来到日本的方式，在中日间架起了一座别具特色的经贸桥梁。据书中统计，17—19世纪中叶中国输出日本的地方志就约有1245部之多。如此之多的方志输入日本，原因当然是多方面的，而主要有两点值得注意：第一，其时中国地方志编修正处于繁荣时期，为方志出口提供了充足的货源。众所周知，明清两朝是中国传统方志编修的兴盛时期。仅就清朝而言，康熙、雍正两朝，就先后多次下令地方官修志。《清世宗实录》记载的雍正六年（1728）十一月雍正帝关于修志的上谕，还强调了根据志书编修得好坏，对地方官有必要的奖惩措施。故封疆大吏们都热衷于修志。上谕内容还说明，当时对志书编修内容还有统一要求。两年后，雍正帝又令省、府、州、县志60年一修。因此，清康熙、雍正、乾隆、嘉庆四朝所修志书现存的尚有2960种。这为方志出口提供了充足的货源。第二，日本对中国志书需求量很大。日本在江户时代是一个武功、文治双修的时代，此时社会稳定，经济繁荣，重视文教，对方志等中国文化典籍需求相当广泛。幕府的御文库是唐船持渡方志的主要买主。到1817年，御文库已购藏清代方志528部之多。其他藩主、大名、学者等也都喜欢购买地方志，因此，中国地方志在日本有着较广阔的需求市场。舶载到日本的 1245 部志书，除全国地理总志外，遍及今北京、上海、天津、河北、山西、辽宁、陕西、甘肃、新疆、山东、江苏、浙江、安徽、江西、福建、河南、湖北、湖南、广东、广西、四川、贵州、云南、西藏等省（自治区、直辖市）及台湾地区。对于进口什么样的方志，日本也是按照自己需求发出订单的。众所周知，康熙、雍正年间，为配合《大清一统志》的编修，曾号召各省、府、州、县编修新志。德川吉宗热衷效法康熙皇帝，要求"仔细地调查当时的中国政治，需要搜集中国地方志"，因此，他主张对中国方志进行广泛购买，真可谓来者不拒。该书引《壬寅入津唐本大意书抄》记载，1721 年日本首次批量输入通志计有："《大明一统志》、《盛京通志》、《山东通志》、《江苏通志》、《浙江通志》、《江西通志》、《湖广通志》、《河南通志》、《陕西通志》、《广东通志》、《贵州通志》。以上十一种为去年渡来之书，呈上御用。《云南通志》亦去年渡来。"此后，不断有成批通志输入日本的记录，如 1733 年又输入通志 14 部 72 帙，1750 年再次进口十五省通志等等。由于日本方面有强烈需求，加上高额利润的驱使，志书东渡速度也明显加快。如康熙《西林县志》、《庆余县志》1718 年出版，1728 年便被舶载日本；嘉庆《重修丹徒县志》1805 年出版，当年就被带到日本。以上事实说明，17 世纪至 19 世纪中叶，地方志与中国其他书籍一道，曾以半公开的走私贸易形式，作为一种特殊的商品，在中日关系中扮演着重要的角色。

然而，历史的发展向来都不可能只沿着一个轨迹前进，上述种种中日之间的方志贸易，很快就发生了巨大的变化。正如该书所说："中国近代是个不堪回首的年代，天灾人祸不断。我们的民族备受列强欺凌，人民生活在动荡之中，特别是日本发动的侵略战争，更是让中国遭受到了史无前例的灾难，方志等古籍收藏与流通的正常秩序被破坏，大量方志等古籍从藏家散出，一度形成虚假的市场繁荣，这就为日本等强势国家和机构大肆收购甚至劫掠方志提供了契机。"① 作者在书中先是讲述了藏书流散的各种原因，并列举了由于古籍的流散在许多大中城市还形成了古籍市场、书店。其中北平、

---

① 巴兆祥：《中国地方志流播日本研究》第二章《20 世纪中叶前方志散出与日商争购》第一节《乱世中的方志流散》，上海人民出版社 2007 年版，第 39 页。

上海最多，南京、苏州、杭州、济南、大连亦有。在《民国销售方志主要古书店一览》表中，还特地列出书店名称、所在城市、详细地址和资料依据，可见本书作者所做的工作是多么仔细，特别是"资料依据"，告诉读者表中所列全都有据可查。上文所讲在20世纪以前，方志输入日本多为中国商人以走私形式进行，而20世纪开始则全由日本商人所为。"近代日本书商经常出没于中国的大江南北书肆，利用日本国的强势地位和雄厚的资金收购地方志。……尤其是1907年静嘉堂文库成功收购清末四大藏书楼之一的湖州陆心源皕宋楼的汉籍，其中有大量的地方志，给了日本图书机构、书商以极大的刺激。他们来华收购地方志更积极、更频繁。"从该书记载来看，近代日本书商确实很多，遍布日本列岛各地，而以东京、京都、大阪等地为主。据《东京书籍商传记集览》统计，属于东京书商协会的书商，1897年有205家，到1911、1912年就已经有369家。这些书商中经营汉籍的仅占一部分，而买卖地方志的却更广些。主要由文求堂、琳琅阁、松云堂等经营。当然，作为正当的买卖自然不会多作议论，但对那些私家藏书的收购，则大多采取了不光彩的手段，名义上是购买，实则巧取豪夺，日本方面对于这些一直是讳莫如深。就以陆心源皕宋楼藏书的东流日本为例，许多学者一直以来常在报刊上发表文章加以揭露。而《中国地方志流播日本研究》作者则单独设立《日本搜求方志的著名案例》专章，将陆心源皕宋楼和徐则恂东海楼方志的东渡，从头至尾全过程加以讲述，让人们从中可以看到日本不正当的"购买"手段。尤其是东海楼藏书的东流，更是在日本外务省直接操纵下进行。在该章第二节《徐则恂东海楼方志的东徙》之下子目二就是《外务省的秘密劫取》，开头就指出："日本外务省文化事业部自设立以来，不断利用日本在华邦人、文化机构和领事馆收集中国藏书信息，调查藏家图书存散情况。尤其是在1928年外务省决定成立东方文化学院后，对中国藏书的劫取日益频繁，1929年前后达到高峰。先是在4月觊觎长沙叶德辉遗书，通过在上海任职的古川先生同叶氏后人叶启绰接洽，后是接连染指杭州东海藏书楼及天津陶湘的藏书。当时东京、京都研究所都处于筹备阶段，而1928年1月29日中华图书馆协会第一次年会通过议案，'呈请国民政府防止古籍流出国境并明令全国各海关禁止出口'，因而劫取的实际策划运作都是外务省在秘密进行。"由此可见，日本当时对中国藏书进行收购，采用的大多是不正当、不光彩的手段，而对东海藏书楼书籍收购的全过程表现得最为典型。故该书在详细介绍了全过程，包括签订合同、交割与偷运后，指出："总而言之，日本对'东海楼'的劫取计划周密，行动迅速。在谈判中肆意压价，随意变更合同，把持交涉的主动权。为避人耳目，竭尽所能，花样百出。表面上是付款购买，实际上书款、保险费、搬运费、通关手续费等都出自'庚款'，也就是说，日本分文未出，而白白得到了47137册方志等汉籍。"其实有一点就足以说明问题，既然是购买，为什么要"偷运"！可见他们的所作所为，都是不合法的，是见不得人的。还要作出说明的是这两家藏书楼的方志数量：陆心源皕宋楼有403种，徐则恂东海楼有172种。特别是皕宋楼之藏书，版本都相当好，许多都是善本，不少甚至是宋元刻本。单从书楼名称就可以说明问题。陆心源搜购到宋刻本达一百余种，于是将自己藏书楼一分为二，一个称"皕宋楼"，"皕"为二百之意，隐然有驾驭"百宋一廛"之意，专藏宋元版本；另一个则称"十万卷楼"，专藏明以后秘刻及精抄本。后来大家则统称陆氏藏书楼为"皕宋楼"。在403种方志（包括地理总志）中，以朝代计，唐代2种，宋代30种，元代8种，明代18种，清代345种。其中许多在国内均属珍稀版本，如咸淳《昆陵志》、嘉定《赤城志》（弘治本）、至元《嘉禾志》（旧抄本）、隆庆《楚雄府志》、顺治《续吴江志》、康熙《新修靖江县志》、康熙《弋阳县志》、康熙《翁源县志》等。至于其他珍贵典籍，更不胜枚举。"皕宋楼"藏书的东渡，是中国文化史上的一大损失，有人比之为"我国文化史之惨祸"。

也许有人要问，日本人为什么这么喜欢中国的地方志呢？为此，该书在第七章第一节专门列有《日本搜集地方志的意图》说明，日本大量搜集中国地方志，除了学术研究外，更重要的还是出于政治上的需要。因为地方志是关于一个地方历史与现状的资料性文献，是地情指南，因此，日本人一直处心积虑地搜集中国地方文献特别是地方志。如果说日本全面侵华以前，对地方志的输入，即使是用不光彩的手段巧取豪夺，还勉强称得上是"购买"的话；那么，全面侵华战争爆发以后，则完全变为公开的掠夺和抢劫了。对此，日本右翼分子总是一直矢口否认。为此，作者在第三章第三节专门列了《地方志书的浩劫》加以揭露。下设两大标题，一是《日人对"江南夺书"的否认及本稿的举证》，二是《驻沪总领馆、东亚研究所、参谋本部的掠夺》。而在第一个标题之下,又有三个子目:1.《日人对"江南夺书"的否认》;2.《江南夺书的机构》;3.《掠夺方志的举证》。书中运用了大量的原始资料,无可辩驳地反映出当年日本侵略者明目张胆地掠夺、抢劫我国方志和其他重要典籍的事实。为了掠夺方便,当年日本还特地成立了"中支占领地区图书文献接收委员会"及"中支建设资料整备委员会",配合侵略军大肆掠夺图书文献。为了说明问题,在《掠夺方志的举证》之下,列举了当年被掠夺图书的数量:"南京地区被掠夺图书的总量,1938年初统计是646900册",后来"在3月14日至4月10日这30天左右的时间里,在付出了巨大的劳力之后,终于搜集到了80余万册,占战前南京图书的60%"。这些数字还不包括档案、地图。另,"1937年12月至1938年1月,日军在上海掠夺图书60000册,1938年2月在杭州掠夺图书20000册、清浙江官书局板木160000枚"①。《中华图书馆协会会报》也报道:"据香港立报载,上海专电谓,南京沦陷,敌军事当局,曾组织图书委员会,从事搜劫图书。闻目前南京贵重图书,已被敌方搜去70余万册。又苏州、杭州、南浔等处公私所藏珍贵图书,亦被敌搜劫一空。"②在整个掠夺过程中,地方志的被劫占相当大的比重。如国民政府文官处是国民政府保管地方志等图书的场所,1936年初,已"藏有方志千数百部",南京沦陷后,这些方志和其他书籍共7万余册全被掠夺一空。浙江图书馆所藏全套方志2万册,杭州沦陷后,即被日军抢光。至于私人所藏方志被掠夺运往日本的亦很多。1940年5月,嘉定陆式一藏方志535种,全被日军所掠夺。著名学者、方志学家余绍宋的寒柯堂藏书10余万卷,他亦喜欢收藏方志,尤注重浙江方志,先后搜得各府、县、乡志新旧凡430余部,其中旧志多为他处所未见者。这些方志连同大量手稿也被劫掠一空。余氏在其所作《方书叹》诗中,表述了图书被掠后的痛苦心情:"草堂既遭劫,他物宁足怀。缥缃十万卷,失去良堪哀。……半生心血瘁,念之肝肠摧。寇仇奚足怨,但怨时命乖。岂不思旷达,文献伤沉埋。中原已涂炭,区区固涓埃。所痛及吾身,辛苦始得来。愁闻读书声,怯过藏书斋。触目皆伤心,吾身安寄哉!"诗中充分反映出一位年近古稀的学者对于失去自己心

---

① 〔日〕藤本实也:《满支印象纪》,东京七丈书院1943年版,第51页。
② 《南京贵重图书七十万册均被敌军劫去》,《中华图书馆协会会报》1938年第13卷第1期,第18页。

爱图书的悲痛，财产散失并不足惜，十万卷藏书被掠夺实在伤心到极点，既怕听到读书声，更怕看到自己空荡荡的书斋，因为触景生情，备受煎熬。这些历史事实是任何人都无法否认的。《中国地方志流播日本研究》一书，将这些资料搜集整理写入书中，是非常有必要的，因为这些内容在其他著作中是很少见到的，而作为中国人又不应当忘记这些，尤其是文化工作者更应当有所了解。我们向来欢迎平等的文化交流，反对任何形式的掠夺。

我们要特别指出的是，在流传到日本的4000多种地方志中，不仅有许多善本，更有许多还是孤本。为此，该书还专门写了一章《流失日本的孤本方志考述》，在此章引言中作者是这样说的："东传日本的地方志散藏在日本各地，其中既有版本众多的名志。也有许多不见中国国内收藏的珍稀版。对见藏日本的名志尤其是孤本地方志研究，一方面可以个案形式体现方志传播的轨迹，另一方面也能揭示流散异邦的中国地方志的价值，可为读者查阅、利用提供线索。"可见作者在撰写此书时，总是在考虑如何为读者的查阅、利用提供方便，实际上全书的内容都贯穿着这一思想，而以下编表现得更为突出，这在下面我将作详细介绍。本章用三节篇幅对崇祯《嘉兴县志》、泰昌《全椒县志》、万历《宁国府志》、万历《望江县志》、万历《青神县志》、光绪《镇番县乡土志》6部志书作了较为全面的评述，从流传、版本、作者，到内容、体例、价值等都有论述。此外，还列举了国会图书馆所藏其他孤本，如成化《处州府志》、正德《华亭县志》、万历《临洮县志》、崇祯《乌程县志》、崇祯《寿宁待志》等。而东洋文库则有万历《新宁县志》、崇祯《元氏县志》、康熙《金溪县志》、康熙《罗山县志》、嘉庆《镇原县志》、光绪《墨尔根志》等。这些罗列，虽然只是一部书名，但重要的是它告诉了大家这些书的下落，人们要查找和利用就有明确单位可查了。

《中国地方志流播日本研究》下编，载的是日本所藏中国方志总目，因此，这部分内容实用价值最大。此前全面介绍反映日本所藏中国方志的书籍尚未见过，确切的数字更加无人作过统计，因为流传日本年代久远，又分散在日本各地，并无有效文献记载，所以一直是个悬案。本书作者通过多年努力，特别是两次东渡，一年多的实地探访，追本穷源，终于理出了一个脉络，填补了方志学界一个大的空白，这个工作确实是功德无量。下编将日本所藏4028种方志，按总志和全国32个省（市、自治区，重庆当时还属于四川）有序编排。在编排之前，作者还写了几点说明，以日本主要图书机构所收藏的1949年以前编纂的方志为调查、著录对象，而宋以前的古方志多已散佚，其辑佚本大多过于简略，故一般就不予收录。而专志，包括山水志、风俗志、书院志、祠庙志、人物志、金石志、水利志、艺文志等，因《中国地方志联合目录》等综合目录均不著录，而作者因时间和精力不足，故亦暂未收录。故本书所收方志主要为全国地理总志、通志、府志、州志、厅志、县志、乡镇志、卫所志。本书共收录日本53家图书机构与文库所藏方志，书中先将53家藏书单位全称一一列出，后附简称，而在正式编排方志名称时，所藏单位一律都用简称，查找起来非常方便。

这里我们必须说明的是，东传日本的4000余种地方志，并不是就只有4000余部，因为每一种都有很多版本，而每一种版本又有很多单位都有收藏。如：元丰《吴郡图经续记》3卷，宋朱长文纂，宋元丰七年（1084）修，清嘉庆十年（1805）刻《学津讨原》本，东研、学习院、大谷藏；清咸丰三年（1853）《琳琅秘室丛书》本，东研、筑大藏；清同治十二年（1873）苏州江苏书局刻本，东洋、东大、静嘉堂、庆应、杏雨、神大、爱知藏；清同治五年（1866）抄本，国会图书馆藏；民国十一年（1922）影印《学津讨原》本，庆应、高知藏；民国十三年（1924）刻《密韵楼影宋本七种》本，斯道、东研、爱知藏；民国二十八年（1939）《丛书集成初编》铅印本，国会、东洋、东研、庆应、天理、东北藏。从上述事例可以看出，单是《吴郡图经续记》一种，在日本就有16个单位共收藏了24部，东研一个单位就收藏有4个版本，可见日本收藏中国地方志数量是相当大的。不仅如此，还有许多是国内已经绝版的孤本和善本，上面所列仅是案例而已。就如我的家乡江苏泗阳，清朝时称桃源县，康熙时所修之《桃源县志》，国内早就不存在了，而在日本国立公文书馆，却保存了康熙二十六年（1687）的原刻本。而乾隆《重修桃源县志》，在东洋文库同样保存了乾隆三年（1738）的原刻本。至于宋元善本自然亦不在少数。号称"临安三志"之一的咸淳《临安志》，是大家公认的宋代佳志，日本静嘉堂不仅保存有一部咸淳原刻本，还保存有一部抄本。同样，这部志书的后来刻本，则有十多个单位收藏。众所周知，宋元刻本在我国古籍收藏中属于善本珍品，在各大图书馆中并不多见，在所藏方志中就更加难得了。还要指出的是，在我国古籍收藏中，明代和清代早期的刻本，都属于善本，而从这本书中可以看到，日本所藏之中国地方志，可以说此类版本比比皆是。我们随便举例来说，万历《杭州府志》100卷，明刘伯缙修，明万历七年（1579）刻本，日本国立国会图书馆和宫内厅书陵部两处都有收藏。康熙《杭州府志》40卷，首1卷，马如龙修，康熙二十五年（1686）刻本，日本国立公文书馆、东京大学东洋文化研究所两处有收藏。乾隆《杭州府志》110卷，首6卷，郑澐修，乾隆四十九年（1784）刻本，日本国立国会图书馆、东洋文库、京都大学、九州大学附属中央图书馆、东北大学附属图书馆五处均有收藏。我们再看边远省份云南，隆庆《云南通志》17卷，邹应龙修，明隆庆六年（1572）修，万历四年（1576）刻本，前田育德会尊经阁文库、早稻田大学中央图书馆两处有收藏。万历《滇略》10卷，谢肇淛纂修，万历刻本，静嘉堂文库有收藏。康熙《云南通志》30卷，首1卷，范承勋等修，康熙三十年（1691）刻本，日本国立国会图书馆等6家有收藏。乾隆《云南通志》30卷，首1卷，鄂尔泰等修，乾隆元年（1736）刻本，日本国立国会图书馆等7家有收藏。以上所举的事例足以说明，在日本收藏的方志中称得上善本的比比皆是，绝无夸张之意，因为所举并非个案。

总之，我阅读了这部书以后，得益的确非常大。对于中国地方志流播日本的各种轨迹都有确切的了解，有的还是第一次知道。当然，在阅读过程中，每当看到日本侵略者将我国的古籍一批一批掠走时，心情总是沉重的。特别是陆心源皕宋楼藏书的东流，因为该藏书楼宋元善本太多，对中国文化界的损失是难以估量的，所以我国学术界几代人，对此无不义愤填膺。上文已经提到，《中国地方志流播日本研究》一书现实的实用价值更在于它为人们利用、查找这些方志提供了方便。人们要查找某部方志，只要查到所在省市自治区，很快就可以知道此志藏在日本哪些单位。还要指出的是，作者为了帮助读者阅读时加深理解，还制作了26幅表格穿插在行文中间，如《民国销售方志主要古书店一览》、《1930—1931年中日方志市场价对照表》、《日本驻沪总领馆特别调查班掠夺方志一览表（1942年止）》、《1929年外务省劫取东海楼方志统计表》等，对帮助阅读都很有价值。而在全书的最后，作者还制作了7表2图作为附录，如《流失日本明代地方志统计表》、《流失日本清代地方志统计表》、《流失日本民国地方志统计表》、《中日传统纪年对照简表》等。可见作者在撰写过程中，处处为读者着想，考虑得多么细致，这种精神在学术界应当大大发扬。

综上所述，我可以下这样一个结论，《中国地方志流播日本研究》是一部内容非常丰富、资料非常翔实的方志学术著作。许多资料都是作者在异国他乡一点一滴地搜集起来的，况且流传到日本的地方志，是分散在日本全国各地，大的图书机构和文库就有53个之多，就这53个单位要一个个跑到已经很不容易，况且还要查阅许多目录和资料。即使在国内，是自己国家，要跑遍53个单位查找调查搜集资料，也不是一件容易的事，可见作者为撰写这部书所具备的毅力和所花费的精力。正因如此，他才能够写出这样一部不仅有益于当代，而且完全可以藏之名山，传之后世的学术著作。我再次引用邹逸麟先生为该书所写序中的一句话作为这篇文章的结束语："我想读者在阅读这本专著时，当能体会到潜心学术的可贵和不易。"

（原载《中国地方志》2009年第1期。后收入田嘉、李富强主编：《中国地方志优秀论文选编（1981—2011）》；《独乐斋文存》）